Heimtiere im Familien- und Erbrecht

# Studien zum deutschen und internationalen Familien- und Erbrecht

Herausgegeben von Martin Lipp, Christoph Benicke, Marina Wellenhofer, Bettina Heiderhoff und Barbara Veit

Band 35

*Zur Qualitätssicherung und Peer Review der vorliegenden Publikation*

Die Qualität der in dieser Reihe erscheinenden Arbeiten wird vor der Publikation durch den Herausgeber der Reihe geprüft.

*Notes on the quality assurance and peer review of this publication*

Prior to publication, the quality of the work published in this series is reviewed by the editor of the series.

Tina Semling

# Heimtiere im Familien- und Erbrecht

## Problemfelder und Lösungsansätze

PETER LANG

Berlin - Lausanne - Bruxelles - Chennai - New York - Oxford

**Bibliografische Information der Deutschen Nationalbibliothek**
Die Deutsche Nationalbibliothek verzeichnet diese Publikation in der Deutschen Nationalbibliografie; detaillierte bibliografische Daten sind im Internet über http://dnb.d-nb.de abrufbar.

Zugl.: Frankfurt (Main), Univ., Diss., 2023

D 30
ISSN 1864-497X
ISBN 978-3-631-91100-6 (Print)
E-ISBN 978-3-631-91104-4 (E-PDF)
E-ISBN 978-3-631-91105-1 (EPUB)
DOI 10.3726/b21339



Verlegt durch:

Peter Lang GmbH, Berlin, Deutschland

info@peterlang.com http://www.peterlang.com

# Vorwort

Die vorliegende Arbeit wurde im Sommersemester 2023 vom Fachbereich Rechtswissenschaft der Johann Wolfgang Goethe-Universität Frankfurt am Main als Dissertation angenommen. Die Untersuchungen waren bereits im Dezember 2022 abgeschlossen. Literatur und Rechtsprechung wurden bis Anfang März 2023 berücksichtigt.

Mein besonderer Dank gilt meiner Doktormutter Frau Prof. Dr. Marina Wellenhofer, die mir Freiraum einräumte, den Entstehungsprozess dieser Arbeit nach meinen Vorstellungen zu gestalten und die mich bei Fragen jederzeit unterstützend begleitet hat. Herrn Prof. Dr. Albrecht Cordes danke ich für die zügige Erstellung des Zweitgutachtens.

Steinach, im August 2023
Tina Semling

# Inhalt

# Inhaltsverzeichnis

# Abkürzungsverzeichnis

| | |
|---|---|
| a.A. | andere(r) Ansicht |
| a.a.O. | am angegebenen Ort |
| Abs. | Absatz / Absätze |
| ABGB | Allgemeines bürgerliches Gesetzbuch (Österreichs) |
| AGBGB | Ausführungsgesetz zum Bürgerlichen Gesetzbuch |
| AEA | Administration of Estates Act |
| AG | Amtsgericht |
| Anh. | Anhang |
| ARSP | Archiv für Rechts- und Sozialphilosophie |
| Art. | Artikel / Artículo(s) |
| BayOblG | Bayrisches Oberstes Landesgericht |
| Begr. | Begründer(in) |
| BFH | Bundesfinanzhof |
| BGB | Bürgerliches Gesetzbuch |
| BGH | Bundesgerichtshof |
| BGHZ | Entscheidungen des Bundesgerichtshofs in Zivilsachen |
| BMAS | Bundesministerium für Arbeit und Soziales |
| BR-Drucks. | Drucksachen des Deutschen Bundesrates |
| BT-Drucks. | Drucksachen des Deutschen Bundestages |
| BVerfG | Bundesverfassungsgericht |
| BVerfGE | Entscheidungen des Bundesverfassungsgerichts |
| BW | Baden-Württemberg |
| BWNotZ | Zeitschrift für das Notariat in Baden-Württemberg |
| bzgl. | bezüglich |
| bzw. | beziehungsweise |
| CC | Código Civil |
| CPA | Civil Partnership Act |
| DGVZ | Deutsche Gerichtsvollzieher Zeitung |
| d. h. | das heißt |
| DJT | Deutscher Juristentag |
| DNotZ | Deutsche Notar-Zeitschrift |
| DÖV | Die Öffentliche Verwaltung |
| DZWIR | Deutsche Zeitschrift für Wirtschafts- und Insolvenzrecht |

| | |
|---|---|
| ebd. | ebenda |
| ehem. | ehemalig(e/r) |
| Einf. | Einführung |
| Einl. | Einleitung |
| ErbStB | Erbschaft-Steuer-Berater |
| ErbStG | Erbschaftsteuer- und Schenkungsteuergesetz |
| EStG | Einkommenssteuergesetz |
| et al. | et alii |
| etc. | et cetera |
| EuZW | Europäische Zeitschrift für Wirtschaftsrecht |
| evtl. | eventuell(e/en) |
| f. | folgend |
| FamFG | Gesetz über das Verfahren in Familiensachen und in den Angelegenheiten der freiwilligen Gerichtsbarkeit |
| FamFR | Familienrecht und Familienverfahrensrecht |
| FamRB | Familien-Rechtsberater |
| FamRZ | Zeitschrift für das gesamte Familienrecht |
| ff. | folgende |
| FG | Finanzgericht |
| Fortf. | Fortführende(r) |
| FPR | Familie Partnerschaft Recht |
| FuR | Familie und Recht |
| gem. | gemäß |
| GG | Grundgesetz |
| ggf. | gegebenenfalls |
| GNotKG | Gerichts- und Notarkostengesetz |
| HausratsVO | Hausratsverordnung |
| h.M. | herrschende(r) Meinung |
| Hrsg. | Herausgeber(in) |
| Hs. | Halbsatz |
| inkl. | inklusive |
| i.S.d. | im Sinne des / im Sinne der |
| i.V.m. | in Verbindung mit |
| JA | Juristische Arbeitsblätter |
| JR | Juristische Rundschau |
| JuS | Juristische Schulung |
| LG | Landgericht |

| | |
|---|---|
| LPartG | Lebenspartnerschaftsgesetz |
| MCA | Matrimonial Causes Act 1973 |
| MDR | Monatsschrift für Deutsches Recht |
| MittBayNot | Mitteilungen des Bayerischen Notarvereins, der Notarkasse und der Landesnotarkammer Bayern |
| MüKoBGB | Münchener Kommentar zum BGB |
| m.w.N. | mit weiteren Nachweisen |
| NJ | Neue Justiz |
| NJW | Neue Juristische Wochenschrift |
| NotBZ | Zeitschrift für die notarielle Beratungs- und Beurkundungspraxis |
| Nr. | Nummer |
| NuR | Natur und Recht |
| NZFam | Neue Zeitschrift für Familienrecht |
| o.g. | oben genannte(n) |
| OLG | Oberlandesgericht |
| RBEG | Regelbedarfsermittlungsgesetz |
| RG | Reichsgericht |
| Rn | Randnummer(n) |
| RNotZ | Rheinische Notar-Zeitschrift |
| RW | Rechtswissenschaft |
| S. | Satz oder Seite(n) |
| Sec. | Section(s) |
| SGB | Sozialgesetzbuch |
| sog. | sogenannte(n) |
| TierSchG | Tierschutzgesetz |
| TierSchHuV | Tierschutz-Hundeverordnung |
| u.a. | unter anderem |
| UPC | Uniform Probate Code |
| UPR | Umwelt und Planungsrecht |
| USA | United States of America |
| UTC | Uniform Trust Code |
| u.U. | unter Umständen |
| v | versus |
| v. | vom |
| v.a. | vor allem |
| vgl. | vergleiche |

| | |
|---|---|
| z. B. | zum Beispiel |
| ZEV | Zeitschrift für Erbrecht und Vermögensnachfolge |
| ZGB | Schweizerisches Zivilgesetzbuch |
| ZInsO | Zeitschrift für das gesamte Insolvenz- und Sanierungsrecht |
| ZRP | Zeitschrift für Rechtspolitik |
| z.T. | zum Teil |
| ZVglRWiss | Zeitschrift für Vergleichende Rechtswissenschaft |

# Kapitel 1: Einführung

Mensch und Tier – das sind, der Weltanschauung der modernen, aufgeklärten Gesellschaft nach, zwei klar zu trennende, bisweilen sogar gegensätzliche Kategorien. Zwar ist der Mensch biologisch gesehen ein Säugetier und evolvierte sich aus anderen Tiergattungen; in der heutigen Kultur der deutschen Gesellschaft wird der Mensch weit überwiegend jedoch nicht als Teil der Tierwelt, sondern als eigene, über dem Tier stehende Kategorie angesehen. Die biologisch in der Tat als eigenständige und von den sonstigen Tieren, dabei insbesondere von den (Menschen-)Affen, unterscheidbare Gattung des *homo* existiert seit über 2,5 Millionen Jahren.[1]

Seit dieser „Abspaltung" des Menschen von seinen tierischen Vorfahren war und ist das Mensch-Tier-Verhältnis stetem Wandel unterworfen. In den ersten, frühen Epochen waren Tiere vor allem Nahrungsquelle und zum Teil auch Fressfeinde des Menschen. Im Laufe der Zeit nutzte der Mensch verschiedene Bestandteile von Tieren auch zur Herstellung von Werkzeugen, Waffen und Kleidung. Seit der Existenz der modernen Gattung „Mensch", des *homo sapiens*, gewannen Tiere zunehmend auch Bedeutung als Kult- und Forschungsobjekte, Sportgeräte, Arbeitsmittel etc. Heute gibt es eine erhebliche Menge an Tieren, die sogar vornehmlich zu rein sozialen Zwecken oder aus Liebhaberei gehalten werden.[2]

So lebte im Jahr 2020 in 47 Prozent der deutschen Haushalte mindestens ein Heimtier.[3] Zu den insgesamt 34,7 Millionen Heimtieren in Deutschland im Jahr 2021 kamen etliche Nutztiere hinzu, so wurden 2020 etwa 211,8 Millionen Nutztiere gehalten.[4] Insgesamt werden in Deutschland also riesige Mengen an Tieren gehalten. 2021 wurden in Deutschland allein 16,7 Millionen Katzen und 12,27 Millionen Hunde als Heimtiere gehalten.[5] Gerade zu Hunden und Katzen

---

1 *Junker*, S. 28 ff.

2 Zum Einfluss eines Heimtiers auf die sozialen Bedürfnisse eines Menschen vgl. zusammenfassend *Reitmeier/Welsch/Zepp*, S. 152 ff.

3 Internetquelle: https://de.statista.com/statistik/daten/studie/859229/umfrage/anteil-der-haushalte-in-deutschland-mit-haustieren/, abgerufen am 08.03.2023.

4 Internetquellen: https://de.statista.com/statistik/daten/studie/156836/umfrage/anzahl-der-haushalte-mit-haustieren-in-deutschland-2010/, abgerufen am 08.03.2023; https://www.bmel-statistik.de/landwirtschaft/tierhaltung, abgerufen am 08.03.2023.

5 Internetquellen: https://de.statista.com/statistik/daten/studie/181167/umfrage/haustier-anzahl-hunde-im-haushalt/ und https://de.statista.com/statistik/daten/studie/

haben die Besitzer[6] oft eine besonders innige Beziehung. Nebst anderem werden sie gefüttert, ausgeführt, bespaßt, umsorgt, zum Friseur gebracht und mit einer speziellen Tierversicherung abgesichert. Manche Besitzer[7] trennen sich von ihren Lieblingen nicht einmal nachts und lassen ihre Vierbeiner mit im eigenen Bett nächtigen. Zuweilen sind die emotionalen Bande so stark, dass das Heimtier gar als vollwertiges Familienmitglied betrachtet wird.

## A. Problemstellung

Unabhängig vom persönlichen Verhältnis zu dem Tier bzw. den Tieren im Einzelfall, und unabhängig vom individuell ausgebildeten Grad an Tierliebe bzw. -fürsorge, regt doch bereits die genannte riesige Menge an in Deutschland gehaltenen Tieren zum Nachdenken an: Bedarf es neben dem vorhandenen TierSchG nicht auch (mehr) zivilrechtlicher Spezialnormen, deren jeweilige Anwendungsbereiche sich mit dem Umgang mit (Heim-)Tieren befassen? Befriedigen die vorhandenen Regelungen zum Umgang mit Sachen dieses Bedürfnis ggf. über die entsprechende Anwendbarkeit auf den Umgang mit Tieren gem. § 90 a S. 3 BGB? Fordert nicht die besondere Charakteristik von (Heim-)Tieren als leidensfähige Lebewesen, die (wie der Gesetzgeber bereits selbst normierte) gerade keine Sachen sind (vgl. § 90 a S. 1 BGB) und speziellem Schutz durch den Staat bedürfen (vgl. Art. 20 a GG), dass „etwas anderes bestimmt ist"? Gerade im Familien- und Erbrecht – Rechtsgebieten, in denen die Emotionen der Beteiligten eine besondere Rolle spielen – fragt sich angesichts der oft nicht unerheblichen emotionalen Bindung der Besitzer an ihre Heimtiere, warum sich im gesamten Familien- und Erbrecht keine Norm findet, die sich ausdrücklich zu (Heim-)Tieren verhält?

---

156836/umfrage/anzahl-der-haushalte-mit-haustieren-in-deutschland-2010/, jeweils abgerufen am 08.03.2023.

6 Soweit im Folgenden bei Personenbezeichnungen und personenbezogenen Hauptwörtern die männliche Form verwendet wird, geschieht dies ausschließlich aus Gründen der besseren Lesbarkeit und beinhaltet keinerlei Wertung. Entsprechende Begriffe gelten im Sinne der Gleichbehandlung grundsätzlich für alle Geschlechter (männlich/weiblich/divers).

7 Der Begriff „Besitzer" ist, soweit er in der vorliegenden Arbeit in unmittelbarem Kontext mit dem Begriff des (Heim-)Tiers verwendet wird, nicht im rechtsterminologischen Sinne der §§ 854 ff. BGB zu verstehen; sondern es ist damit – unabhängig von den rechtlichen Eigentums- und Besitzverhältnissen – der „Tierbesitzer" im umgangssprachlichen Sinne, also das „Herrchen" des Tiers gemeint.

## B. Ziel der Arbeit und Gang der Untersuchung

Die vorliegende Arbeit untersucht das deutsche Familien- und Erbrecht einschließlich der entsprechenden Rechtsprechung daraufhin, unter welche familien- und erbrechtlichen Normen Heimtiere ggf. unter Zuhilfenahme der Methoden der Auslegung und Analogiebildung subsumiert werden können und müssen.

Dabei wird als Heimtier im Sinne dieser Arbeit definiert: ein unfrei lebendes Tier, das, unabhängig davon, ob es im Haushalt (also in der Wohnung) des Besitzers oder z. B. auf einer Weide lebt, spezielle Versorgung bzw. Betreuung durch den Besitzer erfährt und weder zum Zwecke der Erwirtschaftung eines finanziellen Mehrwerts noch als Nahrungsquelle (für den Menschen oder für andere Tiere), sondern (zumindest in der Hauptsache) zum Zwecke der Befriedigung eines ideellen Interesses, z. B. der Verwirklichung eines Hobbys, als Gefährte oder aus Liebhaberei gehalten wird.[8]

Weiter ist Ziel dieser Arbeit, zu überprüfen, ob die Ergebnisse, die sich anhand vorgenannter Rechtsuntersuchung ergeben, in Anbetracht des besonderen Status der Tiere, die gem. § 90 a S. 1 BGB keine Sachen sind, angemessen sind. Wo dies nicht der Fall ist, wird ein Alternativkonzept im Sinne eines Vorschlags de lege ferenda erarbeitet.

Um die vorgenannte Untersuchung sachgerecht durchführen zu können, werden in einem ersten Schritt die Begriffe des Heimtiers und des Tierwohls definierend hergeleitet und in einem zweiten Schritt die Stellung von Tieren im deutschen Zivilrecht allgemein abgebildet und hinterfragt. Dabei wird ein Abriss der derzeit vertretenen Positionen zu den wichtigsten Kernpunkten der Thematik erfolgen und eine vorläufige Stellungnahme abgegeben werden. Schwerpunkt bildet die besondere Charakteristik von Tieren, die gem. § 90 a S. 1 BGB zwar keine Sachen sind, aber gem. § 90 a S. 3 BGB immer dann analog zu diesen behandelt werden (sollen), wenn keine leges speciales vorhanden sind. Eine umfassende Aufarbeitung der Stellung des Tiers im gesamten Zivilrecht kann im Rahmen dieser Arbeit jedoch nicht erfolgen. Das Ergebnis dieses ersten Teils wird zugleich den adäquaten Prüfungsmaßstab für die anschließende Analyse des deutschen Familien- und Erbrechts vorgeben.

Einleitend werden innerhalb der Untersuchung des deutschen Familienrechts darauf, wie es sich zu Heimtieren verhält, die verschiedenen, in diesem Zusammenhang vorgefundenen Problematiken erörtert. Dies betrifft die Fragen, wie

8 Zur Definitionsherleitung vgl. Kapitel 2-A.

Heimtiere bei Scheidung und bei Trennung ver- bzw. zugeteilt werden und insbesondere welche Ermessensgesichtspunkte dabei zu berücksichtigen sind, ob es eine Art Sorge- und/oder Umgangsrecht für bzw. an Heimtieren gibt bzw. geben könnte und, ob derjenige nichteheliche Lebensgefährte[9] bzw. Ehegatte[10], der das Heimtier final erhält, Unterhaltsansprüche gegen den anderen wegen der mit der Tierversorgung verbundenen Kosten geltend machen kann. Innerhalb der Analyse des Familienrechts wird besonderes Augenmerk auf die entsprechende Rechtsprechung gelegt, die zu den vorgenannten Einzelproblemen mitunter kuriose und einmalige Entscheidungen hervorgebracht hat. Interessant sind im Zusammenhang mit der Frage der Ver- bzw. Zuteilung von Heimtieren bei Scheidung die entsprechenden Antworten fremder Rechtsordnungen hierauf, die zum Teil wesentlich von der deutschen abweichen. Drei dieser Antworten, nämlich die des englischen, spanischen und schweizerischen Rechts werden beispielhaft herausgestellt.

Bei der anschließenden Untersuchung des Erbrechts wird zunächst dargestellt, inwieweit Heimtiere de lege lata Teil bzw. Beteiligte eines Erbfalls sind, wenn dieser sich nach der gesetzlichen Erbfolge richtet. Dabei wird auch auf haftungsrechtliche und kostentechnische Gesichtspunkte eingegangen, sowie auf den für den Erblasser oftmals entscheidenden Punkt, wer von mehreren Erben das Heimtier letztendlich zur weiteren Pflege und Versorgung übernimmt bzw. übernehmen kann bzw. zugewiesen erhält. Schwerpunkt bildet innerhalb der Untersuchung des deutschen Erbrechts die Frage, wie eine (Vermögens-)

---

9 Es existiert weder eine allgemeingültige Definition der „nichtehelichen Lebensgemeinschaft“ noch eine solche für den Teilbereich des Zivilrechts, vgl. *Hilbig-Lugani*, S. 139; *Steffen*, S. 36; Soergel/Siebert/*Schumann*, NEhelLG Rn 1. Jedenfalls für diese Arbeit soll eine nichteheliche Lebensgemeinschaft aber definiert werden als eine Gemeinschaft zweier Personen, die auf unbestimmte Dauer eine umfassende Lebensgemeinschaft verwirklichen wollen, und die sich durch innere Bindungen, die ein gegenseitiges Einstehen der Partner füreinander begründen, auszeichnet (vgl. Soergel/Siebert/*Schumann*, NEhelLG Rn 1; Staudinger/*Löhnig*, Anh. zu §§ 1297 ff. Rn 11 ff.). Eine intime Beziehung zwischen den Partnern kann optional hinzutreten (vgl. Soergel/Siebert/*Schumann*, ebd.; Staudinger/*Löhnig*, §§ 1297 ff. Rn 15).

10 Soweit in dieser Arbeit von Ehegatten die Rede ist, sind damit alle in der Bundesrepublik Deutschland zulässigen Eheformen gemeint, ausdrücklich auch die Ehe zwischen zwei gleichgeschlechtlichen Menschen. Aufgrund der erfreulicherweise mittlerweile eröffneten Möglichkeit der Eheschließung durch zwei gleichgeschlechtliche Menschen wird das LPartG, das gem. § 1 S. 2 LPartG nur noch für „Alt“-Lebenspartnerschaften und im Ausland geschlossene Lebenspartnerschaften gilt, weiter an Bedeutung verlieren. In dieser Arbeit wird daher auf das LPartG nicht gesondert eingegangen.

Zuwendung an Heimtiere bzw. die Zuweisung von Heimtieren an bestimmte Personen zur weiteren Pflege und Versorgung kraft letztwilliger Verfügung de lege lata möglichst sicher erfolgen können. Die Antworten auf diese Frage werden zusammenfassend in einem praxistauglichen, beispielhaft ausformulierten „Tiertestament“ fixiert. Soweit das deutsche Erbrecht für das Sonderfeld „Heimtiere“ keine hinreichend angemessenen bzw. keine optimalen Ergebnisse herbeizuführen vermag, und insofern korrektur- bzw. erweiterungsbedürftig ist, wird im Wege der Rechtsvergleichung mit dem englischen Recht nach alternativen Lösungsansätzen bzw. Normmodellen gesucht. Vorangehend erfolgt eine Kurzdarstellung des englischen Rechts hinsichtlich ausgewählter Themenbereiche.

Anknüpfend an die zuvor gefundenen Untersuchungsergebnisse werden abschließend entsprechende Reformvorschläge zu einzelnen der gefundenen Defizite bzw. Optimierungsmöglichkeiten des deutschen Familien- und Erbrechts unterbreitet.

## C. Stand des Schrifttums

Bisher mit einigen der vorgenannten bzw. ähnlichen Problemen intensiver befasst haben sich *Arning, Bahn, Brüninghaus, Gerick, Jedelhauser, Raspé, Stucki* und *Turna-Koch.*

*Gerick* (2005) legt den Schwerpunkt ihrer Betrachtungen darauf, den historischen Verlauf und den (damals) aktuellen Stand des Tierschutzes und der damit verknüpften Tierethik aufzuzeigen. Sie behandelt aber nicht die Stellung des Tiers im Zivilrecht und damit auch nicht im Familien- und Erbrecht.

*Brüninghaus* (1993) stellt der rechtlichen Betrachtung eine Untersuchung der Ethik betreffend den Umgang mit „dem Tier“ voran. Sie stellt sodann dar, welche Rechte und Schuldverhältnisse betreffend Tiere bestehen können, wobei sie herausarbeitet, welche ethischen Wertaussagen damit einhergehen. Schließlich wird die Rechtsobjektstellung der Tiere sowie eine etwaige Stellung als Rechtssubjekte ethisch gewürdigt.

Auch *Raspé* (2013) stellt ihrer rechtlichen Untersuchung eine Betrachtung des Umgangs der Ethik bzw. Philosophie mit Tieren voran. Sodann untersucht sie das Recht auf den Umgang mit Tieren, wobei der Schwerpunkt darauf liegt, zu erarbeiten, welcher Schutz (auch: welche Schutzgüter) Tieren zugesprochen wird (bzw. werden). Nachdem dabei auch die besondere Stellung des Tiers *„zwischen Objekt- und Subjektstellung“*[11] untersucht wurde, schließt *Raspé* mit der Erarbeitung

11 *Raspé,* S. 273.

des Konzepts der „tierlichen Person“ zur möglichen künftigen Rechtsstellung von Tieren.

*Jedelhauser* (2011) untersucht ähnlich *Raspé* ausgehend von ethischen Erwägungen zur Frage, welche Interessen und Schutzgüter Tieren zukommen (können), das (schweizerische) Recht darauf, welchen Schutz es Tieren gewährt. Dabei geht sie vorwiegend auf das Verwaltungsrecht ein.

*Stucki* (2016) wählt ebenfalls einen ethischen Ansatz. Sie stellt die aktuelle Stellung von Tieren im Rechtssystem dar und erarbeitet sodann ausgehend von den angestellten ethischen Erwägungen ein eigenes Konzept zur möglichen Rechtssubjektstellung von Tieren de lege ferenda.

Ähnlich den vorgenannten Arbeiten, jedoch ohne dass selbst ein ethischer Ansatz ausgearbeitet wird, geht *Arning* (2008) vor. An die Darstellung der ethischen Positionen zu Tierrechten schließt sich die Prüfung an, mit welcher Methodik juridische Tierrechte am besten in das deutsche Rechtssystem eingefügt werden können, wobei jeweils auch der eigens entwickelte Vorschlag der partiellen Rechtsfähigkeit miteinbezogen wird.

*Bahn* (2019) beginnt ihre Untersuchung des österreichischen Rechts damit, Grundlagen wie den Tierbegriff, die verschiedenen Qualitäten des Tierschutzes, sowie die (damalige) gegenwärtige Rechtsposition des Tiers, insbesondere auch hinsichtlich seiner Objekt- bzw. Subjektstellung, darzustellen. Es schließt sich ein Abschnitt zur möglichen Positionierung von Tieren de lege ferenda an. *Bahn* geht im Rahmen ihrer Arbeit auch kurz auf das Tier als Erben und im Ehe- und Partnerschaftsrecht ein, indes nur bezogen auf das österreichische Recht.

*Tuma-Koch* (2021) geht einleitend ebenfalls auf die Stellung des Tiers als aus dem Sachbegriff herausgenommenes Rechtsobjekt ein. Dabei legt *Tuma-Koch* einen Schwerpunkt auf die Auswertung der diesbezüglichen Rechtsprechung. Die eigentliche Untersuchung *Tuma-Kochs* hinsichtlich der Stellung von Tieren gerade im Zivilrecht fokussiert ebenfalls in weiten Teilen die existente Rechtsprechung. Sie orientiert sich durchweg daran, festzustellen, in welcher Hinsicht jeweils die von der Autorin als Hauptgesichtspunkte identifizierten Merkmale des Tierwohls und des Affektionsinteresses herangezogen wurden. Im Rahmen dieser Untersuchung wird auch auf die Problematik der Zuweisung eines Tiers bei Trennung eingegangen.

Eine teilweise Überschneidung der vorliegenden Arbeit mit den vorgenannten Werken besteht hinsichtlich der Untersuchung der Stellung von Tieren als Rechtssubjekt bzw. -objekt. Im Unterschied zu einigen der vorstehenden Arbeiten basiert die vorliegende nicht auf einem ethischen Ansatz. Daneben liegt der sie von den vorgenannten Veröffentlichungen abgrenzende Schwerpunkt dieser Arbeit in der vertieften Untersuchung des aktuellen deutschen Erb- und Familienrechts nebst Analyse der relevanten Rechtsprechung.

# Kapitel 2: Begriff des Heimtiers und des Tierwohls

Im Rahmen der folgenden Untersuchung des deutschen Familien- und Erbrechts werden im Besonderen die Begriffe des Heimtiers und des Tierwohls bzw. deren genaue Bedeutungen relevant werden. Da es sich bei diesen nicht um feststehende Begrifflichkeiten der Rechtssprache handelt, gilt es, diese vorab zu erörtern.

## A. Begriff des (Heim-)Tiers

Das Verhältnis vom Menschen zum Heimtier ist in den meisten Fällen von fremdnütziger Fürsorge um des Tieres willen gekennzeichnet. Dagegen zeigt der Umgang des Menschen mit Tieren, die zum Konsum bestimmt sind, zum Beispiel bei der Massentierhaltung, dass hier die Gewinnmaximierung das zentrale Ziel ist, auch wenn die hierauf gerichteten Maßnahmen sich zulasten des Tierwohls auswirken. Tier ist also nicht gleich Tier.

Auch der Gesetzgeber unterscheidet zum Teil zwischen verschiedenen Tierarten und Nutzungszwecken oder differenziert anderweitig zwischen verschiedenen Unterkategorien von Tieren. Der speziellere Begriff des Heimtiers wird vom deutschen Gesetzgeber nicht verwendet, wohl aber vom europäischen. Dieser liefert dabei im Rahmen des Europäischen Übereinkommens zum Schutz von Heimtieren vom 13.11.1987 auch eine (nicht für das deutsche Recht als solches verbindliche) Definition. Dort wird in Kapitel 1 Art. 1 Abs. 1 bestimmt: „Der Ausdruck Heimtier bezeichnet ein Tier, das der Mensch insbesondere in seinem Haushalt zu seiner eigenen Freude und als Gefährten hält oder das für diesen Zweck bestimmt ist".

Im Schrifttum wird der Begriff des Heimtiers zwar von einigen Autoren verwendet, jedoch ohne dass sich hier ein Konsens hinsichtlich einer allgemein- bzw. teilgültigen Definition herausgebildet hätte. Die Verwendung des Begriffs erfolgt sogar häufig ohne Offenlegung der vom jeweiligen Autor individuell zugrunde gelegten Definition.[12]

---

12 Vgl. z. B. *Jedelhauser*, insbesondere S. 111; *Lorz*, NuR 1989, 337 (339 f.); *Raspé*, S. 53 ff.; *Tuma-Koch*, insbesondere S. 394 f.

## I. Tierbegriff außerhalb des Rechts

Nähert man sich der Bedeutung des Begriffs „Tier“ aus sprachwissenschaftlicher Sicht, so ist nach den Erkenntnissen der Etymologie und der Wortherkunft vom althochdeutschen „tior“ zu vermuten, dass der Begriff „atmendes Wesen“ bedeutet.[13] Der Duden weist dem Begriff „Tier“ heute schon deutlich präzisierender folgende Bedeutung zu: „mit Sinnes- und Atmungsorganen ausgestattetes, sich von anderen tierischen oder pflanzlichen Organismen ernährendes, in der Regel frei bewegliches Lebewesen, das nicht (oder weniger stark als der Mensch) zu logischem Denken und zum Sprechen befähigt ist“.[14] Zu juristischen Zwecken vermag diese Definition nicht genutzt zu werden, da sie nicht das nötige Maß an Konkretisierung aufweist.

Im naturwissenschaftlichen Sinne wird die Gesamtheit der irdischen Tiere übergeordnet gruppiert in die Metazoa (= Gesamtheit der Metazoen, der vielzelligen Tiere) und in die Protozoa (= Gesamtheit der Protozoen, der einzelligen Tiere).[15] Damit umfasst der naturwissenschaftliche Tierbegriff von Amöben über Pantoffeltierchen und Weichtieren wie Schnecken auch Fische, Vögel, Katzen und Hunde als „klassische“ Heimtiere.[16] Er ist damit noch weiter als der vorgenannte Tierbegriff des Dudens und kann im Rahmen einer juristischen Definitionsfindung lediglich zu einer ersten Grobbegrenzung des Tierbegriffes herangezogen werden.

## II. Tierbegriff im Recht

Auch innerhalb des Rechts tauchen verschiedene Tierbegriffe auf.

### *1. Grundgesetz*

Im Grundgesetz findet sich lediglich eine Norm, deren Regelungsgehalt Tiere unmittelbar betrifft: Art. 20 a GG.[17] „Tiere“ i.S.d. Art. 20 a GG meint nicht alle

13 Internetquelle: https://www.duden.de/rechtschreibung/Tier, abgerufen am 08.03.2023.

14 Ebd.

15 *Lorz/Metzger*, Einführung Rn 2 ff.; *Remane/Storch/Welsch*, S. 1 ff., 35 ff.

16 *Remane/Storch/Welsch*, S. 1 ff., 3, 19 f., 170 f., 681 ff., 766 f.

17 Art. 74 GG trifft zwar auch Regelungen zu Tieren bzw. dem Tierschutz, stellt aber lediglich eine Kompetenz-Zuweisungsnorm dar, vgl. Dreier/*Wittreck*, Art. 72 Rn 15 i.V.m. Art. 74 Rn 15 f.; Mangoldt/Klein/Starck/*Oeter*, Art. 72 Rn 4 i.V.m. Art. 74/ Rn 1 ff.; Sachs/*Degenhart*, Art. 74 Rn 1.

Tiere im biologischen Sinne.[18] Hintergrund der Einführung der Norm war, einen „ethischen Tierschutz“ im Grundgesetz zu verankern, wobei die Notwendigkeit desselben mit der „Leidens- und Empfindungsfähigkeit insbesondere von höher entwickelten Tieren“ begründet wurde.[19] Insofern ist der Begriff „Tiere“ i.S.d. Art. 20 a GG teleologisch reduziert so zu verstehen, dass nur lebende Tiere erfasst sind, die zudem leidens- und schmerzempfindlich sein müssen,[20] wobei eine weite Auslegung, gerade in Zweifelsfällen, gefordert wird.[21]

Welche Tiere leidens- und schmerzempfindlich sind, ist naturwissenschaftlich noch nicht abschließend geklärt. So wurde über Jahrzehnte angenommen, dass Wirbeltiere grundsätzlich schmerzempfindlich seien, wirbellose Tiere hingegen grundsätzlich schmerzunempfindlich.[22] Neuere wissenschaftliche Erkenntnisse zeigen jedoch, dass auch (wenigstens einige) wirbellose Tiere Schmerz empfinden können.[23] Man wird sich daher immer an den neuesten naturwissenschaftlichen Erkenntnissen orientieren müssen, ohne dass ein Anspruch auf erschöpfende Begrenzung der erfassten Tiere besteht.

### *2. Bürgerliches Gesetzbuch*

Naheliegend ist die Idee, eine für das Familien- und Erbrecht gültige Definition des Tierbegriffs im BGB zu suchen. „Tiere“ bzw. Unterkategorien des Begriffs „Tier“ werden im BGB an unterschiedlichen Stellen erwähnt, nämlich in §§ 90 a, 98, 251, 833, 834, 903, 960, 961 ff. BGB.[24]

---

18 Dreier/*Schulze-Fielitz*, Art. 20 a Rn 55; Epping/Hillgruber/*Huster/Rux*, Art. 20 a Rn 19; *Schmidt-Bleibtreu et al.*, Art. 20 a Rn 36; a.A. *Raspé*, S. 215 f.

19 BT-Drucks. 14/8860, S. 3.

20 Vgl. Fußnote 18 und *Faller*, S. 146; *Jarass*/Pieroth, Art. 20 a Rn 12; a.A. *Raspé*, S. 215 f.

21 Dreier/*Schulze-Fielitz*, Art. 20 a Rn 55; *Schmidt-Bleibtreu et al.*, Art. 20 a Rn 36.

22 Vgl. dazu auch das TierSchG, das zwar Schmerz und Leid von allen Tieren abzuwenden sucht (vgl. § 1 S. 2 TierSchG), jedoch bereits bei der Tötung von Tieren differenziert und diesbezüglich (jedenfalls ausdrücklich) nur noch die Wirbeltiere schützt, vgl. § 4 Abs. 1 TierSchG.

23 Vgl. für Krebstiere: Internetquelle: https://www.eurekalert.org/news-releases/515996, abgerufen am 08.03.2023; vgl. für Kopffüßler: https://www.sciencedirect.com/science/article/pii/S2589004221001978?via%3Dihub, abgerufen am 08.03.2023.

24 Die §§ 961–964 BGB betreffen nur ganze Bienenschwärme als Sachgesamtheit und regeln (nur) spezielle sachenrechtliche Aneignungs- bzw. Verlustaspekte (vgl. Erman/*Ebbing*, § 961 Rn 1; MüKoBGB/*Oechsler*, § 961 Rn 1), sodass diesen im Rahmen dieser Arbeit keine Relevanz zukommt.

Keine der Normen enthält eine (Legal-)Definition des Tierbegriffs. Der jeweils weiteste Anwendungsbereich ergäbe sich durch die Zugrundelegung des naturwissenschaftlichen Tierbegriffs.[25] Es erscheint jedoch fraglich, ob der Gesetzgeber tatsächlich alle dem naturwissenschaftlichen Tierbegriff unterfallenden Tiere durch die jeweiligen Normen erfasst wissen wollte.[26]

So wird in den Gesetzesmaterialien zur Einfügung des § 90 a BGB an mehreren Stellen vom Tier als „Mitgeschöpf" gesprochen oder es als „schmerzempfindliches Lebewesen" bezeichnet.[27] Ob der Anwendungsbereich des § 90 a BGB entsprechend beschränkt ist, wird diskutiert.[28] Selbst wenn man den Gedanken verfolgt, dass nicht alle Tiere im biologisch-naturwissenschaftlichen Sinne erfasst sind, sondern nur „schmerzempfindliche, lebende Mitgeschöpfe", wäre dadurch dennoch keine hinreichende Eingrenzung gegeben, da sich diese Begrenzung auch unter Zuhilfenahme naturwissenschaftlicher Daten und Fakten nicht konkret ausfüllen lässt.[29]

In § 98 Nr. 2 BGB, der festlegt, was als gewerbliches und landwirtschaftliches Inventar dem wirtschaftlichen Zweck der Hauptsache zu dienen bestimmt ist, taucht der Begriff „Vieh" auf. Der Begriff wird synonym zum Begriff des Tiers verwendet und der Anwendungsbereich der Norm über das Tatbestandsmerkmal „zum Wirtschaftsbetrieb bestimmt" eingegrenzt.[30] Aufgrund der zwangsläufigen Begriffseinschränkung durch die entsprechend nötige Widmung ist eine genaue Definition, welche Tiere ohne diese Einschränkung erfasst sein könnten, obsolet.

§ 251 Abs. 2 S. 2 BGB, der Schadensersatzansprüche bei Verletzung eines Tiers regelt, gilt seinem Wortlaut nach unterschiedslos für alle Arten von Tieren. Bereits aus den realen Gegebenheiten und Grenzen der Veterinärmedizin ergibt sich jedoch eine Begrenzung auf solche Tiere, die heilbehandelbar sind, womit

---

25 Dazu, welche Tiere diesem unterfallen, siehe Kapitel 2-A-I. Zum Rückgriff vgl. Staudinger/*Stieper*, § 90 a Rn 5.

26 Vgl. zum extrem großen Umfang des Tierbegriffs im naturwissenschaftlichen Sinne Kapitel 2-A-I.

27 BT-Drucks. 11/5463, S. 1 und 5; BT-Drucks. 11/7369, S. 1.

28 Vgl. u.a. MüKoBGB/*Stresemann*, § 90 a Rn 4 und Hau/Poseck/*Fritzsche*, § 90 a Rn 3, Staudinger/*Stieper*, § 90 a Rn 5, jeweils m.w.N. Für § 285 a ABGB (österreichisches Pendant zu § 90 a BGB) wurde im Gesetzgebungsverfahren (ohne Auswirkungen) darüber hinaus eine Reduktion des Anwendungsbereichs auf „Tiere höherer Art" bzw. ein Ausschluss „schädlicher" Tiere diskutiert, vgl. Staudinger/*Stieper*, § 90 a Rn 5.

29 Staudinger/*Stieper*, § 90 a 5; vgl. Kapitel 2-A-II.

30 MüKoBGB/*Stresemann*, § 98 Rn 18 f.; Grüneberg/*Ellenberger*, § 98 Rn 4.

jedenfalls ein großer Teil der Kleinstlebewesen (Einzeller, kleine Insekten etc.) ausgeschlossen sein dürfte. Darüber hinaus ergibt sich eine Einschränkung der erfassten Tiere daraus, dass für Tiere, an denen weder Eigentum eines Rechtssubjekts besteht noch ein Aneignungsrecht begründet ist, keine Anspruchsgrundlage besteht, aus der sich § 251 Abs. 2 S. 2 BGB als Rechtsfolge ergeben könnte.[31] Ob darüber hinaus eine teleologische Reduktion dahingehend geboten ist, dass nur Heimtiere von der Norm erfasst sind, da nur an solchen das der Regelung zugrunde liegende besonders schützenswerte Affektionsinteresse besteht, ist umstritten.[32] In jedem Fall bietet auch § 251 BGB aus sich heraus keine hinreichenden Anhaltspunkte zur weiteren Definitionsfindung.

Auch in den Haftungsnormen der §§ 833, 834 BGB findet sich der Begriff „Tier". Hier ergibt sich bereits aus dem Schutzzweck der Norm ein notwendig weites Verständnis des Begriffs. Es sind demnach grundsätzlich alle Tiere im naturwissenschaftlichen Sinne erfasst.[33] Lediglich die Frage, ob auch Mikroorganismen wie Viren und Bakterien von der Norm umfasst sind, ist umstritten, was jedoch im Rahmen dieser Untersuchung irrelevant ist.[34]

In § 833 S. 2 BGB wird differenzierend der Unterbegriff „Haustier" verwendet, ohne dass er legaldefiniert würde. Bereits das *Reichsgericht* definierte jedoch das Haustier in diesem Sinne als ein zahmes Tier, *„das in der Hauswirtschaft zu dauernder Nutzung oder Dienstleistung gezüchtet und gehalten"* wird und *„dabei auf Grund von Erziehung und Gewöhnung der Beaufsichtigung und dem beherrschenden Einfluss des Halters untersteht"*.[35] Auch heute noch wird das Haustier i.S.d. § 833 S. 2 BGB so oder ähnlich definiert und als Gegenteil des wilden Tiers gesehen.[36] Um dessen Rechtsfolge auszulösen, muss im Rahmen des § 833 S. 2 BGB das Merkmal hinzutreten, dass das Haustier „dem Beruf, der Erwerbstätigkeit oder dem Unterhalt zu dienen bestimmt ist". In der Kommentarliteratur werden Haustiere, die dieses zusätzliche Merkmal erfüllen, auch als „Nutztiere"

---

31 Staudinger/*Schiemann*, § 251 Rn 30.

32 Für eine teleologische Reduktion vgl. MüKoBGB/*Oetker*, § 251 Rn 56; dagegen die h.M., vgl. dazu statt vieler: Hau/Poseck/*Flume*, § 251 Rn 28; *Grüneberg*, § 251 Rn 7, Staudinger/*Schiemann*, § 251 Rn 30, jeweils m.w.N.

33 MüKoBGB/*Wagner*, § 833 Rn 10; Grüneberg/*Sprau*, § 833 Rn 4.

34 Vgl. zum Streitstand Staudinger/*Eberl-Borges*, § 833 Rn 12 ff.

35 RGZ 158, 388 (391); 79, 246 (247 f.).

36 Vgl. OLG Stuttgart, MDR 2018, 1183; BeckOK/*Spindler*, § 833 Rn 27; MüKoBGB/*Wagner*, § 833 Rn 48; Staudinger/*Eberl-Borges*, § 833 Rn 118.

betitelt.[37] Das Nutztier wird im juristischen Schrifttum, zumindest im Zusammenhang mit § 833 BGB also gerade nicht als Gegensatz zum Haustier, sondern als Unterfall des Haustiers definiert. Dies widerspricht nach Auffassung der Autorin dem umgangssprachlichen Sprachgebrauch der heutigen Zeit, nach welchem die Begriffe „Haustier" und „Nutztier" ein Gegensatzpaar bilden.

§ 903 S. 2 BGB, der die Befugnisse des Eigentümers regelt, hat in Bezug auf das Tier rein deklaratorische Bedeutung, da sich die Beschränkung der Eigentümerbefugnisse durch die Tierschutzgesetze bereits aus S. 1 ergibt.[38] § 903 S. 1, 2 BGB bieten keinen Anhaltspunkt für eine Einschränkung des weiten, naturwissenschaftlichen Tierbegriffs. Eine solche ist aus teleologischen Gründen auch abzulehnen, da sich die zur Praktikabilität notwendigen Einschränkungen zielgerichteter und sinnvoller direkt in den jeweiligen Tierschutzbestimmungen verankern lassen.

§ 960 BGB zur Aneignung behandelt den Unterfall des „wilden Tiers" als Gegenstück zum (zahmen) Haustier. Der überwiegende Teil des Schrifttums grenzt die Wildtiereigenschaft danach ab, ob das Tier seiner Art nach normalerweise frei von menschlicher Herrschaft lebt oder nicht.[39] Nach Ansicht der Autorin kann es jedenfalls im Hinblick auf den Umgang mit Heimtieren im Familien- und Erbrecht keine generalisierte, nach Gattung des Tiers differenzierende Aufteilung in wilde Tiere einerseits und Haus- bzw. Heimtiere andererseits geben, da im Familien- und Erbrecht entscheidend das Affektionsinteresse am jeweiligen Einzeltier im Vordergrund steht. In Zeiten, in denen entsprechend vermögende Menschen mitunter Tiere wie Kapuzineraffen, Haie oder Raubkatzen im privaten Umfeld zum eigenen Vergnügen halten, können diese Tiere nicht bereits aufgrund dessen, dass sie normalerweise frei von menschlicher Herrschaft leben, prinzipiell von der Möglichkeit ausgeschlossen werden, im Rahmen des Familien- und Erbrechts als Haus- bzw. Heimtiere qualifiziert zu werden. *Oechsler* hingegen vertritt im Unterschied zum überwiegenden Teil des Schrifttums differenzierter, dass es nicht darauf ankomme, ob das Tier seiner Art nach grundsätzlich eher domestiziert oder wild lebt, sondern darauf, ob das konkrete Tier zu seinem Besitzer aus eigenem Instinkt zurückkehrt oder, ob dem (dann wilden) Tier dieser animus revertendi fehlt.[40] Um diesen Ansatz

---

37 Erman/*Wilhelmi*, § 833 Rn 1; Jauernig/Stürner/*Teichmann*, § 833 Rn 7; Grüneberg/*Sprau*, § 833 Rn 17.

38 Hau/Poseck/*Fritzsche*, § 903 Rn 72; MüKoBGB/*Brückner*, § 903 Rn 66.

39 Erman/*Epping*, § 960 Rn 2; Grüneberg/*Herrler*, § 960 Rn 1; Soergel/Siebert/*Henssler*, § 960 Rn 1; Staudinger/*Gursky*, § 960 Rn 1, 2.

40 MüKoBGB/*Oechsler*, § 960 Rn 2.

von der Unterscheidung im Rahmen des § 960 BGB auf das Familien- und Erbrecht zu übertragen, müsste jedoch vorausgesetzt werden, dass alle Tiere, die dem familien- und erbrechtlichen Haus- bzw. Heimtierbegriff unterfallen (müssen), einen animus revertendi aufweisen. Diese Hypothese kann jedoch, auch ohne naturwissenschaftliche und/oder tierpsychologische Daten, bereits aus der allgemeinen Lebenserfahrung heraus widerlegt werden. So mögen z. B. Hunde und Katzen sehr häufig auch ohne äußere Einflüsse, allein aufgrund Gewöhnung oder gar eigenen Willens freiwillig zu ihren Besitzern zurückkehren. Dagegen werden zahlreiche andere Tiere wie Kaninchen oder Hamster nicht ohne Grund in Käfigen bzw. Gehegen gehalten. Auch an letzteren Tieren kann jedoch das im Familien- und Erbrecht besondere Bedeutung erlangende Affektionsinteresse bestehen. Im Ergebnis lässt sich daher festhalten, dass beide im Rahmen des § 960 BGB angewandten Abgrenzungskriterien nicht auf das Familien- und Erbrecht übertragbar sind.

Die Suche im BGB nach einer für das Familien- und Erbrecht tauglichen Definition des Heimtiers führt mithin insgesamt zu keinem eindeutigen Ergebnis. Vielmehr ist als Resultat der vorangegangenen Untersuchung festzuhalten, dass die Definition sich am jeweiligen Schutzzweck der Norm(en) orientieren muss; wobei bereits aufgrund naturwissenschaftlicher Defizite eine exakte, erschöpfende Definition nicht das Ziel sein kann.

### 3. *Tierbegriff in der Zivilprozessordnung*

Zu fragen ist, ob die Zivilprozessordnung Anhaltspunkte für die Konkretisierung des Tierbegriffs bietet.

§ 765 a ZPO ist eine Generalklausel des Schuldnerschutzes zur Verhinderung von mit den guten Sitten unvereinbaren Vollstreckungsmöglichkeiten. § 765 a Abs. 1 S. 3 ZPO normiert, dass bei der nach S. 1 vorgesehenen Abwägung zwischen dem Vollstreckungsinteresse des Gläubigers und dem Schutzbedürfnis des Schuldners auch tierschutzrechtliche Erwägungen bzw. auch nicht normierte tierschutzrechtliche Aspekte einzubeziehen sind. Die Auffangnorm bedingt durch den notwendig weiten Anwendungsbereich,[41] der durch die konkrete Einzelfallabwägung hinreichend beschränkt ist, dass alle Tiere im naturwissenschaftlichen Sinne der Norm unterfallen. Eine Eingrenzung des Tierbegriffs kann sich daher nicht an § 765 a Abs. 1 S. 3 ZPO orientieren.

---

41 *Musielak/Voit*, § 765 a Rn 1; *Zöller*, § 765 a Rn 1.

§ 811 Abs. 1 Nr. 8 ZPO bestimmt, welche Sachen und Tiere unpfändbar sind. Er erfasst dabei mit dem Tatbestandsmerkmal „Tier“ zunächst alle Tiere im naturwissenschaftlichen Sinne.[42] Während die Vorgängervorschrift § 811 c ZPO noch forderte, dass das Tier im „häuslichen Bereich“ des Schuldners lebt, wobei genügte, dass eine räumliche Nähe im Herrschaftsbereich des Schuldners bestand,[43] verzichtet der neue § 811 Abs. 1 Nr. 8 ZPO erfreulicherweise auf eine solche Voraussetzung.[44] Es war insofern auch nicht nachvollziehbar, warum der geliebte Familienhund geschützt werden sollte, nicht aber das ebenso geliebte Reitpferd, das in einem 20 Kilometer entfernten Stall untergebracht ist. Nunmehr sind alle Tiere erfasst, auch wenn diese ohne räumliche Nähe gänzlich außerhalb des häuslichen Bereichs des Schuldners leben.[45] Das Tier darf ausweislich des Gesetzeswortlauts jedoch nicht zu Erwerbszwecken gehalten und auch nicht zur Ausübung einer Erwerbstätigkeit benötigt werden. Die beiden letztgenannten Ausschlussmerkmale entsprechen dem umgangssprachlichen Verständnis des Begriffs „Haustier“. Es erscheint angemessen, diese Einschränkungen bei der weiteren Definitionsfindung jedenfalls ähnlich zu übernehmen.

## III. Tierbegriff in dieser Arbeit

Soweit im Folgenden allgemein von „Tier(en)“ gesprochen wird, sind alle Metazoen[46] – unabhängig von ihren sie ggf. als Heim- oder Nutztier qualifizierenden Merkmalen – gemeint, soweit sich nicht aus dem jeweiligen Kontext etwas anderes ergibt.

### *1. Heimtiere*

Ob ein Tier ein Heimtier im Sinne dieser Arbeit ist, ist weder anhand seiner Art noch seines animus revertendi zu bestimmen. Vielmehr ist angelehnt an die umgangssprachliche Bedeutung des Wortes „Haus- bzw. Heimtier“ als ein Heimtier in Sinne dieser Arbeit zu definieren: Ein unfrei lebendes Tier, das, unabhängig davon, ob es im Haushalt (also in der Wohnung) des Besitzers oder z. B. auf einer Weide lebt, spezielle Versorgung bzw. Betreuung durch den

---

42 *Musielak/Voit*, § 811 Rn 24 d.

43 Saenger/*Rainer/Kemper*, § 811 c ZPO Rn 2.

44 *Herberger*, JA 2022, 21 (24); *Musielak/Voit*, § 811 Rn 24 d; *Zöller*, § 811 Rn 33.

45 Ebd.

46 Aufgrund ihrer extrem untergeordneten Bedeutung lässt die vorliegende Arbeit einzellige Tiere gänzlich außen vor.

Besitzer erfährt und weder zum Zwecke der Erwirtschaftung eines finanziellen Mehrwerts noch als Nahrungsquelle (für den Menschen oder für andere Tiere), sondern (zumindest in der Hauptsache) zum Zwecke der Befriedigung eines ideellen Interesses, z. B. der Verwirklichung eines Hobbys, als Gefährte oder aus Liebhaberei gehalten wird. Dabei zählt zu vorgenannten ideellen Interessen auch die Förderung der eigenen[47] Gesundheit bzw. die Erleichterung des eigenen Alltags, etwa durch Haltung eines Blinden- oder Diabetikerwarnhunds. Die subjektive Zweckbestimmung, wie sie durch den Eigentümer erfolgt, muss für einen objektiven, verständigen Dritten hinreichend erkennbar sein. Etwa kann ein Pferdezüchter 19 seiner 20 Pferde zu Zucht- und damit erwerbswirtschaftlichen Zwecken, das zwanzigste jedoch ausschließlich zu seinem persönlichen Vergnügen halten. Hinreichend erkennbar wäre dies beispielsweise, wenn nur dieses eine Pferd ein Namensschild an seiner Box hätte oder anderweitig eine „Sonderstellung" erkennbar wäre.

Soweit man (fragmentarischen) Definitionen des Heimtierbegriffs begegnet, ist der Kreis der Tiere zumeist auf die *im* Haushalt des Besitzers lebenden Tiere begrenzt. Angesichts der charakteristischen, von besonderer Pflege und positiven Emotionen, insbesondere Zuneigung und Freude geprägten Beziehung zwischen Mensch und Heimtier erscheint diese Einschränkung verfehlt.[48] Denn eine solche Beziehung kann gleichsam auch zu Tieren bestehen, deren Haltung im Haushalt nicht möglich oder nicht gewollt ist (z. B. Pferde).

Nicht unter den Heimtierbegriff fallen Tiere, die zum Zwecke der Erwirtschaftung eines finanziellen Mehrwerts oder als Nahrungsquelle gehalten werden. Auch sind solche (Klein-)Tiere keine Heimtiere, die der Mensch innerhalb seines Haushalts oder auf seinem Grundstück nur duldet, die er aber nicht im vorgenannten Sinne versorgt, wie z. B. Spinnen in der Wohnung oder Mäuse im Garten.

In dieser Arbeit werden diese Tiere nicht mit dem in der Gesellschaft umgangssprachlich genutzten Begriff des Haustiers, sondern mit dem Begriff des Heimtiers bezeichnet. Hintergrund ist, dass nach der üblichen und im BGB

---

47 Als eigene Gesundheitsförderung gilt in diesem Sinne auch die „haushaltsinterne" Gesundheitsförderung, z. B. zugunsten eines im Haushalt lebenden Kinds.

48 Ebenso das Europäische Übereinkommen zum Schutz von Heimtieren vom 13.11.1987, Kapitel 1, Art. 1, Abs. 1: „Der Ausdruck Heimtier bezeichnet ein Tier, das der Mensch *insbesondere* in seinem Haushalt zu seiner eigenen Freude und als Gefährten hält oder das für diesen Zweck bestimmt ist." Vgl. hierzu auch die jüngste Änderung des § 811 Abs. 1 Nr. 8 ZPO, hierzu Kapitel 2-A-II-3.

vorherrschenden Rechtsterminologie – wie gezeigt – der Begriff des Haustiers als Gegenbegriff zum wilden Tier, zugleich als Oberbegriff für „zahme Tiere" verwendet wird, wobei unter diesen Begriff sowohl der Familienhund als auch die Kühe des Milchbauern zu subsumieren sind.[49] Der vorliegenden Arbeit liegt eine divergierende Definition zugrunde, sodass, um Missverständnissen bzw. Missinterpretationen vorzubeugen, zur Abgrenzung der Begriff des Heimtiers gewählt wurde.

#### 2. *Nutztiere*

Nutztiere im Sinne dieser Arbeit sind, ebenso wie Heimtiere, unfrei lebende Tiere, die unabhängig vom Unterbringungsort spezielle Versorgung bzw. Betreuung durch den Besitzer erfahren. Im Unterschied zum Heimtier muss der Hauptzweck der Haltung eines Nutztiers jedoch auf die Erwirtschaftung eines finanziellen Mehrwerts gerichtet sein oder darauf, Nahrungsquelle (für den Menschen oder für andere Tiere) zu sein. Nach dieser Definition ist das Nutztier als Gegenspieler zum Heimtier zu betrachten. Hält ein Mensch beispielsweise eine Schlange zu seinem persönlichen Vergnügen, so ist diese Schlange das Heimtier dieses Menschen, während die ebenfalls von diesem Menschen vordergründig nicht aus Liebhaberei, sondern zur Fütterung der Schlange gehaltenen Mäuse Nutztiere sind.

## B. Begriff des Tierwohls

Neben dem Begriff des Heimtiers kommt in dieser Arbeit auch dem Begriff des Tierwohls eine entscheidende Bedeutung zu. Daher soll auch dieser Begriff vorab näher beleuchtet und ausgefüllt werden.

### I. Annäherung an eine Definition

Der Begriff des Tierwohls wurde und wird in Verordnungstexten, der Rechtsprechung und im Schrifttum bereits verwendet.[50] Im TierSchG finden sich

49 Vgl. Kapitel 2-A-II-2. Außerhalb des BGB wird der Begriff des Haustiers zum Teil auch mit anderem Inhaltsumfang verwendet, z. B. § 811 c ZPO.

50 Vgl. z. B. (baden-württembergische) Verwaltungsvorschrift des Ministeriums für Ländlichen Raum und Verbraucherschutz für die Förderung von regionalen Schlachthöfen bei Investitionen in eine Schlachtung nach Tierwohl-Kriterien; OLG Oldenburg, FamRZ 2019, 784 (785); OLG Stuttgart, NZFam 2019, 540 (542); VG Gießen, 05.09.2022, 4 L 1676/22.GI, zitiert nach juris Rn 34; *Gottberg/Mittelstein*, ZLR 2019, 665 (665 ff.); *Tuma-Koch*, S. 160 ff.

bezogen auf Tiere die dem Tierwohl ähnlichen Begriffe des Wohlbefindens und des Wohlergehens.[51] Allgemeingültige Definitionen dieser Begrifflichkeiten existieren jedoch nicht.

### 1. *Tierwohl in Normen, Rechtsprechung und Schrifttum*

Zwar existiert derzeit keine allgemeingültige Definition des Begriffs „Tierwohl", den einzelnen Kontexten seiner Verwendung lassen sich jedoch Anhaltspunkte zur Definitionsfindung entnehmen.

Da es laut § 1 S. 1 der einzige Zweck des TierSchG ist, das Leben und Wohlbefinden von Tieren zu schützen, können die einzelnen Regelungen des TierSchG – soweit inhaltlich ergiebig – als „Aufzählung" einiger Aspekte bzw. „Bestandteile" des Tierwohls verstanden werden.[52] Auch die Anlage zur (baden-württembergischen) Verwaltungsvorschrift des Ministeriums für Ländlichen Raum und Verbraucherschutz für die Förderung von regionalen Schlachthöfen bei Investitionen in eine Schlachtung nach Tierwohlkriterien liefert eine ganze Reihe solcher Anknüpfungspunkte. Es lassen sich u.a. folgende inhaltliche (Haupt-)Merkmale herauslesen: Freisein von Schmerzen, Leiden oder Schäden, angemessene Ernährung und Pflege, verhaltensgerechte Unterbringung sowie Schutz vor Lärm und Witterung. Aus einzelnen Entscheidungen in der Rechtsprechung lassen sich ähnliche und weitere Gesichtspunkte entnehmen, nämlich: Haltung entsprechend der Sozialisierung, körperliche Unversehrtheit, Erhaltung der Hauptbezugsperson, Erhaltung der gewohnten Umgebung.[53] Bereits diese Teilauswertung lässt einen gemeinsamen Kern erkennen, nämlich das Freisein von physischen und psychischen Beeinträchtigungen sowie die artgemäße und verhaltensgerechte Haltung.

Eine ähnliche Bedeutung spricht *Tuma-Koch* – die sich soweit ersichtlich als einzige Vertreterin des Schrifttums bisher an eine allgemeine Begriffsbestimmung gewagt hat – dem Begriff des Tierwohls zu. Wobei diese ihn nach eigener Aussage als *„Bezugnahme auf jedwede genuin auf den Schutz des Tiers gerichtete Erwägung"* nutzt.[54]

51 Vgl. §§ 1, 7 a Abs. 1 Ziffer 2 c) und Ziffer 3, 16 a Abs. 3 Ziffer 1 und 2 TierSchG.

52 So auch *Tuma-Koch*, S. 160.

53 Vgl. AG München, 02.01.2019, 523 F 9430/18, zitiert nach juris Rn 13 f.; OLG Oldenburg, FamRZ 2019, 784 (785); OLG Stuttgart, NZFam 2019, 540 (542); VG Gießen, 05.09.2022, 4 L 1676/22.GI, zitiert nach juris Rn 34.

54 *Tuma-Koch*, S. 160.

Auch der Gesetzgeber hat die Problematik der fehlenden Definition des Tierwohls erkannt und hatte beabsichtigt, die Lücke durch eine Legaldefinition zu schließen.[55] Diese wäre innerhalb des Gesetzes zur Beförderung des Tierwohls in der landwirtschaftlichen Nutztierhaltung im Gesetz zur Bestimmung des Tierwohls (Tierwohlgesetz) enthalten gewesen, welches jedoch nicht verabschiedet wurde.[56] Eine Legaldefinition im typischen Sinne enthielt der Gesetzesentwurf allerdings nicht, vielmehr war er darauf beschränkt, Folgendes festzulegen: „*Sofern […] müssen die […] Maßnahmen gewährleisten, dass 1. die Möglichkeit für die Tiere, ihren natürlichen Verhaltensweisen nachzugehen und 2. ihr Wohlbefinden deutlich über das gesetzlich vorgeschriebene Maß hinaus befördert werden.*“[57] Es lassen sich daher hieraus keine weitergehenden Anhaltspunkte als die bereits benannten herleiten.

### 2. *Vergleich mit dem Kindeswohl*

Zur weiteren Annäherung an die Definition des Begriffs des Tierwohls könnte sich im Vergleich auch die Heranziehung des Begriffs „Kindeswohl“ anbieten.

#### a) *Begriff des Kindeswohls und andere*

Seit Verabschiedung des Gesetzes zur Reform des Kindschaftsrechts vom 16.12.1997 ist dem Kindeswohlprinzip und damit auch dem Begriff des Kindeswohls mit § 1697 a BGB eine eigene Norm gewidmet. Der Begriff ist nicht legaldefiniert, es handelt sich vielmehr um einen unbestimmten Rechtsbegriff.[58] Allgemein meint der Begriff das umfassende Wohlergehen des Kinds in körperlicher, geistiger und seelischer Hinsicht.[59] Der genaue Wertgehalt ist aber stets einzelfallbezogen zu ermitteln.[60] Es haben sich jedoch über die Jahre in

---

55 Vgl. BR-Drucks. 10/22(neu), S. 1 f.

56 Vgl. Entwurf des Gesetzes, dort § 2 Abs. 1, BR-Drucks. 10/22(neu), S. 2. Das Gesetz wurde nicht verabschiedet, da die Beratung der entsprechenden Vorlage im Bundesrat auf unbestimmte Dauer vertagt wurde, vgl. Internetquellen: https://www.agrarheute.com/politik/tierwohl-gesetz-nrw-scheitert-bundesrat-589503 und https://www.baden-wuerttemberg.de/de/service/presse/pressemitteilung/pid/beratungen-ueber-entwurf-zum-tierwohl-artikelgesetz-vertagt/, jeweils abgerufen am 08.03.2023.

57 Vgl. Entwurf des Gesetzes, dort § 2 Abs. 1, BR-Drucks. 10/22(neu), S. 2.

58 Grüneberg/*Götz*, § 1666 Rn 7 und § 1697 a Rn 1.

59 Vgl. *Schlüter*, § 25 Rn 401; *Wellenhofer*, Familienrecht, § 32 Rn 31 f.

60 Vgl. *Zorn*, Rn 365. Ausführlicher zu Bestimmtheit und inhaltlicher Reichweite: *Gernhuber/Coester-Waltjen*, § 58 Rn 32 ff.

der Rechtsprechung für einzelne Bereiche bestimmte anerkannte Kriterien entwickelt, die in die entsprechende Einzelfallabwägung einbezogen werden.[61] Diese Kriterien sind insbesondere: Erziehungseignung der Eltern, Schutz bestehender Bindungen des Kinds (etwa zu Geschwistern, Eltern oder anderen Bezugspersonen), Förderung der Entwicklung des Kinds, Kontinuitätsgrundsatz (insbesondere Beibehalten der Umgebungs- und Betreuungsgewohnheiten), Berücksichtigung des Kindeswillens.[62]

An anderem Ort in dieser Arbeit werden weiter die Begriffe des Sorgerechts und des Umgangsrecht relevant werden, so dass jene an dieser Stelle vorab definiert werden sollen. Das Sorgerecht ist juristisch konkret legaldefiniert als das grundsätzlich den Eltern zustehende, und daher auch als elterliche Sorge bezeichnete Recht, verbunden mit der damit zugleich einhergehenden Pflicht, für das minderjährige Kind zu sorgen, vgl. § 1626 Abs. 1 S. 1 BGB. Gemäß § 1626 Abs. 1 S. 2 BGB umfasst die elterliche Sorge die Vermögens- und die Personensorge. Neben weiteren Inhalten sind der elterlichen Sorge gemäß §§ 1629 Abs. 1, 1631 Abs. 1, 1632 Abs. 1 BGB auch die Rechte zur Vertretung des Kinds und zur Aufenthaltsbestimmung, sowie das Recht, die Herausgabe des Kinds an sich zu verlangen inhärent.[63] Der Begriff des Umgangs(rechts) meint (das Recht auf) persönliche Begegnungen (unterschiedlicher Art und Dauer) und Kommunikation (mit dem Kind) in jedweder Form.[64]

### *b) Übertragbarkeit auf Heimtiere*

Fraglich ist, inwieweit sich die zum Kindeswohl aufgezeigten Kriterien zur Einzelabwagung auf Heimtiere bzw. die Prüfung des Heimtierwohls übertragen lassen.

Dabei ist zunächst festzustellen, dass eine solche Übertragung – bewusst oder unbewusst – bei einzelnen Gerichten bereits stattgefunden hat. So stellte beispielsweise das OLG Oldenburg zur Bestimmung der tierwohlfördernderen

---

61 Vgl. etwa zum Sorgerecht und Umgangsrecht BGH, FamRZ 2017, 532 (535) m.w.N.; Grüneberg/*Götz*, § 1697 a Rn 1.

62 Vgl. BGH, FamRZ 2017, 532 (535) m.w.N.; BGH, FamRZ 2016, 1439 (1441); OLG Brandenburg, 22.03.2012, 3 UF 8/12, zitiert nach juris Rn 21 ff.; OLG Schleswig, FamRZ 2003, 1494 (1495).

63 Weiterführend zum inhaltlichen Umfang des elterlichen Sorgerechtes: *Dethloff*, § 13; *Wellenhofer*, Familienrecht, § 33; *Zorn*, insbesondere Rn 280 ff.

64 *Muscheler*, Familienrecht, § 37 Rn 641; Grüneberg/*Götz*, § 1684 Rn 13; Soergel/Siebert/*Jakobitz*, § 1684 Rn 15; Staudinger/*Dürbeck*, § 1684 Rn 95; *Wellenhofer*, Familienrecht, § 34 Rn 2.

Option auf die Hauptbezugsperson des Tiers, den tatsächlichen Hauptversorger, und die gewohnte Umgebung des Tiers ab und prüfte damit im übertragenen Sinn die Kindeswohl-Kriterien der Erziehungseignung, der Förderung, der Bindungen und den Kontinuitätsgrundsatz.[65]

Auch nach hier vertretener Auffassung erscheint diese Übertragung der Grundsätze „Erziehungseignung“ (bei Tieren zu benennen als „Haltereignung“) und „Förderung“ auf die Prüfung des Heimtierwohls möglich. Das Tierwohl setzt eine art- und verhaltensgerechte Unterbringung und Versorgung voraus; eine solche ist jedenfalls tierwohlfördernd.[66] Unter anderem durch die Prüfung, wer das Tier (hauptsächlich) versorgt hat, kann ggf. festgestellt werden, wer die nötige Fachkenntnis zur art- und verhaltensgerechten tatsächlichen Versorgung und Unterbringung mitbringt oder bei wem sie ggf. fehlt.

Die Übertragung der Kriterien „Kontinuitätsgrundsatz“ und „Bindungen“ auf die Prüfung des Heimtierwohls wäre dagegen nur dann zu rechtfertigen, soweit Heimtiere in der Lage sind, schützenswerte Bindungen aufzubauen bzw. es tierwohlförderlich ist, die gewohnte Umgebung aufrechtzuerhalten. Es gibt solche Heimtierarten, z. B. Hunde, auf deren Wohlbefinden es sich grundsätzlich negativ auswirkt, wenn sie ihre gewohnte Umgebung verlieren.[67] Auch gibt es Heimtierarten, die in der Lage sind, Emotionen zu empfinden; manche können z. B. Eifersucht fühlen.[68] Insbesondere führt ein instabiles soziales Umfeld dabei zu negativen Emotionen wie Stress.[69] Umgekehrt führen „gute Beziehungen zu sozialen Bindungspartnern“ zur Stressreduktion.[70] Solche Bindungen können nach allgemeiner Lebenserfahrung auch zu Menschen bestehen, insbesondere

---

65 OLG Oldenburg, FamRZ 2019, 784 (785). Prüfung der Bindungen in Form der Hauptbezugsperson auch bei: AG München, 02.01.2019, 523 F 9430/18, zitiert nach juris Rn 13 f. Prüfung der Kontinuität in Form der gewohnten Umgebung auch bei: OLG Naumburg, BeckRS 2018, 37259; OLG Stuttgart, NZFam 2019, 540 (542); OLG Zweibrücken, FamRZ 1998, 1432. Prüfung der Eignung zur Versorgung/Pflege auch bei: OLG Stuttgart, NJW-RR 2014, 1101 (1102).

66 Siehe oben Kapitel 2-B-I-1.

67 Vgl. Aussage des tiermedizinischen Sachverständigen wiedergegeben in AG Bad Mergentheim, NJW 1997, 3033 (3033 f.). Im Ergebnis so auch OLG Naumburg, BeckRS 2018, 37259; OLG Oldenburg, FamRZ 2019, 784 (785); OLG Stuttgart, NZFam 2019, 540 (542); OLG Zweibrücken, FamRZ 1998, 1432.

68 *Kaiser/Richter*, S. 33 ff., 38; *Sachser*, S. 21 ff.

69 *Sachser*, S. 23.

70 *Sachser*, S. 23, 25 f.

bei „klassischen“ Heimtieren wie Hunden und Katzen.[71] Unter Bindungen im vorgenannten Sinne fallen aber auch Beziehungen zu Artgenossen, wenn deren Aufrechterhaltung im Einzelfall geeignet ist, das Tierwohl zu fördern. Dies ist z. B. dann der Fall, wenn es sich um ein Tier handelt, das seiner Art nach in einer festen Tiergruppe lebt und dort Sozialbeziehungen pflegt.[72] Dies betrifft etwa Affen.[73] Viele Säugetiere wie z. B. Pferde leben zwar häufig in einer Gruppe, z. B. einer Herde, knüpfen dabei aber keine individuellen Sozialbeziehungen.[74] Für diese Tiere ist nicht entscheidend, in genau dieser Gruppe zu leben, sondern nur, in (irgend-)einer Gruppe zu leben.[75] Im Einzelfall – namentlich bei konkret bestehenden und schützenswerten Sozialbeziehungen zu Gruppenmitgliedern – kann dies auch abweichend zu beurteilen sein. Insoweit ist im Einzelfall zu prüfen, ob das konkrete Heimtier in der Lage ist, erhaltenswerte Bindungen aufzubauen bzw. sein Wohl es erfordert, es in der gewohnten Umgebung zu belassen. Da dieses aber jedenfalls für einige Heimtiere zutrifft, liegt es nahe, die Kriterien „Kontinuitätsgrundsatz“ und „Bindungen“ auf die Prüfung des Heimtierwohls zu übertragen.

Hinsichtlich der Übertragung des Kriteriums „Kindeswille“ auf die Prüfung des Heimtierwohls bestehen jedoch Bedenken. Teil des Tierwohls ist es zwar auch, psychische Beeinträchtigungen zu vermeiden. Im Hinblick hierauf erscheint es auch förderlich, entsprechend dem mutmaßlichen Willen des Heimtiers zu handeln.[76] Jedoch müsste hierfür das Heimtier fähig sein, einen entsprechend zielgerichteten Willen zu bilden. Zudem müsste ein solcher für das Gericht auch „lesbar“ sein. Ob ersteres der Fall ist, scheint wissenschaftlich noch nicht endgültig geklärt; jedenfalls haben verschiedene Heimtierarten kognitive Fähigkeiten, die ihnen z. B. erlauben, neuartige Probleme zu lösen oder ihr Verhalten nach zukünftigen Ereignissen auszurichten.[77] Tiere können auch

71 Im Ergebnis so auch AG München, 02.01.2019, 523 F 9430/18, zitiert nach juris Rn 13 f.; OLG Oldenburg, FamRZ 2019, 784 (784 f.); OLG Nürnberg, FamRZ 2017, 513 (515).

72 Der Fachterminus für eine solche Tiergruppe lautet „Gesellschaft“, vgl. hierzu und zu Details der verschiedenen Konstellationen möglicher Tiergruppen: *Kappeler*, S. 380 f.

73 Vgl. ebd.

74 *Kappeler*, S. 380 f.

75 Ebd. Ähnliches Ergebnis bei: OLG Schleswig, FamRZ 2013, 1984. A.A. OLG Nürnberg, FamRZ 2017, 513 (515), das meint, die Rudelbildung bei Hunden führe (generell-abstrakt) zu derlei Sozialbeziehungen, dass ein Rudelwechsel zu vermeiden sei.

76 Zum Inhalt des Tierwohls vgl. oben Kapitel 2-B-I-1.

77 *Huber*, S. 49 ff., 547 f.; *Sachser*, S. 16 ff. Zur Beschränktheit des bildbaren „Willens“: *Corr/Sandøe/Palmer*, S. 64.

untereinander kommunizieren; sie beherrschen jedoch nicht die menschliche Sprache.[78] Selbst wenn – was wissenschaftlich nicht belegt ist – Tiere eine Form der Sprache nutzen sollten, die hinsichtlich ihrer Qualität an die menschliche heranreicht, so wäre selbst dann immer noch das Problem zu überwinden, dass man diese durch eine Übersetzung auch für Menschen zugänglich machen können müsste. Nach gegenwärtigem Stand der Wissenschaft vermag der Mensch allenfalls die nonverbale Kommunikation der Tiere (z. B. Schwanzwedeln beim Hund als Ausdruck der Freude) zu deuten. Dies kann jedoch – auch im Hinblick darauf, dass die weitere Voraussetzung der hinreichenden Willensbildung wissenschaftlich nicht sicher geklärt ist – nicht ausreichen, um einen relevanten „Tierwillen" anzuerkennen.

Selbst wenn beispielweise ein Hund mit in die mündliche Verhandlung gebracht wird, in der es um die Zuweisung eben dieses Hunds geht, und der Hund dort nach Entfernen der Leine vom Antragssteller zum Antragsgegner läuft und ebenda „*Zeichen des Wohlgefallens*" von sich gibt, kann hieraus allenfalls die Freude des Hunds über das Wiedersehen mit dem ehemaligen „Mitherrchen" abgeleitet werden, nicht aber der Wille des Hunds, dem Antragsgegner zugewiesen zu werden.[79] Mithin kann das Kriterium „Kindeswille" aus den vorgenannten Gründen nicht in Form eines „Tierwillens" auf die Prüfung des Heimtierwohls übertragen werden.

## II. Ergebnis

Entsprechend der voranstehenden Auswertungen von Normtexten, Rechtsprechung und Schrifttum wird als für diese Arbeit verbindliche Definition des Begriffs „Tierwohl" folgende festgelegt: das Freisein von physischen und psychischen Beeinträchtigungen sowie die artgemäße und verhaltensgerechte Haltung. Innerhalb der jeweiligen Einzelfallabwägung können jedenfalls – ein Anspruch auf Vollständigkeit besteht nicht – die folgenden Kriterien herangezogen werden: Haltereignung, Förderung, Bindungen und Kontinuität.

---

78 *Huber*, S. 428 ff., 547 f.

79 Andere, weitergehende Würdigung AG Bad Mergentheim, NJW 1997, 3033, wo sich der Sachverhalt in der mündlichen Verhandlung so zutrug.

# Kapitel 3: Heimtiere im deutschen (Zivil-) Recht

Bereits im Rahmen der in Kapitel 2 verorteten Untersuchung der Definition des Heimtierbegriffs zeigte sich, dass das deutsche Zivilrecht (Heim-)Tiere nur in vergleichsweise wenigen Normen ausdrücklich aufgreift. Dies steht in erheblichem Widerspruch zur gesellschaftlichen Bedeutung der Heimtiere, welche eine wesentliche Rolle in den deutschen Haushalten einnehmen.[80] In Bezug auf Heimtiere werden in der Regel nicht öffentlich-rechtliche, sondern zivilrechtliche Fragestellungen im Vordergrund stehen. Es gilt daher zu untersuchen, welcher allgemeinrechtliche Status Heimtieren im Zivilrecht derzeit zukommt und wie sich dieser Status künftig wandeln könnte, sofern bestehende Reformideen aus der Literatur aufgegriffen würden. Im Folgenden wird hierzu ein Überblick über die bestehenden Positionen und Hintergründe gegeben.[81]

## A. Entwicklung und status quo

Das gesamtgesellschaftliche Verständnis der Mensch-Tier-Beziehung entwickelt sich in rasantem Tempo weiter und ist von einer starken Ambivalenz geprägt – man denke nur an die stetig steigende Anzahl der Vegetarier und Veganer[82] und die parallel weiterhin vorhandene, riesige Industrie der Massentierhaltung. Die Gesetzgebung im Zivilrecht dagegen blieb in jüngerer Zeit verhalten. So ist als Anpassung des Gesetzgebers im Zivilrecht lediglich das Gesetz zur Verbesserung der Rechtsstellung des Tiers im Bürgerlichen Recht aus dem Jahre 1990 zu benennen, durch das unter anderem § 90 a BGB in das BGB eingefügt wurde. Auch in anderen Rechtsgebieten war der Gesetzgeber zurückhaltend. Näher zu betrachten ist hier jedoch die Änderung des Art. 20 a GG.

---

80 Vgl. zu den Ausführungen betreffend entsprechende Statistiken Kapitel 1 – Einleitung.

81 Vgl. ausführlich: *Caspar,* Tierschutz im Recht der modernen Industriegesellschaft; *Gruber*, Rechtsschutz für nichtmenschliches Leben; *Raspé,* Die tierliche Person; *Tuma-Koch,* Die Sonderstellung von Tieren im Zivilrecht.

82 Im Vergleich zu 2020 hat sich die Anzahl in 2021 jeweils verdoppelt, vgl. Bundesministerium für Ernährung und Landwirtschaft (2021): Deutschland, wie es isst; der BMEL-Ernährungsreport 2021, S. 12; Internetquelle: https://www.bmel.de/SharedDocs/Downloads/DE/Broschueren/ernaehrungsreport-2021.pdf (abgerufen am 08.03.2023).

## I. Einfluss des Art. 20 a GG

Zunächst wird der Einfluss des Art. 20 a GG als Maßstab für die verfassungskonforme Auslegung zivilrechtlicher Normen untersucht.

### 1. *Überblick*

Nach jahrelanger Diskussion[83] wurde zum 01.08.2002 die dynamische Staatszielbestimmung des Art. 20 a GG um die drei Worte „und die Tiere" ergänzt.[84] Im Gegensatz zu den Kompetenznormen in Art. 70 ff. GG, die den Legislativorganen Handlungsrechte zuschreiben, statuieren Staatszielbestimmungen eine Handlungspflicht, deren Adressaten neben der Legislative auch Judikative[85] und Exekutive sind.[86] Dieser Handlungspflicht stehen keine subjektiv-öffentlichen Rechte des Bürgers[87] oder der Tiere[88] gegenüber. Das betreffende Staatsziel ist vom Staat selbstständig und fortwährend zu fördern.[89] Die Legislative hat die Staatszielbestimmung dergestalt zu forcieren, dass eigenes schädliches Handeln unterlassen wird und Maßnahmen getroffen werden, um schädliches Handeln Dritter abzuwehren bzw. abzuwenden.[90] Dabei soll sie „im einfachen Recht die Belange und den Schutz der Tiere entsprechend ihren unterschiedlichen Entwicklungsstufen im Ausgleich mit anderen berechtigten Interessen [...] verwirklichen";[91] insbesondere also auch praktische Konkordanz zwischen Tierschutz und Grundrechten herstellen.[92] Für Exekutive und Judikative bedingt die Staatszielbestimmung des Tierschutzes vor allem einen Abwägungs- und

---

83 Vgl. z. B. BT-Drucks. 12/6000, S. 68 ff.

84 Gesetz zur Änderung des Grundgesetzes (Staatsziel Tierschutz) vom 26.07.2022.

85 Vgl. *Braun*, DÖV 2003, 488 (489); *Faller*, S. 134 und 151; *Holste*, JA 2002, 907 (909); *Jarass*/Pieroth, Art. 20 a Rn 2 a; Sachs/*Murswiek*, Art. 20 a Rn 57.

86 *Holste*, JA 2002, 907 (908).

87 *Bahn*, S. 17; *Braun*, DÖV 2003, 488 (489); *Holste*, JA 2002, 907 (908); Kunig/Münch/*Sommermann*, Art. 20 a Rn 20; Sachs/*Murswiek*, Art. 20 a Rn 73 m.w.N.

88 *Raspé*, S. 219 f. Auch nicht solche von Tierschutzverbänden, vgl. Sachs/*Murswiek*, Art. 20 a Rn 73 m.w.N.

89 Dreier/*Schulze-Fielitz*, Art. 20 a Rn 72; *Hirt et al.*, Art. 20 a Rn 5; *Holste*, JA 2002, 907 (908); *Lorz/Metzger*, GG, Art. 20 a Rn 12.

90 *Braun*, DÖV 2003, 488 (489); Dreier/*Schulze-Fielitz*, Art. 20 a GG Rn 58 f.; *Holste*, JA 2002, 907 (909); *Jarass*/Pieroth, Art. 20 a Rn 13; *Lorz/Metzger*, GG, Art. 20 a Rn 12; *Raspé*, S. 220; *Schmidt-Bleibtreu et al.*, Art. 20 a Rn 37.

91 BT-Drucks. 14/8860, S. 3.

92 Vgl. *Faber*, UPR 2002, 378 (381); *Lorz/Metzger*, GG, Art. 20 a Rn 17; Kunig/Münch/*Sommermann*, Art. 20 a Rn 40; *Schmidt-Bleibtreu et al.*, Art. 20 a Rn 11, 26.

Auslegungsmaßstab.[93] Letzterer ist direkt auch für die verfassungskonforme Auslegung zivilrechtlicher Normen relevant.

## *2. Anthropozentrismus versus Pathozentrismus*

Welchen konkreten Einfluss Art. 20 a GG über die verfassungskonforme Auslegung auf die familien- und erbrechtlichen (Spezial-)Regelungen hat, hängt davon ab, wie man den dort verankerten Tierschutz qualifiziert. Ihm kann ein rein anthropozentrischer oder ein weitergehender pathozentrischer bzw. ökozentrischer Charakter zugesprochen werden. Als pathozentrisch bzw. ökozentrisch ist der Tierschutz einzustufen, wenn er Tiere nicht um der Menschen bzw. deren Interessen willen schützt, sondern der Tiere selbst wegen; wobei beim pathozentrischen Ansatz divergierend zum ökozentrischen (auch: biozentrischen) Ansatz nicht unterschiedslos alle Tiere geschützt sind, sondern auf deren Empfindungsfähigkeit abgestellt wird.[94]

Im Schrifttum besteht hierüber Uneinigkeit. Die Vertreter der anthropozentrischen Sichtweise verweisen auf die Systematik des Grundgesetzes; es regele das staatliche Zusammenleben für Menschen, demzufolge soll Art. 20 a GG lediglich einen ethischen Maßstab für menschliches Handeln begründen.[95] Der damit verbundene Respekt vor tierischem Leben und Leiden als Empfindungen des Schwächeren stärke Werte, die im menschlichen Zusammenleben auch abseits der Mensch-Tier-Beziehung wichtig seien.[96] Die Zielrichtung auf das menschliche Verhalten, im Gegensatz zur Zielrichtung auf den Schutz der Tiere, ergebe sich auch aus dem Zusammenhang mit der in Art. 20 a GG ebenfalls genannten „Verantwortung für die künftigen Generationen".[97] Schließlich stünde über allen

---

93 *Braun*, DÖV 2003, 488 (489); Dreier/*Schulze-Fielitz*, Art. 20 a Rn 77 ff.; Epping/Hillgruber/*Huster*/*Rux*, Art. 20 a Rn 32; *Faber*, UPR 2002, 378 (380); *Faller*, S. 208; *Hirt et al.*, Art. 20 a Rn 28; *Jarass*/Pieroth, Art. 20 a Rn 19; *Kluge/von Loeper*, Einführung Rn 104b; *Lorz/Metzger*, GG, Art. 20 a Rn 13; Kunig/Münch/*Sommermann*, Art. 20 a Rn 47 f.

94 Vgl. *Bahn*, S. 13 f.; *Stucki*, S. 36. Zum Pathozentrismus auch: *Hager*, S. 25 f.

95 Dürig et al./*Calliess*, Art. 20 a Rn 57 ff.

96 *Braun*, DÖV 2003, 488 (490); *Caspar*, S. 169 ff.; Dreier/*Schulze-Fielitz*, Art. 20 a Rn 56; *Faber*, UPR 2002, 378; *Holste*, JA 2002, 907 (909); *Schlitt*, ARSP 1992 (78), 225 (240). Bereits *Kant* argumentierte ähnlich, indem er anführte, wenn Menschen Tiere ohne jeglichen Schutz ließen, würde dies eine allgemeine Verrohung nach sich ziehen, die schließlich in Gewalt auch gegen Menschen münden würde (sog. Verrohungsargument), vgl. *Kant*, S. 578 f.

97 *Schmidt-Bleibtreu et al.*, Art. 20 a Rn 20, wobei dies durch den Zusatz „auch" als relativiert angesehen wird.

Regelungen des Grundgesetzes die Menschenwürde als oberstes Gut, die einem pathozentrischen Tierschutz ohnehin entgegenstünde.[98]

Die Gegenseite argumentiert, dass auch das TierSchG pathozentrisch ausgerichtet sei und dieses vom BVerfG nie als verfassungswidrig angesehen wurde.[99] Die Menschenwürde stünde dem auch nicht entgegen,[100] denn der Schutz der Tiere erfolge um ihrer selbst willen und sei durch ihren Eigenwert begründet.[101] Bereits sprachlich stünde der Schutz der Tiere im Vordergrund, im Gegensatz zum Schutz der die Tiere enthaltenden Umwelt, die als Gesamtheit Daseinsbedingung der Menschheit ist.[102]

In der Gesetzesbegründung heißt es ohne genauere Ausführungen, dass durch die erweiternde Änderung des Art. 20 a GG „dem ethischen Tierschutz [...] Verfassungsrang verliehen" wird.[103] Aus den Gesetzesmaterialien ergibt sich, dass mit dem Begriff „ethischer Tierschutz" ein Tierschutz um des Tiers selbst willen gemeint ist, der gerade über den vorher bereits bestehenden anthropozentrischen Tierschutz hinausgeht.[104] Insofern ist auch bzgl. Art. 20 a GG von einer jedenfalls pathozentrischen Ausrichtung auszugehen.[105] Die vorliegend vertretene Auffassung, nach der Art. 20 a GG einen pathozentrischen Tierschutz statuiert, vertritt auch das BVerfG in ständiger Rechtsprechung.[106]

### 3. *Folge der pathozentrischen Staatszielbestimmung*

Zum Einfluss des Art. 20 a GG auf die Zivilprozessordnung, dort insbesondere auf das Zwangsvollstreckungsrecht, wurde im Schrifttum bereits Stellung bezogen. Im Rahmen der §§ 765 a und 811 c ZPO bedingt Art. 20 a GG eine stärkere

---

98 *Braun*, DÖV 2003, 488 (490); *Faber*, UPR 2002, 378; *Faller*, S. 112 f.; *Scholz*, in: Festschrift für Link, S. 955 ff.

99 BVerfGE 36, 47 (56); 48, 376 (389); 101, 1 (31 ff.); *Braun*, DÖV 2003, 488 (490). Zur pathozentrischen Ausrichtung des TierSchG: BT-Drucks. VI/2559, S. 9; *Caspar*, S. 121 f. und 517 f.; *Caspar*, ZRP 1998, 441 (444); *Gruber*, S. 19 f.; *Hirt et al.*, Einführung Rn 24; *Kluge/von Loeper*, Einführung Rn 48; *Lorz/Metzger*, TierSchG, § 1 Rn 1; *Raspé*, S. 278; AG Wiesbaden, NJW-RR 2012, 227 (228).

100 *Braun*, DÖV 2003, 488 (490); *Hirt et al.*, Art. 20 a Rn 28.

101 *Holste*, JA 2002, 907 (909); *Caspar*, ZRP 1998, 441 (445).

102 *Faber*, UPR 2002, 378 (379).

103 Vgl. BT-Drucks. 14/8860, S. 3.

104 Vgl. BT-Drucks. VI/2559, S. 9; siehe zur Begriffsverwendung auch *Jedelhauser*, S. 52 f.; *Stucki*, S. 33 m.w.N.

105 Kunig/Münch/*Sommermann*, Art. 20 a Rn 37; Sachs/*Murswiek*, Art. 20 a Rn 31 b.

106 BVerfG, NVwZ 2007, 808 (810); BVerfGE 127, 293 (328) m.w.N.

Berücksichtigung der tierschutzrechtlichen Belange bis hin zur vorrangigen Berücksichtigung im Einzelfall.[107]

Für die verfassungskonforme Auslegung von familien- und erbrechtlichen[108] Normen ergibt sich als Folge der Einstufung des neuen Tierschutzes nach Art. 20 a GG als pathozentrisch in der Theorie, dass, sofern eine Interessenabwägung eröffnet ist, auch die „tierischen Interessen" zu berücksichtigen sind. Weiter folgert die Qualifikation als pathozentrisch, dass die „tierischen Interessen" auch bei der Ausfüllung von Gesetzeslücken und bei der Auslegung unbestimmter Rechtsbegriffe[109] einbezogen werden müssen.

Die stringente Umsetzung dieser Vorgehensweisen wird jedoch dadurch erschwert, dass Art. 20 a GG selbst weder konkrete „tierischen Interessen" noch Anhaltspunkte für deren konkrete Gewichtung im Rahmen einer Abwägungsentscheidung vorgibt. Soweit sich (ggf. auch unter Zuhilfenahme der Gesetzesbegründung) konkrete zu berücksichtigende Gesichtspunkte ableiten lassen, müssen diese gerade vom Gesetzgeber vorgegeben sein. Diesem nämlich kommt die Aufgabe zu, neben den Mitteln zur Erreichung des Staatsziels auch das eigentliche Ziel zu konkretisieren, wobei ihm zudem ein weiter Gestaltungsspielraum zukommt,[110] der nicht von anderer Seite untergraben werden darf. Die Rechtsprechung darf und muss im Einzelfall prüfen, ob gegen gesetzgeberische Vorgaben verstoßen wird; sie darf diese aber nicht selbst aufstellen.[111] Den Zivilgerichten bleibt daher unter Berufung auf Art. 20 a GG nur die Möglichkeit, im Zweifel derjenigen von ansonsten gleichwertigen Auslegungsvarianten den Vorzug zu gewähren, die als tierschützender zu bewerten ist bzw. die einzelnen, sich aus konkreten Normen (z. B. jenen des TierSchG) ergebenden „tierischen Interessen" bei eröffneten Abwägungsentscheidungen zu berücksichtigen.[112]

---

107 *Dietz*, DGVZ 2003, 81 (82); *Zöller*, § 765 a Rn 10 und § 811 Rn 38.

108 Alle diese Folgerungen gelten im Übrigen nicht nur für das Familien- und Erbrecht im Speziellen, sondern für das gesamte Zivilrecht, vgl. Mangoldt/Klein/Starck/*Epiney*, Art. 20 a Rn 43, 91 und 93; MüKoBGB/*Stresemann*, § 90 a Rn 10.

109 Dreier/*Schulze-Fielitz*, Art. 20 a Rn 77; Mangoldt/Klein/Starck/*Epiney*, Art. 20 a Rn 93; Kunig/Münch/*Sommermann*, Art. 20 a Rn 47.

110 Dreier/*Schulze-Fielitz*, Art. 20 a Rn 69 ff.; Dürig et al./*Calliess*, Art. 20 a Rn 202 ff.; Kunig/Münch/*Sommermann*, Art. 20 a Rn 41; *Schmidt-Bleibtreu et al.*, Art. 20 a Rn 16.

111 Dreier/*Schulze-Fielitz*, Art. 20 a Rn 76; *Jarass*/Pieroth, Art. 20 a Rn 19; Sachs/*Murswiek*, Art. 20 a Rn 63; *Schmidt-Bleibtreu et al.*, Art. 20 a Rn 18.

112 *Hirt et al.*, Art. 20 a Rn 29; Kunig/Münch/*Sommermann*, Art. 20 a Rn 47 f.; *Schmidt-Bleibtreu et al.*, Art. 20 a Rn 18.

### 4. *Gesetzgeberische Konkretisierungen bzw. Vorgaben*

Folglich ist entscheidend, welche Konkretisierungen bzw. Vorgaben des Gesetzgebers – hier in Bezug auf die Haltung von Heimtieren – bereits bestehen bzw. aus den entsprechenden Normierungen abzuleiten sind.

Nach dem Willen des Gesetzgebers, der insbesondere in der Gesetzesbegründung[113] zum Ausdruck kommt, schützt Art. 20 a GG die folgenden „tierischen Schutzgüter“: die Gewährung artgerechter Haltung und den Schutz vor vermeidbaren Leiden.[114]

#### *a) Tierschutzgesetz*

Diese Schutzgüter lassen sich gleichsam aus dem TierSchG ableiten, wobei sich aus § 1 TierSchG neben dem Schutz vor Leiden auch der Schutz vor Schmerzen und sonstigen Schäden ergibt. Da Art. 20 a GG auch dazu dient, den einfachgesetzlichen Tierschutz, der insbesondere im TierSchG verankert ist, zu stärken und diesem Verfassungsrang zu verleihen, ist das TierSchG insgesamt als Konkretisierung des Art. 20 a GG zu werten.[115] Der Begriff des Leidens umfasst dabei neben körperlichen auch nichtkörperliche, seelische Leiden, wie Panik und Hungerqualen.[116] § 2 TierSchG konkretisiert weitere notwendige Umstände, insbesondere solche, die Voraussetzung artgemäßer Haltung sind. Bezüglich des Schutzes vor körperlichen Schmerzen und seelischen Leiden ist zu beachten, dass selbstredend kein absoluter Schutz erlangt werden kann und ein solcher auch nicht angestrebt ist. Beeinträchtigungen müssen, um als solche zu gelten, eine gewisse Erheblichkeitsschwelle erreichen. Bei dieser Beurteilung ist einzubeziehen, ob menschliche Interessen die Beeinträchtigung rechtfertigen. Etwa stellt es (obwohl z. B. Hunde dies subjektiv als leidensvoll wahrnehmen mögen) keine erhebliche Beeinträchtigung des psychischen Wohlbefindens dar, wenn das „Herrchen“ den Hund einige Stunden am Tag allein lässt, um seinen Beruf auszuüben.

---

113 Vgl. BT-Drucks. 14/8860.

114 *Hirt et al.*, Einführung Rn 6; *Kluge/von Loeper*, Einführung Rn 104 c; *Lorz/Metzger*, GG, Art. 20 a Rn 3; *Schmidt-Bleibtreu et al.*, Art. 20 a Rn 37.

115 Vgl. auch BT-Drucks. 14/8860, S. 3.

116 *Hirt et al.*, § 1 Rn 19 ff.; *Kluge/von Loeper*, § 1 Rn 30; *Lorz/Metzger*, TierSchG, § 1 Rn 33 ff.

### b) *Tierschutzhundeverordnung*

Für Hunde existieren in der TierSchHuV Sondervorschriften. Auch diese ist – im Gleichlauf mit dem TierSchG – eine Art. 20 a GG konkretisierende Vorschrift. In dieser wird zur Konkretisierung einer artgerechten Haltung auf spezielle weitere Aspekte abgestellt, von denen die wichtigsten kurz genannt werden sollen: Mehrere Hunde sind grundsätzlich im Rudel zu halten.[117] Hunden ist zur Befriedigung ihres Gemeinschaftsbedürfnisses „mehrmals täglich in ausreichender Dauer Umgang“ mit der Betreuungsperson zu gewähren, wobei bei Einzelhaltung im Vergleich zur Gruppenhaltung gesteigerte Anforderungen an den Umgang bestehen.[118] Als Betreuungsperson definiert die TierSchHuV dabei die Person, die den Hund hält, betreut oder zu betreuen hat.[119] Seit 01.01.2022 gelten zudem folgende neue Regelungen: Auch bei Einzelhaltung ist dem Hund grundsätzlich regelmäßig Kontakt zu Artgenossen zu ermöglichen.[120] Welpen müssen bis zur Erreichung eines Alters von 20 Wochen mindestens vier Stunden täglich durch eine Betreuungsperson betreut werden.[121] Schmerzhafte Methoden bei Hundeerziehung bzw. -training sind ausdrücklich und ausnahmslos verboten.[122] Die Anbindehaltung wurde im Grundsatz verboten.[123]

## II. § 90 a BGB

Im BGB ist die zentrale Norm, die sich mit Tieren befasst, § 90 a BGB. Sie wurde im Jahr 1990 durch das „Gesetz zur Verbesserung der Rechtsstellung des Tiers im Bürgerlichen Recht“ eingefügt. Die Gesetzesänderung wurde vielfach und scharf kritisiert;[124] sie führe nicht zu einer Rechtsänderung, habe lediglich „feststellenden und mahnenden Charakter“[125], sei „wenig aussagekräftig“[126] und letztlich nur „Begriffskosmetik“[127].

---

117 Vgl. § 2 Abs. 2 TierSchHuV, sowie *Hirt et al.*, § 2 TierSchHuV Rn 4; *Lorz/Metzger*, TierSchHuV, § 2 Rn 6.

118 Vgl. § 2 Abs. 1 und 3 TierSchHuV, sowie *Hirt et al.*, § 2 TierSchHuV Rn 3; *Kluge/von Loeper*, TierSchHuV, Anmerkung 3; *Lorz/Metzger*, TierSchHuV, § 2 Rn 5, 7.

119 Vgl. § 1 Abs. 1 S. 1 Ziffer 2 TierSchHuV.

120 Vgl. § 2 Abs. 1 S. 1 Ziffer 3 TierSchHuV.

121 Vgl. § 2 Abs. 1 S. 2 TierSchHuV.

122 Vgl. § 2 Abs. 5 TierSchHuV.

123 Vgl. § 7 Abs. 1 TierSchHuV mit engen Ausnahmen in Abs. 2.

124 *Caspar*, S. 48 f.

125 *Lorz*, MDR 1990, 1057 (1058).

126 *Schmid*, JR 2013, 245.

127 *Medicus/Petersen*, 11. Auflage, Rn 1178 a.

Durch die Gesetzesänderung sind Tiere nun zwar keine Sachen mehr,[128] sondern bilden neben den Sachen eine eigene, neue Unterkategorie der körperlichen Gegenstände;[129] sie sind damit aber weiterhin der Rechtsmacht von Rechtssubjekten unterworfene Rechtsobjekte.[130] Eine andere Qualifikation, etwa auch eine Art „Mitgeschöpflichkeit" lässt sich dabei weder aus § 90 a BGB noch aus Art. 20 a GG herleiten.[131] Zwar kommt den Tieren im Gegensatz zu den übrigen Rechtsobjekten eine geschützte Sonderstellung zu;[132] Tiere sind aber – wie Sachen – weder Träger von Rechten[133] noch von Pflichten.[134]

Gem. der Verweisungsanalogie[135] in § 90 a S. 3 BGB sind auf Tiere die für Sachen geltenden Vorschriften anzuwenden, soweit nichts anderes bestimmt ist.[136] Grundsätzlich sollen damit die Regelungen, die sich auf Sachen beziehen und für die keine abweichende Bestimmung existiert, auch weiterhin auf Tiere

---

128 Vgl. § 90 a S. 1 BGB.

129 *Arning*, S. 5; *Lorz*, MDR 1990, 1057; *Raspé*, S. 276; Soergel/Siebert/*Marly*, § 90 a Rn 2, Staudinger/*Stieper*, § 90 a Rn 2.

130 BeckOK/*Fritzsche*, § 90 a Rn 2; *Brüninghaus*, S. 42; Heidel et al./*Gerhard*/*Ring*, § 90 a Rn 3; *Lorz*, MDR 1990, 1057; MüKoBGB/*Stresemann*, § 90 a Rn 3; *Obergfell*, RW 2016, 388 (393).

131 *Braun*, DÖV 2003, 488 (490); *Brüninghaus*, S. 112; *Raspé*, S. 277; a.A. *Loeper*/*Reyer*, ZRP 1984, 205 (208), nach denen Tieren ein Status als Mitlebewesen als eine „Rechtskreatur" mit eigenen Rechten zukommt; nochmals a.A. *Lorz*, MDR 1990, 1057, der meint, Tiere seien körperliche Gegenstände sui generis mit rechtlicher Sonderbehandlung.

132 *Brüninghaus*, S. 110; *Gruber*, S. 23.

133 *Lorz*, MDR 1990, 1057; solche folgen auch nicht aus Art. 20 a GG, vgl. *Braun*, DÖV 2003, 488 (490); a.A. *Raspé*, S. 175 ff., 281; *Stucki*, S. 279 ff., nach denen Tieren bereits heute Rechte zukommen.

134 *Obergfell*, RW 2016, 388 (394); *Raspé*, S. 288; *Schröter*, NuR 2007, 468 (471); *Stucki*, S. 274. Dies war jedoch nicht immer so; zu den aus heutiger Sicht kuriosen Tierprozessen und -strafen im Mittelalter, denen die Annahme zugrunde lag, dass Tiere Pflichtenträger sind, vgl. den unterhaltsamen Beitrag von *Albrecht* und *Stuhldreier* in ZInsO 2013, 2513, sowie die Ausführungen von *Caspar*, S. 45 ff. und *Deutsch*/*König*, S. 87 ff.

135 Heidel et al./*Gerhard*/*Ring*, § 90 a Rn 8; Staudinger/*Stieper*, § 90 a Rn 9.

136 Eine solche „andere" Bestimmung kann indes nicht in Art. 20 a GG gesehen werden, da dieser zwar den Auftrag an den Staat enthalten mag, abweichende Bestimmungen zum Umgang mit Tieren zu treffen, für Rechtsanwender direkt aber nur über seine Funktion als Auslegungs- und Abwägungsmaxime Bedeutung erlangt, vgl. Kapitel 3-A-I.

anwendbar sein.[137] Allerdings hat der Gesetzgeber mit der Gesetzesänderung nicht nur eine begriffliche Neueinordnung schaffen wollen, bei der lediglich durch zusätzliche und ausdrückliche, abweichende Normierungen eine differente Behandlung der Tiere erfolgt.[138] Stattdessen ist nach dem Willen des Gesetzgebers bei jeder Anwendung der für Sachen geltenden Normen auf Tiere im Einzelfall zu prüfen, ob dieser der jeweilige Normzweck oder die besonderen tierschutzrechtlichen Vorschriften entgegenstehen bzw. Modifikationen erfordern.[139] So kann etwa die Auswirkung der Anwendung einer Norm auf das Wohlbefinden der Tiere Berücksichtigung finden.[140] Dass in gerichtlichen Entscheidungen hinsichtlich der analogen Anwendung einer Norm häufig indifferent der Passus „[…], der gemäß § 90 a S. 3 BGB entsprechend anwendbar ist" verwendet wird, heißt nicht, dass der Rechtsanwender, hier das Gericht, die analoge Anwendung nicht auf die gerade beschriebene „juristische Kontraindikation" prüft bzw. prüfen muss.[141] Solche und ähnliche Formulierungen sind eher als knappes Prüfungsergebnis bei offensichtlich angezeigter analoger Anwendung der zu prüfenden Norm zu verstehen.

Wenn nun der Rechtsanwender die konkrete analog anzuwendende Norm auf entgegenstehenden Normtelos und tierschutzrechtliche Vorgaben prüft, sind – spätestens seit Einfügung der Staatszielbestimmung des Tierschutzes in die Verfassung – die Schutzvorgaben bzw. tierischen Schutzgüter, die Art. 20 a GG (nebst gesetzgeberischen Konkretisierungen) normiert, mitzuprüfen. Dass eine konsequente Anwendung des gesetzgeberisch vorgegebenen „Prüfauftrages" im Familien- und Erbrecht zu Modifikationen bis hin zur Unanwendbarkeit einer Norm führen kann, wird gezeigt werden.

---

137 Vgl. BR-Drucks. 380/89, S. 12; BT-Drucks. 11/5463, S. 6.

138 Diese wäre im Übrigen auch ohne das Herauslösen der Tiere aus dem Sachbegriff durch schlichte Schaffung der leges speciales möglich gewesen, sodass bei dieser Norminterpretation § 90 a BGB zu einer „inhaltslos programmatischen Leerformel degradiert" würde, vgl. Zitat von *Pauly,* JuS 1997, 287 (288).

139 Vgl. BR-Drucks. 380/89, S. 12; BT-Drucks. 11/5463, S. 6; Erman/*Schmidt,* § 90 a Rn 4; *Hirt et al.,* Einführung Rn 96; MüKoBGB/*Stresemann,* § 90 a Rn 8; *Obergfell,* RW 2016, 388 (395); Staudinger/*Stieper,* § 90 a Rn 9. Das LG Stuttgart hat bereits vor Inkrafttreten des § 90 a BGB den Sachbegriff im Lichte des TierSchG ausgelegt, vgl. LG Stuttgart, NJW-RR 1991, 446.

140 MüKoBGB/*Stresemann,* § 90 a Rn 8; z. B. auch negative Auswirkung auf Mensch-Tier-Bindung, vgl. AG Aachen, NJW-RR 1992, 906 (907).

141 Vgl. insoweit positives Gegenbeispiel des BGH, NJW 2006, 2250 (2252 f.); Negativbeispiele vgl. statt vieler: BGH, NJW 2007, 674 (676) und 1351 (1352).

## B. EXKURS: Sonderstellung für Tiere de lege ferenda?

Es gibt im juristischen und philosophischen Schrifttum verschiedene Ansätze, wie die rechtliche Ausgestaltung des Status von Tieren künftig aussehen könnte. Sie reichen von Vorschlägen, die unter Beibehaltung der Objektstellung des Tiers ein höheres Schutzniveau über die Schaffung einer Art Sorgerechtsverhältnis zwischen Mensch und Tier erreichen wollen, bis hin zur wohl radikalsten Idee, eine staatliche Gemeinschaft zu schaffen, die Tiere abhängig von ihrem Status als Wildtier, Haustier etc. mit „Grundrechten" ausstattet oder zusätzlich mit je nach Status differenzierten Rechten vollständig in die (rechtsfähige) Gesellschaft integriert.[142]

### I. Modelle eines veränderten Tierstatus

Die einzelnen Modelle unterscheiden sich vor allem durch die Intensität der Einbindung der Tiere in die Gesellschaft und das damit verbundene Schutzniveau. Vielen Modellen liegen dabei ähnliche Argumentationsstränge zugrunde und sie behandeln meist die gleichen Problemstellungen. Es wird im Folgenden ein kurzer Überblick über die Hauptargumente und -probleme unter Herausstellung einzelner Modelle gegeben.

#### *1. Einzelne Ideen*

Im Rahmen der juristischen Diskussion um den Rechtsstatus von Tieren findet sich die Idee, Tieren (und selbst Sachen) eine sog. funktionsbezogene Rechtsfähigkeit zuzusprechen, ohne sie zu Rechtssubjekten zu erheben.[143]

Die Idee, zwischen Mensch und Tier ein Verantwortungsverhältnis im Sinne eines Sorgerechtsverhältnisses zu schaffen, stammt von *Caspar.*[144] Bereits 1984 hatten *Loeper* und *Reyer* beschrieben, wie Sorgerechte neben den Eigentumsrechten bestehen (können).[145] Das wichtigste Charakteristikum dieser Ideen ist die Beibehaltung der Rechtsobjektsstellung der Tiere. Der Vorteil bei der

---

142 Vgl. zu letzterem *Donaldson/Kymlicka*, Zoopolis.

143 Ähnlich der Systematik des Art. 19 Abs. 3 GG, nach der Grundrechte ebenfalls funktionsbezogen zuerkannt werden; vgl. *Aden,* DZWIR 2011, 89 (89 ff.) mit Verweis auf eine sehr frühe ähnliche Idee *Bekkers* Mitte des 19. Jahrhunderts.

144 *Caspar,* S. 156 ff.

145 *Loeper/Reyer*, ZRP 1984, 205 (208), wobei die Autoren ihre Beschreibung nicht als künftiges Konzept verstehen, sondern als Beschreibung des (damaligen) de lege lata Zustands.

Annahme von Sorgerechtsverhältnissen ist, dass diese einseitige Verantwortungsverhältnisse darstellen, womit sich das Problem, ob Tiere Teil eines reziproken Verhältnisses sein können,[146] nicht stellt.

Einen Schritt weiter geht *Gruber*, der innerhalb des Sorgerechtsverhältnisses den Tieren eine partielle Rechtssubjektsqualität zuspricht.[147] Er meint, dass das Mensch-Tier-Verhältnis zwar kein reziprokes, aber dennoch ein von einer gewissen Wechselbezüglichkeit geprägtes sei.[148] Die partielle Subjektstellung bzw. die Eigenschaft der Tiere als „sorgebedürftige, partielle Personen"[149] führt *Gruber* auf folgende ethische Überlegungen zurück: Der moralische Personenbegriff knüpfe unter anderem an soziale, interaktive Nähebeziehungen mit anderen Personen an.[150] Zumindest einige höherentwickelte und entsprechend in soziale Interaktion mit dem Menschen integrierte Tiere erfüllten die Voraussetzung des sozialen Näheverhältnisses, weswegen ihre subjektiven Interessen schutzbedürftig seien.[151] Dass Tiere dabei nur „partielle Personen" sein sollen, sei unbeachtlich, da es auch Menschen gebe, die nur partielle Personen seien, z. B. Menschen, die an bestimmten Behinderungen leiden.[152]

Noch weiter reichen Vorschläge bzw. Forderungen, Tieren den Status eines (uneingeschränkten) Rechtssubjekts zu verleihen.[153] Dabei wird bei den Modellen, auf die hier Bezug genommen wird, stets betont, dass Tieren jedoch keine Pflichtfähigkeit zukomme.[154] Dies wird rechtstheoretisch etwa von *Stucki* über die Schaffung eines Rechtssubjekts sui generis erreicht.[155] *Raspé* beschreibt die „tierliche Person" als ein pflichtunfähiges Rechtssubjekt, das strafrechtlich schuldunfähig, aber eigentumsfähig sei und eigene Rechte habe, die in seinem Namen einklagbar seien.[156]

*Bahn* entwirft ein Modell, nach dem Tiere weder den Rechtsobjekten noch den Rechtssubjekten, sondern einer dritten, neuen Kategorie zugeordnet werden sollen.[157] Dabei soll diese neue Kategorie der Tiere aber nicht den heutigen

---

146 Vgl. hierzu Kapitel 3-B-II.
147 *Gruber*, S. 167. Kritisch: *Bahn*, S. 161 f.; *Raspé*, S. 318.
148 *Gruber*, S. 134.
149 *Gruber*, S. 127 ff.
150 *Gruber*, S. 25 ff.
151 *Gruber*, S. 127 ff.
152 *Gruber*, S. 111 f.
153 *Brüninghaus*, S. 127 ff.; *Raspé*, S. 305 ff.; *Stucki*, S. 304 ff.
154 *Brüninghaus*, S. 127 ff.; *Raspé*, S. 72 ff.; *Stucki*, S. 293, 304 ff.
155 *Stucki*, S. 304 f.
156 *Raspé*, S. 298 ff.
157 *Bahn*, S. 117 ff.

Rechtssubjekten untergeordnet sein.[158] Vielmehr soll durch das Schaffen einer Sonderkategorie die Andersartigkeit von Tieren im Vergleich zu den natürlichen und juristischen Personen betont werden.[159] In der Sache handelt es sich auch hier um die Anerkennung der Subjektsqualität von Tieren, ohne diesen Pflichten aufzuerlegen; lediglich die Art der Integration in das bestehende Rechtssystem unterscheidet das Modell *Bahns* von den vorgenannten.

In den meisten der dargestellten Modelle wird das Problem der Abgrenzung zwischen einzelnen Tierarten, also der Entscheidung, welchen Tieren (welche) Rechte zukommen sollen, angesprochen. Dabei taucht ein Lösungsansatz, wenn auch mit divergierenden Herleitungen, immer wieder auf: Im Zweifel – d. h., wenn unsicher sei, ob ein Tier ein bestimmtes Unterscheidungskriterium (z. B. Schmerzempfinden) erfüllt oder nicht – sei davon auszugehen, dass das die Rechtsträgerschaft bzw. Rechtssubjektstellung begründende Kriterium vorliegt.[160]

## 2. *Hauptargumentationslinien*

Zur Begründung – und auch zur Verteidigung gegenüber den zahlreichen Kritikern – berufen sich die verschiedenen Autoren vor allem auf folgende Argumente:

Der grundsätzlichen Ablehnung einer Erweiterung des Kreises der Rechtssubjekte wird entgegengehalten, dass in der jüngeren Menschheitsgeschichte der Kreis der Rechtsträger und damit auch der Rechtssubjekte stetig erweitert worden sei, obgleich dies in jedem der Fälle zuvor undenkbar schien, z. B. bei der Abschaffung der Sklaverei, der Minderbehandlung von Frauen und Schwarzen etc.[161] Soweit die Kritiker darauf verweisen, dass diese Erweiterungen stets nur weitere Menschen betroffen hätten, sehen sie sich dem Vorwurf des Speziesismus[162] ausgesetzt. Zudem wird diesem Kritikpunkt

---

158 *Bahn*, S. 117 ff.

159 Ebd.

160 „In dubio pro animali/persona"-Regel, vgl. *Bahn*, S. 63 ff.; Gruber, S. 126; *Raspé*, S. 312 f.; *Stucki*, S. 323.

161 *Bahn*, S. 79 f.; *Gruber*, S. 163; *Pelluchon*, S. 32 f.; *Raspé*, S. 78. Zum Vergleich der Probleme bei der Abschaffung des Speziesismus und derer bei Abschaffung der Sklaverei, vgl. *Pelluchon*, S. 34 f.; *Schlitt*, ARSP 1992 (78), 225 (226).

162 Speziesismus = Diskriminierung einer Spezies/biologischen Art bzw. Diskriminierung nichtmenschlicher Spezies, vgl. *Hager*, S. 29; *Jedelhauser*, S. 53; *Pelluchon*, S. 25; *Raspé*, S. 123 f.

entgegengehalten, dass die Unterschiede zwischen Mensch und Tier, vor allem die Vernunftfähigkeit bzw. Intelligenz des Menschen, die jedenfalls seit Kant sehr häufig als wichtigstes Unterscheidungskriterium genannt wird, nicht so klar und trennscharf seien, dass die Art der menschlichen Spezies eine geeignete Eingrenzung wäre.

Das sog. „marginal cases" Argument verweist auf „menschliche Grenzfälle", vor allem Kleinkinder und unter einer geistigen Behinderung leidende Menschen, die in ihren kognitiven Möglichkeiten, in ihrer Intelligenzfähigkeit (noch) weit eingeschränkt seien. Sie stünden in einer gedachten „Intelligenzrangordnung" unterhalb oder jedenfalls nicht oberhalb bestimmter höher entwickelter Tiere, wie z. B. Delfinen, aber ihnen würden dennoch erheblich mehr Rechte zugebilligt als (eben diesen) Tieren.[163] Ähnlich wird auch argumentiert, wenn Kritiker der möglichen Subjektstellung von Tieren entgegenhalten, dass nur Rechte haben könne, wer auch Pflichten haben könne: Es gebe Menschen (z. B. Kleinkinder und Menschen mit Behinderung), die genau wie Tiere (selbst) keinen Verpflichtungen nachkommen könnten, die aber dennoch Rechtsträger seien.[164] Mithin sei die sog. Symmetriethese falsch und die Rechtssubjektstellung im Sinne einer Rechtsträgerschaft bedinge eine Pflichtfähigkeit gerade nicht.[165] Als weiteres Argument wird gegen die Symmetriethese ins Feld geführt, dass diese grundsätzlich jeden Pathozentrismus ausschlösse,[166] der Gesetzgeber sich anderenorts aber bereits zum Pathozentrismus bekannt habe.[167]

Neben der mangelnden Pflichtfähigkeit kritisieren Gegner der Tiersubjektsideen weiter die fehlende Handlungsfähigkeit der Tiere. Dem wird entgegengehalten, dass die Rechtsträgerschaft isoliert von der Möglichkeit der Geltendmachung der Rechte zu betrachten sei; nur letztere fordere eine entsprechende Handlungs- bzw. Geschäftsfähigkeit. Man denke etwa an Kleinkinder, juristische Personen etc., die Rechte haben, aber diese selbst nicht durchsetzen können.[168] Der Vergleich zu juristischen Personen zeige darüber hinaus, dass einer Subjektstellung im Sinne einer Rechtsträgerschaft

---

163 *Pelluchon*, S. 58 f.; *Schlitt*, ARSP 1992 (78), 225 (227); *Stucki*, S. 45 ff.; ausführlicher auch: *Raspé*, S. 76 f., 289 f.; *Schröter*, NuR 2007, 468 (470).

164 *Bahn*, S. 81 f.; *Caspar*, S. 136; *Gruber*, S. 163 f.; *Stucki*, S. 274 f.

165 *Bahn*, S. 84.; *Brüninghaus*, S. 127; *Gruber*, S. 174; *Raspé*, S. 283 ff.; *Stucki*, S. 274 f.

166 Vgl. *Caspar*, S. 132 ff.

167 Vgl. Kapitel 3-A-I, insbesondere 1.

168 *Bahn*, S. 81 ff.; *Raspé*, S. 291.

nicht zwangsläufig entgegen stehe, dass gewisse Rechte, z. B. Eigentum am Subjekt, hier an Tieren, bestehen (können).[169] Kritiker halten der Vergleichbarkeit zwischen Tieren und juristischen Personen entgegen, dass letztere ausschließlich eine Bündelung menschlicher Interessen darstellen würden und damit stets eine anthropozentrische Interessenlage zu Grunde liege,[170] während bei Tieren eine pathozentrische Interessenlage gegeben sei. *Caspar* hält entgegen, dass auch juristische Personen pathozentrische Interessen verfolgen könnten.[171]

Soweit Kritiker meinen, die Anerkennung von Tieren als Rechtssubjekte würdige die Stellung des Menschen herab, wird erwidert, dass mit der Anerkennung von Eigenrechten von Tieren nicht zwangsläufig eine Gleichstellung mit natürlichen Personen verbunden sein müsse, da insbesondere die Möglichkeit eines abgestuften Systems bestünde.[172]

### 3. *Insbesondere: Konkrete Eigenrechte von Tieren*

Innerhalb der Modelle, die sich für eine Rechtssubjektstellung von Tieren aussprechen bzw. Tieren eine (Teil-)Rechtsfähigkeit zusprechen, werden zumeist auch konkrete Rechte, die Tieren zustehen (sollen), benannt bzw. beschrieben.

Am häufigsten werden Tieren die Rechte auf Leben[173], körperliche Unversehrtheit[174], (Fort-)Bewegungsfreiheit[175] und auf Gewährung einer ausreichenden Existenzgrundlage bzw. eines Existenzminimums[176] zugesprochen. Daneben werden vereinzelter etwa ein Recht auf Achtung[177], Garantie eines

---

169 Bei juristischen Personen sind dies analog vor allem Vertretungs- und Einflussrechte; *Bahn*, S. 83; *Raspé*, S. 291.

170 *Raspé*, S. 292.

171 *Caspar*, S. 141.

172 *Caspar*, S. 512 f.

173 *Loeper/Reyer*, ZRP 1984, 205 (208); *Raspé*, S. 194 ff., 314; *Stucki*, S. 379 ff.; bei *Bahn* Teil des umfassenden Überrechts „Recht auf Gewährung des Tierwohls", vgl. *Bahn*, S. 119. Vgl. zum sich aus ihrer Theorie als konsequente Folge ergebenden System von *Stucki*, alle „menschlichen" Grundrechte auch auf Tiere anzuwenden, wenn diese den Tieren ihrer Natur nach zukommen können: *Stucki*, S. 350 ff.

174 *Gruber*, S. 143 f.; *Raspé*, S. 175 ff. mit Unterkategorie des Rechts auf Freisein von psychischen Leiden, S. 177 ff., 314; *Stucki*, S. 386 f.

175 *Loeper/Reyer*, ZRP 1984, 205 (208); *Raspé*, S. 192 ff., 314 ff.; *Stucki*, S. 388; bei *Gruber* Teil des „Rechts auf artgemäße Haltung", siehe *Gruber*, S. 144.

176 *Gruber*, S. 143; *Raspé*, S. 189 ff., 314 ff.

177 *Raspé*, S. 215 ff.

Mindestindividualschutzes[178], Schutz vor menschlicher Willkür[179], ein Gleichheitsrecht[180] und ein Demütigungsverbot[181] genannt.

### 4. *Problem der Durchsetzbarkeit von Tierrechten*

Soweit man Tieren konkrete Einzelrechte gewähren wollte, schließt sich die Frage an, wie diese durchzusetzen wären. Denn die isolierte Rechtsträgerschaft, ohne entsprechend starke Durchsetzungsmöglichkeit(en), brächte für den jeweiligen Rechtsträger keinen hinreichenden Zugewinn. Hierzu wurden im Schrifttum bereits verschiedene Ideen formuliert.

In Österreich existieren für Verwaltungs(straf)verfahren Tierombudsschaften, die sich einschalten und im Prozess mitwirken können (z. B. durch die Abgabe von Stellungnahmen), um die Entscheidungsfindung zugunsten der durch das Verfahren betroffenen Tiere zu beeinflussen.[182] In Anlehnung hieran schlägt *Caspar* die Einführung eines Ombudsmannes vor, der als eine Art Sachwalter von staatlicher Stelle eingesetzt wäre, um öffentliche Interessen – hier den Tierschutz – zu vertreten.[183] Ähnlich gestaltet sich die von *Raspé* aufgegriffene Idee, den deutschen Tierschutzbeauftragten entsprechende Mehrrechte einzuräumen.[184]

Im Gegensatz zu diesen Modellen, die nur eine weitere Ebene der Manifestierung des öffentlichen Tierschutzes darstellen, wollen andere Autoren Tiere direkter und durch eigene „Vertreter" subjektiver an Verfahren beteiligen.

So bestehen Erwägungen, Tiere direkt als Partei selbst, aufgrund der gegebenen Handlungs- bzw. Geschäftsunfähigkeit aber durch einen (gesetzlichen)

---

178 *Gruber*, S. 143.

179 *Loeper/Reyer*, ZRP 1984, 205 (208).

180 Dieses soll beinhalten, dass eine Art nicht per se schlechter behandelt werden darf, vgl. *Loeper/Reyer*, ZRP 1984, 205 (208). Kritisch: *Gruber*, S. 184 ff.

181 *Gruber*, S. 143; dieses ergibt sich, aufbauend auf der Herleitung der (partiellen) Personenqualität von Tieren aus eben dieser, insoweit in sich schlüssig, aus dem besonderen emotionalen und sozialen Näheverhältnis zwischen bestimmten Tieren und Menschen, das der Mensch durch emotionale Fürsorge und Zuneigung entsprechend der Intensität der Beziehung wahren soll.

182 Vgl. zu den Tierombudsschaften allgemein: *Bahn*, S. 171 ff.; *Balluch*, S. 202. *Bahn* will für das österreichische Rechtssystem die Befugnisse der Tierombudsschaften auf das Zivilrecht erweitern, um auch dort die Durchsetzung der Tierrechte zu gewährleisten, vgl. *Bahn*, S. 174 f.

183 *Caspar*, S. 504 ff.

184 *Raspé*, S. 328 f.

Vertreter, am Verfahren zu beteiligen. Dies scheint vor allem in Kombination mit einem zugrunde liegenden Sorgerechtsmodell[185] sinnvoll, da dann ohnehin bereits Vertreter existieren. Alternativ zum gesetzlichen Vertreter wird auch die Vertretung durch einen „Tieranwalt“ angedacht.[186]

Eng mit dieser Idee verwandt ist der Vorschlag, Tieren zur Durchsetzung ihrer Rechte Prozessstandschafter an die Seite zu stellen.[187] In Betracht kämen als solche etwa anerkannte Tierschutzorganisationen. Der maßgebliche Unterschied zum (gesetzlichen) Vertreter ist, dass bei diesem Vorschlag das Recht des Tiers von einem Dritten ohne eigene Beteiligung des Tiers (auch nicht als Vertretenem und insbesondere auch nicht als Kostenschuldner bzgl. der Gerichtskosten) geltend gemacht wird.

Ähnlich zum Prozessstandschafter-Modell wird z.T. angeregt, das Verfahren der Verbandsklage (auch) im Hinblick auf Tierrechte einzuführen.[188]

## II. Vorläufige Stellungnahme

Die meisten der vorgenannten Modelle verfolgen das Ziel, Tieren in Folge des entsprechenden moralischen Bedürfnisses juridische Eigenrechte zuzugestehen. Nach Ansicht der Autorin erscheint es unabhängig von der konkreten Umsetzung eines veränderten Tierstatus de lege ferenda jedoch zwingend, dass dabei die Objektqualität von Tieren (v.a. als Wirtschaftsgüter) erhalten bleibt. Denn diese ist jedenfalls derzeit, d. h. in der modernen Gesellschaft nicht wegzudenken. Dies betont auch *Bahn*[189]: *„Es wird nicht möglich sein, das gesamte Rechtssystem, insbesondere das Zivilrecht, so zu reformieren, dass das Tier ohne Objekteigenschaften im Recht auskommt“.* Es ist nicht möglich, *„auf alle [...] Rechte, die der Mensch am Tier ausübt, zu verzichten“.* Die beiden Ziele des Beibehaltens der Objektqualität einerseits und des Zuerkennens von Eigenrechten andererseits lassen sich unter Beibehaltung der seit dem römischen Recht gewohnten stringenten Zweiteilung von Sachen und Personen nicht vereinen. Eine Durchbrechung dieser Zweiteilung ist daher

185 Vgl. Kapitel 3-B-I.

186 Vgl. zum von 1992 bis 2000 in der Schweiz für strafrechtliche Prozesse existenten Tierschutzanwalt, auf dem die Idee basiert: *Bahn*, S. 176 f.; *Balluch*, S. 202; und ausführlicher: *Caspar*, S. 505 ff.; *Raspé*, S. 327 f.

187 Vgl. *Caspar*, S. 521 f.; *Raspé*, S. 326.

188 *Bahn*, S. 178 ff.; *Hirt et al.*, Einführung Rn 88 ff.; *Raspé*, S. 323 ff.; *Schröter*, NuR 2007, 468 (472 f.).

189 *Bahn*, S. 118.

unabhängig vom konkreten Vorgehen unausweichlich. Eine (bereits zuvor genannte) Variante ist dabei, Tieren eine Subjektstellung mit Rechten, aber ohne Pflichten zuzuerkennen, wobei diese zugleich weiterhin Bezugsobjekte fremder Rechte bleiben. Statt die Rechtssubjektstellung mittels Schmälerung derselben an Tiere anzupassen und dabei mit einer (teilweisen) Objektqualität zu verbinden, könnte man – bei gleichem Ergebnis – alternativ auch ausgehend von der Stellung als Rechtsobjekt diesen Status durch Hinzufügen einer (von einer Pflichtträgerschaft isolierten) Rechtsträgerschaft erweitern. *Raspé* kritisiert insoweit bei ähnlichen Modellen, dass die *„symbolische Wirkung"* der Erhebung in den Rechtssubjektstatus entfiele.[190] Dieser Behauptung ist nicht zu widersprechen, jedoch ist diese Tatsache als positiv konnotiert anzusehen, da die gesellschaftliche und politische Akzeptanz bei Beibehaltung der Rechtsobjektsqualität nicht unwesentlich höher sein dürfte. Weiter erscheint hinsichtlich des Anknüpfens an die Stellung als Rechtsobjekt vorteilhaft, dass der gesetzgeberische Aufwand zur Umsetzung vergleichsweise geringer sein dürfte. Da Tiere weiterhin Rechtsobjekte blieben, an denen z. B. Eigentumsrechte bestehen können, würden sie auch künftig von den straf- und zivilrechtlich relevanten Normen, insbesondere denen, die das Tier in seiner Funktion als Wirtschaftsgut betreffen (z. B. §§ 433 ff. BGB), erfasst. Lediglich die neue Möglichkeit der Rechtsträgerschaft sowie die einzelnen Rechte wären zusätzlich positiv zu normieren.

Bei allen genannten Modellen eines veränderten Tierstatus ist problematisch, welchen Tieren konkret welche Rechte zukommen sollen. Bei einigen Autoren führt die Idee, Tiere zu Rechtssubjekten zu machen, und die Begründung dieser Idee auf einem pathozentrischen Grundgedanken dazu, dass nicht alle Tiere, sondern etwa nur Wirbeltiere von den jeweiligen Konzepten erfasst sein sollen.[191] Dieses führt wiederum zu einer „alles-oder-nichts" Frage für die einzelnen Tierarten. Ginge man jedoch von einer mit einer Rechtsträgerschaft kombinierten Rechtsobjektstellung aus, so könnte zunächst allen (vielzelligen) Tieren die Fähigkeit zur Rechtsträgerschaft zugeschrieben werden. Freilich ist diese ohne ausfüllende konkrete Rechte inhaltsleer. Jedoch könnte auf der Ebene der konkreten Rechte (wie das Recht auf Leben, körperliche Unversehrtheit, artgerechte Haltung, Freisein von psychischen Leiden etc.) spezifischer und in gewissem Maße auch einfacher

190 *Raspé*, S. 305 f.

191 Vgl. *Raspé*, S. 312 f. Kritisch, aber auch etwas weiter im Umfang der erfassten Tiere: *Bahn*, S. 119 f.

differenziert werden, welchen Tierarten das konkrete Recht zukommen soll.[192] Dabei gibt es Rechte, die denklogisch auf alle (vielzelligen) Tiere anzuwenden wären, z. B. das Recht auf Leben und artgerechte Haltung; während andere auf bestimmte betroffene Tierarten eingeschränkt werden könnten, z. B. könnte das Recht auf Freisein von psychischen Leiden nur den Tierarten zugesprochen werden, die psychisch leiden können.[193] Auch *Arning* differenziert für jedes mögliche Tierrecht, welchen Tieren es zustehen könnte bzw. sollte.[194] Eine solche Differenzierung hätte den Vorteil, dass eine gesetzgeberische Fehlentscheidung bzw. etwaig zugrunde liegende, aber zu ungenaue wissenschaftliche Erkenntnisse zu bestimmten Unterscheidungskriterien nur das jeweilige Recht beträfen und nicht zwangsläufig die komplette Außerachtlassung der entsprechenden Tierart bzgl. der Besserstellung zur Folge hätte. Soweit zum Teil darauf verwiesen wird, dass jenen Tieren, die nicht in den Genuss der Besserstellung kommen (können), der Schutz des Tierschutzgesetzes verbliebe,[195] so kann dies nur bzgl. jener Rechtsordnungen gelten, deren Tierschutzgesetz, seinem jeweiligen Anwendungsbereich nach, diese Tiere auch erfasst. In der Schweiz und in Österreich beispielsweise kann das jeweilige TierSchG diese Auffangfunktion zumindest teilweise erfüllen. Das deutsche TierSchG erfüllt diese Funktion aber nicht gleichermaßen, da es hinsichtlich einiger, jedoch für das Tierwohl bedeutender Vorschriften (wie § 4 TierSchG) auf Wirbeltiere beschränkt ist. Jedenfalls wäre es zu begrüßen, wenn bezüglich der Frage, welchen Tierarten welche konkreten Rechte zukommen, eine Art Zweifelsgrundsatz gelten würde. Soll z. B. das Recht auf körperliche Unversehrtheit nur Tieren mit Schmerzempfinden zukommen, so ist der fehlende Nachweis des Schmerzempfindens der bestimmten Tierart kein Grund, diese Tierart von dem Recht auf körperliche Unversehrtheit auszuschließen. Schließlich birgt dies ein Missbrauchs- bzw. Manipulationsrisiko, dass entsprechend die wissenschaftliche Erkenntnisgewinnung

---

192 *Arning* vertritt ebenfalls ein solches differenzierendes System, vgl. *Arning*, S. 59.

193 Ob dies auch getan werden sollte ist indes eine ethische Frage. Es mag Tiere geben, die keine Schmerzen empfinden können; doch ist es deshalb moralisch unbedenklich eines dieser Tiere aus bloßer Freude hieran zu misshandeln, etwa einem schmerzunempfindlichen Insekt die Beine auszureißen?.

194 Vgl. (auch zu den konkreten Einzelrechten) *Arning*, S. 62 ff.

195 Etwa *Bahn*, S. 119 f.; *Raspé*, S. 313.

hinsichtlich einer bestimmten Tierart absichtlich unterlassen werden könnte, und weiter die große Gefahr, dass der Gesetzgeber das Ziel, alle schmerzempfindsamen Tiere in den Schutzbereich einzubeziehen, in großem Umfang verfehlt, was mitunter aber erst Jahrzehnte später offenbar werden könnte. Viel eher sollte im Wege eines Zweifelsgrundsatzes „in dubio pro animali" zugunsten der Tiere gefragt werden, ob es sichere Erkenntnisse über das Fehlen von Schmerzempfinden gibt, und nur bei Vorliegen solcher die Tierart vom Recht auf körperliche Unversehrtheit ausgenommen werden.[196]

196 Ebenfalls für die Anwendung einer „in dubio" Regelung: *Hirt et al.*, § 1 Rn 17 f.

# Kapitel 4: Familienrecht

Der Begriff „Familie" wird i.S.d. Art. 6 Abs. 1 GG definiert als „die umfassende Gemeinschaft von Eltern und Kindern".[197] Demnach besteht eine Familie im rechtlichen Sinne nur aus natürlichen Personen. Auch im umgangssprachlichen Sinne ist mit dem Wort „Familie" wohl weit überwiegend ein Verbund aus Menschen gemeint. Für einige Menschen gehören ihre Heimtiere jedoch auch zu ihrer Familie. Zwar kann die emotionale Verbindung zum Heimtier vielfältig ausfallen; für viele Menschen – gerade solche, die von Einsamkeit betroffen sind – ist das Heimtier jedoch nicht nur ein Hobby, sondern stellt eine wichtige emotionale und psychische Stütze dar, eben bis hin zum subjektiv vollwertigen Familienmitglied.

Wo immer das Heimtier von mehr als einer Person (mehr oder weniger) geliebt und umsorgt wird, kommt es, wenn sich die Lebenswege dieser Personen trennen, dementsprechend häufig zu Streitigkeiten: Wer darf das Heimtier zu sich nehmen? Wer trifft die das Heimtier betreffenden Entscheidungen? Wer trägt die mit der Tierhaltung verbundenen Kosten?

Ziel dieses Untersuchungsteils ist es, die derzeitigen Antworten des deutschen Rechtssystems hierauf in einem ersten Schritt zu finden und darzustellen. In einem zweiten Schritt werden beispielhaft die z.T. alternativen Herangehensweisen des englischen, spanischen und schweizerischen Gesetzgebers dargestellt.

## A. Deutsches Recht de lege lata

Zunächst wird untersucht, welche Antworten das bestehende[198] deutsche Recht auf die einzelnen Fragen betreffend Heimtiere im Familienrecht bereithält. Die wohl wichtigste Frage ist, wer das Heimtier bei Trennung bzw. Scheidung „behalten" darf und ob es möglich ist, ein „Sorgerecht" für das Heimtier zu erhalten. So wurde zwar nicht in Deutschland, dafür aber im Nachbarland Österreich erst im Januar 2023 entschieden, dass derjenige Ehegatte das Heimtier (dort: den Kater) zugewiesen erhält, der die intensivere emotionale Bindung zu ihm hat.[199]

---

197 Vgl. BVerfG, NJW 1959, 1483; NJW 2013, 847 (850); Dürig et al./*Badura*, Art. 6 Rn 60; Epping/Hillgruber/*Uhle*, Art. 6 Rn 14; Sachs/*von Coelln*, Art. 6 Rn 14.

198 Gesetzesänderungen sind berücksichtigt bis 31.12.2022.

199 Vgl. OVG Österreich, Beschluss vom 27.01.2023, 1 Ob 254/22t, Rn 14 ff., Internetquelle: https://www.ogh.gv.at/entscheidungen/entscheidungen-ogh/nacheheliche-zuweisung-eines-katers/, zuletzt abgerufen am 31.08.2023.

Daneben ist zu klären, ob die Beteiligten, die das Heimtier jeweils nicht (mehr) dauernd versorgen, einen Anspruch auf ein „Umgangsrecht" geltend machen können. Nicht zuletzt ist für die Betroffenen von Bedeutung, wer für die mit der Tierhaltung verbundenen Kosten aufkommen muss und ob gegen den jeweils anderen in diesem Zusammenhang ggf. ein (Unterhalts-)Anspruch besteht.

Einzelne dieser Aspekte sollen im Rahmen der folgenden Untersuchung mittels Heranziehung von Fallbeispielen veranschaulicht werden. Als Anknüpfungspunkte dienen dabei folgende ausgewählte Beispiele:

**Beispiel 1:** A und B waren fünf jahrelang in einer Beziehung. Vor zwei Jahren hatten sie gemeinsam einen Hund aus dem Tierheim adoptiert, der mit ihnen in der gemeinsamen Wohnung lebte. Während A Tierarztbesuche mit dem Hund wahrnahm und auch diejenige Person war, die mit dem Hund zur Hundeschule ging, teilten A und B sich die Verantwortung hinsichtlich des Gassi Gehens und Fütterns des Hunds. Auch alle in Zusammenhang mit dem Hund anfallenden Kosten teilten A und B gleichmäßig untereinander. Nun trennen sich A und B. B zieht aus der gemeinsamen Wohnung aus und wohnt zunächst bei Freunden. Der Hund verbleibt unmittelbar nach der Trennung bei A in der Wohnung.

**Beispiel 2:** Wie Beispiel 1, jedoch waren A und B seit fünf Jahren verheiratet, bevor sie sich trennen. Zudem haben A und B ein Kind (K), welches zum Zeitpunkt der Trennung vier Jahre alt ist. Neben dem Hund verbleibt auch K unmittelbar nach der Trennung bei A in der Wohnung.

**Beispiel 3:** A und B waren einst liiert, sind jedoch seit mehreren Jahren getrennt. Aus der früheren Beziehung ist ein zwischenzeitlich zwölfjähriges Kind (K) hervorgegangen, das seit seiner Geburt bei A lebt. Seit der Trennung kümmert sich nur noch A um K. B zahlt zwar Unterhalt gem. der Düsseldorfer Tabelle, hat den Kontakt zu K jedoch abgebrochen. K leidet an einer sich vergleichsweise schwach auswirkenden Variante von Autismus. K kommt mit der Erkrankung grundsätzlich gut zurecht, jedoch fällt es K schwer, Kontakte zu Gleichaltrigen zu knüpfen, sodass K nahezu keine Freunde hat. A schenkt K daher einen Hund, den A gegen Zahlung einer Schutzgebühr aus dem Tierheim holt, weil A hofft, dass K in dem Hund eine Art „Ersatzfreund" findet und dieser so das allgemeine Wohlbefinden von K fördert.

## I. Tierverteilung bei Trennung von nichtehelichen Lebensgefährten

Hat eine nichteheliche Lebensgemeinschaft ein Heimtier gemeinsam gehalten, so stellt sich angesichts der naturgegebenen Unteilbarkeit des Heimtiers[200] die Frage, welchem Partner das Heimtier nach der Trennung zusteht, vgl. Beispiel 1.

Die Rechtslage richtet sich mangels spezieller Vorschriften nach dem allgemeinen Sachen- und Schuldrecht. In Divergenz zur Trennung bei Ehegatten, wo die Verteilung von Heimtieren zunächst temporär bis zur Scheidung erfolgen kann (§ 1361 a BGB),[201] ist die Zuteilung der Heimtiere bei der Auflösung einer nichtehelichen Lebensgemeinschaft als permanent zu qualifizieren, wenngleich die Möglichkeit nicht ausgeschlossen ist, dass das Paar in der Zukunft erneut eine nichteheliche Lebensgemeinschaft eingeht.

### 1. *Einvernehmliche Regelung*

Nichteheliche Lebensgefährten können sich einvernehmlich über die Zuteilung von Heimtieren einigen; es sind die allgemeinen gesetzlichen Grenzen (insbesondere §§ 134, 138, 242 BGB) zu beachten.[202] Denkbar ist etwa die Übertragung des (anteiligen) Eigentums des weichenden Partners auf den übernehmenden Partner gem. § 929 S. 1 BGB durch Übereignung und Übergabe, sodass der übernehmende Partner Alleineigentümer wird. Zugrunde liegen können etwa ein Kaufvertrag oder eine Schenkung. Auch ist denkbar, dass die Lebensgefährten den Zustand des Miteigentums bewusst auch für die Zeit nach der Trennung aufrechterhalten oder ihn durch gezielte anteilige Eigentumsübertragung schaffen. In Anbetracht der Rechtslage zwischen Miteigentümern eines Heimtiers, auf die noch eingegangen wird,[203] ist es in einem solchen Szenario ratsam, dass die Partner die Zeit des Einvernehmens nutzen, um die Ausgestaltung des Miteigentums (Nutzung, Kostentragung, Entscheidungsbefugnisse etc.) vertraglich zu regeln. Auch im Beispiel 1 stehen A und B u.a. die vorgenannten Optionen offen.

---

200 Vgl. Kapitel 4-A-I-4-a-aa.

201 Vgl. hierzu Kapitel 4-A-II-1.

202 Soergel/Siebert/*Schumann*, NeheLG Rn 118, 129 m.w.N.; Staudinger/*Löhnig*, Anh. zu §§ 1297 ff. Rn 33 ff.

203 Vgl. Kapitel 4-A-I-4.

## 2. *Klärung der Eigentumslage*

Kommt eine einvernehmliche Regelung nicht zustande, so kommt es zur Beantwortung der Frage, welchem nichtehelichen Lebensgefährten das Heimtier nach der Trennung zusteht, entscheidend darauf an, in wessen Allein- bzw. Miteigentum das Heimtier steht.

Dabei steht es jedem Partner frei, darzulegen und ggf. zu beweisen, dass er (beim Erwerb des Tiers oder später z. B. durch schenkweise Übereignung) Alleineigentümer des Heimtiers (geworden) ist. Ist nach den Darlegungs- und Beweisgrundsätzen keiner der Lebensgefährten als Alleineigentümer anzusehen, so greift die Eigentumsvermutung des § 1006 Abs. 1 S. 1 BGB. Bei Mitbesitz beider Partner – der wohl in den allermeisten Fällen gegeben sein wird – ist demnach im Zweifel vom Mitbesitz auf Miteigentum zu schließen, vgl. §§ 1006 Abs. 1 S. 1, 1008 BGB.[204] Dies gilt auch für Beispiel 1, wenn man zu dieser Annahme nicht schon anhand der konkreten Einzelfallumstände betreffend das Eigentum gelangt.

Fraglich ist, ob § 1361 a BGB – dessen Anwendungsbereich ausweislich seines Wortlauts auf Ehegatten begrenzt ist – analog auf nichteheliche Lebensgefährten angewandt werden kann, da insbesondere dessen Absatz 1 ein auch für die Anwendung auf nichteheliche Paare taugliches Schema böte. Es kann jedoch bereits nicht vom Vorliegen einer planwidrigen Regelungslücke als Ansatzpunkt einer evtl. Analogiebildung ausgegangen werden. Vielmehr ist davon auszugehen, dass der Gesetzgeber den Anwendungsbereich des § 1361 a BGB bewusst auf Ehegatten begrenzt hat, was dem – im Vergleich zum Schutz der nichtehelichen Lebensgemeinschaft – besonders geschützten Status der Ehe (vgl. Art. 6 Abs. 1 GG) entspricht.[205] Darüber hinaus eröffnet jedenfalls § 1361 a Abs. 2 BGB die Möglichkeit, in das durch Art. 14 Abs. 1 S. 1 GG besonders geschützte Eigentumsrecht der Ehegatten einzugreifen. Aufgrund Art. 14 Abs. 1 S. 2 GG bedürfte es insoweit des Aktivwerdens des Gesetzgebers, um dieses auch für nichteheliche Lebensgefährten zu ermöglichen.[206] Mithin ist § 1361 a BGB nicht analog anwendbar.[207]

---

204 So auch LG Duisburg, BeckRS 2011, 20635.

205 Zum besonderen und im Vergleich zur nichtehelichen Lebensgemeinschaft besseren Schutz der Ehe vgl. auch OLG Hamm, FamRZ 2005, 2085.

206 Vgl. OLG Hamm, FamRZ 2005, 2085, dort zur früheren HausratsVO. Vgl. hierzu einen entsprechenden Reformvorschlag unter Kapitel 6-A.

207 Johannsen/Henrich/Althammer/*Dürbeck*, § 1361 a Rn 4; MüKoBGB/*Weber-Monecke*, § 1361 a Rn 2; Grüneberg/*Götz*, § 1361 a Rn 1; Schulz/Hauß/*Wunderlin*, Familienrecht,

Auch eine etwaige analoge Heranziehung des § 1568 b Abs. 2 BGB im Hinblick auf die Klärung der Eigentumslage zwischen nichtehelichen Lebensgefährten ist abzulehnen. Denn auch diesbezüglich ist davon auszugehen, dass der Gesetzgeber den Anwendungsbereich im Hinblick auf den besonderen Schutz der Ehe bewusst auf Ehegatten begrenzt hat und damit bereits keine planwidrige Regelungslücke vorliegt.

### 3. *Alleineigentum eines Partners*

Eine gerichtliche Entscheidung darüber, wem das Heimtier zusteht, ist nur dann von Nöten, wenn eine einvernehmliche Regelung nicht zustande kommt und nicht einer der Partner Alleineigentümer ist, da ansonsten das Heimtier unproblematisch diesem Alleineigentümer zuzuordnen ist. Sollte der andere Partner bei der Trennung im Besitz des Heimtiers sein, ohne ein Recht zum Besitz zu haben, kann der Alleineigentümer gem. § 985 BGB Herausgabe des Heimtiers an sich verlangen. Eine (spezielle[208]) Anspruchsgrundlage, auf Grund derer der andere Partner vom Alleineigentümer anlässlich der Trennung Übergabe und Übereignung oder auch nur zeitweise Überlassung des Heimtiers verlangen kann, existiert nicht.[209]

Im Einzelfall kann möglicherweise eine BGB-Innengesellschaft zwischen den nichtehelichen Lebensgefährten bestehen.[210] Voraussetzung dafür ist, dass die Lebensgefährten bei der Anschaffung des Heimtiers nicht nur die nichteheliche Lebensgemeinschaft (v.a. durch gemeinsame Nutzung des Gegenstands) verwirklichen wollen, sondern darüberhinausgehend den Zweck verfolgen, gemeinschaftlich erhebliche Vermögenswerte zu schaffen.[211] In der typischerweise vorliegenden, bloßen Heimtierhaltung liegt ein solcher Zweck jedoch nicht.

---

§ 1361 a Rn 1; Soergel/Siebert/*Leiß*, § 1361 a Rn 4; Staudinger/*Voppel*, § 1361 a Rn 7. Entsprechend zu § 1361 b BGB: LG München, NJW-RR 1991, 834.

208 Ein Anspruch kann sich im Einzelfall selbstredend aus den allgemeinen Regeln ergeben, zum Beispiel, wenn einer der Partner entsprechenden Vollzug eines wirksamen Kaufvertrags oder Rückabwicklung eines nichtigen Rechtsgeschäfts verlangen kann. Beachte hinsichtlich möglicher Ansprüche aus § 812 Abs. 1 BGB auch *Wellenhofer*, NZFam 2021, 381 (384 ff.).

209 Vgl. LG Koblenz, FuR 2020, 383 (383 f.).

210 Vgl. *Mende*, NZFam 2021, 386 (387).

211 BGH, FamRZ 1997, 1533; OLG Hamm, FamRZ 1989, 616; FamRZ 2003, 529 (530); *Mende*, NZFam 2021, 386 (387).

### 4. *Miteigentum der Partner*

Typisch wird sein, dass das Heimtier im gemeinsamen Eigentum beider Lebensgefährten steht. Die Aufhebung des gemeinsamen Eigentums richtet sich nach den §§ 749 ff. BGB.[212] Zu untersuchen ist, inwieweit die §§ 749 ff. BGB auf Heimtiere angewandt werden können. Ausgangspunkt ist der Anspruch auf Aufhebung der Gemeinschaft gem. § 749 Abs. 1 BGB.

#### *a) Teilung in Natur*

Im Grundsatz hat die Teilung in Natur zu erfolgen, vgl. § 752 S. 1 BGB.

##### *aa) Allgemein*

In § 752 S. 1 BGB statuiert der Gesetzgeber, dass die Teilung grundsätzlich in Natur zu erfolgen hat, wenn der/die gemeinschaftliche(n) Gegenstände sich ohne Wertminderung in gleichartige, den Anteilen der Teilhaber entsprechende Teile zerlegen lassen. Fraglich ist, ob auch (Heim-)Tiere nach der Vorgehensweise der Teilung in Natur unter den Miteigentümern verteilt werden können oder ob sie unteilbar i.S.d. § 752 S. 1 BGB sind.

Die Teilung eines einzelnen Tiers, die notwendigerweise mit dessen Tötung einhergeht, ist bereits aufgrund dessen, dass die Teilung nicht mit einem Wertverlust einhergehen darf, nur im Ausnahmefall denkbar, etwa wenn es sich um ein zur Schlachtung bestimmtes Tier im Zeitpunkt der Schlachtreife handelt. Zugleich muss im Einzelfall ein vernünftiger Grund i.S.d. § 1 S. 2 TierSchG vorliegen, da ansonsten die Teilung gem. § 134 BGB i.V.m. § 1 S. 2 TierSchG untersagt wäre. Mithin sind einzelne Tiere in der Regel unteilbar im Sinne des § 752 BGB.[213] In Beispiel 1, in dem es nur ein Heimtier gibt, scheidet eine Teilung in Natur daher aus.

##### *bb) Merkmal der Gleichartigkeit bei Heimtieren*

Bei Tiermehrheiten ist eine Teilbarkeit i.S.d. § 752 BGB denkbar, jedoch nur dann, wenn es mehrere gleichartige Tiere gibt, die sich nach ihrer konkreten Anzahl so aufteilen lassen, dass jeder Teilhaber seinen Anteil in „ganzen Tieren“ erlangen kann. Fraglich ist, wann Tiere als gleichartig im vorgenannten Sinne zu qualifizieren sind. Genügt es, wenn die Tiere sich hinsichtlich ihrer

---

212 Vgl. *Mende*, NZFam 2021, 386 (387); Soergel/Siebert/*Schuhmann*, NEhelLG Rn 137; *Wellenhofer*, NZFam 2021, 381.

213 Im Ergebnis so auch: AG Walsrode, NJW-RR 2004, 365.

Gattung entsprechen? Muss es sich um dieselbe Rasse handeln? Bedarf es einer Übereinstimmung verkehrswesentlicher Eigenschaften wie z. B. Alter oder Gesundheitszustand?

Sowohl in der Literatur als auch in der Rechtsprechung wurde sich bislang, soweit ersichtlich, mit der Fragestellung der Gleichartigkeit mehrerer (Heim-) Tiere nicht auseinandergesetzt. Selbst auf die Mannigfaltigkeit der möglichen Auseinandersetzungsgegenstände insgesamt bezogen, finden sich nur wenige und inhaltlich eng gefasste Ausführungen zur Problematik der Gleichartigkeit dieser Gegenstände. So meint *Schmidt,* es genüge, wenn die Teile nach der Verkehrsanschauung als gleichartig anzusehen sind; eine absolute Gleichartigkeit sei nicht zu verlangen.[214] *Ann* widerspricht und hält selbst zwei identisch geschnittene Eigentumswohnungen im selben Gebäude für nahezu nie gleichartig, da auch ein divergierender Lichteinfall die Gleichartigkeit ausschließe.[215]

Nach dem Wortlaut des § 752 BGB („*gleichartige [...] Teile*") ist auf Tiere bezogen unter Zugrundelegung des umgangssprachlichen Wortsinns mindestens eine Übereinstimmung in Gattung und Rasse zu verlangen; diese beiden Einordnungen lassen sich als Kategorien unter den Sammelbegriff „Art" subsumieren. Die Systematik lässt sich vorliegend nicht klar vom Normtelos trennen. Durch den Zusammenhang mit § 753 BGB wird die Intention des Gesetzgebers deutlich, eine möglichst genau den Anteilen der Teilhaber entsprechende Aufteilung zu erreichen. Dies ist in jedem Falle (am einfachsten) erreichbar, wenn die Gegenstände verkauft werden und der Erlös geteilt wird. § 752 BGB ist insoweit (auch in seiner entsprechenden Anwendung im Rahmen der Erbauseinandersetzung) als Ausnahmevorschrift zu begreifen, als der Gesetzgeber dort, wo die Teilung ebenso exakt durch reelle Aufteilung des Gegenstandes bzw. mehrerer Gegenstände erreicht werden kann, wie dies durch Teilung des Veräußerungserlöses möglich wäre, den Teilhabern eine zwangsweise Liquidation nicht aufbürden will. Diese systematische Überlegung bedingt den Schluss, dass die zur Verteilung zu bildenden „Grüppchen" jedenfalls wertmäßig exakt[216] mit den „Zielanteilen" übereinstimmen müssen. Neben dem bereits angesprochenen Ziel, eine Zwangsliquidation möglichst zu vermeiden, lässt sich als weitere

---

214 MüKoBGB/*Schmidt,* § 752 Rn 12. In der Weite der Anforderungen ähnlich: *Muscheler,* Erbrecht Band 2, § 50 Rn 4042 f.

215 MüKoBGB/*Ann,* § 2042 Rn 25.

216 Kleinstabweichungen durch die Unteilbarkeit der kleinsten Währungseinheit sind hinzunehmen, da sich diese gleichsam bei der Teilung des Veräußerungserlöses ergeben.

bezweckte Folge der Norm die im Vergleich zur Liquidation schnellere Umsetzung der Teilung anbringen. Das letztgenannte Auslegungsargument spricht zwar für eine weite Auslegung; das vorgenannte systematisch-teleologisch kombinierte Auslegungsargument ist jedoch gewichtiger. Insofern ist zu fordern, dass die Teilung einer Mehrheit von Tieren (nur) dann die Voraussetzungen des § 752 BGB erfüllt, wenn die gebildeten „Grüppchen" nicht nur in Gattung und Rasse, sondern auch in ihrem Wert mit den „Zielanteilen" übereinstimmen. In den meisten Fällen wird dies praktisch bedingen, dass auch die sonstigen wertbildenden Faktoren wie Alter, Aussehen, Gesundheitszustand, Leistungsfähigkeit etc. (zumindest annähernd) übereinstimmen müssen, da bei vielen (Heim-)Tieren der individuelle Wert stark durch diese beeinflusst wird. Eine in jedem Fall verpflichtende Berücksichtigung dieser Voraussetzung lässt sich im Wege der Auslegung jedoch nicht herleiten.

*cc) Der Teilung entgegenstehendes Tierwohl*

Auch im Fall der tatsächlichen Möglichkeit der Bildung von gleichartigen Gruppen im vorgenannten Sinne ist jedoch weiter zu prüfen, ob der analogen Anwendung von § 752 S. 1 BGB auf (Heim-)Tiere Aspekte des Tierwohls entgegenstehen. Dies könnte insbesondere bei solchen (Heim-)Tieren der Fall sein, die ihrer Art nach in Gruppen zu leben pflegen. Dabei ist bei den meisten Heimtieren nicht schon die grundsätzliche „Zerstörung" des Rudels bzw. der Herde etc. ein solcher entgegenstehender Gesichtspunkt. Denn viele Säugetiere leben zwar häufig in einer Gruppe, knüpfen dabei aber keine schützenswerten individuellen Sozialbeziehungen.[217] Jedoch sind Einzelfälle denkbar, etwa bei besonders langem Bestand der Gruppe oder besonders enger Bindung zwischen Gruppenmitgliedern, in denen sich eine Teilung gem. § 752 S. 1 BGB verbietet.[218]

*b) Teilung durch Verkauf*

Subsidiär zur Teilung in Natur ist die Teilung durch Verkauf zu bewirken, vgl. § 753 Abs. 1 BGB.

---

217 Vgl. Kapitel 2-B-I-2.

218 Vgl. Kapitel 2-B-I-2. Unter Berücksichtigung der Fähigkeit von Heimtieren sozial-emotionale Bindungen zu Menschen aufzubauen, kann im Einzelfall auch die analoge Anwendung des § 752 S. 2 BGB abzulehnen sein. Etwa dann, wenn ein Tier zu einem der Erben eine signifikant engere Bindung als zu den übrigen Erben hat.

### *aa) Allgemein*

Gem. § 753 Abs. 1 BGB haben die Teilhaber, hier die nichtehelichen Lebensgefährten, die betreffenden Gegenstände, bei denen eine Teilung in Natur aus den genannten Gründen ausscheidet, zu verkaufen und sodann den Erlös anteilig aufzuteilen. Diese Vorgehensweise ist auch bei (Heim-)Tieren möglich. Der Verkauf hat gem. § 753 Abs. 1 S. 1 BGB nach den Vorschriften über den Pfandverkauf zu erfolgen, also durch eine öffentliche Versteigerung durch den Gerichtsvollzieher, vgl. §§ 1235, 383 Abs. 3 BGB. Jeder Partner ist daher darauf angewiesen, bei der Versteigerung Meistbietender zu sein, um so (Allein-)Eigentümer des Tiers zu werden.[219] Auch in Beispiel 1 wäre dies mangels einer möglichen Teilung in Natur die angezeigte Vorgehensweise.

Lediglich dann, wenn die Veräußerung an einen Dritten unstatthaft ist, sieht der Gesetzgeber statt des Verkaufs gem. § 753 Abs. 1 S. 1 BGB die Versteigerung unter den Teilhabern vor, vgl. § 753 Abs. 1 S. 2 BGB. Unstatthaftigkeit in diesem Sinne ist insbesondere dann gegeben, wenn ein (z. B. gesetzliches) Veräußerungsverbot[220] besteht oder die Veräußerung an einen Dritten aus einem sonstigen Grunde nichtig wäre.[221] Danach liegt eine grundsätzliche Unstatthaftigkeit der Veräußerung von Heimtieren an Dritte nicht vor, da nicht in jedem Fall einer der vorgenannten Ausschlussgründe standardisiert eingreift. Eine im Einzelfall vorliegende Unstatthaftigkeit aus einem der vorgenannten Gründe bleibt davon unberührt.

Im Weiteren zu untersuchen ist jedoch, ob in Bezug auf Heimtiere nicht andere als die vorgenannten Unterfälle der Unstatthaftigkeit gewöhnlich vorliegen bzw. regelmäßig zu prüfen sind. Namentlich könnte sich eine Unstatthaftigkeit der Veräußerung eines Heimtiers an Dritte aus affektiven Interessen der Teilhaber und/oder Tierwohlgesichtspunkten ergeben.

### *bb) Unstatthaftigkeit aufgrund Affektionsinteresse*

Fraglich ist, ob sich eine Unstatthaftigkeit (auch) aus affektiven Interessen ergeben kann. Aus dem Gesetzeswortlaut selbst ergeben sich keine Anhaltspunkte hierzu. Nach der Konzeption der Norm stellt S. 2 jedoch eine Ausnahme zu der nach § 753 Abs. 1 S. 1 BGB im Grundsatz vorgesehenen Rechtsfolge dar. Dies bedingt in jedem Fall eine enge Auslegung.

---

219 Vgl. §§ 1239 Abs. 1 S. 1, 1242 Abs. 1, 929 ff. BGB.

220 OLG Oldenburg, FamRZ 1996, 377; MüKoBGB/*Schmidt,* § 753 Rn 11.

221 *Kipp/Coing,* § 117 II 3.

Soweit im Schrifttum bisher überhaupt die Möglichkeit der sich aus affektiven Interessen ergebenden Unstatthaftigkeit in Betracht gezogen wurde, wurde diese stets verneint.[222] *Gregor* meint zur Unstatthaftigkeit, dass für die Annahme eines diese bedingenden Veräußerungsverbots „*besondere Anhaltspunkte erforderlich*" seien und es hierzu nicht ausreiche, „*dass der Gegenstand einem Teilhaber zuvor gehörte*".[223] Er bezieht sich damit zwar nicht spezifisch auf (typische) affektive Interessen; er bekennt sich jedoch zu hohen Anforderungen an eine etwaige Unstatthaftigkeit. (Typische) Affektionsinteressen dürften dabei in der Qualität ihrer Schutzwürdigkeit ähnlich dem von *Gregor* genannten Interesse des vormaligen Alleineigentümers zu gewichten sein und damit die von diesem aufgestellte Hürde ebenfalls nicht überwinden. Jeweils zurückgehend auf *Mugdan* führt *Schmidt* übereinstimmend mit *Lobe* aus, dass die Tatsache, „*dass der Gegenstand allein für einen Teilhaber Wert hat*" nicht zur Annahme einer Unstatthaftigkeit i.S.d. § 753 Abs. 1 S. 2 BGB führe.[224] *Mugdan* führt zur Begründung aus, dass sich nicht „*bestimmen [ließe], ob ein Gegenstand nur für die Theilhaber, nicht auch für einen Dritten Werth*" habe.[225] Da sich für die meisten Gegenstände ein objektiver (Verkehrs-)Wert durchaus bestimmen lässt, ist davon auszugehen, dass die Aussagen der vorgenannten Autoren sich jedenfalls auch auf den ideellen Wert des Gegenstandes beziehen. Mithin lehnen diese eine Unstatthaftigkeit aus affektiven Interessen (direkt) ab.

Die Rechtsprechung hat sich zur Frage der (möglichen) Unstatthaftigkeit aufgrund von affektiven Interessen bislang nicht geäußert. Das OLG Düsseldorf hat jedoch im Rahmen einer Entscheidung betreffend die zwangsweise Aufhebung einer Miteigentümergemeinschaft geäußert, dass sich die Unstatthaftigkeit der Veräußerung an Dritte nicht daraus ergebe bzw. ergeben könne, dass ein Teilhaber ein „*eigenes Interesse*" hat, den Gegenstand zu erwerben.[226] Näher führt das Gericht hierzu nicht aus, es ist jedoch mangels Einschränkung davon auszugehen, dass das Gericht damit jedenfalls auch affektive Interessen gemeint hat.

In Übereinstimmung mit den Stimmen in der Rechtsprechung und im Schrifttum können nach hier vertretener Auffassung affektive Interessen – denen

222 Beckmann/Junker/Rüßmann/*Gregor*, § 753 Rn 8; MüKoBGB/*Schmidt*, § 753 Rn 11; Staudinger/*Eickelberg*, § 753 Rn 39 (im Umkehrschluss zu den dortigen Ausführungen).

223 Beckmann/Junker/Rüßmann/*Gregor*, § 753 Rn 8.

224 *Mugdan*, S. 494 f.; MüKoBGB/*Schmidt*, § 753 Rn 11; Planck/*Lobe* § 753 Anmerkung 7.

225 *Mugdan*, S. 495.

226 OLG Düsseldorf, BeckRS 2021, 12764.

innerhalb des (Zivil-)Rechts ohnehin nur ein geringer Schutz zukommt – nicht das Vorliegen der Ausnahme der Unstatthaftigkeit der Veräußerung an Dritte bedingen.[227]

Möglich bleibt ein divergierendes Ergebnis im Einzelfall durch Eingreifen des § 242 BGB, wenn dieser trotz dessen (hoher) Hürden einschlägig ist.[228]

Das AG Walsrode hat entschieden, dass sich unter Berücksichtigung des immateriellen Interesses der Miteigentümer am Heimtier die „Unzumutbarkeit" des Verkaufs zur Aufhebung der Gemeinschaft ergeben könne.[229] Der Entscheidung zugrunde lag die Klage einer Frau gegen ihren ehemaligen nichtehelichen Lebensgefährten auf Herausgabe des in der gemeinsamen Beziehung angeschafften Rottweiler-Hunds. Beide Parteien beantragen für den Fall der Abweisung des Hauptantrags (Herausgabe nach § 985 BGB bzw. Klageabweisung) jeweils hilfsweise den Hund unter Aufhebung der Gemeinschaft zugewiesen zu erhalten. Der Hauptantrag der Klägerin wurde mangels Alleineigentum der Klägerin abgewiesen. Weiter leitete das Gericht – statt gem. § 753 Abs. 1 BGB den Verkauf des Hunds zur Aufhebung der Gemeinschaft anzuordnen – aus § 242 BGB die Notwendigkeit einer ersatzweisen Billigkeitsentscheidung her, wonach das Heimtier einem der Miteigentümer unter billiger Entschädigung des anderen zu Alleineigentum zugewiesen wurde.[230] Zur Begründung führte das AG Walsrode an, die Teilung durch Verkauf sei *„nicht zumutbar, weil das immaterielle Interesse durch den Teilungsverkauf nicht berücksichtigt werden könnte"*.[231] Es bestünde *„ein Interesse daran, den Besitz wenigstens einer der Parteien zu erhalten"*.[232]

Zunächst gilt festzustellen, dass das AG Walsrode bei dieser Feststellung der „Unzumutbarkeit" keine konkrete Norm benennt. Da die vom Gericht aufgegriffenen Affektionsinteressen eine Unstatthaftigkeit i.S.d. § 753 Abs. 1 S. 2 BGB nicht folgern können,[233] ist davon auszugehen, dass das Gericht § 242 BGB für einschlägig erachtet hat. Dem Gericht wird insoweit zugestimmt, als es die grundsätzliche Möglichkeit des Eingreifens von § 242 BGB annimmt. Es erscheint jedoch fraglich, ob im Einzelfall tatsächlich Umstände vorlagen, die

---

227 Zum allgemein niedrigen rechtlichen Schutzniveau hinsichtlich Affektionsinteressen vgl. *Tuma-Koch*, S. 104 ff.

228 So auch MüKoBGB/*Schmidt*, § 753 Rn 11.

229 AG Walsrode, NJW-RR 2004, 365 (365 f.).

230 Ebd.

231 AG Walsrode, NJW-RR 2004, 365.

232 Ebd.

233 Vgl. Kapitel 4-A-I-4-b-bb.

die nötige Intensität der Unbilligkeit bedingten.[234] Ausweislich der vorgenannten Urteilsbegründung stellt das Gericht in der Sache monokausal auf (typische) Affektionsinteressen ab. Angesichts dessen, dass der Gesetzgeber selbst bereits eine – nicht aufgrund von affektiven Interessen eingreifende – Ausnahmevorschrift geschaffen hat, muss im Rahmen des § 242 BGB aber nach hier vertretener Auffassung eine sich von der Standardsituation abhebende Interessenlage gefordert werden, in der die Affektionsinteressen in vergleichsweise erheblicherer Intensität vorliegen. Da dies (jedenfalls anhand der veröffentlichten Gründe) in dem der Entscheidung des Amtsgerichts zugrundeliegenden Sachverhalt nicht feststellbar ist, bleibt die Entscheidung fragwürdig.

*cc) Unstatthaftigkeit aufgrund Tierwohl*

Im Unterschied zur Herangehensweise des AG Walsrode ist, wie gezeigt, nicht auf die Affektionsinteressen der Parteien abzustellen. Vielmehr stellt sich die Frage, ob sich über die verfassungskonforme Auslegung des § 753 Abs. 1 S. 2 BGB im Hinblick auf Art. 20 a GG und Gesichtspunkte des Tierwohls eine Unstatthaftigkeit der Veräußerung an Dritte zur Aufhebung der Miteigentümergemeinschaft an einem Heimtier herleiten lässt.

Zunächst ist zu konstatieren, dass ein jeder Eigentümer – gleich ob es sich um einen Dritten oder den bisherigen Miteigentümer handelt – dieselben gesetzlichen Vorgaben zum Umgang mit dem Tier beachten muss. Es ist daher unabhängig vom Eigentümer auf abstrakter Ebene dasselbe, gesetzlich abgesicherte „Mindesttierwohlniveau" hinsichtlich der weiteren Tierhaltung nach Auseinandersetzung der Gemeinschaft gegeben. Da das (weitere) Tierwohl also beim Dritten nicht generell weniger gewahrt ist, als bei den bisherigen Miteigentümern, kann sich eine Unstatthaftigkeit der Veräußerung an Dritte aus Tierwohlgesichtspunkten aus diesem Aspekt heraus nicht für den Regelfall ergeben. Zu prüfen ist jedoch stets der Einzelfall. Dabei ist nicht ausgeschlossen, dass es Fälle geben mag, in denen bisherige Miteigentümer hinsichtlich der weiteren Tierhaltung ein abstrakt besseres Schutzniveau bieten können als beliebige Dritte, etwa, wenn es hinsichtlich der artgerechten Haltung des konkreten Heimtiers besonderer Fachkenntnisse bedarf, die bei den Miteigentümern, nicht aber der Durchschnittsbevölkerung vorliegen.

Ein weiterer möglicherweise die Unstatthaftigkeit der Veräußerung an Dritte bedingender Aspekt des Tierwohls ist die Tatsache, dass es bestimmte Heimtiere bzw. Heimtierarten gibt, deren Wohl durch die Trennung von Bezugspersonen

234 Zur nötigen Intensität vgl. MüKoBGB/*Schubert,* § 242 Rn 559.

beeinträchtigt wird.[235] Es ist daher bei solchen Heimtieren (in jedem Einzelfall) weiter zu prüfen, ob die Miteigentümer für das Heimtier solche Bezugspersonen darstellen. Bei nichtehelichen Lebensgefährten, die gemeinsam ein Heimtier halten (vgl. Beispiel 1) ist im Regelfall davon auszugehen, dass sich beide in ähnlichem Umfang und ähnlicher Intensität um das Heimtier kümmern und daher beide Bezugspersonen in vorgenanntem Sinne darstellen. Ein vergleichbarer Sachverhalt kann aber unabhängig davon bestehen, aus welchen Personen sich die Miteigentümergemeinschaft zusammensetzt bzw. wie diese untereinander verbunden sind. In solchen Fällen ist bei einer Zuweisung an einen der Lebensgefährten bzw. Miteigentümer im Vergleich zu einer Veräußerung an Dritte von einer (teilweisen) Verhinderung der Beeinträchtigung des Tierwohls auszugehen. Darum muss beim Vorliegen eines solchen Sachverhalts der anzuwendende § 753 Abs. 1 S. 2 BGB im Hinblick auf Art. 20 a GG dahingehend verfassungskonform ausgelegt werden, dass eine Veräußerung an Dritte unstatthaft ist. In diesen Sachverhalten wird dabei vorausgesetzt, dass alle Miteigentümer eine tierwohladäquate Haltung gewährleisten können.

*dd) Folge der Unstatthaftigkeit*

Aus der im Einzelfall vorliegenden Unstatthaftigkeit der Veräußerung an Dritte bei einer Miteigentümergemeinschaft zwischen nichtehelichen Lebensgefährten ergibt sich, anders als das AG Walsrode folgert, jedoch de lege lata nicht, dass eine Billigkeitsentscheidung nach § 242 BGB zu treffen ist. Vielmehr greift die Rechtsfolge des § 753 Abs. 1 S. 2 BGB,[236] wonach das Heimtier unter den nichtehelichen Lebensgefährten zu versteigern ist. Eine etwaige finanzielle Unterlegenheit eines Partners im Einzelfall begründet dabei nicht die Unzumutbarkeit der Versteigerung zwischen den Teilhabern und zwar auch dann nicht, wenn dieser Partner zugleich ein vergleichsweise höheres Affektionsinteresse an dem Tier hat als der andere Partner. Es ist hier die Wertung des Gesetzgebers zu beachten, der (z. B. in den §§ 1361 a, 1568 b BGB) für die Ehe bzw. deren Beendigung jedenfalls hinsichtlich einiger typischerweise gemeinsam genutzter Gegenstände eine Billigkeitsentscheidung statuiert hat, während er für die allgemeinen, auch für nichteheliche Lebensgemeinschaften geltenden Regelungen eine solche gerade nicht getroffen hat. Weiter gilt zu berücksichtigen, dass Ehegatten grundsätzlich ein besonderer Schutz ihrer innerehelichen Interessen zuteil wird, der

---

235 Vgl. Kapitel 2-B-I-2.

236 Mit dieser vom Gesetzgeber vorgesehen Alternativrechtsfolge hat sich das AG Walsrode nicht auseinandergesetzt.

nichtehelichen Lebensgefährten (immer noch)[237] verwehrt bleibt.[238] Fürchtet einer der Lebensgefährten eine Aufhebung der Gemeinschaft nach der Regelung des § 753 Abs. 1 S. 2 BGB, so muss er de lege lata mittels entsprechender Vereinbarung mit dem anderen Miteigentümer rechtzeitig Vorsorge für diesen Fall treffen, um nicht am Ende aufgrund finanzieller Unterlegenheit das (Mit-)Eigentum am Heimtier zu verlieren.

Entsprechend des Vorgenannten[239] scheidet auch im Beispiel 1 eine öffentliche Versteigerung aus, und es hat stattdessen eine Versteigerung unter A und B zu erfolgen.

Sollte im Einzelfall die Versteigerung zwischen den nichtehelichen Lebensgefährten als unzumutbar zu bewerten sein, etwa wenn einer der Partner zur Überzeugung des Gerichts darzulegen vermag, dass bei Ersteigerung durch den anderen Partner das Tierwohl konkret gefährdet wäre, so erscheint der vom AG Walsrode aufgezeigte Alternativweg als sinnvoller Lösungsansatz.

### 5. *„Aufgedrängte" Heimtiere*

Umgekehrt zur Situation, dass beide Lebensgefährten das Heimtier bei Trennung zu sich nehmen bzw. behalten wollen, ist auch denkbar, dass keiner der Partner das Heimtier haben möchte. Unproblematisch möglich ist, dass die Lebensgefährten das in ihrem Miteigentum stehende Tier gemeinsam an einen Dritten veräußern, der sich sodann als neuer Eigentümer um das Tier kümmern und für dessen Versorgung aufkommen muss. Ebenso kann der Alleineigentümer des Heimtiers dieses verkaufen.

Lässt einer der nichtehelichen Lebensgefährten den anderen mit dem im Miteigentum beider Partner stehenden Heimtier allein zurück, so kann darin im Einzelfall ein Schenkungs- und zugleich Übereignungsangebot i.S.d. §§ 516 bzw. 929 S. 1 BGB an den zurückbleibenden Lebensgefährten zu sehen sein. Nimmt letzterer das jeweilige Angebot an, kann er sodann als Alleineigentümer das ungeliebte Heimtier (allein) veräußern. In der Regel wird die bloße Trennung und die daraus ggf. folgende räumliche Separierung unter Zurücklassen des Tiers jedoch das Miteigentum unberührt lassen. Der zurückgebliebene

237 Wobei hier bereits eine Verbesserung hinsichtlich der Rechtsstellung von nichtehelichen Lebensgefährten eingetreten ist; vgl. hierzu die einen Wendepunkt markierende Leitentscheidung des BGH in NJW 2008, 3277.

238 Soergel/Siebert/*Schuhmann*, NEhelLG Rn 113; Staudinger/*Löhnig*, Anh. zu §§ 1297 ff. Rn 25.

239 Vgl. Kapitel 4-A-I-4-b.

Partner kann seinerseits versuchen, eine Einigung mit dem anderen Partner dahingehend zu erzielen, dass das Heimtier in dessen Alleineigentum übergeht. Kommt eine solche Einigung nicht zustande, verbleibt es bis zu einer etwaigen zwangsweisen Auseinandersetzung des Miteigentums gem. §§ 752 ff. BGB bei der gemeinsamen Verwaltung bzw. Versorgung des Heimtiers gem. §§ 744 ff. BGB und insbesondere auch der entsprechenden gemeinsamen Kostentragung gem. § 748 BGB.[240]

Lässt der Alleineigentümer-Lebensgefährte sein Heimtier beim Nichteigentümer-Lebensgefährten zurück, ohne dass hierin im Einzelfall eine Schenkung zu erblicken ist, ist der Nichteigentümer nicht berechtigt, das Tier zu veräußern. Er kann es dem Eigentümer übergeben oder in ein Tierheim bringen. Anfallende Kosten sind mangels Anspruchsgrundlage nicht als Schadensersatz geltend zu machen; insbesondere kann bei der Trennung nichtehelicher Lebensgefährten nur im begründeten Einzelfall von (gegenseitigen) vertraglichen (Schutz-)Pflichten ausgegangen werden. Der Nichteigentümer wird jedoch regelmäßig im Rahmen der sog. echten berechtigten Geschäftsführung ohne Auftrag einen Aufwendungsersatzanspruch gem. §§ 683 S. 1, 670 BGB haben.

## II. Tierverteilung bei Trennung von Ehegatten

In gleicher Weise wie bei nichtehelichen Lebensgefährten stellt sich auch bei der Trennung von Ehegatten die Frage, welchem Ehegatten das Heimtier nach der Trennung zusteht. Gemäß der für das gesamte Familienrecht verbindlichen[241] Legaldefinition des § 1567 Abs. 1 S. 1 BGB sind Ehegatten getrennt, wenn zwischen ihnen keine häusliche Gemeinschaft (mehr) besteht und (mindestens) ein Ehegatte sie erkennbar nicht herstellen will, weil er die eheliche Lebensgemeinschaft ablehnt.

Für die Verteilung von Heimtieren kommen bei einer Trennung im vorgenannten Sinne mehrere Anspruchsgrundlagen in Frage. Eine „Verteilung", „Zuteilung" bzw. „Zuweisung" in deren jeweiligen Sinne kann, je nach Rechtsfolge der betreffenden Anspruchsgrundlage, sowohl eine nicht nur

240 Vgl. zur zwangsweisen Auseinandersetzung (dort zur Erbengemeinschaft) Kapitel 5-A-II-3-b und zur gemeinschaftlichen Verwaltung (wiederum zur Erbengemeinschaft) Kapitel 5-A-II-3-a-cc.

241 Grüneberg/*Götz*, § 1361 a Rn 11; MüKoBGB/*Weber-Monecke*, § 1361 a Rn 3; Staudinger/*Voppel*, § 1361 a Rn 6; *Wellenhofer*, Familienrecht, Rn 2.

vorübergehende Zuordnung des alleinigen Besitzes, als auch die Erlangung des Alleineigentums meinen.[242]

### *1. § 1361 a BGB – allgemeine Voraussetzungen*

§ 1361 a BGB regelt als spezielle Norm die Verteilung der Haushaltsgegenstände bei Getrenntleben von Ehegatten. Es drängt sich auf, diese Norm auch zur Verteilung von Heimtieren bei Trennung von Ehegatten heranzuziehen.

#### *a) Normtelos des § 1361 a BGB*

Der Anwendung des § 1361 a BGB auf Heimtiere könnte jedoch dessen Normtelos entgegenstehen. § 1361 a BGB regelt die Zuteilung der Haushaltsgegenstände zur alleinigen, den anderen Ehegatten gänzlich ausschließenden Nutzung, und zwar für den gesamten Zeitraum von der Trennung bis zur Rechtskraft der Scheidung bzw. Wiederherstellung der ehelichen Lebensgemeinschaft. Normtelos ist die (vorläufige) Regelung von Besitz und Nutzungsrechten (nicht Eigentum, vgl. § 1361 a Abs. 4 BGB) unter getrennten Ehegatten zur Ermöglichung der Führung eines (nicht notwendigerweise dem bisherigen Lebensstandard entsprechenden) getrennten Haushalts in der Trennungszeit.[243] Dabei soll die Wiederaufnahme der ehelichen Lebensgemeinschaft durch die entsprechenden Zuteilungen aber nicht unmöglich gemacht werden.[244] In diesem Sinne wird § 1361 a BGB als Teil des Anspruchs auf Trennungsunterhalt qualifiziert; die Ansprüche nach § 1361 a BGB sind daher in ihrem Bestehen, wie auch der sonstige Anspruch auf Trennungsunterhalt,[245] dem Grunde nach unabhängig vom Güterstand der Eheleute.[246] Im Hinblick auf eine mögliche Wiederaufnahme der ehelichen Lebensgemeinschaft kann im Rahmen des § 1361 a BGB, anders als bei der Aufteilung nach § 1568 b BGB, welche eine vollumfängliche und endgültige Klärung herbeiführen soll, auch die Zuteilung einzelner Haushaltsgegenstände

242 Ob und inwiefern eine bloß kurzzeitige „Zuweisung“ im Sinne eines Anspruchs auf Überlassung des Besitzes für einen befristeten, relativ kurzen Zeitraum (etwa mehrerer Tage) rechtlich möglich ist, wird an anderer Stelle erörtert, vgl. Kapitel 4-A-IV-2.

243 Johannsen/Henrich/Althammer/*Dürbeck*, § 1361 a Rn 1; Soergel/Siebert/*Leiß*, § 1361 a Rn 1 f.

244 Ebd.

245 Erman/*Kroll-Ludwigs*, § 1361 Rn 3; Grüneberg/*Pückler von*, § 1361 Rn 7.

246 Hau/Poseck/*Neumann*, § 1361 a Rn 1; *Kast*, S. 274; Staudinger/*Voppel*, § 1361 a Rn 1.

verlangt werden.[247] Dieser Normzweck steht einer Anwendbarkeit auf Heimtiere nicht entgegen.

### *b) Begriff der Haushaltsgegenstände i.S.d. § 1361 a BGB*

Die Verteilung eines Heimtiers oder mehrerer Heimtiere bei Trennung richtet sich dann nach § 1361 a BGB, wenn Heimtiere als Haushaltsgegenstände i.S.d. § 1361 a BGB (analog) zu qualifizieren sind.

#### *aa) Allgemein*

Haushaltsgegenstände i.S.d. § 1361 a BGB sind, unabhängig vom Wert, den Eigentumsverhältnissen sowie dem Anschaffungszeitpunkt und -motiv, alle beweglichen Gegenstände, die nach den Lebens- und Vermögensverhältnissen der Ehegatten für die gemeinsame Wohnung, die Hauswirtschaft und das Zusammenleben der Familie inklusive Freizeitgestaltung bestimmt sind.[248] Gegenstände, die dem beruflichen oder ausschließlichen persönlichen Gebrauch eines Ehegatten dienen, sind keine Haushaltsgegenstände i.S.d. § 1361 a BGB.[249]

Tiere sind damit jedenfalls dann keine Haushaltgegenstände, wenn es sich um nur von einem Ehegatten „persönlich genutzte" Tiere, wie etwa einen Blindenhund oder um von einem Ehegatten (alleinig) zu beruflichen Zwecken genutzte Tiere handelt, z. B. das Pferd eines professionellen Dressurreiters. Sollten Eheleute Nutztiere zum geplanten Eigenverzehr halten, ohne dass die Haltung vordergründig dem beruflichen Zweck (eines) der Ehegatten dient, z. B. bei Selbstversorgern, die einen Forellenteich unterhalten, stellen diese Tiere als „lebender Vorrat" Teil der Haushaltsgegenstände dar.[250]

---

247 OLG Düsseldorf, FamRZ 1999, 1270; OLG Koblenz NJW 2016, 2892 (2893); Erman/*Kroll-Ludwigs*, § 1361 a Rn 1; Grüneberg/*Götz*, § 1361 a Rn 2; Hauß/Schulz/*Wunderlin*, Familienrecht, § 1361 a Rn 1; Staudinger/*Voppel*, § 1361 a Rn 4 m.w.N.

248 BGH, NJW 1984, 484; NJW 1984, 1758; OLG Naumburg, BeckRS 2018, 37259; OLG Hamburg, NJW 2022, 880; MüKoBGB/*Weber-Monecke*, § 1361 a Rn 4 m.w.N.; Staudinger/*Voppel*, § 1361 a Rn 8 m.w.N.

249 OLG Bremen, FamRZ 2021, 1639 (1640); OLG Naumburg, BeckRS 2018, 37259; OLG Hamburg, NJW 2022, 880; *Brudermüller*, FamRZ 1999, 129 (136); MüKoBGB/*Weber-Monecke*, § 1361 a Rn 7 m.w.N.; Staudinger/*Voppel*, § 1361 a Rn 9 m.w.N. Abweichend, aber soweit ersichtlich redaktionelles Versehen: Erman/*Kroll-Ludwigs*, § 1361 a Rn 6.

250 *Neumann*, NZFam 2014, 481 (483); Viefhues/*Seier*, § 1361 a Rn 57; Grüneberg/*Götz*, § 1361 a Rn 7, 10.

„Gewöhnliche" Heimtiere unterfallen nach der weiten Definition dem Haushaltsgegenstandsbegriff (analog[251]) jedenfalls dann, wenn sie von der Familie als solcher gehalten werden.[252] Weist die Haltung eines Tiers sowohl Merkmale eines Heimtiers als auch eines Nutztiers auf, so ist es insgesamt danach zu qualifizieren, welche Nutzung schwerpunktmäßig überwiegt, wobei im Zweifel für die Qualifikation als Heimtier ein deutliches Überwiegen der entsprechenden Charakteristika notwendig ist.[253]

Im Beispiel 2 stellt der Hund mithin einen Haushaltsgegenstand i.S.d. § 1361 a BGB (analog) dar.

### *bb) Kritik Dürbecks*

Soweit *Dürbeck* die Begrenzung der Definition der Haushaltsgegenstände im Rahmen des § 1361 a BGB, also den materiell-rechtlichen Anspruchsumfang, kritisiert, da *„ein Ehepartner oft auch und gerade auf Gegenstände angewiesen [sei], die ihm zum persönlichen Gebrauch oder zur Berufsausübung dienen"*,[254] kann dieser Kritik nicht gefolgt werden. Zwar ist § 1361 a BGB lex specialis zu § 985 BGB, jedoch nur, soweit sein Anwendungsbereich reicht.[255] Ein Ehegatte kann daher von dem anderen ein nicht als Haushaltsgegenstand zu qualifizierendes Heimtier (bzw. eine nicht als Haushaltsgegenstand zu qualifizierende Sache), das (bzw. die) in seinem Alleineigentum steht, nach § 985 BGB herausverlangen.[256] Insofern sollte ein etwaiges spezielles (Mit-)Besitzrecht des

---

251 Erman/*Kroll-Ludwigs*, § 1361 a Rn 3 m.w.N.; Viefhues/*Seier*, § 1361 a Rn 55.

252 OLG Bamberg, MDR 2004, 37; FamRZ 2019, 354; OLG Naumburg, BeckRS 2018, 37259; OLG Nürnberg, FamRZ 2017, 513 (513 f.); OLG Stuttgart, NJW-RR 2014, 1101; OLG Zweibrücken, FamRZ 1998, 1432; *Dyrchs*, S. 211; Grüneberg/*Götz*, § 1361 a Rn 10; *Obergfell*, RW 2016, 388 (405); Viefhues/*Seier*, § 1361 a Rn 50.

253 OLG Naumburg, FamRZ 2001, 481 (482); BeckRS 2018, 37259; *Reinken* zu OLG Nürnberg, NZFam 2017, 162.

254 Johannsen/Henrich/Althammer/*Dürbeck*, § 1361 a Rn 2. Ähnlich *Hauß/Schulz*, Vermögensauseinandersetzung, 5. Kapitel Rn 220.

255 Vgl. OLG Frankfurt NJW 2015, 2346 (2347); Erman/*Kroll-Ludwigs*, § 1361 a Rn 9; Hau/Poseck/*Neumann*, § 1361 a Rn 4; MüKoBGB/*Weber-Monecke*, § 1361 a Rn 8; Staudinger/*Voppel*, § 1361 a Rn 17.

256 So auch OLG Naumburg, BeckRS 2018, 37259; *Holzwarth*, FPR 2010, 559 (561); MüKoBGB/*Weber-Monecke*, § 1361 a Rn 7; Staudinger/*Voppel*, § 1361 a Rn 17. Gleiches gilt im Übrigen auch dann, wenn es sich um ein dem persönlichen Gebrauch von (minderjährigen) Kindern dienendes Heimtier handelt; der entsprechende Herausgabeanspruch ist dann nach einer Ansicht als Annex zum Unterhaltsanspruch gem. §§ 1601, 1610 Abs. 2 BGB geltend zu machen, vgl. OLG Naumburg, BeckRS 2018,

anderen Ehegatten durch die vorangehende Trennung entfallen, bzw. durch ein aktives Handeln des Alleineigentümers (z. B. Ausübung eines Gestaltungsrechts) beendbar sein. Jedenfalls ist das „eheliche Mitbesitzrecht", das aus § 1353 Abs. 1 BGB folgt, (zumindest für die nicht als Haushaltsgegenstände zu qualifizierenden Sachen) durch die Trennung aufgehoben.[257] Bei Gegenständen bzw. Heimtieren, die ausschließlich zum persönlichen Gebrauch eines Ehegatten bestimmt sind, wird das Alleineigentum dieses Ehegatten im Übrigen gem. § 1362 Abs. 2 BGB vermutet. Dass der Anspruch nach § 985 BGB in Divergenz zum Anspruch aus § 1361 a Abs. 1 BGB nicht durch eine Billigkeitsregelung eingeschränkt ist, ist aus Sicht des Anspruchsinhabers nicht negativ zu werten. Aus Sicht des Anspruchsgegners mag dies je nach Einzelfall unerwünschte Konsequenzen nach sich ziehen; jedoch ist dies hinzunehmen. Jenes ist dadurch zu begründen, dass bei solchen Sachen, wie auch bei Heimtieren, die ausschließlich dem persönlichen Gebrauch oder beruflichen Zwecken eines Ehegatten dienen, die Schutzwürdigkeit des anderen Ehegatten als entsprechend geringer anzusehen ist als bei Haushaltsgegenständen. Eine problembehaftete Regelungslücke besteht auf materiell-rechtlicher[258] Ebene daher jedenfalls dann nicht, wenn der den Anspruch geltend machende Ehegatte Alleineigentümer ist.

*cc) Zwischenergebnis*

Es verbleibt mithin dabei, dass Heimtiere, die von der und für die Familie gehalten werden, vom (analogen) Anwendungsbereich des § 1361 a BGB umfasst sind. Aufgrund der gem. § 1361 a Abs. 1 bzw. 2 BGB jeweils miteinzubeziehenden Billigkeitskriterien stehen der analogen Anwendung des § 1361 a BGB auf

37259; OLG Nürnberg, NJW-RR 2016, 581 m.w.N.; *Hauß/Schulz,* Vermögensauseinandersetzung, 5. Kapitel Rn 193 m.w.N.; nach anderer Ansicht folgt der Anspruch aus einer extensiven Auslegung des § 1632 BGB (i.V.m. § 1684 Abs. 2 BGB), vgl. BGH, NJW-RR 2019, 897 (898); BGH, NJOZ 2020, 834; BeckOK/*Veit,* § 1632 Rn 36.

257 *Gernhuber/Coester-Waltjen,* § 23 Rn 6; *Holzwarth,* FPR 2010, 559 (561); Staudinger/*Voppel,* § 1361 a Rn 17. Im Ergebnis so auch *Schulz,* NZFam 2014, 483. Soweit zum Teil abweichend vertreten wird, dass § 1353 BGB ein Recht auf Mitbesitz und Mitbenutzung bis zur Rechtskraft der Scheidung gewährt, bezieht sich dies stets nur auf die Ehewohnung und solche bewegliche Sachen, die Haushaltsgegenstände i.S.d. § 1361 a BGB darstellen (vgl. *Holzwarth,* FPR 2010, 559; MüKoBGB/*Roth,* § 1361 a Rn 35 m.w.N.; Scholz/Stein/Kleffmann/*Grandke,* Teil D Rn 65 m.w.N.); um diese geht es hier jedoch gerade nicht.

258 Vgl. zur Kritik an den verfahrensrechtlichen Konsequenzen: Grüneberg/*Götz,* § 1361 a Rn 9; Johannsen/Henrich/Althammer/*Dürbeck,* § 1361 a Rn 2.

(Heim-)Tiere auch keine Bedenken entgegen, etwa wegen der Möglichkeit einer dem Tierwohl gänzlich zuwiderlaufenden Zuweisungsentscheidung.[259]

### c) *Klärung der Eigentumslage*

Die weitere Anwendung des § 1361 a BGB richtet sich danach, ob Alleineigentum eines Ehegatten besteht und damit Abs. 1 anzuwenden ist oder Miteigentum der Ehegatten vorliegt und daher Abs. 2 zur Anwendung gelangt.

Dabei steht es – ebenso wie einem nichtehelichen Lebensgefährten – auch jedem Ehegatten frei, darzulegen und ggf. zu beweisen, dass er Alleineigentümer des Heimtiers ist. Gelingt dies keinem der Ehegatten, so greift die Eigentumsvermutung des § 1006 Abs. 1 S. 1 BGB ein, wonach vom Alleinbesitz auf Alleineigentum und i.V.m. § 1008 BGB vom Mitbesitz auf Miteigentum zu schließen ist. Vorrangig ist, im Rahmen seines Anwendungsbereichs, jedoch die Miteigentumsvermutung des § 1568 b Abs. 2 BGB heranzuziehen. Diese gilt bei Getrenntleben analog.[260] Gemäß § 1568 b Abs. 2 BGB (analog) ist bei nicht feststehendem Alleineigentum eines Ehegatten immer dann von Miteigentum der Ehegatten auszugehen, wenn es sich um ein während der Ehe für den gemeinsamen Haushalt angeschafftes Heimtier handelt. Heimtiere, die während der Ehe angeschafft werden, werden wohl nur im Ausnahmefall gerade nicht für den gemeinsamen Haushalt, sondern z. B. für die individuelle Gesundheitsförderung eines Ehegatten angeschafft. Daher wird die Eigentumsvermutung nach § 1568 b Abs. 2 BGB die Anwendung des § 1006 Abs. 1 S. 1 BGB im Regelfall nur dann nicht ausschließen, wenn die Eigentumsverhältnisse an einem vor der Ehe angeschafften Heimtier in Frage stehen.

## 2. *Der Anspruch aus § 1361 a Abs. 1 BGB*

Ist einer der Ehegatten Alleineigentümer des Heimtiers und will der andere Ehegatte das Heimtier bei Trennung zugewiesen erhalten, so könnte § 1361 a Abs. 1 BGB eine taugliche Anspruchsgrundlage sein.

### a) *Anspruchsinhalt*

§ 1361 a Abs. 1 S. 1 BGB regelt im Grundsatz, dass der Ehegatte, der Alleineigentümer des betreffenden Haushaltsgegenstands, bzw. analog des Heimtiers, ist, vom anderen Ehegatten die Herausgabe verlangen kann. Der Anspruch ist nach

---

259 OLG Bamberg, MDR 2004, 37.

260 Ganz herrschende Meinung, vgl. Soergel/Siebert/*Leiß,* § 1361 a Rn 25 m.w.N.

h.M. für die Phase des Getrenntlebens lex specialis zu § 985 BGB.[261] Der Nichteigentümer kann gegen die Herausgabe nur einwenden, dass er den betreffenden Haushaltsgegenstand zur Führung eines abgesonderten Haushalts benötigt und (kumulativ) die entsprechende Überlassung durch den Alleineigentümer nicht unbillig ist, vgl. § 1361 a Abs. 1 S. 2 BGB. Im Beispiel 2 kommt ein Anspruch aus § 1361 a Abs. 1 S. 1 BGB bereits deshalb nicht in Betracht, da nicht von Alleineigentum eines der Ehegatten auszugehen ist.

#### *b) Anspruchsvoraussetzungen*

Es gilt zu untersuchen, ob es dem Nichteigentümer-Ehegatten auch im Falle der Anwendung auf Heimtiere möglich ist, den Herausgabeanspruch wegen Benötigens zur Führung eines abgesonderten Haushaltes abzuwenden.

Benötigen i.S.d. § 1361 a Abs. 1 S. 2 BGB meint dabei sowohl eine unbedingte Notwendigkeit zur Haushaltsführung als auch darüber hinausgehend eine sich an den ehelichen Lebensverhältnissen orientierende, diese jedoch nicht notwendigerweise erreichende Angemessenheit.[262] Dem Charakter des § 1361 a BGB als Teil des Anspruchs auf Trennungsunterhalt entsprechend, wird weiter eine Bedürftigkeit in dem Sinne vorausgesetzt, dass der Anspruchssteller sich den benötigten Haushaltsgegenstand nicht mit eigenen Mitteln beschaffen kann.[263]

Entscheidend im Hinblick auf Heimtiere i.S.d. § 1361 a BGB ist dabei, dass diese *zur Haushaltsführung* – auch unter Berücksichtigung der möglicherweise von Tierhaltung geprägten ehelichen Lebensverhältnisse – grundsätzlich nicht benötigt werden.[264] Es mag Einzelfälle geben, in denen der Nichteigentümer-Ehegatte

---

261 OLG Frankfurt, NJW 2015, 2346 (2347); Erman/*Kroll-Ludwigs*, § 1361 a Rn 9; Grüneberg/*Götz*, § 1361 a Rn 12; Soergel/Siebert/*Leiß*, § 1361 a Rn 21 m.w.N.

262 Hau/Poseck/*Neumann*, § 1361 a Rn 8; MüKoBGB/*Weber-Monecke*, § 1361 a Rn 11; Staudinger/*Voppel*, § 1361 a Rn 26, jeweils m.w.N.

263 Soergel/Siebert/*Leiß*, § 1361 a Rn 32.

264 So auch: *Kast*, S. 275. Im Ergebnis ebenso, jedoch im Rahmen des § 1361 Abs. 2 BGB (zur dort gleichen Fragestellung) entschieden: OLG Naumburg, BeckRS 2018, 37259; OLG Nürnberg, FamRZ 2017, 513 (514); *Reinken* zu OLG Nürnberg, NZFam 2017, 162. Im Ergebnis anders: OLG Oldenburg, FamRZ 2019, 784. Die im Vergleich zu § 1932 Abs. 1 S. 2 BGB abweichende Auslegung des Tatbestandsmerkmal des Benötigens ist insbesondere dadurch gerechtfertigt, dass dem Interesse des ggf. Benötigenden im Rahmen des § 1932 Abs. 1 S. 2 BGB „nur“ die (meist vorrangig finanziellen) Interessen gesetzlicher Erben erster Ordnung entgegenstehen, während ihm im Rahmen des § 1361 a Abs. 1 BGB die insoweit als gewichtiger einzustufenden Interessen des (Allein-)Eigentümers gegenüberstehen.

das streitgegenständliche Heimtier aus anderen Gründen „benötigt“, z. B. weil er während der Ehe erblindet ist und der im Alleineigentum des anderen Ehegatten stehende Hund zum Blindenhund ausgebildet wurde.[265] Ein solches „Benötigen“ erfüllt jedoch nicht die Anforderungen des § 1361 a Abs. 1 S. 2 BGB. Auch wenn dieses Ergebnis zunächst hart erscheinen mag, so stellt es sich doch im Ergebnis als richtig dar. Denn selbst wenn man – etwa durch eine Analogiebildung – auch ein schutzwürdiges „benötigen“ aus anderen Gründen als zur Haushaltsführung genügen lassen würde, und so auch in diesen Fällen der Anspruch gem. § 1361 a Abs. 1 S. 2 BGB bestünde, so erreichte der Antragssteller sein Ziel, das Heimtier zugewiesen zu erhalten damit dennoch nur temporär, was das eigentliche Problem der „Ersatzbeschaffung“ letztlich nur verzögerte. Für die Zeit nach Rechtskraft der Scheidung greifen nämlich die §§ 1568 b, 985 BGB. Danach kann (spätestens dann) der Alleineigentümer die Herausgabe seines Heimtiers verlangen, auch wenn dieses zuvor dem Nichteigentümer zur Nutzung überlassen war.[266]

Mithin wird im Hinblick auf Heimtiere bereits aufgrund des Verneinens des Merkmals des Benötigens ein Anspruch aus § 1361 a Abs. 1 S. 2 BGB regelmäßig zu verneinen sein. Überdies wird meist zusätzlich die Situation gegeben sein, dass der Anspruchssteller finanziell in der Lage wäre, sich ein Tier gleicher Gattung (z. B. einen (anderen) Hund) anzuschaffen. Dass es dem Anspruchssteller selbstredend aber nicht darauf ankäme, irgendeinen (neuen), sondern gerade den liebgewonnenen („alten“) Hund überlassen zu bekommen, also insoweit sein Affektionsinteresse zu verwirklichen, ist auf dieser Ebene der Anspruchsprüfung nicht berücksichtigungsfähig.

Im Rahmen der Billigkeitsabwägung nach § 1361 a Abs. 1 S. 2 BGB, die im Falle von Heimtieren aber wie erörtert nicht angezeigt ist, wäre sodann ein überwiegendes Interesse des Anspruchstellers an der Nutzung des Haushaltsgegenstands

---

265 Zu beachten ist, dass in dieser Konstellation bereits die Eigenschaft des Hunds als Haushaltsgegenstand i.S.d. § 1361 a BGB fraglich wäre, da nach hier vertretener Auffassung die Nutzung für das Zusammenleben der Familie die Nutzung als Blindenhund und damit als zum persönlichen Gebrauch bestimmter Gegenstand (nur) eines Ehegatten überwiegen müsste, was unwahrscheinlich erscheint.

266 Vgl. auch Kapitel 4-A-III-2. Eine Ausnahme kann sich zwar aus § 1383 BGB ergeben; dessen enge Anspruchsvoraussetzungen werden jedoch nur sehr selten vorliegen. Vgl. zu § 1383 BGB auch Kapitel 4-A-III-3.

erforderlich.[267] Der Alleineigentümer dürfte auf die Nutzung also nicht in gleichem Maße angewiesen sein.[268] Da bei der, der Abwägung vorausgehenden, Feststellung der Intensität des Benötigens auch seitens des Alleineigentümers die gleichen Maßstäbe anzulegen sind, wie im Rahmen der Prüfung des Benötigens seitens des Nichteigentümers, kann das Affektionsinteresse bzgl. des Heimtiers auch hier keine Berücksichtigung finden.[269] Selbst wenn man daher zur Abwägung gelangte, könnte lediglich festgestellt werden, dass keiner der Ehegatten das Heimtier zur Führung seines jeweiligen Haushalts (mehr) benötigt.

Als Zwischenergebnis ist daher festzuhalten, dass dem Herausgabeanspruch des Alleineigentümer-Ehegatten aus § 1361 a Abs. 1 S. 1 BGB betreffend Heimtiere die einzig mögliche Einwendung des Gegenanspruchs aus § 1361 a Abs. 1 S. 2 BGB nur höchst selten entgegengehalten werden kann. Daher ist der Alleineigentümer-Ehegatte in der Regel berechtigt, die in den Anwendungsbereich des § 1361 a BGB fallenden Heimtiere unter Ausschluss des anderen Ehegatten in Besitz zu behalten bzw. zu nehmen.

Diese sich aus der stringenten Rechtsanwendung ergebende Konsequenz ist im Übrigen im Hinblick auf das Tierwohl auch zu begrüßen. Denn sie stimmt überein mit der sich aus §§ 1568 b, 985 BGB ergebenden Rechtsfolge, nach der das Heimtier (spätestens nach Rechtskraft der Scheidung) wieder dem Alleineigentümer-Ehegatten zusteht. Es ist insoweit also ein ggf. tierwohlschädliches „Hin- und Herschieben" des Heimtiers – jedenfalls beim Alleineigentum eines Ehegatten – ausgeschlossen.[270]

### 3. *Der Anspruch aus § 1361 a Abs. 2 BGB*

Liegt nicht Alleineigentum eines Ehegatten, sondern gemeinsames Eigentum vor,[271] regelt § 1361 a Abs. 2 BGB die Verteilung des Haushaltsgegenstands nach

267 Hau/Poseck/*Neumann,* § 1361 a Rn 9; Johannsen/Henrich/Althammer/*Dürbeck,* § 1361 a Rn 27; MüKoBGB/*Weber-Monecke,* § 1361 a Rn 12; Soergel/Siebert/*Leiß,* § 1361 a Rn 34; Staudinger/*Voppel,* § 1361 a Rn 30.

268 Hau/Poseck/*Neumann,* § 1361 a Rn 9; MüKoBGB/*Weber-Monecke,* § 1361 a Rn 12; Soergel/Siebert/*Leiß,* § 1361 a Rn 34; Staudinger/*Voppel,* § 1361 a Rn 30.

269 A.A. Erman/*Kroll-Ludwigs,* § 1361 a Rn 10 mit Verweis auf OLG Nürnberg, FamRZ 2017, 513, welches sich jedoch auf § 1361 a Abs. 2 BGB bezieht.

270 Zur Rechtsfolge nach §§ 1568 b, 985 BGB vgl. Kapitel 4-A-III-2. Zur etwaigen Tierwohlschädlichkeit des „Hin- und Herschiebens" vgl. Kapitel 2-B-I-2 und Kapitel 4-A-IV-2-h und i-cc.

271 Ungeachtet der rechtlichen Kategorisierung des gemeinsamen Eigentums, vgl. MüKoBGB/*Weber-Monecke,* § 1361 a Rn 14; Staudinger/*Voppel,* § 1361 a Rn 39.

Billigkeit. Dabei kann nur eine Verteilung zwischen den Ehegatten, also nicht die Zuweisung an einen Dritten verlangt werden.[272] § 1361 a Abs. 2 BGB ist (innerhalb seines Anwendungsbereichs) lex specialis zu §§ 743 ff. BGB.[273] Aufgrund des dort anzunehmenden Miteigentums ist auch im Beispiel 2 § 1361 a Abs. 2 BGB maßgeblich für die Beantwortung der Frage, ob A oder B den Hund erhält. Zu untersuchen ist, welche Billigkeitsgesichtspunkte bei der Verteilung von Heimtieren nach § 1361 a Abs. 2 BGB relevant werden (können).

#### a) *Billigkeitskriterien im Allgemeinen*

Die Billigkeitskriterien, die bei Verteilung der gemeinsamen Haushaltsgegenstände relevant sind, sind im Allgemeinen solche der Bedürftigkeit und der Leistungsfähigkeit, also vor allem Erforderlichkeit des Haushaltsgegenstands auf der einen und entsprechende Entbehrlichkeit auf der anderen Seite.[274] Dabei sind auch die jeweiligen (wirtschaftlichen) Möglichkeiten der Ersatzbeschaffung zu berücksichtigen.[275] Wie bereits festgestellt, führen diese Kriterien bei der Verteilung von Heimtieren aber zu keinem Ergebnis, da *„eine faktische Notwendigkeit [...] aus Liebhaberei grundsätzlich nicht besteht"*.[276] Ebenfalls relevant sind die Belange der jeweils vom Ehegatten betreuten Kinder.[277] Hinsichtlich der vorgenannten Kriterien kann sich so z. B. ergeben, dass beide Ehegatten in gleichem Maße (nicht) auf den zur Verteilung stehenden Laptop angewiesen sind, wohl aber die bei einem der Ehegatten lebenden Kinder diesen zur Erledigung von Schulaufgaben benötigen.

Insofern typisch für die Verteilung von Heimtieren gelangt man auch im Beispiel 2 anhand der vorgenannten Kriterien zu keinem Ergebnis. Fraglich ist daher, welche alternativen Billigkeitskriterien betreffend die Verteilung von

---

272 Dieses würde nämlich nicht dazu dienen, sich den eigenen Gebrauch zu ermöglichen, sondern dazu, den anderen Ehegatten vom Gebrauch auszuschließen, was dem Normtelos jedoch widerspricht, vgl. OLG Celle, FamRZ 2009, 1911; *Brudermüller,* FamRZ 1999, 129 (138); *Reinken* zu OLG Nürnberg, NZFam 2017, 162.

273 OLG Hamm, NJW-RR 2011, 583; MüKoBGB/*Schmidt,* § 745 Rn 34.

274 A.A. OLG Naumburg, FamRZ 2007, 1169; Grüneberg/*Götz,* § 1361 a Rn 16.

275 Johannsen/Henrich/Althammer/*Dürbeck,* § 1361 a Rn 36; MüKoBGB/*Weber-Monecke,* § 1361 a Rn 12; Staudinger/*Voppel,* § 1361 a Rn 40.

276 OLG Nürnberg, FamRZ 2017, 513 (514) und vgl. Kapitel 4-A-II-2-b. Ebenso: OLG Naumburg, BeckRS 2018, 37259; *Reinken* zu OLG Nürnberg, NZFam 2017, 162.

277 OLG Hamburg, NJW 2022, 880 (881); OLG Karlsruhe, FamRZ 2001, 760; Johannsen/Henrich/Althammer/*Dürbeck,* § 1361 a Rn 36; MüKoBGB/*Weber-Monecke,* § 1361 a Rn 15; Soergel/Siebert/*Leiß,* § 1361 a Rn 40, 33; *Schulz,* NZFam 2014, 483 (484).

Heimtieren herangezogen werden können. In der Rechtsprechung sind in der Vergangenheit bereits zwei Kriterien diskutiert worden, nämlich zum einen Gesichtspunkte des Tierwohls und zum anderen Affektionsinteressen der Familienmitglieder. Ob Gesichtspunkte des Tierwohls bei der Billigkeitsentscheidung grundsätzlich oder nur nachrangig zu berücksichtigen sind, und welche Kriterien in concreto heranzuziehen sind, ist umstritten.[278] Ebenso ist umstritten, ob und ggf. welches Rangverhältnis zwischen den Tierwohlaspekten einerseits und dem Affektionsinteresse andererseits besteht.

### *b) Affektionsinteresse*

Das Affektionsinteresse wurde als Billigkeitsgesichtspunkt bereits vom OLG Nürnberg und OLG Stuttgart herangezogen.[279]

#### *aa) OLG Nürnberg, FamRZ 2017, 513*

Dem Beschluss des OLG Nürnberg lag folgender Sachverhalt zugrunde: Getrennt lebende Eheleute ohne Kinder stritten erstinstanzlich u.a. um die Zuweisung zweier während der Ehe angeschafften Hunde. Daneben existierten weitere Hunde, die jedoch vor der Ehezeit von der Antragstellerin angeschafft worden sind und nicht streitgegenständlich waren. Die Antragstellerin war nach der Trennung aus dem gemeinsamen Haus ausgezogen und hatte nur kurze Zeit später alle Hunde nachgeholt. Sowohl sie als auch der Antragsgegner begehrten in erster Instanz jeweils die Zuweisung der zwei in der Ehe angeschafften Hunde. Nachdem diese der Antragstellerin zugewiesen wurden, legte der Antragsgegner gegen die Entscheidung Beschwerde ein. Diese wies das OLG Nürnberg zurück. Zwischen dem Auszug der Antragstellerin und der Beschwerdeentscheidung lagen ca. elf Monate.

Zur Begründung der Beschwerdeentscheidung führte das OLG Nürnberg aus, dass mangels Einschlägigkeit der allgemeinen Kriterien bei Heimtieren im Rahmen der Billigkeitsabwägung gem. § 1361 a Abs. 2 BGB affektive Interessen

---

278 Für die (grundsätzliche) Einbeziehung: OLG Naumburg, BeckRS 2018, 37259; OLG Nürnberg FamRZ 2017, 513 (515); OLG Oldenburg, FamRZ 2019, 784 (785); OLG Zweibrücken, FamRZ 1998, 1432; Grüneberg/*Götz,* § 1361 a Rn 10; *Holzwarth,* FPR 2010, 559 (560); Soergel/Siebert/*Leiß,* § 1361 a Rn 18; für die nachrangige Einbeziehung nicht nur hinter die allgemeinen Kriterien, sondern auch hinter das Affektionsinteresse: OLG Nürnberg FamRZ 2017, 513 (514); OLG Stuttgart, NJW-RR 2014, 1101 (1102); MüKoBGB/*Weber-Monecke,* § 1361 a Rn 5.

279 OLG Nürnberg, FamRZ 2017, 513 (514); OLG Stuttgart, NJW-RR 2014, 1101 (1102).

(stärker als sonst) zu berücksichtigen seien.[280] Wie stark diese bei den Beteiligten jeweils ausgeprägt waren, prüfte das Gericht anhand der *„bereits tatsächlich gelebten Sorge"* und der *„Rolle, die die Frage der Aufteilung der Hunde […] für die Beteiligten gespielt hat"*.[281] Da aber auch die Berücksichtigung dieser Punkte nicht den Ausschlag in die ein oder andere Richtung gab, stellte das OLG Nürnberg letztlich auf *„tierschutzrechtliche Gesichtspunkte und Besonderheiten"* ab, wonach *„die Kontinuität des Zusammenlebens aller […] Hunde und die weitere Hauptbetreuung durch die Antragstellerin"* entscheidend für die Zuweisung an die Antragstellerin und damit für die Zurückweisung der Beschwerde des Antragsgegners gesprochen hätten. Diese beiden Punkte entsprechen in der Sache der Prüfung des tierwohlbestimmenden Kriteriums „Bindungen", wenngleich das Gericht selbst ausdrücklich ablehnt, Kriterien, die zum Kindeswohl ausgebildet wurden, auf den Sachverhalt betreffend ein Heimtier zu übertragen.[282]

Dem OLG Nürnberg kann im Ergebnis zugestimmt werden, nicht aber in der Begründung. Wenn das OLG Nürnberg prüft, wer die tatsächliche Tierpflege bzw. -sorge ausgeübt hat, so prüft es in der Sache nicht (nur) das Affektionsinteresse der Ehegatten, sondern (auch) Gesichtspunkte des Tierwohls, zu denen eben auch die tatsächliche Pflege (Fütterung, Tierarztbesuche, Ausführen etc.) und Sorge (emotionale Zuneigung) zählen.[283] Allenfalls kann die tatsächliche Tierpflege als Indiz zur Einschätzung der Glaubhaftigkeit des von einem Ehegatten vorgebrachten Affektionsinteresses herangezogen werden.

### *bb) OLG Stuttgart, NJW-RR 2014, 1101*

Auch dem Beschluss des OLG Stuttgart lag eine (erfolglose) Beschwerde des Antragsgegners zugrunde, der sich mit dieser gegen die in erster Instanz erfolgte Zuweisung einer vierjährigen in der Ehe angeschafften Hündin an die Antragstellerin wandte. Ca. 14 Monate vor der erstinstanzlichen Entscheidung hatten sich die Beteiligten getrennt und die Antragstellerin war ausgezogen. Der Antragsgegner hatte das Tier am Auszugstag weggebracht, sodass die Hündin nicht von

---

280 Abweichend von der hier vertretenen Auffassung meint das OLG Nürnberg, dass Affektionsinteressen im Rahmen des § 1361 a Abs. 2 BGB grundsätzlich zu berücksichtigen seien, wenn auch (außerhalb des Streitgegenstands „Heimtier") mit untergeordneter Bedeutung, vgl. OLG Nürnberg, FamRZ 2017, 513 (514). Ebenso: Staudinger/*Voppel*, § 1361 a Rn 40; Viefhues/*Seier*, § 1361 a Rn 55.

281 OLG Nürnberg, FamRZ 2017, 513 (514).

282 OLG Nürnberg, FamRZ 2017, 513 (515).

283 Vgl. Kapitel 2-B, insbesondere I-2.

der Antragstellerin mitgenommen werden konnte. Weitere Tiere hatten die Eheleute nicht. In dem Zeitraum von ca. einem Jahr bis zur ersten mündlichen Verhandlung hatte der Antragsgegner jedes Zusammentreffen der Antragstellerin mit der Hündin verhindert. Ebenfalls in diesem Zeitraum geschah es, dass die Hündin (ungewollt) trächtig wurde, worüber der Antragsgegner die Antragstellerin erst einen Monat vor dem geplanten Wurf und auch erst anlässlich einer zu diesem Zeitpunkt stattfindenden mündlichen Verhandlung unterrichtete.

In der Begründung der zurückweisenden Entscheidung führte das Gericht an, dass nicht Gesichtspunkte des Tierwohls im Rahmen der Billigkeitsabwägung zu berücksichtigen seien, sondern solche, *„die eine sinnvolle Teilhabe der getrennt lebenden Eheleute an den zur Disposition stehenden „Haushaltsgegenständen" und damit auch Tieren ermöglichen"*.[284] Diesbezüglich habe der Antragsgegner durch sein Verhalten gezeigt, dass er an einer Teilhabe beider Ehegatten an der Hündin kein Interesse habe, wogegen das Gericht davon ausgeht, dass die Antragstellerin *„das Miteigentum ihres Ehemannes […] respektieren wird"*.[285] Im Übrigen seien beide Eheleute geeignet, die Betreuung des Hunds zu übernehmen.[286]

Bereits indem das OLG Stuttgart (wenn auch knapp) feststellt, dass beide Eheleute zur Betreuung geeignet seien, prüft es – entgegen eigener Ankündigung – Gesichtspunkte des Tierwohls, genauer die hier so benannten Kriterien „Haltereignung" und „Förderung". In der Hauptsache stellt das Gericht jedoch darauf ab, inwieweit der das Heimtier übernehmende Ehegatte zuzulassen bereit ist, dass das Tier auch durch den anderen Ehegatten „genutzt" i.S.v. betreut und versorgt wird. Diese Prüfung erscheint verfehlt. Die Prüfung der Frage, welcher Ehegatte eine Aufrechterhaltung der Bindung des Tiers *zum jeweils anderen Ehegatten* eher zulässt (im Rahmen der Prüfung des Kindeswohls äquivalent unter dem Stichwort „Bindungstoleranz" bekannt) steht – auch unter Berücksichtigung dessen, dass es gerade um ein Heimtier und nicht um eine Sache geht – im Widerspruch zum Telos des § 1361 a BGB, der auf die alleinige, den anderen Ehegatten ausschließende Nutzung abzielt. Eine solche Prüfung käme nur dann in Frage, wenn eine Art Umgangsrecht geschaffen werden und die „Hauptbetreuungsperson" ermittelt werden sollte, was hier jedoch ausdrücklich nicht der Fall war.

---

284 OLG Stuttgart, NJW-RR 2014, 1101 (1102).

285 Ebd.

286 Ebd.

### c) *Tierwohl*

Das Tierwohl wird in der Rechtsprechung im Rahmen der Billigkeitsentscheidung nach § 1361 a Abs. 2 BGB bereits berücksichtigt. Die einschlägigen Entscheidungen werden im Folgenden vorgestellt und auf Gemeinsamkeiten und Unterschiede untersucht.

#### aa) *OLG Naumburg, BeckRS 2018, 37259*

Mit Beschluss vom 12.04.2018 entschied das OLG Naumburg über eine Beschwerde und eine Anschlussbeschwerde gegen eine erstinstanzliche Zuweisungsentscheidung, die neben einem (einzeln gehaltenen) Hund diverse weitere Haushaltsgegenstände betraf. Der Hund wurde in erster Instanz der Antragstellerin zugewiesen, die nach der Trennung mit den beiden gemeinsamen Kindern (zum Zeitpunkt der Trennung 16 und 8 Jahre alt) in der Ehewohnung verblieben war. Die Beschwerden blieben hinsichtlich des Streitgegenstands „Hund" erfolglos.

Seinen Beschluss stützte das Gericht darauf, dass entscheidender Billigkeitsgesichtspunkt bei der Zuweisung eines Heimtiers dessen Wohl und dieses durch Beibehalten der gewohnten Umgebung zu wahren sei.[287] Andere, vorrangige Aspekte wie etwa die Tatsache, dass der Antragsgegner einzige Bezugsperson des Hunds sei, wären nicht gegeben gewesen.

Der Argumentation des OLG Naumburg ist zuzustimmen. Mangels vorrangiger anderer Aspekte erscheint auch das Abstellen (nur) auf den Gesichtspunkt des Beibehaltens der gewohnten Umgebung konsequent.

#### bb) *OLG Zweibrücken, FamRZ 1998, 1432*

Der dem Beschluss des OLG Zweibrücken zugrundeliegende Sachverhalt wurde nur teilweise veröffentlicht. Aus den Gründen kann jedoch herausgelesen werden, dass die Ehegatten um die Zuweisung eines gemeinsam angeschafften Hundes stritten. Nach der Trennung waren der Antragsgegner und der Hund in der Ehewohnung verblieben. Ob Kinder oder weitere Tiere vorhanden waren, lässt sich den Gründen nicht entnehmen. In der Sache entschied das OLG Zweibrücken unter teilweiser Abänderung der erstinstanzlichen Entscheidung, dass der Hund für die Dauer des Getrenntlebens dem Antragsgegner zugewiesen wird.

Die Begründung erschöpft sich darin, dass das Gericht meint, es sei ausschlaggebend, dem Hund die *„vertraute und geeignete Umgebung"* zu erhalten.[288]

---

287 OLG Naumburg, BeckRS 2018, 37259.
288 OLG Zweibrücken FamRZ 1998, 1432.

Dabei erachtet das Gericht diesen Gesichtspunkt sogar als so vordringlich, dass es akzeptiert, dass der Hund in Zukunft (wahrscheinlich) einen weiteren Wechsel der Bezugsperson hinnehmen müssen wird, da das Gericht davon ausgeht, dass bei Scheidung der Ehegatten die Antragstellerin die Ehewohnung zur alleinigen Nutzung zugesprochen erhalten wird.[289]

Das Heranziehen des Kriteriums des Beibehaltens der gewohnten Umgebung ist als positiv zu bewerten. Die Einschätzung, dass dieses grundsätzlich erheblicher sein soll als das Beibehalten der (Haupt-)Bezugsperson, ist jedoch kritisch zu sehen. Ungeachtet der Notwendigkeit der Einzelfallabwägung dürfte das Kriterium des Beibehaltens der Bindungen im Zweifel gewichtiger sein, zumindest aber gleichwertig.

### *cc) OLG Oldenburg, FamRZ 2019, 784*

Das OLG Oldenburg hatte über eine sofortige Beschwerde einer Antragstellerin zu entscheiden, mit der jene sich gegen die erstinstanzliche Versagung von Verfahrenskostenhilfe wandte. Diese begehrte sie, um einen Antrag auf Zuweisung eines Hunds an sich zu stellen. Bei der Trennung der Eheleute ca. zweieinhalb Jahre vor der Entscheidung war sie aus der ehelichen Wohnung ausgezogen, während der Antragsgegner und der Hund dort verblieben waren. Zwischen Trennung und Entscheidung hatte sich ausschließlich der Antragsgegner um den Hund gekümmert. Ob Kinder oder weitere Tiere vorhanden waren, lässt sich der Veröffentlichung nicht entnehmen. Das OLG Oldenburg wies die sofortige Beschwerde zurück.

Das Gericht meint im Rahmen der Begründung seiner Entscheidung, dass bei der Zuweisung eines Heimtiers (vorrangig zu den üblichen, allgemeinen Gesichtspunkten) *„tierbezogene Faktoren“* herangezogen werden müssten.[290] Es sei *„darauf abzustellen, […] wer die Hauptbezugsperson des Tiers ist und in welcher Umgebung sich der Hund zuletzt aufhielt“*.[291] Diese Punkte hätten entscheidend für den Antragsgegner und zugleich gegen die Antragstellerin gesprochen.[292]

### *dd) AG München, 02.01.2019, 523 F 9430/18*

Das AG München wies den Haupt- und Hilfsantrag der Antragstellerin zurück. Im Hauptantrag hatte diese begehrt, ihr den in der Ehe angeschafften Hund P

289 OLG Zweibrücken FamRZ 1998, 1432.
290 OLG Oldenburg, FamRZ 2019, 784.
291 OLG Oldenburg, FamRZ 2019, 784 (785).
292 Ebd.

zuzuweisen; mit ihrem Hilfsantrag begehrte sie, ihr nicht nur P, sondern auch den einen Monat vor Trennung angeschafften Hund B herauszugeben. Beide Hunde lebten in den ca. zwölf Monaten zwischen Trennung und Entscheidung beim Antragsgegner in dessen Wohnung, aus der die Antragstellerin nach der Trennung ausgezogen war. Die Hunde hatten eine *„gute Bindung zueinander“* aufgebaut.[293] Der Antragstellerin stand seit der Trennung keine eigene Wohnung zur Verfügung, sie lebte bei Freunden. Ob die Eheleute Kinder hatten, ist der Veröffentlichung nicht zu entnehmen.

Zur Begründung seiner abweisenden Entscheidung führt das Gericht aus, bei der Zuweisung von Tieren müsse berücksichtigt werden, *„dass es sich um ein Lebewesen handelt. Maßgeblich [sei] insoweit aus Gründen des Tierschutzes, wer die Hauptbezugsperson des Tiers ist“*.[294] Dieses sei hier der Antragsgegner gewesen.[295] Hinzu käme, dass der Antragsgegner die Hunde gut versorgen würde und diese bei ihm einen Gartenanteil zur Verfügung hätten.[296] Schließlich sei *„die Kontinuität des Zusammenlebens der beiden Hunde aus tierschutzrechtlichen Gesichtspunkten ebenfalls in die Abwägung einzubeziehen“* gewesen und habe ebenfalls für eine Zurückweisung des Antrags gesprochen.[297]

Zu konstatieren ist, dass das AG München gleich mehrere (der hier als solche vertretenen) Aspekte des Tierwohls prüft, nämlich Beibehalten der gewohnten Umgebung und Aufrechterhalten der bestehenden Beziehungen zu Bezugsmenschen.[298] Die weitergehende Prüfung der Aufrechterhaltung der bestehenden Beziehung zu Rudelmitgliedern stellt in abstrakter Form zwar nach hier vertretener Ansicht keinen generellen Unteraspekt des Tierwohls dar, das Gericht bezog sich jedoch auf die konkrete Beziehung zwischen P und B, deren Qualität nicht strittig war.[299] Solche konkreten Sozialbeziehungen zwischen Tieren sind auch nach Auffassung der Autorin in die Abwägung miteinzubeziehen.[300]

---

293 AG München, 02.01.2019, 523 F 9430/18, zitiert nach juris Rn 2.
294 AG München, 02.01.2019, 523 F 9430/18, zitiert nach juris Rn 13.
295 AG München, 02.01.2019, 523 F 9430/18, zitiert nach juris Rn 14.
296 Ebd.
297 AG München, 02.01.2019, 523 F 9430/18, zitiert nach juris Rn 14.
298 Zur entsprechenden Kategorisierung dieser Punkte vgl. Kapitel 2-B-I-2.
299 Vgl. AG München, 02.01.2019, 523 F 9430/18, zitiert nach juris Rn 14.
300 Vgl. Kapitel 2-B-I-2.

#### *ee) Zwischenergebnis*

Die Gesamtschau der vorgestellten Entscheidungen zeigt, dass die Rechtsprechung bei der Prüfung des Ermessensgesichtspunkts „Tierwohl" bereits Kriterien herausgearbeitet hat, die mit den von der Autorin vorgeschlagenen weitestgehend übereinstimmen. Dies sind insbesondere: die Beibehaltung der Hauptbezugsperson,[301] das Zusammenhalten eines Rudels im begründeten Einzelfall,[302] und (besonders oft) das Beibehalten der gewohnten Umgebung des Tiers.[303] Lediglich hinsichtlich des Zusammenhaltens einer Tiergruppe als solches ohne Anknüpfung an konkrete Beziehungen im Einzelfall ist die Verfasserin der abweichenden Ansicht, dass dies nicht als Argument zugunsten des Tierwohls vorgebracht werden kann.[304] Denn wie ausgeführt gibt es Tiere, deren Wohl es nicht beeinflusst, wenn sie aus ihrer Gruppe herausgenommen werden.[305] Mangels Einflusses im Hinblick auf das Tierwohl ist eine Heranziehung dieses Kriteriums in diesen Fällen sogar dann abzulehnen, wenn kein anderer Aspekt ersichtlich bzw. vorrangig ist.

### *d) Weitere Billigkeitskriterien*

Nachdem ausgewertet wurde, welche Kriterien die Rechtsprechung bislang bei der Problematik „Zuteilung von Heimtieren bei der Trennung von Ehegatten" berücksichtigt *hat*, ist weiter zu klären, welche alternativen oder weiteren Billigkeitskriterien die Gerichte in solchen Fällen heranziehen *sollten*.

Gemäß der hier vertretenen Auffassung ist bei einer analogen Anwendung von für Sachen geschaffenen Normen auf Tiere stets Art. 20 a GG zu berücksichtigen.[306] Dies bedingt, dass Teil der im Rahmen des § 1361 a Abs. 2 BGB zu berücksichtigenden Billigkeitskriterien in der Regel auch solche des Tierwohls sein müssen.[307] Durch die Begrenzung der von dem Begriff der

---

301 AG München, 02.01.2019, 523 F 9430/18, zitiert nach juris Rn 14; OLG Nürnberg FamRZ 2017, 513 (515); OLG Oldenburg, FamRZ 2019, 784 (785).

302 AG München, 02.01.2019, 523 F 9430/18, zitiert nach juris Rn 14.

303 AG München, 02.01.2019, 523 F 9430/18, zitiert nach juris Rn 14; OLG Naumburg, BeckRS 2018, 37259; OLG Oldenburg, FamRZ 2019, 784 (785); OLG Zweibrücken, FamRZ 1998, 1432.

304 Ähnlich: OLG Schleswig, FamRZ 2013, 1984. A.A. OLG Nürnberg FamRZ 2017, 513 (515).

305 Vgl. Kapitel 2-B-I-2-b.

306 Vgl. auch Kapitel 3-A-I-3.

307 Im Ergebnis so auch *Arning*, S. 6.

Haushaltsgegenstände i.S.d. § 1361 a BGB erfassten Heimtiere auf solche, die (hauptsächlich) aus rein affektiven Interessen gehalten werden, ergibt sich, wie erörtert, dass die allgemeinen Billigkeitskriterien meist nicht weiterhelfen, sodass das Tierwohl grundsätzlich das vorrangig zu prüfende Billigkeitsmerkmal ist.[308]

Im Detail sind (jedenfalls) die zu Beginn der Arbeit hergeleiteten Kriterien Haltereignung (z. B. artgerechte Haltung und Versorgung des Tiers), Förderung, Bindungen und Kontinuität (Beibehalten der für das Tier gewohnten Umgebung und (Haupt-)Bezugsperson) berücksichtigungsfähig.[309] Danach wäre eine Zuweisung an einen Ehegatten, der die Grundbedürfnisse des Tiers (Fütterung, Auslauf etc.) nicht erfüllen kann, während der andere Ehegatte hierzu in der Lage ist, ausgeschlossen. Dies wird aber seltener der Fall sein.

Vielmehr wird die, die vorgenannten Kriterien einbeziehende Abwägung häufig – so auch im Beispiel 2 – für beide Ehegatten zum gleichen Ergebnis kommen, nämlich dazu, dass beide die artgerechte Haltung und Versorgung des Tiers gewährleisten könnten. Daher wird zum Zwecke der Aufrechterhaltung der Kontinuität das Heimtier bei dem Ehegatten verbleiben, der es seit der Trennung der Eheleute in Besitz hatte.[310] Im Beispiel 2 würde der Hund also A zugewiesen. Tierwohlrechtlich ist diese häufige Dominanz des „Kontinuitätsgrundsatzes" unbedenklich, da dieser bei einer Tierwohlgefährdung entsprechend überlagert würde. Im Ergebnis wird das häufige Verbleiben des Tiers am gewohnten Ort auch im Interesse der beteiligten Kinder sein, da in der Regel bei einer Trennung sowohl die Kinder als auch das Heimtier jedenfalls vorerst in der bisherigen Wohnung verbleiben werden. Für den antragsstellenden Ehegatten dürfte die Dominanz des „Kontinuitätsgrundsatzes" aber in der Regel unbefriedigend sein.

Die Affektionsinteressen der Ehegatten und der bei dem jeweiligen Ehegatten lebenden Kinder können aufgrund des Einflusses des Art. 20 a GG nur nachrangig zum Tierwohl berücksichtigt werden, also dort, wo beide Zuweisungsvarianten das Tierwohl in ähnlicher Intensität bzw. Qualität wahren.[311] Eine grundsätzlich vorrangige, das Tierwohl kategorisch außerachtlassende Heranziehung des Affektionsinteresses verbietet Art. 20 a GG.[312] In der Theorie kann sodann die subsidiäre Heranziehung des Affektionsinteresses das Ergebnis entscheidend beeinflussen. Im Einzelfall müsste hierzu das Affektionsinteresse eines

308 So auch OLG Oldenburg, FamRZ 2019, 784; *Seier,* FuR 2020, 458 (460).

309 Siehe hierzu Kapitel 2-B.

310 So auch *Neumann,* FamRB 2020, 3 (4).

311 Im Ergebnis so auch *Gängel,* NJ 2020, 107 (108).

312 Vgl. auch Mangoldt/Klein/Starck/*Epiney,* Art. 20 a Rn 49.

Ehegatten bzw. der bei ihm lebenden Kinder absolut hinreichend intensiv, und im Verhältnis zu dem Affektionsinteresse des anderen Ehegatten auch gerade deutlich erheblicher sein, um die ansonsten mangels vorrangiger Gesichtspunkte zugunsten des „Kontinuitätsgrundsatzes“ ausfallende Zuweisungsentscheidung rechtfertigend zu wenden. Dass nun aber ein Ehegatte ein soviel geringeres affektives Interesse hat, erscheint unwahrscheinlich angesichts der mit der Heimtierhaltung einhergehenden Kosten und Verantwortung, sowie der Tatsache, dass in der geschilderten Situation bereits der Rechtsweg beschritten wird, um das Heimtier zugesprochen zu erhalten. Denkbar wäre dies im Einzelfall aber ggf. dennoch, etwa, wenn ein Ehegatte das Heimtier nur deshalb begehrt, um es dem anderen Ehegatten vorzuenthalten, gewissermaßen also aus Schikane. Selbst dann ist jedoch noch zu beachten, dass die gerichtliche Feststellung des jeweiligen Affektionsinteresses der Parteien, und damit gleichwie die Feststellung von Emotionen, ihrer Natur nach problembehaftet ist.[313]

Dem Gericht steht es gem. § 29 Abs. 1 FamFG frei, in welcher Form es Beweis erhebt. Wie bereits angeklungen, kann die in der Vergangenheit tatsächlich erfolgte Versorgung und Pflege des Tiers als Indiz für affektive Interessen herangezogen werden, wenngleich es dabei zu einer Vermischung der Prüfungspunkte „Tierwohl“ und „Affektionsinteressen“ kommt.[314] Alleine hierauf kann sich jedoch nicht gestützt werden.[315] Neben der Heranziehung dieses Indizes verbleibt insbesondere die Möglichkeit, das affektive Interesse durch Parteivernehmung oder Zeugenbeweis zu eruieren.

Trotz der festgestellten Tatsache, dass Affektionsinteressen nur dergestalt nachrangig herangezogen werden dürfen, als sich eine das Tierwohl außer achtlassende Zuweisungsentscheidung verbietet, stellt sich die Frage, ab wann – wenn beide möglichen Entscheidungen das Tierwohl nicht grob verletzen – die Entscheidung zugunsten der Partei mit dem größeren Affektionsinteresse „kippen“ kann. Pauschal ist diese Frage aufgrund der stets notwendigen Einzelfallabwägung nicht zu beantworten. Wenn – wie im Beispiel 2 – eine der Varianten das Tierwohl mehr wahren, aber keine das Tierwohl grob beeinträchtigen würde, kann nach hier vertretener Auffassung im Einzelfall ein Affektionsinteresse das Ergebnis entscheidend beeinflussen. Denkbar wäre dies im Beispiel 2 etwa, wenn K nicht mit dem Hund bei A verblieben, sondern mit B in eine neue Wohnung gezogen wäre, K unter der Trennung emotional sehr leidet und aufgrund der

313 Vgl. zuvor Kritik an OLG Nürnberg Kapitel 4-A-II-3-b-aa.
314 Ebd.
315 Ebd.

konkreten Beziehung zu dem Hund davon auszugehen ist, dass sich bei Zuweisung des Hunds an B die psychische Belastung der K verringert.

*e) Besitzschutzaspekte im Rahmen der Billigkeitsabwägung*

Nach einer in Schrifttum und Rechtsprechung vertretenen,[316] wenngleich umstrittenen Ansicht,[317] ist in die Billigkeitsabwägung nach § 1361 a Abs. 1 und Abs. 2 BGB jeweils auch einzustellen, ob einer der Ehegatten den zuvor im Mitbesitz stehenden Haushaltsgegenstand eigenmächtig in seinen alleinigen unmittelbaren Besitz gebracht, also verbotene Eigenmacht i.S.d. § 858 Abs. 1 BGB ausgeübt hat bzw. der andere Ehegatte entsprechend wegen dieser Wegnahme einen Anspruch gem. § 861 Abs. 1 BGB hätte. Nach hier vertretener Ansicht fiele eine solche Einbeziehung bei der Anwendung des § 1361 a BGB auf Heimtiere aber nicht ins Gewicht, denn im Rahmen der Abwägung gem. § 1361 a Abs. 2 BGB sind die zu berücksichtigenden Aspekte des Tierwohls vorrangig; eine Überlagerung durch Besitzschutzaspekte ist ausgeschlossen. Im Rahmen des Anspruchs nach § 1361 a Abs. 1 BGB kommt es erst gar nicht zu einer Billigkeitsabwägung. Insofern änderte auch ein Anschließen an die vorgenannte Rechtsmeinung nichts am festgestellten Untersuchungsergebnis.

Einfluss gewinnt die Entscheidung hinsichtlich der Streitfrage, in welchem Verhältnis die Ansprüche aus § 1361 a BGB einerseits und § 861 BGB andererseits stehen, aber mittelbar im Hinblick auf die Tatsache, dass im Rahmen der Billigkeitsabwägung gem. § 1361 a Abs. 2 BGB zumeist der „Kontinuitätsgrundsatz" das entscheidende Abwägungskriterium sein wird. Schließt man sich nämlich der Auffassung an, nach welcher die Ansprüche in freier Konkurrenz stehen,[318] so stünde demjenigen Ehegatten, dessen Mitbesitz gegen seinen Willen aufgehoben wurde, mit dem Anspruch aus § 861 BGB eine (weitere) Möglichkeit zur Verfügung, seinen (Mit-)Besitz – unabhängig von den engeren Anspruchsvoraussetzungen des § 1361 a BGB – wiederzuerlangen und so eine präjudizielle

---

316 Vgl. OLG Frankfurt, NZFam 2019, 443 (444) zur äquivalenten Frage im Rahmen des § 1361 b BGB; OLG Karlsruhe, FamRZ 2001, 760 (761); FamRZ 2007, 59 (60); Johannsen/Henrich/Althammer/*Dürbeck*, § 1361 a Rn 46; Staudinger/*Voppel*, § 1361 a Rn 55 jeweils m.w.N.

317 Vgl. zum Streitstand statt vieler: Johannsen/Henrich/Althammer/*Dürbeck*, § 1361 a Rn 43 ff.; Staudinger/*Voppel*, § 1361 a Rn 54 ff. Vgl. zum Streitstand innerhalb der Rechtsprechung: OLG Karlsruhe, FamRZ 2007, 59 (59 f.) mit entsprechenden Nachweisen.

318 Vgl. Johannsen/Henrich/Althammer/*Dürbeck*, § 1361 a Rn 40; MüKoBGB/*Weber-Monecke*, § 1361 a Rn 24; *Kast*, S. 259; Staudinger/*Voppel*, § 1361 a Rn 55, jeweils m.w.N.

„Verfestigung" der Besitzzustände zu verhindern. Auch wenn dies im Hinblick auf die konkrete Situation der Verteilung von Heimtieren als billig erscheinen mag, so ist die vorgenannte Streitfrage doch losgelöst hiervon zu beurteilen. Auf abstrakter Ebene kann eine freie Anspruchskonkurrenz aber nicht befürwortet werden. Durch eine solche würden die besonderen Abwägungsgesichtspunkte (insbesondere das Merkmal des Benötigens), die der Gesetzgeber statuiert hat, unterlaufen.[319] Im Übrigen führte eine Anspruchskonkurrenz auf verfahrensrechtlicher Ebene zu Problemen, da die Ansprüche vor unterschiedlichen Gerichten geltend zu machen sind.[320] Nicht zuletzt ist es prozessökonomisch, alle Aspekte in einem gemeinsamen Verfahren zu berücksichtigen, statt parallele Verfahren zuzulassen.[321]

#### *f) Kosten*

Eine angemessene Nutzungsvergütung für die Gebrauchsüberlassung nach Abs. 2 oder Abs. 1 S. 2 kann gem. § 1361 a Abs. 3 S. 2 BGB festgesetzt werden.[322] Da diese sich unter Berücksichtigung der beiderseitigen Einkommens- und Vermögensverhältnisse am objektiven Miet- bzw. Nutzungswert orientieren soll,[323] erscheint sie bei Gebrauchsüberlassung eines Heimtiers als lediglich in Ausnahmefällen relevant. Ein solcher Ausnahmefall könnte etwa die Überlassung eines Reitpferds sein, da für eine solche Überlassung in der Regel auch an Dritte ein Entgelt zu entrichten wäre. Der „emotionale Verlust" des überlassenen Heimtiers, also der dem Affektionsinteresse zugefügte Schaden kann demgegenüber nicht über § 1361 a Abs. 3 S. 2 BGB ersetzt verlangt werden. Die gerichtliche Festsetzung einer Nutzungsvergütung scheidet weiter dann aus, wenn diese dazu führen würde, dass sich der Unterhaltsanspruch des Schuldners der Nutzungsvergütung auf Trennungsunterhalt gegen den anderen Ehegatten entsprechend erhöhte.[324]

Derjenige Ehegatte, dem das Heimtier gem. § 1361 a Abs. 2 BGB zugewiesen wurde, hat es auf eigene Kosten zu erhalten,[325] was einschließt, die üblichen

319 So auch OLG Frankfurt, NZFam 2019, 443 (444) zu § 1361 b BGB.

320 Johannsen/Henrich/Althammer/*Dürbeck*, § 1361 a Rn 48.

321 Viefhues/*Seier*, § 1361 a Rn 136.

322 *Holzwarth*, FPR 2010, 559 (562); *Kast*, S. 287; Staudinger/*Voppel*, § 1361 a Rn 48 m.w.N.

323 Erman/*Kroll-Ludwigs*, § 1361 a Rn 13; Grüneberg/*Götz*, § 1361 a Rn 17; MüKoBGB/*Weber-Monecke*, § 1361 a Rn 20; Staudinger/*Voppel*, § 1361 a Rn 49.

324 Johannsen/Henrich/Althammer/*Dürbeck*, § 1361 a Rn 37; Staudinger/*Voppel*, § 1361 a Rn 48.

325 OLG Bamberg, FamRZ 2019, 354; Hau/Poseck/*Neumann*, § 1361 a Rn 10; Staudinger/*Voppel*, § 1361 a Rn 37; Viefhues/*Seier*, § 1361 a Rn 100.

Haltungskosten (Futter, Spielzeug, Tierarzt etc.) alleinschuldnerisch zu tragen.[326] Ein Aufwendungsersatzanspruch steht ihm gegen den anderen Ehegatten nicht zu; § 1361 a Abs. 3 S. 2 BGB entfaltet insoweit eine Sperrwirkung.[327]

### 4. *Weitere Anspruchsgrundlagen*

Auch im Verhältnis zwischen Ehegatten gelangen bzgl. der Verteilung von Heimtieren bei Trennung mangels einvernehmlicher Lösung die allgemeinen Vorschriften zur Anwendung. Hinsichtlich solcher Heimtiere, die analog als Haushaltsgegenstände zu qualifizieren sind, können diese jedoch nur subsidiär zu § 1361 a BGB herangezogen werden. Die Rechtslage ist jedoch auch bei Anwendung der allgemeinen Vorschriften nicht gänzlich kongruent mit der bei nichtehelichen Lebensgefährten, sondern weiter durch die ausstrahlenden Wirkungen der Ehe als Rechtsverhältnis (vgl. insbesondere die Generalklausel des § 1353 BGB) beeinflusst.

Ist einer der Ehegatten Alleineigentümer des Heimtiers, so dürfte subsidiär zum Anspruch aus § 1361 a Abs. 1 BGB häufig, jedoch nur, soweit sich aus § 1353 Abs. 1 BGB kein (Mit-)Besitzrecht des anderen Ehegatten ergibt, ein Anspruch auf Herausgabe des Heimtiers gem. § 985 BGB gegeben sein.[328] In Betracht kommt weiter ein Anspruch aus § 732 BGB.[329] Sind die Ehegatten Miteigentümer (nach Bruchteilen), sind grundsätzlich die §§ 752 ff. BGB anwendbar,[330] jedoch nur für solche Heimtiere, die nicht analog als Haushaltsgegenstände zu qualifizieren sind. Für solche, die es sind, verhindert eine zwangsweise Aufhebung der Miteigentümergemeinschaft während der Trennungszeit nach §§ 752 ff. BGB die spätere Anwendung der Sondervorschrift des § 1568 b Abs. 1 BGB. Daher stellt § 1568 b BGB die Anwendung der §§ 752 ff. BGB verhindernde lex specalis i.S.d. § 741 BGB dar.[331]

### 5. *„Aufgedrängte“ Heimtiere*

Ebenso wie bei der Trennung nichtehelicher Lebensgefährten kann sich auch bei der Trennung von Ehegatten das Problem eines „aufgedrängten“ Heimtiers

---

326 OLG Bamberg, FamRZ 2019, 354; zustimmend: *Neumann*, FamRB 2020, 3 (4).

327 OLG Bamberg, FamRZ 2019, 354; Viefhues/*Seier*, § 1361 a Rn 109.

328 Vgl. (auch zu weiteren Details) Kapitel 4-A-I-3.

329 Vgl. Kapitel 4-A-I-3.

330 Vgl. Kapitel 4-A-I-4.

331 *Kiene*, S. 106 f.; Scholz/Stein/Kleffmann/*Grandke*, Teil D Rn 64.

stellen. Auszugehen ist von einer Situation, in der die Ehegatten hinsichtlich einer Veräußerung an einen Dritten zu keiner einvernehmlichen Lösung gelangt sind. Dabei ist insbesondere zu untersuchen, wie sich abweichend zur entsprechenden Situation bei nichtehelichen Lebensgefährten die eherechtlichen Besonderheiten auswirken.

Ist einer der Ehegatten Alleineigentümer des ungeliebten Heimtiers, kann er das Heimtier grundsätzlich (alleine) an einen Dritten veräußern. Im Einzelfall könnte jedoch § 1369 Abs. 1, 2 BGB entgegenstehen. Voraussetzung für das Eingreifen dieses Paragraphen ist, dass die Ehegatten im Güterstand der Zugewinngemeinschaft verheiratet sind und das Heimtier (analog) als Haushaltsgegenstand zu qualifizieren ist. Trifft dies im Einzelfall zu, ist gem. § 1369 Abs. 1 BGB zur wirksamen Verfügung über das Heimtier die Einwilligung des anderen Ehegatten oder (wie hier) bei Verweigerung derselben deren Ersetzung durch das Familiengericht gem. § 1369 Abs. 2 BGB nötig. Fraglich ist, ob eine solche in den Fällen der Heimtierveräußerung gewöhnlicher Weise erwartet werden kann. Das Familiengericht prüft vor Ersetzung, ob der andere Ehegatte einen ausreichenden Grund zur Verweigerung seiner Zustimmung i.S.d. § 1369 Abs. 2 BGB hatte. Ein solcher ist insbesondere dann gegeben, wenn durch die Veräußerung bzw. Verfügung die wirtschaftlichen Grundlagen des ehelichen Haushalts gefährdet sind.[332] Bei der Prüfung wird weitergehend aber eine umfassende Interessenabwägung vorgenommen.[333] Im Fall der aufgedrängten Heimtiere hegt der andere Ehegatte selbst gerade keine Eigeninteressen an dem Heimtier; denkbar ist allenfalls das Interesse an der Erhaltung des (hohen) wirtschaftlichen Wertes des Heimtiers, was lediglich bei sehr wertvollen Tieren denkbar ist. Mithin wird ein ausreichender Grund im vorgenannten Sinne in den seltensten Fällen gegeben sein und daher eine Ersetzung regelmäßig vorgenommen werden.

Sind die Ehegatten Miteigentümer des Heimtiers und ist dieses (analog) als Haushaltsgegenstand zu qualifizieren, so ist zu beachten, dass bei Ehegatten im Trennungszeitraum eine zwangsweise Auseinandersetzung gemeinsamen Eigentums an Haushaltsgegenständen nicht vorgesehen ist, das Miteigentum also bis zur Scheidung bestehen bleibt. Jedenfalls im Güterstand der Zugewinngemeinschaft ist selbst eine Veräußerung des eigenen Miteigentumsanteils gem. § 1369 Abs. 1, 2 BGB nur mit Einwilligung des anderen Ehegatten bzw. Ersetzung dieser Einwilligung durch das Familiengericht möglich.[334] Der Ehegatte, dem das

332 MüKoBGB/*Koch*, § 1369 Rn 39, 1.

333 Hau/Poseck/*Scheller/Sprink*, § 1369 Rn 10 m.w.N.; MüKoBGB/*Koch*, § 1369 Rn 40; Staudinger/*Thiele*, § 1369 Rn 45 ff.

334 MüKoBGB/*Koch*, § 1369 Rn 15; Staudigner/*Thiele*, § 1369 Rn 35.

Heimtier, bzw. der Besitz hieran aufgedrängt wurde, ist als tatsächlich betreuende Person – ebenso wie der andere Ehegatte als Halter – verpflichtet, sich um das Tier zu kümmern, vgl. § 2 TierSchG. Die hierfür unweigerlich anfallenden Kosten kann der besitzende Ehegatte vom anderen anteilig ersetzt verlangen, vgl. § 748 BGB. Ist das Heimtier nicht (analog) als Haushaltsgegenstand zu qualifizieren, ist auch eine zwangsweise Auseinandersetzung nach §§ 752 ff. BGB möglich. Insofern ist die Situation (bis auf die fehlende Möglichkeit der zwangsweisen Aufhebung der Miteigentümergemeinschaft an Haushaltsgegenständen) vergleichbar mit der Rechtslage bei nichtehelichen Lebensgefährten.

Liegt dagegen die Konstellation vor, dass der Alleineigentümer-Ehegatte sein Heimtier beim Nichteigentümer-Ehegatten zurücklässt, ohne dass hierin im Einzelfall eine Schenkung zu erblicken ist, so gestaltet sich die Rechtslage hier zunächst ebenso wie die bei nichtehelichen Lebensgefährten.[335] Fraglich ist jedoch, wie sich die aus § 1353 Abs. 1 BGB folgenden Rücksichtnahme, Fürsorge- und Beistandspflichten auswirken, die (ggf. mit gesenkten Anforderungen) auch im Trennungszeitraum gelten.[336] Danach sind die Ehegatten hinsichtlich des Schutzguts Vermögen grundsätzlich wechselseitig verpflichtet, alles zu unterlassen, was das Vermögen des anderen mindert.[337] Wenn nun also das Heimtier vom anderen beim Nichteigentümer-Ehegatten zurückgelassen wird, mit der Folge, dass dieser zumindest zeitweise die Unterhaltungskosten tragen muss, so verletzt er damit seine Fürsorgepflicht aus § 1353 BGB. Der Nichteigentümer-Ehegatte hat im Unterscheid zum Nichteigentümer-Lebensgefährten daher nicht nur einen Aufwendungsersatzanspruch, sondern einen entsprechenden Schadenersatzanspruch gem. §§ 280 Abs. 1, 1353 Abs. 1 S. 2 BGB.

### 6. *Einvernehmliche Regelung*

Eine gerichtliche Entscheidung nach § 1361 a BGB wird nur dort eingefordert werden, wo sich die Ehegatten nicht einvernehmlich einigen können. Sind sie sich einig, bleibt es ihnen unbenommen, die Aufteilung der Haushaltsgegenstände im Rahmen ihrer Privatautonomie, ggf. entsprechend der durch § 1410 BGB vorgegebenen Form und innerhalb der allg. gesetzlichen Grenzen

---

335 Vgl. Kapitel 4-A-I-5.

336 Hau/Poseck/*Hahn*, § 1353 Rn 16, 21.

337 OLG Brandenburg, FamRZ 2022, 1269; Erman/*Kroll-Ludwigs*, § 1353 Rn 21; Hau/Poseck/*Hahn*, § 1353 Rn 21; MüKoBGB/*Roth*, § 1353 Rn 37.

(v.a. §§ 134, 138, 242 BGB) vorzunehmen.[338] Dabei kommen sowohl unterschiedliche Benutzungsregelungen in Betracht (etwa für die gesamte Zeit bis zur Scheidung oder eine Regelung, nach der ein Haushaltsgegenstand, z. B. ein Fahrzeug, auch abwechselnd benutzt wird), als auch eigentumsverändernde Regelungen, insbesondere die Übereignung einzelner Gegenstände an den jeweils anderen Ehegatten.[339] Die Ehegatten können auch eine etwaige finanzielle Gegenleistung festlegen.[340]

## III. Tierverteilung bei Scheidung

Hat sich die Trennung der Ehegatten dahingehend manifestiert, dass die Ehe i.S.d. § 1565 BGB gescheitert ist, so wird in der Regel die Scheidung der Ehe vollzogen. Fraglich ist, wie sich die Rechtslage hinsichtlich der Zuweisung von Heimtieren in diesem Stadium darstellt.

### *1. Einvernehmliche Regelung*

Gleichsam wie es im Falle der Trennung möglich ist,[341] können Ehegatten auch für den Fall der Scheidung einvernehmliche Regelungen die (gemeinsamen) Heimtiere betreffend vereinbaren.[342]

### *2. § 1568 b BGB*

Soweit sich die Ehegatten nicht einvernehmlich über die Verteilung der gemeinsamen Heimtiere einigen können, und das Heimtier im Alleineigentum eines der Ehegatten steht, verbleibt es hinsichtlich der „Verteilung" bei den allgemeingesetzlichen Regelungen,[343] wonach insbesondere gemäß § 985

---

338 Staudinger/*Voppel*, § 1361 a Rn 43 f.; Viefhues/*Seier*, § 1361 a Rn 11. Vgl. allgemein zum System der Inhalts- und Ausübungskontrolle von Eheverträgen in der Rechtsprechung zusammenfassend: *Frank*, S. 192 ff. m.w.N.

339 Staudinger/*Voppel*, § 1361 a Rn 44.

340 Staudinger/*Voppel*, § 1361 a Rn 44; OLG Bamberg, FamRZ 2019, 354.

341 Vgl. Kapitel 4-A-II-6.

342 Erman/*Preisner*, § 1568 b Rn 7; Viefhues/*Seier*, § 1568 b Rn 19 ff.

343 BGH, FamRZ 2011, 183 (188) und 1039 (1040); *Brudermüller/Götz*, FamRZ 2009, 1261 (1266), FamRZ 2011, 1840 (1843), FamRZ 2015, 177 (181); Erman/*Preisner*, § 1568 b Rn 1, 5; Grüneberg/*Götz*, § 1568 b Rn 2; MüKoBGB/*Wellenhofer*, § 1568 b Rn 2, 10.

BGB der Alleineigentümer-Ehegatte Herausgabe seiner Heimtiere verlangen kann.[344]

Liegt nicht Alleineigentum eines der Ehegatten vor, so könnte – unabhängig vom Güterstand[345] – § 1568 b BGB (Haushaltsgegenstände) anwendbar sein. Der analogen Anwendung von § 1568 b BGB auf Heimtiere stehen äquivalent zu den Überlegungen im Rahmen des § 1361 a BGB keine Bedenken entgegen,[346] auch, da die in § 1568 b Abs. 1 BGB normierte Billigkeitsentscheidung hinreichenden Spielraum lässt.[347]

#### *a) Tatbestand, insbesondere Billigkeitskriterien*

§ 1568 b Abs. 1 BGB gewährt dem Antragssteller einen (bedingten) Anspruch auf Übergabe und Übereignung des im gemeinsamen Eigentum stehenden Haushaltsgegenstands.

Der Begriff der Haushaltsgegenstände i.S.d. § 1568 b BGB (analog) deckt sich mit dem des § 1361 a BGB.[348] Demnach unterfallen Heimtiere, die für die bzw. von der Familie als solche gehalten werden den vorgenannten Normen, nicht jedoch solche, die dem persönlichen Gebrauch allein eines Ehegatten dienen.

Gemeinsames Eigentum der Ehegatten im vorgenannten Sinne liegt vor, wenn die Ehegatten bzgl. des konkreten Gegenstands entweder eine Bruchteils- oder eine Gesamthandsgemeinschaft bilden.[349] Sind keine anderweitigen Anhaltspunkte gegeben, ist gem. § 1568 b Abs. 2 BGB davon auszugehen, dass das betreffende Heimtier im gemeinsamen Eigentum steht, und gem. § 741 BGB, dass es sich um eine Gemeinschaft nach Bruchteilen handelt.

Der Antragssteller muss auf die Nutzung des im gemeinsamen Eigentum stehenden Haushaltsgegenstands bzw. Heimtiers stärker angewiesen sein als der Antragsgegner oder die Zuteilung an den Antragssteller muss aus anderen Gründen der Billigkeit entsprechen, vgl. § 1568 b Abs. 1 BGB. Die Variante der

---

344 Es ergeben sich für den hier diskutierten Zeitraum nach Rechtskraft der Scheidung insoweit keine Unterschiede zur Rechtslage bei getrennten nichtehelichen Lebensgefährten; auf die dortigen Ausführungen wird verwiesen, vgl. Kapitel 4-A-I-3.

345 *Schlegel,* S. 216 m.w.N.

346 Statt vieler: Staudinger/*Weinreich,* § 1568 b Rn 13 m.w.N.

347 Vgl. hierzu sogleich Ziffer 2-a.

348 Johannsen/Henrich/Althammer/*Dürbeck,* § 1568 b Rn 3, wobei dort (ersichtlich) versehentlich § 1361 b statt § 1361 a zitiert wird; MüKoBGB/*Wellenhofer,* § 1568 b Rn 5; Soergel/Siebert/*Heintzmann,* § 1568 b Rn 11; *Weinreich,* NZFam 2014, 486 (487).

349 Grüneberg/*Götz,* § 1568 b Rn 5; MüKoBGB/*Wellenhofer,* § 1568 b Rn 10; Soergel/Siebert/*Heintzmann,* § 1568 b Rn 16; Staudinger/*Weinreich,* § 1568 b Rn 24 f.

stärkeren Angewiesenheit ist dabei als gesetzgeberisches Beispiel einer billigen Situation zu verstehen.[350] Im Rahmen der Abwägung sind insbesondere die in § 1568 b Abs. 1 BGB genannten Kriterien der Lebensverhältnisse der Ehegatten und des Wohls der im Haushalt lebenden Kinder miteinzubeziehen.[351] Es hat aber grundsätzlich – nicht nur, wenn ein Überwiegen der Angewiesenheit auf die Nutzung nicht feststellbar ist – eine umfassende Abwägung aller Billigkeitsgesichtspunkte zu erfolgen.[352] Solche Kriterien können etwa sein, wer den Gegenstand ursprünglich angeschafft hatte oder wer das größere Affektionsinteressen daran hat.[353]

Nach hier vertretener Auffassung sind über § 90 a S. 3 BGB i.V.m. Art. 20 a GG, wenn es im Rahmen des § 1568 b Abs. 1 BGB analog um die Verteilung von Heimtieren geht, zwingend auch Gesichtspunkte des Tierwohls zu berücksichtigen.[354] Danach ist, wenn nur eine der möglichen Entscheidungen das gesetzlich vorgegebene Mindestniveau des Tierwohls wahrt, zwingend diese zu wählen. Ist dies bei beiden Zuweisungsmöglichkeiten gegeben, sind in Rahmen der durchzuführenden Gesamtabwägung sodann auch weitergehende Gesichtspunkte des Tierwohls einzustellen.[355] Diese Berücksichtigung wird im Ergebnis – in Übereinstimmung mit der entsprechenden Entscheidung im Rahmen des § 1361 a BGB – in den allermeisten Fällen dazu führen, dass das Heimtier dem Ehegatten

---

350 Soergel/Siebert/*Heintzmann*, § 1568 b Rn 26.

351 BGH, FamRZ 2011, 1039 (1040); OLG Schleswig, FamRZ 2013, 1984; *Brudermüller/Götz*, FamRZ 2009, 1261 (1261 f.); Erman/*Preisner*, § 1568 b Rn 8 ff.; MüKoBGB/*Wellenhofer*, § 1568 b Rn 17 ff.

352 *Brudermüller/Götz*, FamRZ 2009, 1261 (1262, 1266); Erman/*Preisner*, § 1568 b Rn 8 ff.; MüKoBGB/*Wellenhofer*, § 1568 b Rn 13 ff.; Soergel/Siebert/*Heintzmann*, § 1568 b Rn 28; Staudinger/*Weinreich*, § 1568 b Rn 39. A.A. wonach allgemeine Billigkeitskriterien nur heranzuziehen sind, wenn beide Ehegatten gleichermaßen auf die Nutzung angewiesen sind: Grüneberg/*Götz*, § 1568 b Rn 9; Hau/Poseck/*Neumann*, § 1568 b Rn 14; Viefhues/*Breidenstein*, § 1568 b Rn 58.

353 Zum Affektionsinteresse als Billigkeitsgesichtspunkt: Grüneberg/*Götz*, § 1568 b Rn 9; Hau/Poseck/*Neumann*, § 1568 b Rn 14; MüKoBGB/*Wellenhofer*, § 1568 b Rn 19; Soergel/Siebert/*Heintzmann*, § 1568 b Rn 32. Zum ursprünglichen Anschaffen: Grüneberg/*Götz*, § 1568 b Rn 9; MüKoBGB/*Wellenhofer*, § 1568 b Rn 20; Staudinger/*Weinreich*, § 1568 b Rn 41.

354 Ebenso *Heintzmann* in Soergel/Siebert, § 1568 b Rn 32; *Wellenhofer* in MüKoBGB, § 1568 b Rn 19; sowie *Weinreich*, NZFam 2014, 486 (489).

355 Vgl. insoweit die äquivalenten Ausführungen im Rahmen des § 1361 a BGB, siehe Kapitel 4-A-II-3, insbesondere auch c zu den konkreten Tierwohlgesichtspunkten.

zugewiesen wird, der es seit der Trennung in Besitz hatte.[356] Zum Verhältnis der einzubeziehenden affektiven Interessen bzw. weiterer Billigkeitsgesichtspunkte einerseits und dem Tierwohl andererseits gilt das zu § 1361 a BGB Ausgeführte entsprechend.[357]

Ebenso wie im Rahmen der Ansprüche aus § 1361 a BGB ist auch im Rahmen des Anspruchs aus § 1568 b Abs. 1 BGB umstritten, ob Besitzschutzaspekte in die Billigkeitsabwägung einzustellen sind.[358] Entsprechend des bereits zu § 1361 a BGB Erörterten[359] änderte aber auch eine Einbeziehung dieser Aspekte nichts am Ausgang der Billigkeitsabwägung, da die Aspekte des Tierwohls vorrangig sind, sodass diese offene Rechtsfrage vorliegend irrelevant ist.

### *b) Rechtsfolgen*

Anspruchsinhalt des Anspruchs nach § 1568 b Abs. 1 BGB analog ist Übereignung und Überlassung des Heimtiers; Rechtsfolge ist mithin die Erlangung von Alleineigentum des obsiegenden anspruchsstellenden Ehegatten. Dieser hat fortan alle anfallenden Kosten selbst zu tragen.[360]

Der andere Ehegatte kann eine angemessene Ausgleichszahlung für die Übertragung seines Anteils am gemeinschaftlichen Eigentum verlangen, vgl. § 1568 b Abs. 3 BGB. Dabei ist als angemessen der entsprechende Anteil am Gesamtverkehrswert des betreffenden Tiers im Zeitpunkt der Entscheidung zu erachten, wobei im konkreten Einzelfall Billigkeitsgesichtspunkte, z. B. die wirtschaftlichen Verhältnisse der Ehegatten, zu einer Minderung führen können.[361]

## *3. § 1383 BGB*

Wie bereits angemerkt gelten für die Haushaltsgegenstände, die § 1568 b BGB nicht unterfallen, weil sie im Alleineigentum eines Ehegatten stehen, die

356 Vgl. zur Herleitung die äquivalenten Ausführungen im Rahmen des § 1361 a BGB, siehe Kapitel 4-A-II-3. Im Ergebnis so auch *Gängel*, NJ 2020, 107 (109).

357 Vgl. Kapitel 4-A-II-3-d.

358 MüKoBGB/*Wellenhofer*, § 1568 b Rn 35; Staudinger/*Weinreich*, § 1568 b Rn 60.

359 Vgl. dazu Kapitel 4-A-II-3-e.

360 *Gängel*, NJ 2020, 107 (109) mit Hinweis auf die Möglichkeit der vertraglichen Abweichung bei entsprechendem Einvernehmen.

361 *Brudermüller/Götz*, FamRZ 2009, 1261 (1266); *Hauß/Schulz*, Vermögensauseinandersetzung, 5. Kapitel Rn 241; Johannsen/Henrich/Althammer/*Dürbeck*, § 1568 b Rn 17; *Schlegel*, S. 224 f.; Soergel/Siebert/*Heintzmann*, § 1568 b Rn 43.

allgemeinen Regelungen; dies sind für Ehegatten, die im Güterstand der Zugewinngemeinschaft verheiratet sind (auch) die §§ 1371 ff. BGB.[362]

Dabei unterfallen die im Alleineigentum eines der Ehegatten stehenden Haushaltsgegenstände auch dem Anwendungsbereich des § 1383 BGB.[363] Gem. § 1383 Abs. 1 BGB kann (nur) derjenige Ehegatte, der gegen den anderen einen Anspruch gem. § 1378 Abs. 1 BGB hat, die Übertragung bestimmter (im Alleineigentum des anderen stehender Haushalts-)Gegenstände verlangen.[364] Grundsätzlich ist dabei auch die Übertragung eines Bruchteils denkbar; sie wird jedoch kaum jemals zweckmäßig sein, da bei einer entstehenden Bruchteilsgemeinschaft die Ehegatten dem steten und nicht unerheblichen Risiko von Verwaltungs- und Nutzungsstreitigkeiten ausgesetzt wären.[365] Damit der Anspruch besteht, müsste die begehrte Übertragung erforderlich sein, um eine grobe Unbilligkeit für den Gläubiger zu vermeiden und sie müsste dem Schuldner-Ehegatten zugemutet werden können. Es sind die Interessen des Schuldner-Ehegatten gegen die des Gläubiger-Ehegatten abzuwägen.[366] Ungeachtet des strengen Maßstabs der groben Unbilligkeit sind dabei auf beiden Seiten grundsätzlich sowohl wirtschaftliche Interessen, wie Gesichtspunkte des Bedarfs und der Bedürftigkeit, als auch rein persönliche Interessen, wie ein bloßes Affektionsinteresse, miteinzubeziehen.[367] Im Gleichlauf zu den Ausführungen bei § 1568 b BGB sind auch bei einer analogen Anwendung des § 1383 BGB auf Heimtiere Gesichtspunkte des Tierwohls in die Abwägung miteinzustellen bzw. bei der Entscheidung vorrangig erhaltend vorauszusetzen. Ein Unterschied zur Abwägung im Rahmen des

---

362 Die im Alleineigentum eines der Ehegatten stehenden Heimtiere sind demnach im Rahmen der Scheidung grundsätzlich ihrem Wert nach – wie sonstiges Vermögen – für die Berechnung des Zugewinnausgleichsanspruchs relevant. Vgl. BGH, FamRZ 2011, 183 (188) und 1039 (1040 f.); *Brudermüller/Götz*, FamRZ 2009, 1261 (1266); Johannsen/Henrich/Althammer/*Dürbeck*, § 1568 b Rn 19 und § 1376 Rn 40 ff.

363 Zur Streitfrage, ob auch die im gemeinsamen Eigentum stehenden Haushaltsgegenstände dem Anwendungsbereich des § 1383 BGB unterfallen sogleich.

364 Der Schuldner der Ausgleichsforderung kann dagegen nach h.M. nicht gem. § 1383 BGB, auch nicht analog, vorgehen, vgl. Hau/Poseck/*Scheller/Sprink*, § 1383 Rn 5; Staudinger/*Thiele*, § 1383 Rn 2; Viefhues/*Schiefer*, § 1383 Rn 1 f.

365 Erman/*Budzikiewicz*, § 1383 Rn 5; MüKoBGB/*Koch*, § 1383 Rn 10; Staudinger/*Thiele*, § 1383 Rn 12 m.w.N.

366 Erman/*Budzikiewicz*, § 1383 Rn 7; Hau/Poseck/*Scheller/Sprink*, § 1383 Rn 12; Soergel/Siebert/*Kappler/Kappler*, § 1383 Rn 14.

367 Erman/*Budzikiewicz*, § 1383 Rn 8 f.; MüKoBGB/*Koch*, § 1383 Rn 14 ff.; Soergel/Siebert/*Kappler/Kappler*, § 1383 Rn 9 ff.; Staudinger/*Thiele*, § 1383 Rn 4 ff.; Viefhues/*Schiefer*, § 1383 Rn 10 ff.

§ 1568 b BGB ergibt sich daher nur hinsichtlich der erforderlichen Intensität des Überwiegens zugunsten des antragsstellenden Ehegatten, die im Rahmen des § 1383 BGB fordert, dass die Vorenthaltung des geforderten Gegenstandes dem Gerechtigkeitsempfinden in unerträglicher Weise widerspricht.[368] Es ist nicht ausgeschlossen, dass im Einzelfall der Anspruch aus § 1383 BGB besteht.

Ob der Anwendungsbereich des § 1383 BGB durch § 1568 b BGB als lex specialis für die im gemeinsamen Eigentum stehenden Haushaltsgegenstände beschränkt ist, ist umstritten.[369] Dieser Streit wirkt sich wegen des Gleichlaufs der gerichtlichen Prüfung aber nur dort aus, wo die Ehegatten die Zugewinngemeinschaft durch Ehevertrag bzw. Scheidungsvereinbarung vorzeitig beenden und so der Anspruch nach § 1383 BGB zeitlich früher geltend gemacht werden kann als jener aus § 1568 b BGB.[370] Diese (zeitliche) Privilegierung (nur des Gläubigers der Zugewinnausgleichsforderung) erscheint indes nicht gerechtfertigt. Darüber hinaus widerspricht diese Möglichkeit der verfrühten *zwangsweisen* (Teil-)Auseinandersetzung der gesetzgeberischen Intention, nach der das Stufensystem der Scheidung durch das grundsätzlich zwingende Durchlaufen des Trennungszeitraums (auch) die Versöhnung der Ehegatten ermöglichen soll.[371] Je weniger im Trennungszeitraum (gerichtlich) gestritten wird und je weniger die bestehende Situation durch Wandel der Nutzungs- und vor allem auch der Eigentumsverhältnisse verändert wird, desto wahrscheinlicher ist die Versöhnung.[372] Übereinstimmend mit diesem Ziel sieht der für den Trennungszeitraum maßgebliche § 1361 a BGB auch keine (zwangsweisen) Eigentumsveränderungen vor (vgl. § 1361 a Abs. 4 BGB), sondern lediglich das mildere Mittel der Nutzungsüberlassung. Insoweit ist auch der Auffassung zu widersprechen,

---

368 Hau/Poseck/*Scheller/Sprink*, § 1383 Rn 10; MüKoBGB/*Koch*, § 1383 Rn 13; Staudinger/*Thiele*, § 1383 Rn 3.

369 Dafür: Erman/*Budzikiewicz*, § 1383 Rn 3; Grüneberg/*Siede*, § 1383 Rn 2; Johannsen/Henrich/Althammer/*Kohlenberg*, § 1383 Rn 2. Dagegen: Hau/Poseck/*Scheller/Sprink*, § 1383 Rn 5; MüKoBGB/*Koch*, § 1383 Rn 32; Staudinger/*Thiele*, § 1383 Rn 33.

370 Wobei in verfahrensrechtlicher Hinsicht zu beachten ist, dass, wenn der Anspruch aus § 1383 BGB als Folgesache anhängig gemacht wird, die Entscheidung (auch) erst mit Rechtskraft der Scheidung wirksam wird, vgl. Staudinger/*Thiele*, § 1383 Rn 32.

371 Zu dieser Intention: BT-Drucks. 7/4361 S. 11 f.; *Born*/Heiß, 10. Kapitel Rn 1; *Höger*, S. 25 mit kritischer Anmerkung zum Gelingen in der Umsetzung; *Wellenhofer*, Familienrecht, § 20 Rn 12. Die Pflicht zum Schutz (noch) nicht gescheiterter Ehen ergibt sich im Übrigen aus Art. 6 Abs. 1 GG, vgl. hierzu auch: BVerfG, NJW 1980, 689 (690).

372 Hierzu auch OLG Düsseldorf, FamRZ 1999, 1270; MüKoBGB/*Weber-Monecke*, § 1361 a Rn 16 m.w.N.; *Reinecke*, FPR 2000, 96 (100).

nach der die Ansprüche aus § 1383 BGB und § 1361 a BGB bei vorzeitiger Beendigung der Zugewinngemeinschaft in „freier“ Konkurrenz stehen.[373] Vielmehr ist aus vorgenannten Gründen auch bzgl. des § 1361 a BGB von einer vorrangig verdrängenden Normierung auszugehen.

### 4. *Weitere Anspruchsgrundlagen*

Auch nach Manifestierung der Trennung der Ehegatten zur Ehescheidung und entsprechend wiederum im Rahmen seines Anwendungsbereichs subsidiär zu § 1568 b BGB gelangen die allgemeinen Regelungen zur Anwendung. Dabei sind auch für die Zeit nach der Scheidung noch fortbestehende, nacheheliche Rechtswirkungen der Ehe als Rechtsinstitution zu beachten.

Hat der Alleineigentümer-Ehegatte seine Ansprüche hinsichtlich des ihm gehörenden Heimtiers, insbesondere aus § 985 BGB, während des Trennungszeitraumes noch nicht geltend gemacht, so kann er dies auch nach Scheidung noch tun.[374] Die allgemeinen Verjährungs- und Verwirkungsregelungen sind zu beachten.

Sind die (Ex-)Ehegatten (noch) Miteigentümer des Heimtiers und fand eine Verteilung nach § 1568 b Abs. 1 BGB nicht statt, kann jeder Ehegatte nunmehr hinsichtlich aller Heimtiere – gleich, ob diese analog als Haushaltsgegenstände zu qualifizieren sind oder nicht – die Gemeinschaft nach §§ 752 ff. BGB zwangsweise aufheben.[375]

### 5. *„Aufgedrängte“ Heimtiere*

Grundsätzlich gestaltet sich die Rechtslage bzgl. der Problematik der „aufgedrängten“ Heimtiere bei Scheidung zweier Ehegatten ebenso wie bei Trennung der Ehegatten.[376] Insbesondere wirkt die Pflicht des Alleineigentümers des Heimtiers aus § 1353 BGB, sein Heimtier nicht gegen den Willen des Nichteigentümer-Ehegatten bei diesem zu belassen, dergestalt fort, dass die (weiteren) Kosten für das im Zeitpunkt der Scheidung bereits beim Nichteigentümer befindliche Heimtier als sich fortsetzender Schaden einer Pflichtverletzung aus § 1353 BGB zu werten sind. Den Nichteigentümer-Ehegatten trifft

---

373 So vertreten von *Koch* in MüKoBGB, § 1383 Rn 31; anschließend: Hau/Poseck/*Scheller/Sprink*, § 1383 Rn 4; Soergel/Siebert/*Kappler/Kappler*, § 1383 Rn 6.

374 Zu den Ansprüchen des Alleineigentümer-Ehegatten vgl. Kapitel 4-A-II-4.

375 *Kiene*, S. 107 f. Zum Ablauf vgl. Kapitel 4-A-I-4.

376 Vgl. hierzu Kapitel 4-A-II-5.

nach der Scheidung aber nicht mehr die grundsätzliche Pflicht, das Heimtier zugunsten des Alleineigentümer-Ehegatten zu erhalten, also zu versorgen. Er kann es – ebenso wie als nichtehelicher Lebensgefährte nach einer Trennung – ins Tierheim bringen oder nachdem er den Alleineigentümer in Annahmeverzug bzgl. der Abholung gesetzt und ihm die Versteigerung angedroht hat, das Heimtier gem. §§ 383, 384 BGB versteigern lassen und den Erlös hinterlegen.[377]

Divergierend zur Rechtslage bei Trennung kann bei Scheidung zusätzlich (auch) die zwangsweise Aufhebung von Miteigentum verlangt werden. Da im Fall der aufgedrängten Heimtiere davon auszugehen ist, dass keiner der Ehegatten einen Antrag nach § 1568 b Abs. 1 BGB gestellt hat, richtet sich diese unabhängig von der (analogen) Qualifizierung des konkreten Heimtiers als Haushaltsgegenstand nach §§ 752 ff. BGB. Weiter gilt für eine Veräußerung durch den Alleineigentümer-Ehegatten nach Scheidung die Verfügungsbeschränkung gem. § 1369 Abs. 1 BGB nicht (mehr).

## IV. „Sorgerecht“ und „Umgangsrecht“ für das Heimtier

Statt das Heimtier bei Trennung bzw. Scheidung in dem Sinne zu verteilen, dass anschließend nur noch einer der Partner sich um das Heimtier kümmert, ist fraglich, ob eine Lösung in der Weise denkbar wäre, dass beide Partner weiterhin dauerhaft eine Berechtigtenstellung am Heimtier innehaben und beide Partner sich um dieses kümmern.

Die Möglichkeiten der Miteigentümergemeinschaft (nach Bruchteilen) und der Gesellschaft bürgerlichen Rechts sind hierzu bereits angeklungen. Genauer könnten die Ziele eines „gemeinsamen Sorgerechts“ oder „Umgangsrechts“ beispielsweise durch Miteigentum in Form einer Bruchteilsgemeinschaft, ggf. kumulativ mit einer die Details der gemeinsamen Nutzung regelnden Miteigentümervereinbarung erreicht werden. Denkbar wäre auch, dass das Heimtier Eigentum einer Gesellschaft bürgerlichen Rechts bestehend aus den „Miteigentümern“ wird, deren Gesellschaftsvertrag die inhaltliche Ausgestaltung der gemeinsamen Berechtigung genauer definiert. Nachteilig an diesen Optionen ist, dass sie nicht erzwungen werden können; es besteht kein Anspruch gegen den anderen Partner auf Eingehung eines solchen Modells. Hinsichtlich der Miteigentümergemeinschaft tritt hinzu, dass deren Aufhebung (jedenfalls die aus wichtigem Grunde gem. § 749 Abs. 2 S. 1 BGB) nicht ausgeschlossen werden kann.

377 Vgl. Johannsen/Henrich/Althammer/*Dürbeck*, § 1568 b Rn 23.

Es stellt sich daher die Frage, ob alternativ hierzu nicht ein Anspruch auf ein „(gemeinsames) Sorgerecht" der Partner oder ein „Umgangsrecht" des Nichteigentümer-Partners jeweils aus dem bestehenden Recht her- bzw. abgeleitet werden kann.

## 1. *„Sorgerecht" für das Heimtier*

Untersucht wird zunächst die Möglichkeit eines „Sorgerechts" für das Heimtier. Ein Sorgerecht im juristischen Sinne gibt es ausschließlich in Bezug auf minderjährige natürliche Personen. Zu erkennen gilt, dass an diesen kein Eigentum bestehen kann, da Eigentum eine Sache i.S.d. § 90 BGB als Bezugsobjekt voraussetzt, über die der Eigentümer die grundsätzliche Verfügungsbefugnis innehaben muss.[378] An (Heim-)Tieren kann, wie an Sachen, Eigentum bestehen, vgl. § 903 S. 2 BGB. Dass an Heimtieren bzw. Sachen parallel zu Eigentumsrechten auch Sorgerechte bestehen, ist de lege lata jedenfalls expressis verbis nicht der Fall. Ein parallel bestehendes Sorgerecht entspräche im Übrigen zugleich einer Beschränkung der grundsätzlich absoluten Verfügungsbefugnis des Eigentümers, die gem. § 903 S. 1 BGB durch den Gesetzgeber vorgenommen werden müsste.[379] Insoweit sind Eigentum und Sorgerecht zwei Arten der Berechtigung, die sich in ihren Anwendungsbereichen gegenseitig begrenzen, ohne, dass dies die einzigen möglichen Arten von Berechtigungen wären.[380]

Dem LG Koblenz lag eine Beschwerde im Nachgang zu einer erfolgreichen Klage zwischen zwei ehemaligen Lebensgefährten auf Herausgabe eines Hunds vor. In einem Hinweisbeschluss wiederholte das LG Koblenz[381] eine zuvor bereits erstinstanzlich geäußerte Ansicht zur Thematik eines Sorgerechts an Heimtieren. Demnach könne bei Tieren eine Sorgerechtsentscheidung deshalb nicht getroffen werden, weil (anders als im auf Kinder bezogenen Familienrecht) keine rechtliche Regelung existiere, nach der dem Tierwohl gegenüber dem Eigentumsrecht der Vorrang gewährt werden solle. In der Aussage kommt nicht nur eine von hiesiger Auffassung abweichende Würdigung des Verhältnisses

---

378 Mangoldt/Klein/Starck/*Depenheuer/Froese*, GG, Art. 14 Rn 113 f.; MüKoBGB/*Stresemann*, § 90 Rn 3.

379 Vgl. auch Martinek/*Rösch*, § 903 Rn 13, 68; MüKoBGB/*Brückner*, § 903 Rn 2, 30; Staudinger/*Althammer*, § 903 Rn 6 f.

380 So werden etwa nichtkörperliche Gegenstände – an denen mangels Eigenschaft als Sache kein Eigentum bestehen kann – anderweitig zugeordnet, z. B. über Anteilsrechte, vgl. MüKoBGB/*Stresemann*, § 90 Rn 3.

381 Vgl. LG Koblenz, FuR 2020, 383 (384).

von Eigentums- und Sorgerechtsverhältnis zum Ausdruck; es wird zugleich impliziert, dass im auf Kinder bezogenen Familienrecht dem Kindeswohl der Vorrang vor dem Eigentumsrecht am Kind – welches es selbstredend gar nicht gibt – eingeräumt wäre.

Wie dargelegt ist nach hier vertretener Auffassung de lege lata ein Sorgerechtsverhältnis betreffend Heimtiere aufgrund des an Heimtieren bestehenden Eigentumsverhältnisses ausgeschlossen.[382] Zumal hierfür auch kein Bedürfnis besteht: Wo ein Sorgerecht für Heimtiere gefordert bzw. (gerichtlich) geltend gemacht wird, ließen sich die damit jeweils verfolgten Ziele gleichsam auch über an das Eigentum anknüpfende Rechtsinstrumente – wenngleich unter Hinnahme der damit einhergehenden Nachteile – erreichen.[383] De lege ferenda wäre zudem möglich, einen entsprechenden Anspruch des Nichteigentümers auf Herbeiführung einer Miteigentümergemeinschaft bzw. einer Gesellschaft bürgerlichen Rechts zu schaffen, beispielsweise indem eine von der Scheidung und dem Zugewinnausgleich unabhängige gerichtliche Kompetenz zur zwangsweisen Übertragung eines Miteigentumsanteils auf den vormaligen Nichteigentümer geschaffen wird.

Sollten Ex-Partner bzw. Ex-Ehegatten Regelungen zum gemeinsamen Umgang mit dem Heimtier vereinbart haben – wozu sie kraft ihrer Privatautonomie und (Mit-)Eigentümerstellung berechtigt sind – so wäre eine solche Vereinbarung nach hier vertretener Auffassung nicht als „Sorgerechtsvereinbarung" zu qualifizieren. Stattdessen wäre darin je nach den Umständen etwa eine Miteigentümervereinbarung betreffend die Ausübung des gemeinsamen Eigentums (ggf. unter gleichzeitiger Einräumung des Miteigentums) oder, wenn einer der Beteiligten Alleineigentümer bleibt und der andere lediglich Besitzrechte erhält, ein Leih- oder Besitzüberlassungsvertrag zu sehen. Wo Nebenregelungen, beispielsweise zur gemeinsamen Tragung der Tierarztkosten enthalten sind, wären diese entsprechend unter die allgemeinen Rechtsinstitute zu subsumieren; im Beispiel der gemeinsamen Tragung der Tierarztkosten entspräche die Regelung einer anteiligen Schuldübernahme.

Wer de lege ferenda aufgrund von den Tieren einzuräumenden Eigenrechten mit Sorgerechtsverhältnissen arbeiten will, muss sich entgegen halten lassen, dass dies einen weiteren dogmatischen Bruch darstellt, der durch die Schaffung

---

382 Gleiches gilt aufgrund entsprechender Begründung auch für die der elterlichen Sorge ähnelnden Rechtsverhältnisse der Vormundschaft gem. §§ 1773 ff. BGB und der Betreuung gem. §§ 1814 ff. BGB.

383 Vgl. Kapitel 4-A-IV-2.

entsprechender gesetzlicher Regelungen zwar (nach hier vertretener Auffassung) möglich, aber nicht notwendig ist. Insbesondere wenn man mit hiesiger Auffassung davon ausgeht, dass sich Sorgerechts- und Eigentumsverhältnisse gegenseitig ausschließen, führt die Idee der Schaffung eines Sorgerechtsverhältnisses für Tiere zur bekannten Kritik zurück, dass die moderne Industriegesellschaft auf die Eigentumsfähigkeit von Tieren angewiesen ist. Es existieren alternative Vorschläge, die ohne Sorgerechtsverhältnis auskommen.[384]

### *2. „Umgangsrecht" mit dem Heimtier*

Weiter stellt sich die Frage, inwieweit ein „Umgangsrecht" mit Heimtieren in Betracht kommen könnte. Ausdrückliche Normierungen hierzu existieren nicht. Daher gilt es, zu überprüfen, ob analogiefähige Umgangsrechtsnormen bestehen oder sich ein Anspruch auf „Umgang" aus einer bestehenden, auf Heimtiere analog anwendbaren sonstigen Norm herleiten lässt.

Bevor hierauf eingegangen wird, gilt festzustellen, dass es Ehegatten bzw. nichtehelichen Lebensgefährten kraft ihrer jeweiligen Privatautonomie freisteht, im Rahmen einer gütlichen Einigung, z. B. im Rahmen einer Scheidungsfolgen- bzw. Trennungsvereinbarung ein „Umgangsrecht" betreffend das Heimtier zu statuieren.[385]

#### *a) Gesetzliche Umgangsrechte – Ziel und Zweck*

Die in §§ 1684 ff. BGB enthaltenen Umgangsrechtsregelungen betreffend Kinder wurden durch das Gesetz zur Reform des Kindschaftsrechts vom 16.12.1997 begründet und seither nur geringfügig geändert. Ziel des Kindschaftsrechtsreformgesetzes war es, die Rechte der Kinder zu verbessern und das Kindeswohl[386] auf bestmögliche Art und Weise zu fördern.[387] Die weiteren Ziele, wie die Stärkung und der Schutz der Rechtspositionen der Eltern, wurden dabei alle dem obersten Prinzip des Kindeswohls untergeordnet.[388] Dieses sog. „Kindeswohlprinzip" hat der Gesetzgeber in § 1697 a (heute Abs. 1) BGB nochmals zum Ausdruck gebracht. Im Einzelnen werden mit den Umgangsrechten verschiedene, das Kindeswohl ausgestaltende Zwecke verfolgt, z. B. die verwandtschaftlichen Beziehungen des Kinds aufrechtzuerhalten, der Entfremdung vorzubeugen, dem

384 Vgl. Kapitel 3-B-II und die eigene Idee unter Kapitel 6-C.
385 So auch OLG Hamm, NJW-RR 2011, 583 (584). Vgl. auch Kapitel 4-A-IV.
386 Zum Begriff des Kindeswohls vgl. oben Kapitel 2-B-I-2-a.
387 Vgl. BT-Drucks. 13/4899, S. 1; BR-Drucks. 180/96, S. 1.
388 Vgl. ebd.

gegenseitigen Liebesbedürfnis Rechnung zu tragen, die Erziehung des Kinds durch Mitsozialisation zu fördern etc.[389]

### *b) § 1684 Abs. 1 BGB*

Das in § 1684 Abs. 1 BGB geregelte Umgangsrecht der Eltern mit dem (eigenen) Kind ist insofern ein „stärkeres", als im Gegenzug zum Umgangsrecht auch eine Umgangspflicht der Eltern mit dem Kind besteht und, als der Gesetzgeber die Grundentscheidung trifft, dass im Regelfall zum Kindeswohl der Umgang mit beiden Elternteilen gehört, vgl. § 1626 Abs. 3 S. 1 BGB. Der demnach bestehende Anspruch der Elternteile soll nur im Einzelfall eingeschränkt oder ausgeschlossen werden, wenn das Kindeswohl dies erfordert, vgl. § 1684 Abs. 1, 3 BGB. Die Grundentscheidung ist damit unabhängig davon, ob das Kind bereits (sozial-familiäre und/oder sozial-emotionale) Bindungen zum Anspruchsinhaber entwickelt hat. Im Rahmen der entsprechenden richterlichen Ermessensentscheidung betreffend etwaige Einschränkungen des Umgangs können solche Erwägungen jedoch von (erheblicher) Bedeutung sein.[390]

### *c) § 1685 BGB*

Dem Umgangsrecht der in § 1685 Abs. 1 und 2 BGB genannten Personen steht keine spiegelbildliche Umgangspflicht gegenüber. Weiter unterscheidet sich das Umgangsrecht nach § 1685 BGB von dem Elternumgangsrecht nach § 1684 BGB dadurch, dass es anspruchsbegründend voraussetzt, dass der Umgang dem Kindeswohl positiv dient. Diese Hürde wird jedoch durch das Zusammenspiel mit § 1626 Abs. 3 S. 2 BGB relativiert, der die Regelvermutung aufstellt, dass es dem Kindeswohl dienlich ist, wenn bestehende, für die Entwicklung des Kindes förderliche Bindungen aufrechterhalten werden. Demnach ist auch für den Umgang mit den Großeltern, Geschwistern etc. zu vermuten, dass er jeweils dem Kindeswohl dient, sofern das Kind in der Vergangenheit bereits tatsächlich Bindungen zu diesen Personen aufbauen konnte.[391]

---

389 Z.T. ständige Rechtsprechung des BGH, vgl. FamRZ 2017, 532 (535) m.w.N.; NJW 1969, 422 (422 f.) und des BVerfG, vgl. BVerfG, FamRZ 2015, 1093 (1094) m.w.N; *Gernhuber/Coester-Waltjen*, § 67 Rn 6; *Muscheler*, Familienrecht, § 37 Rn 640; Grüneberg/*Götz*, § 1684 Rn 1; *Rauscher*, § 34 Rn 1100.

390 Vgl. BT-Drucks. 13/4899, S. 105; BR-Drucks. 180/96, S. 115.

391 OLG Hamm, FamRZ 2003, 953 (953 f.), BGH, FamRZ 2017, 1668 (1670) *Rauscher*, § 34 Rn 1121; Soergel/Siebert/*Gietl*, § 1685 Rn 16; *Wellenhofer*, Familienrecht, § 34 Rn 15.

*d) § 1666 BGB*

Die Auffangnorm des § 1666 BGB ermächtigt das Familiengericht in Konkretisierung des staatlichen Wächteramtes aus Art. 6 Abs. 2 GG zu den Maßnahmen, die notwendig sind, um eine Kindeswohlgefährdung abzuwenden.[392] Eine solche Maßnahme kann im Einzelfall auch die Veranlassung eines Umgangskontakts mit einer Person sein, welche selbst keinen Anspruch auf Umgang nach §§ 1684, 1685 BGB hat.[393]

*e) Möglichkeit der Übertragung auf Umgang mit Tieren*

Rein tatsächlich ist eine Umgangsregelung mit Heimtieren denkbar. Bei Tieren kommt aufgrund deren eingeschränkter kognitiver Fähigkeiten ein Umgangsrecht nur in Form von persönlichem Kontakt in Betracht.[394] In der Sache ist – jedenfalls de lege lata – ein solches „Umgangsrecht" mit einem Heimtier als Anspruch auf die (zeitweise) Überlassung des Besitzes zu werten. Denkbar wäre etwa eine Besitzregelung in Form des Rechts, mit dem Heimtier ein bis zweimal pro Woche für eine Dauer von jeweils bis zu zwei Stunden, z. B. Gassi zu gehen oder auszureiten. Diese konkreten Gestaltungen würden auch nur einen relativ geringen Eingriff in die Eigentumsrechte des jeweiligen Eigentümers darstellen, da ihm lediglich sein aus Art. 14 Abs. 1 GG folgendes und durch § 903 S. 1 BGB genauer definiertes tatsächliches Nutzungsrecht für begrenzte Zeit entzogen und einem anderen zugewiesen würde. Eingriffsintensiver und damit problematischer wären Fälle, in denen ein Umgang mit dem Heimtier nicht außerhalb der Wohnung des Eigentümers und/oder nicht ohne die zeitgleiche Anwesenheit des Eigentümers möglich wäre. Dann nämlich müsste der Heimtiereigentümer weitere und intensivere Eingriffe in seine Rechte dulden, um das Umgangsrecht eines anderen zu ermöglichen, was im Rahmen einer Ermessensentscheidung in jedem Fall zu berücksichtigen wäre. Fraglich ist jedoch, ob sich ein Anspruch auf Umgang aus dem derzeitigen Recht überhaupt ergibt.

*f) §§ 1684 f., 1666 BGB analog*

Die §§ 1684 f., 1666 BGB sind nur dann analogiefähig, wenn (zunächst) eine planwidrige Regelungslücke vorliegt, die durch die analoge Anwendung geschlossen werden soll. Bezüglich eines möglichen Umgangsrechts mit Heimtieren stellt

392 Hauß/Schulz/*Schmid*, Familienrecht, § 1666 Rn 1; *Schlüter*, § 25 Rn 400.

393 Erman/*Döll*, § 1685 Rn 1; Hauß/Schulz/*Schmid*, Familienrecht, § 1685 Rn 1; MüKoBGB/*Hennemann*, § 1685 Rn 5; *Rauscher*, § 34 Rn 1119.

394 Siehe auch Kapitel 4-A-IV-2-e.

sich die Situation jedoch, soweit ersichtlich, so dar, dass der Gesetzgeber dieses bisher bewusst nicht geregelt hat, weil er es nicht regeln wollte. Das Normregime zum Kindeswohl wurde bewusst geschaffen, um eben dieses zu fördern. Ein „Gesetz zur Stärkung des Tierwohls" oder dergleichen war bisher nicht Teil eines hinreichend ernsthaften politischen Diskurses in der Legislative. Das *OLG Bamberg* meint hierzu, dass eine dennoch gezogene Analogie unzulässige richterliche Rechtsfortbildung sei.[395]

### *g) §§ 1361 a, 1568 b BGB analog*

Die §§ 1361 a, 1568 b BGB zielen darauf ab, die Verteilung der Haushaltsgegenstände bei Trennung (vorläufig bis zur Scheidung) bzw. bei Scheidung (endgültig) zu regeln, wobei eine dauerhafte Zuteilung zur alleinigen, den anderen vollumfänglich ausschließenden Nutzung angestrebt ist.[396] Mit diesem Normzweck ist es unvereinbar, ein Umgangsrecht aus den genannten Vorschriften herzuleiten.[397]

Soweit das OLG Stuttgart[398] in diesem Zusammenhang weiter den § 100 BGB als mögliche Anspruchsgrundlage (des Eigentümers?) auf ein Umgangsrecht ins Spiel bringt (nur, um diese sogleich wieder auszuschließen), kann bereits die Prüfung einer möglichen Analogie diesseits nicht nachvollzogen werden. Jedenfalls dann, wenn Ehegatten sich um ein Umgangsrecht streiten, muss § 1568 b BGB mit dem Ziel der Zuweisung von Alleineigentum vorrangig verdrängend sein, da dessen Telos ansonsten umgangen werden könnte.

---

395 OLG Bamberg, MDR 2004, 37. Im Ergebnis so auch Erman/*Döll*, § 1684 Rn 6 d; OLG Hamm, NJW-RR 2011, 583; OLG Schleswig, NJW 1998, 3127, wobei die Entscheidung des OLG Schleswig zur mittlerweile außer Kraft getretenen Hausratsverordnung erging.

396 Siehe Kapitel 4-A-II-1-a und Kapitel 4-A-III-2-b.

397 So auch OLG Hamm, NJW-RR 2011, 583 zu § 1361 a BGB; OLG Stuttgart, NZFam 2019, 540 (542) zu § 1568 b BGB; Scholz/Stein/Kleffmann/*Grandke*, Teil D Rn 81; *Seier*, FuR 2020, 458 (462). Offener, wenngleich scheinbar selbst noch nicht ganz überzeugt: *Hoppenz*, der meint, die bloß analoge Anwendung des § 1361 a BGB über § 90 a S. 3 BGB rechtfertige eine Mitbenutzungsregelung beider Ehegatten, vgl. FamFR 2011, 20; unterstützend: *Hauß/Schulz*, Vermögensauseinandersetzung, 5. Kapitel Rn 188 f. A.A. wenngleich nicht zu Heimtieren, sondern zu einem Personenkraftwagen, dort Mitbenutzungsregelung: AG Detmold, NJW-RR 2006, 6.

398 OLG Stuttgart, NZFam 2019, 540 (542).

### *h) § 1353 BGB*

Aus § 1353 Abs. 1 BGB folgt – unabhängig vom Güterstand und den Eigentumsverhältnissen – der Anspruch eines jeden Ehegatten auf Mitbesitz an Haushaltsgegenständen bzw. auf Mitbenutzung des Heimtiers, welcher zwar grundsätzlich gem. Abs. 2 durch Trennung erlischt, im Einzelfall jedoch bis zur Scheidung fortbesteht.[399] Voraussetzungen des Fortbestehens sind, dass es sich um ein Heimtier handelt, das analog § 1361 a BGB als Haushaltsgegenstand zu qualifizieren ist, und dass die Beteiligten sich nicht bereits einvernehmlich auf die Überlassung an einen Ehegatten geeinigt oder eine Entscheidung nach § 1361 a BGB herbeigeführt haben.[400]

Faktisch lässt sich eine Mitbenutzung nach § 1353 BGB bei räumlicher Trennung der Ehegatten nur durch eine Benutzungsregelung, also eine Art „Umgangsrecht" bzw. „Wechselmodell" umsetzen. Jedenfalls bei solchen Heimtieren, deren Wohl beeinträchtigt wird, wenn soziales Umfeld und gewohnte Umgebung wechseln, erscheint ein „Wechselmodell", in dem Sinne, dass das Heimtier zwei Wochen bei einem Ehegatten und zwei Wochen beim anderen Ehegatten ist (selbst dort, wo es rein tatsächlich umsetzbar ist) jedoch im Hinblick auf das Tierwohl bedenklich.[401]

Die Möglichkeit eines „Umgangsrechts" nach § 1353 BGB hat, soweit ersichtlich, bisher weder im Schrifttum noch in der Rechtsprechung jemals Berücksichtigung gefunden. Als Grund ist der fehlende faktische Nutzen des Anspruchs zu vermuten. Wenn nämlich die Ehegatten sich über die (Ausgestaltung der) Mitbenutzung einig sind, ist ein Rückgriff auf den Anspruch nicht nötig, erst recht nicht unter Anrufung eines Gerichts. Sind die Ehegatten uneins, so kann zwar ein Ehegatte den Anspruch aus § 1353 BGB betreffend das Heimtier (gerichtlich) geltend machen; der andere Ehegatte wird hierauf sodann jedoch mit einem gegenläufigen Antrag nach § 1361 a BGB reagieren. Die Entscheidung nach

---

399 Vgl. BGH, NJW 1979, 976 (977); OLG Celle, NJW 2022, 2855; OLG Hamm, FamRZ 1991, 81; MüKoBGB/*Roth*, § 1353 Rn 35; Scholz/Stein/Kleffmann/*Grandke*, Teil D Rn 65; Staudinger/*Voppel*, § 1353 Rn 80; jeweils m.w.N. Zum Ende des „ehelichen Mitbesitzrechts" an anderen Gegenständen als Ehewohnung und Haushaltsgegenständen bei Trennung vgl. Fußnote 257.

400 OLG Celle, NJW 2022, 2855; OLG Hamm, FamRZ 1991, 81; MüKoBGB/Roth, § 1353 Rn 35; Scholz/Stein/Kleffmann/*Grandke*, Teil D Rn 65.

401 Vgl. hierzu auch die Aussage des tiermedizinischen Sachverständigen zitiert im Beschluss des AG Bad Mergentheim, NJW 1997, 3033. Zur Beeinträchtigung des Tierwohls mancher Heimtierarten durch Wechsel der Bezugspersonen und gewohnten Umgebung vgl. Kapitel 2-B-I-2.

§ 1361 a BGB führt sodann auch in den Fällen, in denen dieses nicht bereits durch Trennung erloschen ist zum Entfallen des Mitbesitzrechts aus § 1353 BGB,[402] und stellt so die (bis zur Scheidung geltende) „Endentscheidung" dar.

### i) §§ 742 ff. BGB

Da die §§ 1361 a, 1568 b BGB nur für Ehegatten und nicht auch für nichteheliche Lebensgefährten gelten,[403] entfällt bei nichtehelichen Lebensgemeinschaften die Möglichkeit, das gemeinsame Eigentum am Heimtier durch gerichtliche Zuweisung nach diesen Normen zu beenden. Demnach wird bei getrennten nichtehelichen Lebensgefährten häufiger (noch) Miteigentum nach Bruchteilen bestehen als bei Ehegatten nach Scheidung. In dieser Situation der fortdauernden Eigentümergemeinschaft am Heimtier finden gem. § 741 BGB die §§ 742 ff. BGB analog Anwendung.[404] Das gilt auch dann, wenn ausnahmsweise zwischen geschiedenen Ehegatten noch eine Miteigentümergemeinschaft besteht, weil das Miteigentum am Heimtier anlässlich der Scheidung nicht aufgehoben wurde bzw. das Tier anlässlich der Scheidung keinem der Ehegatten zu Alleineigentum zugesprochen worden ist.[405]

---

402 Johannsen/Henrich/Althammer/*Kohlenberg*, § 1353 Rn 4; MüKoBGB/*Roth*, § 1353 Rn 35; Viefhues/*Seier*, § 1361 a Rn 79.

403 Vgl. Kapitel 4-A-I-3 und MüKoBGB/*Wellenhofer*, § 1568 b Rn 3 m.w.N.

404 LG Duisburg, BeckRS 2011, 20635.

405 Die §§ 743 ff. BGB sind dabei nur hinsichtlich der zwangsweisen Aufhebung der Gemeinschaft (und nur soweit es sich bei der im Miteigentum stehenden Sache um einen Haushaltsgegenstand i.S.d. § 1568 b BGB handelt) subsidiär zu § 1568 b BGB (vgl. Scholz/Stein/Kleffmann/*Grandke*, Teil D Rn 64), nicht aber auch hinsichtlich des Anspruchs auf Regelung des Miteigentums nach §§ 743 Abs. 2, 745 Abs. 2 BGB, da hier divergierende Zielrichtungen vorliegen, nämlich Regelung des weiterhin bestehenden Miteigentums im Gegensatz zum Ziel des § 1568 b BGB, welches in der Aufhebung der Gemeinschaft durch Zuweisung von Alleineigentum besteht (unrichtig daher Viefhues/*Breidenstein*, § 1568 b Rn 10, zudem mit Falschzitat). In zeitlicher Hinsicht ist zu beachten, dass der Anspruch nach §§ 743 Abs. 2, 745 Abs. 2 BGB erst nach Scheidung geltend gemacht werden kann, da § 1361 a BGB solange die Ehegatten in Trennung leben die §§ 743 ff. BGB verdrängt, da § 1361 a BGB hier aufgrund der deckungsgleichen Zielrichtung im Rahmen seines Anspruchsumfanges (also soweit es sich um Haushaltsgegenstände handelt) lex specialis ist, vgl. auch OLG Hamm, NJW-RR 2011, 583; MüKoBGB/*Schmidt*, § 745 Rn 34.

### *aa) Benutzungsrecht*

Gem. §§ 743 Abs. 2, 745 Abs. 2 BGB analog ist jeder Miteigentümer zur Benutzung berechtigt, soweit hierdurch dem Maß nach der Mitgebrauch der übrigen Teilnehmer nicht beeinträchtigt wird und die Benutzung der Art nach auch der beschlossenen Nutzungsart entspricht. Soweit die Benutzungsart nicht geregelt ist, kann jeder Miteigentümer eine Regelung verlangen, die die Nutzung entsprechend dem Interesse aller Teilhaber nach billigem Ermessen, bei Ehegatten unter Berücksichtigung von § 1353 BGB,[406] regelt.

Konkret bezogen auf Heimtiere könnte eine solche Regelung etwa wie folgt aussehen: Ein Hund wird dergestalt zwischen den Miteigentümern geteilt, dass jede Partei ihn pro Monat zwei Wochen zur Verfügung hat, wobei die Transportkosten jeweils hälftig geteilt werden.[407] Der Hund lebt zwar fest bei einem der Miteigentümer und wird von diesem versorgt, der andere Partner darf und muss das Tier aber jeweils am ersten und dritten Wochenende im Monat in der Zeit von Samstag 08:00 Uhr bis Sonntag 20:00 Uhr zu sich nehmen, und die in dieser Zeit anfallenden Fütterungskosten sowie die Transportkosten selbst tragen; die Tierarztkosten werden dabei unabhängig vom Zeitpunkt des Anfalls jeweils hälftig von beiden Partnern getragen. Ein Pferd darf immer dienstags und samstags von einem Partner für jeweils vier Stunden genutzt werden, wobei dieser Partner sich an den Gesamt-Tierhaltungskosten zu 40 % beteiligen muss. Es ist anzumerken, dass, soweit die Miteigentümer sich einvernehmlich auf eine Benutzungsart und ggf. auf eine konkrete Benutzungsregelung einigen, diese große Gestaltungsfreiheit genießen. Aspekte des Tierwohls haben sie nur insoweit zu berücksichtigen, als die gefundene Regelung nicht gegen das TierSchG und ggf. die TierSchHuV verstoßen darf.[408]

### *bb) Gerichtliche Durchsetzung*

Können sich die Miteigentümer nicht einvernehmlich bzw. durch Mehrheitsbeschluss einigen, so kann ein jeder Teilhaber gem. § 745 Abs. 2 BGB „*eine dem Interesse aller Teilhaber nach billigem Ermessen entsprechende Verwaltung und Benutzung verlangen*“. Dabei muss er dem angerufenen Gericht einen konkreten Vorschlag unterbreiten, der inhaltlich so auch von den Teilhabern beschlossen werden könnte, der keine wesentliche Veränderung des Gegenstandes darstellt

---

406 OLG Hamm, NZG 2002, 864 (865 f.); MüKoBGB/*Schmidt*, § 745 Rn 34.

407 So LG Duisburg, BeckRS 2011, 20635. Wobei dies nach hier vertretener Auffassung tierwohlrechtlich mindestens bedenklich ist, vgl. Kapitel 2-B-I-2.

408 Vgl. Kapitel 4-A-IV-2.

und der nach billigem Ermessen dem Interesse sämtlicher Teilhaber entspricht.[409] Das Gericht prüft lediglich, ob der zur Entscheidung gebrachte Vorschlag diese Kriterien erfüllt; es prüft nicht eine Billigkeit im Allgemeinen und kann die eingereichte Regelung auch nicht durch eine alternative ersetzen.[410]

*cc) § 745 Abs. 2 BGB analog*

Die analoge Anwendung von § 745 Abs. 2 BGB auf Heimtiere erscheint problematisch. Bei unveränderter analoger Anwendung bliebe nämlich kein Spielraum, Gesichtspunkte des Tierwohls auch nur irgendwie zu berücksichtigen, da die Norm ausdrücklich und ausschließlich auf die Interessen der Teilhaber abstellt. Wenn man nun unter Berücksichtigung des § 90 a S. 3 BGB eine analoge Anwendung dergestalt durchführen würde, dass zusätzliche Voraussetzung der Billigkeit sei, dass die Regelung tierwohlrechtlich unbedenklich ist, dürfte dies in der Regel mit der Vorgabe des § 745 Abs. 3 S. 2 BGB unvereinbar sein. Die danach geforderte Aufrechterhaltung bruchteilsentsprechenden Nutzungen lässt sich bei einem Heimtier nur über den Bruchteilen entsprechende „Besitzzeit" verwirklichen. Dies hieße, eine Art „Wechselmodell" zu etablieren, das jedoch bei Heimtieren, die wie Hunde und Katzen häufig besonders auf das „Herrchen" und die gewohnte Umgebung fixiert sind, tierwohlrechtlich mindestens bedenklich ist.[411] Trotz der Tatsachen, dass manche Heimtiere durch den Verlust einer Bezugsperson emotionale Beeinträchtigungen (temporär) erdulden müssen, entspricht es im Vergleich zu einem „Wechselmodell" in der Regel dem Tierwohl eher, das Band zu einer der Bezugspersonen unter (dauerhafter) Kappung der Verbindung zu den anderen zu stärken, da Heimtiere hierdurch (jedenfalls soweit dies aus veterinärmedizinischer und tierpsychologischer Laiensicht beurteilt werden kann) sozial-emotional vergleichsweise weniger beeinträchtigt sind. Eine Regelung, nach der ein Teilhaber das Heimtier „für sich" hat, und die anderen es entweder überhaupt nicht oder nur stundenweise nutzen dürfen, beeinträchtigte demnach zwar nicht das Tierwohl, widerstünde aber der Vorgabe des § 745 Abs. 3 S. 2 BGB.[412]

---

409 Beckmann/Junker/Rüßmann/*Gregor*, § 745 Rn 6; MüKoBGB/*Schmidt*, § 745 Rn 37; Staudinger/*Eickelberg*, § 745 Rn 50 ff.

410 Beckmann/Junker/Rüßmann/*Gregor*, § 745 Rn 8; Erman/*Aderhold*, § 745 Rn 7; Hau/Poseck/*Gehrlein*, § 745 Rn 10; MüKoBGB/*Schmidt*, § 745 Rn 38 f.

411 Vgl. Kapitel 4-A-IV-2-h und Kapitel 2-B-I-2. A.A. LG Duisburg, BeckRS 2011, 20635.

412 Zur Unbedenklichkeit eines stundenweisen Zusammenseins mit früheren Bezugspersonen vgl. die Aussage des tiermedizinischen Sachverständigen zitiert im Beschluss des AG Bad Mergentheim, NJW 1997, 3033.

Mithin kann eine analoge Anwendung von § 745 Abs. 2 BGB auf Heimtiere nur dort erfolgen, wo ausnahmsweise eine Benutzungsregelung sowohl mit dem Tierwohl, als auch mit § 745 Abs. 3 S. 2 BGB vereinbar ist. In der Regel wird die sich über § 90 a S. 3 BGB ergebende zwingende Berücksichtigung des Tierwohls jedoch zu einer Unanwendbarkeit des § 745 Abs. 2 BGB führen. In den Fällen, in denen eine einvernehmliche Lösung der Teilhaber bezüglich der gemeinsamen Nutzung nicht zustande kommt, verbleibt daher lediglich die Möglichkeit der (einvernehmlichen oder hilfsweise auch zwangsweisen) Auseinandersetzung der Gemeinschaft.[413]

### *j) AG Bad Mergentheim, NJW 1997, 3033*

Das AG Bad Mergentheim hat in einer solitären, viel zitierten Entscheidung ein Umgangsrecht bzgl. eines Hunds aus §§ 1, 2 HausratsVO i.V.m. § 90 a BGB hergeleitet.[414] Der Entscheidung lag der Streit zweier geschiedener Ehegatten um die Zuweisung eines Hunds zugrunde. Der 10-jährige Hund war in der Ehe gemeinsam angeschafft worden und nach der Trennung mit zwei weiteren nicht streitgegenständlichen Hunden bei der Antragsgegnerin verblieben.

Nach der damals noch geltenden Hausratsverordnung war es gem. dessen § 1 Abs. 1 Aufgabe des Richters (sic!), bei Uneinigkeit der Ehegatten die Rechtsverhältnisse am Hausrat zu regeln, wobei der Richter gem. § 2 HausratsVO nach billigem Ermessen unter Berücksichtigung aller Einzelfallumstände zu entscheiden hatte. In diese Ermessenserwägungen hat das AG Bad Mergentheim unter Berufung auf § 90 a BGB, welchem zufolge nicht ohne Rücksicht auf das Wesen und die Gefühle der Tiere entschieden werden dürfe, die tierpsychologischen Umstände des Einzelfalls miteinbezogen. Danach sei dem streitgegenständlichen Hund *„ein ständiger Ortswechsel [zwar] nicht zuzumuten"*, aber ein *„stundenweises Zusammensein"* dieses Hunds mit der Gegenpartei sei *„bedenkenfrei möglich"* und weiter sogar positiv *„geeignet, das weitere Wohlbefinden des Hundes zu fördern"*.

Zuzustimmen ist dem AG Bad Mergentheim dahingehend, dass die Anwendung der Hausratsverordnung auf Heimtiere wegen § 90 a S. 3 BGB nicht dazu führen durfte, dass ein dem Tierwohl zuwiderlaufendes Ergebnis gefunden wurde. Zweifelhaft ist indes, ob der getroffenen Entscheidung nicht § 8 Abs. 1 HausratsVO entgegenstand, nach dem der Richter die im Miteigentum der Ehegatten stehenden Haushaltsgegenstände gerecht und zweckmäßig

---

413 Vgl. hierzu Kapitel 4-A-I-4.
414 Vgl. AG Bad Mergentheim, NJW 1997, 3033 (3033 f.).

*verteilen* sollte. Dabei meint(e) „verteilen“ nicht nur in seinem umgangssprachlichen Sinn, sondern auch i.S.d. § 8 HausratsVO eine dauerhafte, endgültige Aufteilung der zuvor im Miteigentum stehenden Gegenstände, die danach sodann im Alleineigentum des „Empfängers“ stehen.[415] Das in der Entscheidung statuierte Umgangsrecht verhinderte zwar nicht, dass der Empfänger durch die Verteilung Alleineigentum erlangte; es beschränkte dieses Eigentum jedoch durch die zeitweise Entziehung des Nutzungsrechts. Das AG Bad Mergentheim sah dies wiederum aufgrund des § 90 a BGB als gerechtfertigt an, da § 8 HausratsVO im Lichte des § 90 a BGB zu interpretieren gewesen sei. Dem kann nicht gefolgt werden,[416] da es nach hier vertretener Ansicht mit dem Tierwohl sehr wohl vereinbar ist, die Menge der Bezugspersonen (dauerhaft) zu verkleinern. Die damit einhergehende Beeinträchtigung des Tierwohls erscheint in Abwägung zur Beeinträchtigung des Eigentümers in der vom AG Bad Mergentheim getroffenen Regelung sogar als weniger relevant, wobei es hierauf nach derzeitiger Rechtslage nicht (mehr) ankommt.

## V. Unterhalt für das Heimtier

Nicht nur um Eigentum und Besitz am Heimtier streiten sich Paare, wenn die Beziehung zerbricht. Oft wird auch intensiv darum gefochten, wer die Tierhaltungskosten zu tragen hat. Ziel der Ausarbeitung dieses Unterabschnitts ist es, zu eruieren, in welchen Konstellationen über einen Unterhaltsanspruch die Kosten der Heimtieranschaffung bzw. -haltung (anteilig) ersetzt verlangt werden können. Den möglichen Unterhaltsansprüchen ist dabei gemein, dass bei Eingreifen einer Anspruchsgrundlage sodann die entscheidenden Umstände die des Bedarfs, der Bedürftigkeit, sowie der Leistungsfähigkeit sind.

### *1. Ehegattenunterhalt*

Beim Ehegattenunterhalt sind zu unterscheiden: der Familienunterhalt gem. §§ 1360, 1360 a BGB, der Trennungsunterhalt gem. § 1361 Abs. 1 BGB, und der nacheheliche Unterhalt gem. §§ 1569 ff. BGB. Es ist zu untersuchen, ob die

---

415 Dies ist im neuen § 1568 b Abs. 1 BGB rechtssprachlich eindeutiger herausgearbeitet; war jedoch auch zuvor im Rahmen des § 8 HausratsVO nicht anders. Vgl. BT-Drucks. 16/10798, S. 23, wonach der Gesetzgeber mit § 1568 b BGB die zuvor in § 8 HausratsVO statuierten Regelungen beibehalten wollte.

416 A.A. *Wellenhofer*, nach der die alte Rechtslage ein „Umgangsrecht“ zuließ, vgl. MüKoBGB/*Wellenhofer*, § 1568 b Rn 19; gleichsam *Gängel*, NJ 2020, 107 (111).

Kosten der Heimtieranschaffung bzw. -haltung im Wege dieser Unterhaltsansprüche (teilweise) geltend gemacht werden können.

### *a) Familienunterhalt*

Der sich aus §§ 1360, 1360 a BGB ergebende Anspruch auf Familienunterhalt ist dem Grunde nach wechselseitig ausgestaltet.[417] Eine Besonderheit dieses Unterhaltsanspruchs besteht darin, dass der Unterhalt gem. § 1360 a Abs. 2 S. 1 BGB seiner Art nach nicht zwangsläufig in Geld zu erbringen ist; er wird in der Hauptsache sogar überwiegend durch Naturalleistungen erbracht.[418]

Weiter ist in Divergenz zu anderen Unterhaltstatbeständen nicht auf den (alleinigen) Bedarf des Anspruchsinhabers, sondern auf den gesamten Lebensbedarf der (Kern-)Familie abzustellen.[419] Zum Lebensbedarf der Familie gehören u.a. auch der Betreuungsaufwand wegen einer dauerhaften Gesundheitsschädigung[420] und nach h.M. auch Ausgaben zur Ausübung eines Hobbys oder Liebhaberei[421]. Grundsätzlich sind demnach die Kosten, die im Zusammenhang mit der Heimtierhaltung und -anschaffung entstehen, als zum Bedarf gehörig im Rahmen des Familienunterhalts berücksichtigungsfähig – gleich, ob es sich um ein Heimtier handelt, das aus rein affektiven Interessen gehalten wird oder ob es (zugleich) dem persönlichen Gebrauch (nur) eines (unter einer Behinderung leidenden) Ehegatten dient.

Dem Maß nach umfasst der Familienunterhalt ausweislich des Wortlauts des § 1360 a Abs. 1 BGB den „angemessenen" Bedarf. Was angemessen ist, bestimmt sich nach den familiären (insbesondere Vermögens-)Verhältnissen, die nach h.M. unter Zugrundelegung eines objektiven Maßstabs (bezugnehmend auf eine entsprechend situierte „Standardfamilie", die weder besonders sparsam noch

---

417 BGH, FamRZ 2016, 1142 (1142 f.); OLG Celle, FamRZ 2016, 824 (825); Born/Heiß/*Kohlenberg*, 11. Kapitel Rn 2; Dose/*Bömelburg*, § 3 Rn 2; Soergel/Siebert/*Leiß*, § 1360 Rn 4.

418 OLG Hamm, BeckRS 2020, 48424; OLG Karlsruhe, BeckRS 2014, 1474; Born/Heiß/*Kohlenberg*, 11. Kapitel Rn 1, 3; Soergel/Siebert/*Leiß*, § 1360 Rn 6, 20, 30 ff. und § 1360 a Rn 34 ff.

419 Born/Heiß/*Kohlenberg*, 11. Kapitel Rn 9; Dose/*Bömelburg*, § 3 Rn 25; MüKoBGB/*Weber-Monecke*, § 1360 a Rn 2; Soergel/Siebert/*Leiß*, § 1360 a Rn 3; Staudinger/*Voppel*, § 1360 a Rn 2.

420 BSG, BeckRS 2022, 11586; MüKoBGB/*Weber-Monecke*, § 1360 a Rn 5; Soergel/Siebert/*Leiß*, § 1360 a Rn 8.

421 MüKoBGB, a.a.O.; Soergel/Siebert/*Leiß*, § 1360 a Rn 11 m.w.N.; Staudinger/*Voppel*, § 1360 a Rn 13.

besonders aufwendig lebt) zu würdigen sind.[422] Mithin ist am Ende der Einzelfall entscheidend: Je nachdem kann bereits der „klassische" Familienhund wegen besonders prekärer Verhältnisse das angemessene Unterhaltsmaß übersteigen oder es kann bei besonders großzügigen Verhältnissen sogar die als relativ kostspielig zu beurteilende (Anschaffung und) Haltung eines Reitpferds noch als angemessen zu beurteilen sein.[423]

### *b) Trennungsunterhalt*

Ab dem Zeitpunkt des Getrenntlebens hat der bedürftige (also der nicht bzw. schlechter verdienende) Ehegatte gegen den (besserverdienenden) leistungsfähigen Ehegatten, unabhängig vom Güterstand,[424] unter den Voraussetzungen des § 1361 Abs. 1 BGB einen Anspruch auf Trennungsunterhalt in Geld.

#### *aa) Regelbedarf*

Der Trennungsunterhalt ist vom Gedanken geprägt, dass die eheliche Solidargemeinschaft fortbesteht und sich die Ehegatten evtl. wieder versöhnen, weswegen die ehelichen Lebensverhältnisse, zumindest ihres finanziellen Einflusses nach, zunächst beibehalten werden sollen.[425] Demnach bestimmt sich der Bedarf, wie im Rahmen des § 1360 a BGB, grundsätzlich anhand der objektiv betrachteten (prägenden) ehelichen Lebensverhältnisse.[426] Da die Ehe während der Trennungszeit noch fortbesteht, können sich die ehelichen Lebensverhältnisse in dieser Zeit auch noch ändern. Solche Änderungen sind nur dann nicht zu berücksichtigen, wenn sie auf einem unerwarteten, vom Normalverlauf

---

422 OLG Brandenburg, BeckRS 2022, 13005; OLG Braunschweig, FamRZ 2014, 481 (482); Erman/*Kroll-Ludwigs,* § 1360 a Rn 6; MüKoBGB/*Weber-Monecke,* § 1360 a Rn 3; Soergel/Siebert/*Leiß,* § 1360 a Rn 26 f.

423 Vgl. z. B. OLG Brandenburg, BeckRS 2022, 13005. Dabei sind (wenn dann) aber nur die Anschaffungskosten und die laufenden Aufwendungen zur Unterhaltung (Futter, Tierarzt etc.) zu berücksichtigen; nicht jedoch ein Stundensatz für die zur Pflege bzw. Versorgung aufgewandte Zeit, vgl. OLG Naumburg, NJW-Spezial 2020, 745.

424 BGH, FamRZ 1990, 851 (852); OLG München BeckRS 1995, 31127602; *Kleffmann*/Soyka, Kapitel 10 Rn 50; Soergel/Siebert/*Leiß,* § 1361 Rn 10 m.w.N.

425 *Born*/Heiß, 10. Kapitel Rn 1; Erman/*Kroll-Ludwigs,* § 1361 Rn 1; Johannsen/Henrich/Althammer/*Hammermann,* § 1361 Rn 1 f., 7.

426 BGH, FamRZ 1988, 256 (258); FamRZ 2020, 918 (919 f.); Mit weiteren Details: *Born*/Heiß, 10. Kapitel Rn 18 ff.; MüKoBGB/*Weber-Monecke,* § 1361 Rn 6 ff.; Staudinger/*Voppel,* § 1361 Rn 20 ff. In der Praxis wenden die Gerichte dabei zumeist speziell hierfür entwickelte Leitlinien und Tabellen an, vgl. *Höger,* S. 25.

erheblich abweichenden Umstand beruhen oder gerade trennungsbedingt eingetreten sind, mithin, wenn sie nicht als eheprägend zu beurteilen sind.[427]

Der Bedarf ist einzelfallbezogen zu ermitteln, wobei regelmäßig auf den sog. Halbteilungsgrundsatz abgestellt wird, wonach in der Regel der Bedarf des Anspruchsinhabers der Höhe nach mit 50 Prozent der verfügbaren Eheeinkünfte bzw. 45 Prozent der Differenz zwischen den anrechenbaren Erwerbseinkommen der Ehegatten zu beziffern ist.[428] Dieser quotenmäßig ermittelte Bedarf enthält dann auch den etwaigen Kostenpunkt der Heimtierhaltung.[429]

Abweichend von der quotenmäßigen Bedarfsermittlung ist nach Ermessen des Unterhaltsberechtigten bei sehr guten Einkommensverhältnissen der Bedarf konkret zu ermitteln.[430] Der Berechtigte hat dann den Bedarf nach den ehelichen Lebensverhältnissen konkret vorzutragen.[431] Zu diesen können, äquivalent zur Begriffsbestimmung i.S.d. § 1360 a BGB, auch folgende Ausgaben zählen: Kosten für Hobbys und Liebhabereien,[432] Betreuungskosten bei einer dauerhaften Gesundheitsschädigung,[433] sowie die Kosten einer erforderlichen Heimtierunterbringung.[434] Demnach gilt dann: Wurde die Heimtierhaltung bereits in (oder vor) der Ehe begonnen, sind die Kosten berücksichtigungsfähig. Wurde mit der Heimtierhaltung erst nach der Trennung begonnen, wird sie in der Regel nicht als eheprägend zu bewerten sein und die damit verbundenen Kosten könnten dann nicht als Teil des konkreten Bedarfs vorgetragen werden.

Im Beispiel 2 ist entsprechend der statistischen Häufigkeit nicht davon auszugehen, dass die Ehegatten in sehr guten Einkommensverhältnissen situiert sind.

---

427 BGH, FamRZ 1992, 1045 (1046); FamRZ 1994, 87 (88); OLG Köln, FamRZ 1998, 1431; *Born*/Heiß, 10. Kapitel Rn 19 ff.; Hau/Poseck/*Beutler*, § 1361 Rn 31, 35; Staudinger/*Voppel*, § 1361 Rn 26 ff.

428 BGH, FamRZ 2021, 1965 (1966); OLG Bremen, FamRZ 2015, 1395 (1396); Johannsen/Henrich/Althammer/*Hammermann*, § 1361 Rn 22 f.; *Viefhues*, § 1361 Rn 41 ff., 177 ff. Zum Erwerbstätigenbonus vgl. statt Vieler: Staudinger/*Voppel*, § 1361 Rn 201 m.w.N.

429 OLG Düsseldorf, NJW 1998, 616.

430 BGH, FamRZ 2005, 97 (98); FamRZ 2021, 1965 (1966 f.); OLG Bremen, FamRZ 2015, 1395 (1396).

431 BGH, FamRZ 2021, 1965 (1967); OLG Bremen, FamRZ 2015, 1395 (1396).

432 OLG Düsseldorf, NJW 1998, 616; MüKoBGB/*Weber-Monecke*, § 1361 Rn 6 i.V.m. § 1360 a Rn 5; Staudinger/*Voppel*, § 1361 Rn 20 i.V.m § 1360 a Rn 13.

433 Vgl. zum Gleichlauf der Begriffe: MüKoBGB/*Weber-Monecke*, § 1361 Rn 6; Staudinger/*Voppel*, § 1361 Rn 20, sowie konkret zu den Betreuungskosten bei § 1361 BGB: *Viefhues*, § 1361 Rn 139.

434 OLG Koblenz, FamRZ 2021, 1019 (1020 f.).

Da die Ehegatten sich den Hund während der Ehe gemeinsam angeschafft und sich gemeinsam um ihn gekümmert haben, sind die mit der Haltung des Hunds verbundenen Kosten nach den vorgenannten Grundsätzen im quotenmäßig ermittelten Regelbedarf enthalten.

### *bb) Mehrbedarf*

Unter Mehrbedarf ist allgemein eine Steigerung des laufenden Unterhaltsbedarfs zu verstehen, die sich aus einem Umstand ergibt, der im Rahmen des Regelbedarfs keine Berücksichtigung findet.[435] Da beim Trennungsunterhalt jedoch die Besonderheit besteht, dass der Bedarf sich dynamisch aus den sich ggf. auch ändernden ehelichen Lebensverhältnissen ableitet, sind trennungsneutrale also eheprägende Umstände bereits im Regelbedarf berücksichtigt. Ein Mehrbedarf im vorgenannten Sinne, der über § 1361 BGB (anteilig) auszugleichen wäre, kann sich aber aus trennungsbedingten Umstandsänderungen, wie einer zweiten Haushaltsführung, ergeben.[436] Er muss notwendig sein.[437] Dabei ist auch der „trennungsbedingte" Mehrbedarf in der Regel dann nicht neben dem Regelbedarf erstattungsfähig, wenn der Regelbedarf mittels einer Quote (z. B. im Rahmen des Halbteilungsgrundsatzes) festgelegt wird, da dann die Interessen beider Ehegatten (nicht nur des bedürftigen) miteinbezogen sind, und damit auch das Interesse der Berücksichtigung des (jeweiligen) trennungsbedingten Mehrbedarfs.[438] Selbst wenn im Einzelfall der konkrete Mehrbedarf separat zu berücksichtigen wäre, ist jedoch schwerlich vorstellbar, wie sich ein solcher aus der Heimtierhaltung ergeben sollte. Ist die Heimtierhaltung als eheprägend zu qualifizieren, ist sie über den Regelbedarf „abgegolten".[439] Ist sie es nicht, müsste sie notwendig sein, was weder bei Heimtierhaltung aus affektiven Interessen der Fall ist noch bei Heimtierhaltung mit medizinischem Hintergrund, da die Tiere hier den Betroffenen zwar den Alltag erleichtern (sollen), aber in der Regel Alternativen vorhanden sind.

---

435 Dose/*Bömelburg*, § 1361 Rn 72; *Viefhues*, § 1361 Rn 399 ff.

436 Johannsen/Henrich/Althammer/*Hammermann*, § 1361 Rn 40 f.; Staudinger/*Voppel*, § 1361 Rn 32.

437 Dose/*Bömelburg*, § 1361 Rn 72; *Viefhues*, § 1361 Rn 401.

438 BGH, NJW 2004, 3106 (3107 f.) und NJW 2010, 365 (369); Dose/*Bömelburg*, § 1361 Rn 72; MüKoBGB/*Weber-Monecke*, § 1361 Rn 8; Staudinger/*Voppel*, § 1361 Rn 33 m.w.N.

439 Vgl. zuvor Kapitel 4-A-V-1-b-aa.

### *cc) Sonderbedarf*

Grundsätzlich kann der Unterhaltsgläubiger aber auch über den angemessenen Regelbedarf hinausgehend gem. §§ 1361 Abs. 4 S. 4, 1360 a Abs. 3, 1613 Abs. 2 BGB den sog. Sonderbedarf verlangen. Der Begriff Sonderbedarf wird in § 1613 Abs. 2 Nr. 1 BGB legaldefiniert als der Unterhalt „wegen eines unregelmäßigen außergewöhnlich hohen Bedarfs". Gemeint sind einmalige Aufwendungen, die unvorhersehbar waren und im Hinblick auf die laufende Unterhaltsrente unverhältnismäßig hoch sind.[440] Sie müssen notwendig sein.[441] Es ist stets eine umfassende Einzelfallbetrachtung nötig.[442] Da die Heimtierhaltungskosten laufende Aufwendungen sind, stellen diese höchstens Mehrbedarf, nie jedoch Sonderbedarf dar. Nur die Kosten der Heimtieranschaffung sind einmalig und können daher Sonderbedarf sein. Eine unverhältnismäßige Höhe ist etwa vorstellbar, wenn der Gläubiger-Ehegatte sich einen Diabetikerwarn- oder Blindenhund anschafft. Diese Kosten müssten im konkreten Fall aber auch unvorhersehbar sein, was zwar nicht ausgeschlossen ist (z. B. plötzliche Erblindung aufgrund Unfalls), aber dem Grunde nach unwahrscheinlich sein dürfte. Notwendig sind auch diese Kosten jedoch mangels Notwendigkeit der Anschaffung nicht.

### *dd) Zwischenergebnis*

Zusammenfassend lässt sich festhalten: Wird beim Trennungsunterhalt der Bedarf des Anspruchsberechtigten quotenmäßig ermittelt, sind damit etwaige Kosten der Heimtierhaltung bereits abgegolten. Wird der Bedarf im Einzelfall nicht per Quote, sondern anhand der konkret vorzutragenden berücksichtigungsfähigen Ausgaben ermittelt, so können die Kosten der Heimtierhaltung dann vorgebracht werden, wenn sie als eheprägend zu qualifizieren sind, was insbesondere dann der Fall ist, wenn die Heimtierhaltung in der Ehe begonnen wurde.

---

440 BGH, NJW 1982, 328 (329); NJW 1988, 2604 (2606); Born/*Heiß*, 3. Kapitel Rn 570 f. und 2. Kapitel Rn 273 ff.; Staudinger/*Klinkhammer*, § 1613 Rn 82 f.; Staudinger/*Voppel*, § 1361 Rn 188, 192 f.

441 OLG Schleswig, BeckRS 2005, 19826; Dose/*Klinkhammer*, § 6 Rn 2; *Viefhues*, § 1361 Rn 401.

442 BGH, NJW 1982, 328 (329); Born/*Heiß*, 2. Kapitel Rn 277; Dose/*Klinkhammer*, § 6 Rn 5.

### c) *Nachehelicher Unterhalt*

Mit Rechtskraft der Scheidung erlischt der Anspruch auf Trennungsunterhalt.[443] An seine Stelle treten *kann* gem. § 1569 S. 2 BGB ein Anspruch auf nachehelichen Unterhalt, wenn und soweit eine der Anspruchsgrundlagen nach §§ 1569 ff. BGB eingreift.[444]

Das Maß und der Umfang des nachehelichen Unterhalts werden geregelt von § 1578 BGB. Dieser statuiert ohne Berücksichtigung der Besonderheiten nach Abs. 2 und 3, dass sich auch der nacheheliche Unterhalt an den ehelichen Lebensverhältnissen bemisst und den gesamten Lebensbedarf umfasst. Insofern bemessen sich der Bedarf des Trennungsunterhalts und der des nachehelichen Unterhalts nach den gleichen Grundsätzen.[445] Auch im Rahmen des nachehelichen Unterhalts wird entsprechend in den meisten Fällen der Regelbedarf quotenmäßig aus dem prägenden Eheeinkommen ermittelt.[446] Auch für Mehr- und Sonderbedarf gelten die Grundsätze, die bereits im Rahmen des Trennungsunterhalts erörtert wurden.[447] Somit sind für die Beurteilung, ob der nacheheliche Unterhalt seinem Umfang nach auch Kosten bzw. Aufwendungen im Zusammenhang mit Heimtieren umfasst, die gleichen Umstände und Grundsätze zu beachten, wie für die Frage, ob dies beim Trennungsunterhalt der Fall ist. Auf die dortigen Ausführungen wird deshalb verwiesen.[448] Aufgrund der zwischenzeitlichen Beendigung der Ehe durch Scheidung sind jedoch im Rahmen des nachehelichen Unterhalts vergleichsweise erhöhte Anforderungen an die

---

443 BGH, NJW 1981, 978 und NJW 1988, 1137 (1138); Dose/*Bömelburg*, § 4 Rn 82 (sowie Rn 83 und 84 zu anderweitiger Beendigung); Grüneberg/*Pückler von*, § 1361 Rn 5.

444 Auf die einzelnen Unterhaltstatbestände und ihre Voraussetzungen mit Ausnahme der Berücksichtigung der Kosten und Aufwendungen im Zusammenhang mit Heimtieren wird in dieser Arbeit mangels Relevanz nicht näher eingegangen. Es wird insoweit auf die einschlägige Literatur, insbesondere Kommentare zum BGB verwiesen.

445 BGH, NJW 1984, 1537; FamRZ 2016, 199 (200); Dose/*Siebert*, § 4 Rn 409; Johannsen/Henrich/Althammer/*Hammermann*, § 1361 Rn 22; MüKoBGB/*Maurer*, § 1578 Rn 9 f.; a.A. Hau/Poseck/*Beutler*, § 1578 Rn 3.

446 BGH, NJW 2012, 384 (387) m.w.N.; OLG Celle, BeckRS 2020, 31309; Born/*Heiß*, 2. Kapitel Rn 10, 20; Dose/*Siebert*, § 4 Rn 421, 432, 750 ff.; Johannsen/Henrich/Althammer/*Hammermann*, § 1578 Rn 24 ff.; MüKoBGB/*Maurer*, § 1578 Rn 13 ff., 25; Vgl. zu den Details Kapitel 4-A-V-1-b-aa.

447 Johannsen/Henrich/Althammer/*Hammermann*, § 1578 Rn 101, 130 ff, 139 ff.; MüKoBGB/*Maurer*, § 1578 Rn 240 ff., 360 ff.; Staudinger/*Verschraegen*, § 1578 Rn 145, 147 ff. Vgl. zu den Details Kapitel 4-A-V-1-b-bb und cc.

448 Vgl. Kapitel 4-A-V-1-b, dort insbesondere Buchstaben dd.

Eigenverantwortlichkeit zu stellen.[449] Diese können sich zwar im Einzelfall auswirken, ändern jedoch nichts an der grundsätzlichen Einordnung.

### 2. *Kindesunterhalt*

Auch beim sich aus § 1601 BGB ergebenden Anspruch auf Kindesunterhalt ist zur Ermittlung des Anspruchs[450] auf die dreischrittige Prüfung der Stufen Bedarf, Bedürftigkeit und Leistungsfähigkeit zurückzugreifen.[451]

#### *a) Regelbedarf*

§ 1610 Abs. 2 BGB gibt vor, dass der Unterhaltsbedarf beim Kindesunterhalt den gesamten Lebensbedarf einschließlich der Kosten einer angemessenen Vorbildung zu einem Beruf und bei einer der Erziehung bedürftigen Person auch die Kosten der Erziehung umfasst. Dabei meint der „gesamte Lebensbedarf" die Summe der zu deckenden Bedarfsposten, wobei die Gesamtheit der Bedürfnisse des Kinds zur Lebensführung umfasst ist.[452] Diese beinhaltet auch Mittel für die Freizeitgestaltung, insbesondere die Ausübung von Hobbys und Mittel für die Gesundheitsfürsorge.[453]

Gemäß § 1610 Abs. 1 BGB ist dieser Bedarf dem Maß nach als angemessener Unterhalt zu gewähren, der sich nach der Lebensstellung des Betroffenen bestimmt. Bei Minderjährigen ist mangels eigener Lebensstellung im

---

449 Vgl. hierzu auch die erhöhten Anforderungen des § 1574 BGB, insbesondere Abs. 2, im Vergleich zu den Maßstäben beim Trennungsunterhalt. Insgesamt näher hierzu: Dose/*Bömelburg*, § 1574 Rn 139, 141 ff.; Johannsen/Henrich/Althammer/*Hammermann*, § 1574 Rn 9, 2 ff.; Staudinger/*Verschraegen*, § 1574 Rn 13 ff.

450 Ungeachtet etwaiger Ausschlussgründe und Einschränkungen durch vorgegebene Rangfolgen beim Vorhandensein mehrerer Unterhaltsgläubiger und Schuldner. Vgl. dazu insbesondere §§ 1606, 1609, 1611, 1612 BGB nebst entsprechender Kommentarliteratur.

451 Dose/*Klinkhammer*, § 2 Rn 7 ff.; Staudinger/*Klinkhammer*, § 1601 Rn 5; *Viefhues*, § 1601 Rn 13. Selbstredend kann sich aus § 1601 BGB nicht nur ein Anspruch des Kinds auf Unterhalt, sondern es können sich weiter auch andere Verwandtenunterhaltsansprüche, z. B. ein Anspruch der Eltern gegen ihre Kinder auf Unterhalt ergeben. Aufgrund der vergleichsweisen enormen Präsenz des Kindesunterhalts und der entsprechend untergeordneten Bedeutung des sonstigen Verwandtenunterhalts wird in dieser Arbeit nur auf den Kindesunterhalt eingegangen.

452 MüKoBGB/*Langeheine*, § 1610 Rn 8 f.; Staudinger/*Klinkhammer*, § 1610 Rn 8.

453 Hau/Poseck/*Reinken*, § 1610 Rn 37; Johannsen/Henrich/Althammer/*Maier*, § 1610 Rn 8; Staudinger/*Klinkhammer*, § 1610 Rn 169 ff., 230 f.; *Viefhues*, § 1610 Rn 318.

vorgenannten Sinne in der Regel die Lebensstellung der Eltern maßgeblich, also deren Einkommens- und Vermögensverhältnisse.[454] Kinder, insbesondere volljährige, können aber auch eine eigene Lebensstellung in diesem Sinne erlangen, die sodann maßgeblich ist.[455]

*aa) Tabellensatz*

In der Praxis werden zur Ermittlung des Bedarfs beim Kindesunterhalt aus den maßgeblichen Einkommens- und Vermögensverhältnissen speziell hierfür entwickelte Richtlinien[456] und Unterhaltstabellen[457] verwendet, mittels denen das Gericht oder ein sonstiger Rechtsanwender zu einem pauschalierten Kindesunterhalt in Form eines „Tabellensatzes" gelangt.[458]

Dabei ist zu bedenken, dass die Tabellen und Leitlinien für die Massenanwendung konzipiert sind, und deshalb versuchen, die durchschnittlichen Grundbedürfnisse eines Kinds einer „Durchschnittsfamilie" abzubilden. Sie basieren auf dem gesetzlichen Mindestunterhalt, der sich aus § 1612 a Abs. 1 BGB i.V.m. der Mindestunterhaltsverordnung[459] ergibt. Durch die Anknüpfung der Tabellensätze an verschiedene Gehaltsstufen soll die Tatsache des sich mit wachsendem Einkommen erhöhenden Lebensstandards abgebildet werden, wobei durchgängig der entsprechende, dem Wesen nach gleiche und dabei lediglich der

454 BGH, NJW 1981, 1559 (1559 f.); FPR 2008, 630 (631); OLG Brandenburg, FamRZ 2012, 1399; Johannsen/Henrich/Althammer/*Maier*, § 1610 Rn 4; Staudinger/*Klinkhammer*, § 1610 Rn 256 m.w.N. In den praktisch relevanten Fällen (in denen die Eltern des Kinds getrennt leben bzw. geschieden sind und hauptsächlich ein Elternteil das Kind betreut und damit seinen Unterhaltsanteil durch die faktische Betreuung erfüllt, während der andere Elternteil dann allein barunterhaltspflichtig ist) bemisst sich der Bedarf (jedenfalls im Ergebnis) dagegen nur nach dem Einkommen des barunterhaltspflichtigen Elternteils. Vgl. § 1606 Abs. 3 S. 2 BGB; BGH, FPR 2003, 667 (668 f.); OLG Brandenburg, FamRZ 2012, 1399; OLG Karlsruhe, NJW-RR 2006, 1155; Born/Heiß/*Kohlenberg*, 12. Kapitel Rn 30; MüKoBGB/*Langeheine*, § 1610 Rn 34 ff.

455 Born/Heiß/*Kohlenberg*, 12. Kapitel Rn 124; Hau/Poseck/*Reinken*, § 1610 Rn 7; MüKoBGB/*Langeheine*, § 1610 Rn 23; *Viefhues*, § 1610 Rn 8.

456 Z. B. „Frankfurter Unterhaltsgrundsätze" und „Unterhaltsrechtliche Leitlinien der Familiensenate in Süddeutschland" (auch bekannt als „Süddeutsche Leitlinien").

457 V.a. die sog. „Düsseldorfer Tabelle".

458 BGH, FamRZ 2001, 1603 (1604); OLG Brandenburg, FamRZ 2012, 1399; Born/Heiß/*Kohlenberg*, 12. Kapitel Rn 12 f.; Dose/*Klinkhammer*, § 2 Rn 216 ff. Vgl. zu Details: Hau/Poseck/*Reinken*, § 1610 Rn 8 ff.; MüKoBGB/*Langeheine*, § 1610 Rn 50 ff.

459 Verordnung zur Festlegung des Mindestunterhalts minderjähriger Kinder nach § 1612 a Absatz 1 des BGB.

Höhe nach angepasste Bedarf abgebildet wird.[460] Dieser jeweils der Höhe nach angepasste Bedarf umfasst insbesondere den notwendigen Lebensbedarf.[461] Der Gesetzgeber knüpft bei der Festlegung des Mindestbedarfs an das steuerrechtlich sächliche Existenzminimum i.S.d. § 32 EStG an, vgl. § 1612 a Abs. 1 S. 2 BGB. Dessen Höhe wird mittels des Existenzminimumberichts festgelegt.[462] Ausweislich des (aktuellen) Existenzminimumberichts setzt sich das steuerrechtliche sächliche Existenzminimum von Kindern, orientiert an dem sozialhilferechtlichen Mindestsachbedarf eines Kinds, im Wesentlichen aus diesen vier Positionen zusammen: Regelbedarf, Bedarf für Bildung und Teilhabe, Kosten der Unterkunft, Heizkosten.[463] Aufgrund der Orientierung am sozialhilferechtlichen Mindestsachbedarf sind zur weiteren Konkretisierung der vom Mindestunterhalt, also der von den Tabellensätzen umfassten Positionen die §§ 27 ff. SGB XII sowie das RBEG[464] heranzuziehen, da diese den sozialhilferechtlichen Mindestsachbedarf festlegen.[465]

Es ist fraglich, ob die Kosten der Heimtieranschaffung und die laufenden Aufwendungen zur Heimtierhaltung in den Tabellensätzen bereits enthalten sind. Die zugestandenen eingerechneten Bedarfe für Heizung und Unterkunft decken dabei offenkundig nicht die vorgenannten, in Frage stehenden Positionen ab. Der Bedarf für Bildung und Teilhabe wird im Rahmen der Ermittlung

---

460 BGH, FamRZ 2009, 962 (964 f.); FamRZ 2021, 28 (30); OLG Hamm, FamRZ 2013, 139 (140); *Borth*, FamRZ 2021, 28 (31 ff.); Erman/*Hammermann*, BGB, § 1610 Rn 48.

461 BGH, FamRZ 2009, 962 (964); MüKoBGB/*Langeheine*, § 1612 a Rn 3; Staudinger/*Klinkhammer*, § 1612 a Rn 41 ff.

462 Vgl. BT-Drucks. 19/22800, S. 1 (Aktueller Bericht über die Höhe des steuerfrei zu stellenden Existenzminimums von Erwachsenen und Kindern für das Jahr 2022 (13. Existenzminimumbericht)).

463 Vgl. BT-Drucks. 19/22800, S. 4 ff.; *Siebert*, FuR 2021, 524 (524).

464 Das RBEG ist Gesetz zur Ermittlung der Regelbedarfe nach § 28 des Zwölften Buches Sozialgesetzbuch ab dem Jahr 2021.

465 OLG Hamm, FamRZ 2013, 139 (140); OLG Schleswig, FamRZ 2012, 990 (991 f.); Hau/Poseck/*Reinken*, § 1610 Rn 39. Die Sätze des RBEG wiederum beruhen auf einer Auswahl von Sätzen vergleichbarer Bevölkerungsgruppen in entsprechend vergleichbaren Einkommensschichten, die das Statistische Bundesamt im Rahmen einer Sonderauswertung der jeweiligen Einkommens- und Verbrauchsstichprobe ermittelt, vgl. zum Vorgehen (Internetquelle): https://www.bmas.de/DE/Soziales/Sozialhilfe/faq-sozialhilfe-regelbedarfsermittlung.html, und vgl. die Sonderauswertungen (Internetquelle): https://www.bmas.de/SharedDocs/Downloads/DE/Meldungen/2020/anlage-regelbedarfsermittlungsgesetz-mit-Sonderauswertungen-zur-evs-2018.pdf?__blob=publicationFile& v=1, beide Links abgerufen am 08.03.2023.

des Existenzminimums und damit auch im Rahmen der Tabellensätze nur insoweit berücksichtigt, als er typische Bedarfspositionen abdeckt.[466] Diese typischen Bedarfspositionen sind: persönlicher Schulbedarf, Ausflüge von Kindern in Schulen und Kindertageseinrichtungen, gesellschaftliche Teilhabe, d. h. Teilnahme an Freizeitgestaltungen wie insbesondere die Mitgliedschaft in Vereinen.[467] Letzteres bezieht sich auf den Bedarf nach § 34 Abs. 7 SGB XII, wobei zu beachten ist, dass dieser nach dem Normtelos die Integration des Kinds in Gemeinschaften und damit hauptsächlich Gemeinschaftsaktivitäten fördern soll.[468] Mithin ist (auch unter Berücksichtigung der Höhe der Bedarfsposition von insgesamt 15 Euro) davon auszugehen, dass die Kosten der Heimtieranschaffung und -haltung hierunter nicht subsumiert werden können. Es verbleibt die Möglichkeit der Deckung durch den Regelbedarf i.S.d. §§ 27 f. SGB XII. Nach § 27 a Abs. 1 S. 1 und 2 SGB XII umfasst dieser den notwenigen Lebensbedarf. § 6 Abs. 1 RBEG konkretisiert,[469] dass im Regelbedarf Verbrauchsausgaben für die Gesundheitspflege, für Freizeit, Unterhaltung und Kultur, sowie für andere Waren und Dienstleistungen bis zur dort festgelegten Höhe enthalten sind.

### *bb) Gesundheitspflege*

Unter Verbrauchsausgaben für die Gesundheitspflege fallen Ausgaben für pharmazeutische und medizinische Erzeugnisse, sowie therapeutische Mittel und Geräte.[470] Letztere meinen etwa elektrische und feinmechanische Gebrauchsgüter (z. B. Blutzuckermessgeräte), andere therapeutische Geräte und Ausrüstungen sowie orthopädische Erzeugnisse.[471]

Heimtiere, die der Gesundheitsförderung dienen (z. B. Diabetikerwarnhund, Blindenhund), könnten hierunter zu subsumieren sein. Dafür spricht, dass unter die vorgenannten Mittel und Geräte auch besonders teure Bedarfsgegenstände,

---

466 Vgl. BT-Drucks. 19/22800, S. 7. Vgl. weitergehend zum nicht beschränkten Umfang des Bedarfs für Bildung und Teilhabe gem. § 34 SGB XII: Bieritz-Harder/Conradis/Thie/*Bieritz-Harder*, § 34 Rn 14; Dose/*Klinkhammer*, § 8 Rn 53 a; Flint/*Wrackmeyer-Schoene*, § 34 Rn 25 ff.

467 Vgl. BT-Drucks. 19/22800, S. 7.

468 Vgl. BT-Drucks. 17/3404, S. 124 f.; Bieritz-Harder/Conradis/Thie/*Bieritz-Harder*, § 34 Rn 14.

469 Zur Konkretisierung durch das RBEG vgl. Bieritz-Harder/Conradis/Thie/*Roscher*, § 27 a Rn 4.

470 Vgl. BT-Drucks. 19/22750, S. 38 f., 47, 56 f.

471 Vgl. Statistisches Bundesamt: Wirtschaftsrechnungen: Einkommens- und Verbrauchsstichprobe Einnahmen und Ausgaben privater Haushalte 2018, S. 44 f.

z. B. Beinprothesen fallen. Diese sind vom finanziellen Aufwand her vergleichbar mit der (teuren) Anschaffung z. B. eines Blindenhunds. Dagegen spricht, dass es Sinn und Zweck von Tabellensätzen ist, die durchschnittlichen Grundbedürfnisse eines Kindes einer „Durchschnittsfamilie" abzubilden. Es ist sich also (auch) daran zu orientieren, welcher Kostenaufwand einer solchen „Durchschnittsfamilie" zugemutet werden kann. Danach können außergewöhnlich teure Bedarfsgegenstände nicht als im Tabellensatz erfasst kategorisiert werden. Entsprechend beurteilt die ständige Rechtsprechung die Rechtslage für anderen besonderen teuren Gesundheitsbedarf von Kindern wie z. B. kieferorthopädische Behandlungen.[472]

### *cc) Freizeit, Unterhaltung und Kultur*

Zu den Verbrauchsausgaben für Freizeit, Unterhaltung und Kultur zählen u.a. Multimedia- und Datenverarbeitungsgeräte, sowie entsprechende Software und Downloads von Medien, Sportartikel, Musikinstrumente, langlebige Gebrauchsgüter und Ausrüstungen für u.a. Sport und Erholung, Musikinstrumente, Spielwaren, Bücher, Zeitschriften und sonstige Gebrauchsgüter für Schule, Büro, Unterhaltung und Freizeit.[473] Die Ausgaben für außerschulischen Unterricht und Hobbykurse sind für die über 6-Jährigen nicht regelbedarfsrelevant, da sie im Rahmen des Bildungs- und Teilhabepakets gezahlt werden.[474]

Hier gilt es hinsichtlich der Kosten der Heimtieranschaffung und -haltung zu differenzieren: Grundsätzlich unterfallen die Kosten der *Anschaffung und Haltung* von Heimtieren (jedoch ohne evtl. hierfür anfallende Steuern) der nicht vom RBEG berücksichtigten Sonderkategorie „Haustiere einschließlich Veterinär- u.a. Dienstleistungen".[475] Die *Anschaffung von Pferden und Ponys* fällt jedoch unter die vom Regelbedarfssatz umfasste vorgenannte Kategorie

---

472 Vgl. BGH, FamRZ 2022, 1366 (1368 und 1370); OLG Frankfurt, FamRZ 2011, 570; FamRZ 2021, 191 (193).

473 Vgl. BT-Drucks. 19/22750, S. 40 ff., 49 f., 58 ff. Die Ausgaben für Schreibwaren, Zeichenmaterial und übrige Verbrauchsgüter sind nur bei den unter 6-jährigen Kindern im Regelbedarf enthalten, da bei den älteren Kindern und Jugendlichen der entsprechende Bedarf über ein gesondertes Schuldbedarfspaket gewährt wird, vgl. ebd.

474 Vgl. BT-Drucks. 19/22750, S. 50. Davon hier relevant sind die Aufwendungen für Aktivitäten in den Bereichen Sport, Spiel, Kultur und Geselligkeit, vgl. § 34 Abs. 7 S. 1 Nr. 1 SGB XII. Hierunter fielen etwa Kosten für Reitunterricht, der demnach jedenfalls bei über 6-Jährigen nicht vom Tabellensatz umfasst wäre.

475 Vgl. Statistisches Bundesamt: Wirtschaftsrechnungen: Einkommens- und Verbrauchsstichprobe Einnahmen und Ausgaben privater Haushalte 2018, S. 50.

„langlebige Gebrauchsgüter …".[476] Demnach ist das anspruchsberechtigte Kind bei der Anschaffung von Pferden und Ponys grundsätzlich gehalten, die nötigen finanziellen Mittel aus dem Tabellensatz über längere Zeit anzusparen.[477] Die sonstige Anschaffung von (nicht der Gesundheit dienenden) Heimtieren, sowie die Kosten der Heimtierhaltung (ohne Steuern) sind grundsätzlich nicht vom Tabellensatz umfasst.[478]

Dass der Gesetzgeber die Anschaffung von Pferden und Ponys über die entsprechenden Verflechtungen und den damit einhergehenden Rückgriff auf Daten des Statistischen Bundesamtes als regelbedarfsrelevant ansieht, ist zu kritisieren. Es ist davon auszugehen, dass das statistische Bundesamt Pferde und Ponys deshalb als „langlebige Gebrauchsgüter und Ausrüstungen für Sport, Camping und Erholung, Musikinstrumente" einordnet, weil Pferde und Ponys typischerweise nicht nur aus affektiven Interessen, sondern jedenfalls auch zur Ausübung des Reitsports gehalten werden. Zwar mag bei anderen Heimtierrassen keine ähnlich gehäufte, typisierte Nutzung zu sportlichen Zwecken gegeben sein; ausgeschlossen ist eine vergleichbare Interessenlage jedoch nicht z. B. bei anderen reitfähigen Tieren (z. B. Rindern) oder bei Hunden, mit denen das „Herrchen" den sog. Agility-Sport ausübt. Umgekehrt kann auch ein Pferd bzw. Pony lediglich aus affektiven Gründen gehalten und dabei dann auch ohne Beritt anderweitig bewegt werden, etwa durch Ausführen oder die Nutzung spezieller Führanlagen. Überdies ist die Ausübung des Reitsports mittels <u>eigenen</u> Pferds oder Ponys nicht als typische Freizeitgestaltung von Kindern, deren Familien dem Einkommen nach in den unteren Einkommensschichten zu verorten sind, anzusehen; hier wird der Reitsport in der Regel mit Reitschulpferden ausgeübt. Um die nicht gerechtfertigte Ungleichbehandlung von Pferden und Ponys einerseits

---

476 Vgl. Statistisches Bundesamt: Wirtschaftsrechnungen: Einkommens- und Verbrauchsstichprobe Einnahmen und Ausgaben privater Haushalte 2018, S. 50. Wenngleich diese Position in allen Altersgruppen mit 0,00 Euro ausgewiesen ist (vgl. BT-Drucks. 19/22750, S. 41, 49, 59), was darauf zurückzuführen ist, dass die Sonderauswertungen die Position jeweils mit 0,00 Euro ausweisen (vgl. Sonderauswertungen innerhalb der Vergleichsgruppen jeweils Code 0921 900, Internetquelle: https://www.bmas.de/SharedDocs/Downloads/DE/Meldungen/2020/anlage-regelbedarfsermittlungsgesetz-mit-Sonderauswertungen-zur-evs-2018.pdf?__blob=publicationFile& v=1, abgerufen am 08.03.2023).

477 Vgl. zu Ausnahmen Kapitel 4-A-V-2-b.

478 So im Ergebnis auch OLG Bremen, NJW-RR 2011, 81. Für Heimtiere, die der Gesundheitsförderung dienen, existieren bislang keine entsprechenden Entscheidungen. Zu diesen vgl. Kapitel 4-A-V-2-b.

und anderen Heimtierrassen andererseits betreffend die Erfassung im Rahmen des Regelbedarfssatzes zu beenden, empfiehlt sich, bei den zukünftigen Einkommens- und Verbraucherstichproben eine neue Kategorie „Pferde und Ponys" abzufragen und im gleichen Zug die Kategorie „langlebige Gebrauchsgüter und Ausrüstungen für Sport, Camping und Erholung, Musikinstrumente" ohne die Kosten betreffend Pferde und Ponys auszuweisen. Durch die entsprechenden aufeinander aufbauenden Bezugnahmen würde der Tabellensatz dann künftig die Kosten der Anschaffung eines Pferds bzw. Ponys nicht (mehr) umfassen.[479]

#### *dd) Andere Waren und Dienstleistungen*

Die Verbrauchsausgaben der Kategorie andere Waren und Dienstleistungen, die gewissermaßen eine Auffangkategorie darstellt, umfassen u.a. Uhren, Schmuck und Dienstleistungen der Körperpflege.[480] Die im Rahmen der Tierhaltung ggf. anfallenden Steuern (z. B. Hundesteuer) unterfallen dagegen der nicht vom Regelbedarfssatz umfassten Kategorie sonstige nicht genannte Ausgaben.[481] Demnach sind diese Ausgaben nicht vom Tabellensatz umfasst.

#### *ee) Zwischenergebnis*

Der insbesondere den notwendigen Lebensbedarf eines Kindes pauschaliert abbildende Tabellensatz (z. B. nach der Düsseldorfer Tabelle) beinhaltet folgende der im Zusammenhang mit Heimtieren anfallenden Kosten: Kosten der Anschaffung eines Pferds, Ponys. Die Kosten der Anschaffung eines sonstigen Heimtiers, sowie die Kosten der Heimtierhaltung (einschließlich Steuern) sind dagegen im Tabellensatz grundsätzlich nicht berücksichtigt.[482]

---

479 Da die entsprechenden Erhebungen derzeit die Position durchgängig mit 0 Euro ausweisen (vgl. zuvor Fußnote 476), führt dies im Ergebnis im Übrigen sogar zu einer Besserstellung der Unterhaltsberechtigten, da die grundsätzlich Möglichkeit der Geltendmachung über die Position des Sonderbedarfs eröffnet ist.

480 Vgl. BT-Drucks. 19/22750, S. 43 f., 51 f., 61 f.

481 Vgl. Statistisches Bundesamt: Wirtschaftsrechnungen: Einkommens- und Verbrauchsstichprobe Einnahmen und Ausgaben privater Haushalte 2018, S. 54.

482 Hinsichtlich der Kosten der Heimtierhaltung so auch Born/*Heiß*, 3. Kapitel Rn 256; *Siebert*, FuR 2021, 524 (527) und *Viefhues*, FuR 2016, 138 (143). Etwas zu pauschal, wenngleich im Ergebnis faktisch meist zutreffend, ist daher die Aussage des BMAS, Verbrauchsausgaben für „Haustiere" seien grundsätzlich nicht vom Regelbedarf umfasst, vgl. Fragen und Antworten – Methodik der Regelbedarfsermittlung, dort III. Antwort zu Frage Nummer 3, (Internetquelle: https://www.bmas.de/DE/Soziales/Sozialhilfe/faq-sozialhilfe-regelbedarfsermittlung.html, abgerufen am 08.03.2023).

Im Beispiel 3 zahlt B bereits den Unterhalt gemäß der Düsseldorfer Tabelle. In diesem sind jedoch weder die Kosten der Anschaffung des Hunds noch die laufenden Kosten der Heimtierhaltung berücksichtigt.

### *b) Sonderbedarf*

Die Kosten der Anschaffung eines sonstigen Heimtiers könnten im Einzelfall Sonderbedarf sein. Sonderbedarf ist ein unregelmäßiger, ggf. auch einmaliger, unvorhersehbarer außergewöhnlich hoher Bedarf.[483] Gemeint sind Aufwendungen, die unvorhersehbar waren und im Hinblick auf die laufende Unterhaltsrente unverhältnismäßig hoch sind.[484] Ist dem Unterhaltsberechtigten zuzumuten, die Aufwendungen aus der laufenden Unterhaltsrente (gleich, ob diese nur aus dem Regelbedarf besteht oder sich aus Regel- und Mehrbedarf zusammensetzt) zu bestreiten, so liegt schon keine außergewöhnliche Höhe und damit auch kein Sonderbedarf vor.[485] Sonderbedarf muss dem Grunde nach notwendig und der Höhe nach angemessen sein.[486] Dass die Anschaffung eines Heimtiers, selbst dann, wenn es sich beim konkreten Tier um ein solches handelt, das der Gesundheitsförderung dient, in den seltensten Fällen als notwendig zu qualifizieren sein wird, wurde bereits dargelegt.[487] Insoweit kommt eine Erstattung über die Position des Sonderbedarfs in der Regel nicht in Betracht.

Im Beispiel 3 könnten die Anschaffungskosten des Hunds im Wege des Sonderbedarfs geltend gemacht werden, wenn die vorgenannten Voraussetzungen vorlägen. Selbst wenn jedoch K subjektiv wahrgenommene Lebensqualität durch die Akzeptanz des Hunds als „Ersatzfreund" steigen sollte, ergibt sich hieraus keine Notwendigkeit der Anschaffung. Hinzu tritt, dass A nur die Schutzgebühr im Tierheim zur Anschaffung des Hunds aufwenden musste. Da diese in der Regel nicht besonders hoch sind, liegt auch das nötige Merkmal der außergewöhnlichen Höhe nicht vor.

---

483 Vgl. § 1613 Abs. 2 Nr. 1 BGB; BGH, NJW 1988, 2604 (2606); OLG Hamm, FamRZ 2007, 77 (78); Dose/*Klinkhammer*, § 2 Rn 232, 237; MüKoBGB/*Langeheine*, § 1613 Rn 59; *Wellenhofer*, Familienrecht, § 35 Rn 8; zudem Kapitel 4-A-V-1-b-cc.

484 BGH, NJW 1988, 2604 (2606); OLG Hamm, FamRZ 2007, 77 (78); Grüneberg/*Pückler von*, § 1613 Rn 9 f.; MüKoBGB/*Langeheine*, § 1613 Rn 62 ff.

485 BGH, NJW 2006, 1509 (1510 f.); OLG Karlsruhe, FamRZ 1992, 850; MüKoBGB/*Langeheine*, § 1613 Rn 68; Staudinger/*Klinkhammer*, § 1613 Rn 83 f.; jeweils m.w.N.

486 Hau/Poseck/*Reinken*, § 1613 Rn 36 f.; *Viefhues*, § 1613 Rn 201. Zur Notwendigkeit: OLG Schleswig, NJW 2006, 1601 (1601 f.); zur Angemessenheit: OLG Frankfurt, FamRZ 2021, 191 (193).

487 Vgl. Kapitel 4-A-V-1-b-bb und cc.

### c) *Mehrbedarf*

Die Kosten der Heimtierhaltung (einschließlich Steuern) könnten Mehrbedarf darstellen.

#### *aa) Allgemein*

Mehrbedarf ist ein regelmäßiger, daher voraussehbarer erhöhter Bedarf, der dem Maß nach über den Regelbedarf hinausgeht,[488] und (nach neuerer höchstrichterlicher Rechtsprechung) der Art nach nicht im Tabellenbedarf enthalten ist.[489] Für Mehrbedarf haften beide Eltern des Kindes grundsätzlich anteilig, vgl. § 1606 Abs. 3 S. 1 BGB.[490] Da die Heimtieranschaffung nicht regelmäßig erfolgt, können allenfalls die laufenden Kosten der Heimtierhaltung Mehrbedarf darstellen. Dazu muss der Mehrbedarf im konkreten Fall durch gewichtige Gründe sachlich begründet sein oder der Anspruchsgegner muss mit den, den Mehrbedarf verursachenden Umständen einverstanden (gewesen) sein.[491] Wenn also die Eltern[492] oder auch nur der Anspruchsgegner alleine[493] dem Kind ein Heimtier schenken bzw. schenkt, sind die weiteren laufenden Unterhaltungskosten als Mehrbedarf zu qualifizieren. Eine sachliche Begründetheit im vorgenannten Sinne ist etwa denkbar, wenn die Heimtierhaltung ein Tier betrifft, das nicht von den Eltern angeschafft wurde, aber im konkreten Fall besonders schützenswerte Interessen des Kinds fördert, was etwa bei einem Diabetikerwarnhund, dessen Anschaffungskosten die Krankenkasse übernommen hatte,

488 BGH, FamRZ 2008, 1152 (1154); FamRZ 2009, 962 (963); OLG Frankfurt a.M., NJW-RR 2015, 260 (261); OLG Naumburg, BeckRS 2008, 3046; Dose/*Klinkhammer,* § 2 Rn 232, 451; Staudinger/*Klinkhammer,* § 1610 Rn 313.

489 BGH, FamRZ 2021, 28 (30); zustimmend *Siebert*, FuR 2021, 524 (527). Ein laufend erhöhter Bedarf, der der Art nach im Tabellenbedarf enthalten ist, ist nach neuer Terminologie als „erhöhter Regelbedarf" zu benennen, vgl. ebd.

490 Vgl. BGH, FamRZ 2021, 28 (30); OLG Bremen, NJW-RR 2011, 81; Born/Heiß/*Kohlenberg*, 12. Kapitel Rn 38; *Wellenhofer,* Familienrecht, § 35 Rn 8; Details und Ausnahmen siehe: Dose/*Klinkhammer*, § 2 Rn 461 f.; Staudinger/*Klinkhammer,* § 1610 Rn 316 f.

491 Vgl. OLG Bremen, NJW-RR 2011, 81; OLG Frankfurt a.M., NJW-RR 2015, 260 (261); Dose/*Klinkhammer*, § 2 Rn 456 ff.; *Viefhues,* FuR 2016, 138 (142).

492 Vgl. OLG Bremen, NJW-RR 2011, 81, wobei hier keine Schenkung durch beide Elternteile vorlag, sondern eine Schenkung durch einen Elternteil, die aber vom anderen Elternteil gebilligt war.

493 Vgl. hierzu OLG Karlsruhe, FamRZ 2005, 233 (234), wobei Folge einer alleinigen Zuwendung ohne Einverständnis des anderen Elternteils ist, dass der Schenkende alleiniger Mehrbedarfsschuldner ist, vgl. ebd.

denkbar ist. Affektive Interessen werden hier in der Regel nicht ausreichend sein, wenngleich im Einzelfall Ausnahmen gegeben sein können, etwa, wenn das Kind vom vormals betreuenden, nunmehr verstorbenen Elternteil ein Heimtier geerbt hat und dieses für das Kind über die emotionale Verknüpfung und Erinnerung an den verstorbenen Elternteil eine erhebliche Erleichterung in der Trauerbewältigung bedeutet.

Im Beispiel 3 ergibt sich eine (anteilige) Kostentragungspflicht des B wegen Einstufung der laufenden Heimtierhaltungskosten als Mehrbedarf nicht bereits durch ein Mitwirken bei der Anschaffung des Hunds, da A den Hund alleine und eigenmächtig angeschafft hat. Denkbar wäre jedoch eine Einstufung der Kosten als Mehrbedarf wegen sachlicher Begründetheit. Um den Unterhaltsschuldner vor willkürlicher Inanspruchnahme zu schützen, ist dabei jedoch eine hinreichende Gewichtigkeit der entsprechenden Gründe zu verlangen, vgl. zuvor. Selbst wenn der Hund sich tatsächlich positiv auf das Wohlbefinden von K auswirkt, dürfte dies als sachlicher Grund im vorgenannten Sinne im Regelfall nicht ausreichen. Mithin ist B – auch nicht im Wege des Mehrbedarfs – zur Kostentragung der Heimtierhaltungskosten verpflichtet.

#### *bb) Entnahme aus dem Regelbedarf*

Wenn nun der Mehrbedarf dem Grunde nach festgestellt ist, stellt sich weiter die Frage, ob die kompletten Kosten (100 Prozent) dieses Bedarfs zusätzlich zum Regelbedarf anfallen oder, ob (jedenfalls in den höheren Einkommensgruppen) nicht ein Teil der in Form von Mehrbedarf anfallenden Kosten über Entnahmen aus dem nach der Düsseldorfer Tabelle festgesetzten Tabellenunterhalt gedeckt bzw. zu decken ist.[494]

Das OLG Düsseldorf (wenngleich zur Rechtslage vor 2007) führt zur Begründung der letztgenannten Auffassung an, dass ein Teil von anfallendem Mehrbedarf durch Entnahmen aus dem Tabellensatz gedeckt bzw. zu decken sei.[495] Denn Mehrbedarf sei nur geschuldet, soweit die Kosten nicht aus dem regelmäßigen Kindesunterhalt gedeckt werden können, bei einer Unterhaltshöhe nach den höheren Einkommensstufen könne aber ein bestimmter Betrag für weitere Bedarfspositionen abgezweigt oder angespart werden.[496] Auch das OLG Bremen

494 Für die grundsätzliche Möglichkeit einer solchen Entnahme: OLG Brandenburg, BeckRS 2013, 16783; OLG Bremen, NJW-RR 2011, 81; Dose/*Klinkhammer*, § 2 Rn 460; (zur Rechtslage bis 2007 vgl.) OLG Düsseldorf, NJW-RR 2005, 1529 (1530).

495 OLG Düsseldorf, NJW-RR 2005, 1529 (1530).

496 Ebd.

verweist darauf, dass es *„die Tabellenunterhaltssätze ab Einkommensgruppe 2 zu[lassen], dass daraus Beträge für andere Zwecke [...] abgezweigt werden können.“*[497] Auch *Klinkhammer* führt diese Begründung an.[498] Soweit *Klinkhammer* dabei auf ein BGH-Urteil[499] verweist, kann dies nicht nachvollzogen werden. Zuvörderst bezieht sich das zitierte BGH-Urteil nicht (auch) auf Mehr-, sondern (nur) auf Sonderbedarf. Zwar meint der BGH weiter im Zusammenhang mit der Frage nach der Qualifikation von Konfirmationskosten als Sonderbedarf, dass auch beim Vorliegen von außergewöhnlich hohen Kosten zunächst der Unterhaltsgläubiger gehalten sei, diese durch Bildung von Rücklagen aus seinem laufenden Unterhalt zu decken und deshalb allein das Merkmal der außergewöhnlichen Höhe von Kosten nicht zur Qualifikation als Sonderbedarf führen kann.[500] Zugleich verweist der BGH aber auch darauf, dass solche Rücklagen nicht immer gebildet werden können, z. B. dann nicht, wenn der laufende Unterhalt nur den notwendigen Lebensbedarf abdeckt.[501]

Entscheidend ist nach hier vertretener Ansicht, ob der Unterhalt im konkreten Fall unter Zuhilfenahme der Düsseldorfer Tabelle ermittelt wurde. Dann nämlich beinhaltet der Unterhalt über die nach dem relevanten Einkommen gestufte Anknüpfung an den Mindestbedarf, der wiederum an das sächliche Existenzminimum anknüpft gerade (hauptsächlich nur) den als notwendig definierten Lebensbedarf.[502] Weil das RBEG (inkl. der zugrunde liegenden Gesetzesmaterialien) dabei diesen notwendigen Lebensbedarf anhand konkreter Einzelpositionen bemisst, muss dabei für die nichterfassten Positionen der Umkehrschluss gezogen werden, dass diese nicht zum notwendigen Lebensbedarf gehören. Soweit nicht im Einzelfall der konkrete Mehrbedarf zu einer Einsparung innerhalb des notwendigen Lebensbedarfs führt, kann nicht überzeugen, dass der Unterhaltsberechtigte gehalten sein soll, aus dem notwendigen (und insoweit auch konkret „vorverteilten“) Bedarf Ansparungen bzw. Abzweigungen für regelbedarfsfremde Zwecke zu tätigen.[503] Selbstredend steht es den

---

497 OLG Bremen, NJW-RR 2011, 81, wobei von einer Entnahmehöhe von 10 Euro pro Einkommensstufe (ab der zweiten Einkommensstufe) ausgegangen wird.

498 Dose/*Klinkhammer*, § 2 Rn 460.

499 BGH, NJW 2006, 1509.

500 Vgl. BGH, NJW 2006, 1509 (1511).

501 Ebd.

502 Vgl. dazu und zu den weiteren enthaltenen Bedarfspositionen, die hier jedoch nicht von Bedeutung sind: Kapitel 4-A-V-2-a-aa.

503 Im Ergebnis so auch *Klinkhammer* in Staudinger, § 1610 Rn 315 (eine Harmonisierung der verschiedenen Kommentierungen *Klinkhammers* wäre insoweit wünschenswert).

jeweiligen Unterhaltsberechtigten, ebenso wie Sozialhilfeempfängern, frei, den Regelbedarf auch zweckfremd zu verwenden und insoweit entsprechend damit einhergehende Entbehrungen in abgedeckten Zweckbereichen zu erdulden. Eine entsprechende Verpflichtung des Kinds besteht jedoch nicht. Der Unterhaltsschuldner ist hinreichend durch die Voraussetzungen des Vorliegens von Mehrbedarf (insbesondere sachliche Begründetheit) geschützt, zumal im Einzelfall stets Abwägungsspielräume bestehen. Auch rechtspolitisch erscheint eine solche weitere Einschränkung des Unterhaltsberechtigten bedenklich. Soweit nun die vorgenannten Autoren bzw. Gerichte innerhalb der nach der Düsseldorfer Tabelle ermittelten Unterhaltshöhen zwischen der ersten Einkommensstufe (die das Existenzminimum abdeckt) und den höheren Stufen (die dem Maß nach über das objektive Existenzminimum hinausgehen) differenzieren, vermag dies nicht zu überzeugen. Denn auch die höheren Einkommensstufen decken keinen zum Bedarf nach der untersten Stufe wesensverschiedenen Bedarf, keine anderen Einzelpositionen des Bedarfs ab.[504] Das System der Düsseldorfer Tabelle basiert umgekehrt gerade darauf, den jeweiligen „Grundbedarf“ im Sinne des jeweiligen notwendigen Lebensbedarfs nach Vorgabe des § 1610 Abs. 1 BGB anhand der mit steigendem Einkommen steigenden Lebensverhältnisse zu bemessen.[505] Wenn nun die Kinder besserverdienender Eltern von ihrem Unterhalt, der (ebenfalls nur) den (wesensgleichen) notwendigen Lebensbedarf abdeckt, Abzüge für andere Zwecke hinnehmen müssen, stellt dies eine nicht gerechtfertigte Ungleichbehandlung und eine nicht gerechtfertigte Abweichung von § 1610 Abs. 1 BGB dar.[506]

Nach Auffassung der Autorin ist demnach – wenn der laufende Regelbedarf anhand der Düsseldorfer Tabelle bestimmt ist – wie folgt zu differenzieren: Fußt der Mehrbedarf in Umständen, die nicht in den von der Düsseldorfer Tabelle umfassten Bedarfspositionen angesiedelt sind, liegt also „regelbedarfsfremder Mehrbedarf“ vor,[507] kann eine mögliche (teilweise) „Entnahme“ aus dem

---

Im Übrigen so auch der BGH in der zuvor angesprochenen Entscheidung, der insbesondere dann die Rücklagenbildung als möglicherweise unmöglich ansieht, wenn der laufende Unterhalt nur den notwendigen Lebensbedarf abdeckt, vgl. BGH, NJW 2006, 1509 (1511). Weiter teilweise mit der Verfasserin dieser Arbeit übereinstimmend: *Siebert*, FuR 2021, 524 (525).

504 Vgl. *Siebert*, FuR 2021, 524 (525) und Kapitel 4-A-V-2-a-aa.

505 Ebd.

506 So im Ergebnis auch *Beger-Oelschlegel*, FamFR 2013, 485.

507 Nach neuer Terminologie des BGH ergibt sich bereits aus der Bezeichnung „Mehrbedarf“, dass dieser „regelbedarfsfremd“ ist, vgl. BGH, FamRZ 2021, 28 (30).

laufenden Tabellenunterhalt nicht unterstellt werden. Liegt dagegen „Mehrbedarf", der seiner Art nach in den Tabellenbeträgen einkalkuliert ist, also nach neuer BGH-Terminologie „erhöhter Regelbedarf", vor,[508] ist jedenfalls der Teil des Mehrbedarfs, der rechnerisch im Tabellensatz bereits enthalten ist,[509] aus dem Tabellensatz zu entnehmen, und es fällt nur der überschießende Betrag zusätzlich zum Regelbedarf an.[510]

#### *d) Zwischenergebnis*

Festzuhalten ist, dass die Kosten der Heimtieranschaffung und -haltung vom Anspruch auf Kindesunterhalt aus § 1601 BGB – auch bei Unterstellen entsprechender Bedürftigkeit und Leistungsfähigkeit der Beteiligten – nur selten umfasst sein werden. Die Kosten der Anschaffung eines Pferds bzw. Ponys sind im Tabellensatz berücksichtigt, werden jedoch selbst bei längerer Anspardauer realistischerweise kaum ausreichen. Die Kosten der Anschaffung eines sonstigen Heimtiers können nur ganz ausnahmsweise im Rahmen der Bedarfsposition „Sonderbedarf" geltend gemacht werden. Mehrbedarf können die Kosten der Heimtierhaltung darstellen, wenn eine sachliche Begründetheit besteht oder die Eltern bzw. der Unterhaltsschuldner die Haltung durch schenkweise Übereignung des Heimtiers an das Kind selbst herbeigeführt haben bzw. hat.

### *3. Heimtierunterhalt*

Der Vollständigkeit halber sei erwähnt, dass es einen eigens auf die Heimtierkosten abzielenden Unterhaltstatbestand nicht gibt. De lege lata wäre dies – jedenfalls dann, wenn die inhaltliche Ausgestaltung ähnlich des Kindesunterhalts als ein Anspruch des „Betroffenen" selbst erfolgen sollte – wegen der Rechtsstellung

---

508 Vgl. hierzu BGH, FamRZ 2021, 28 (30).

509 Die im RBEG enthaltenen Angaben zur konkreten Höhe sind insoweit für jede Abteilung prozentual auf die einschlägige Einkommensstufe der Düsseldorfer Tabelle hochzurechnen (vgl. OLG Hamm, FamRZ 2013, 139 (140) und *Siebert*, FuR 2021, 524 (524 f.)); sodann hat das Gericht festzulegen, welcher konkrete Anteil des errechneten Betrages für die (teilweise) Deckung der konkret vorgebrachten Bedarfsposition des erhöhten Regelbedarfs anzusetzen ist.

510 Die Haftungsverteilung richtet sich dann nach den allgemeinen Regelungen, wobei der BGH hier kürzlich klargestellt hat, dass für erhöhten Regelbedarf nur der barunterhaltspflichtige Elternteil haftet, vgl. BGH, FamRZ 2021, 28 (30 f.); zustimmend: *Siebert*, FuR 2021, 524 (526 ff.) mit weitergehenden Überlegungen zu einer etwaigen internen Verrechnung mit anderen regelbedarfsrelevanten Bedarfspositionen.

von Heimtieren als Rechtsobjekten auch nicht möglich. Wo stattdessen ein Unterhaltsanspruch des „Herrchens" gegen eine andere Person speziell wegen der Heimtierhaltungskosten erwogen wird, so ist zu konstatieren, dass dies der Notwendigkeit entbehrt. Sowohl zwischen (Ex-)Ehegatten als auch hinsichtlich Kindern ist das Unterhaltsrecht umfassend geregelt. Eine Einbeziehung der Kosten der evtl. Heimtierhaltung ist hier über die jeweilige Miteinbeziehung in den berücksichtigungsfähigen Bedarf zu erreichen, jedenfalls soweit im entsprechenden Einzelfall die erforderlichen Voraussetzungen für die Einbeziehung vorliegen. Zwischen nichtehelichen Lebensgefährten oder anderweitigen Personenmehrheiten ist die Kostentragungsfrage bei gemeinsamer Heimtierhaltung hinreichend über § 748 ggf. i.V.m. § 742 BGB bzw. bei Erbengemeinschaften über § 2038 Abs. 2 BGB i.V.m. § 748 BGB geregelt.[511]

## B. Heimtiere bei Trennung und Scheidung in fremden Rechtsordnungen

Auch fremde Rechtsordnungen sehen sich mit Problemen im Zusammenhang mit Heimtieren bei Trennung und Scheidung konfrontiert, lösen diese jedoch zum Teil abweichend vom deutschen. Im Folgenden werden die entsprechenden Regelungen dreier unterschiedlicher Rechtsordnungen zu einzelnen dieser Probleme zur vergleichenden Betrachtung beispielhaft herausgestellt, nämlich die des englischen, schweizerischen und spanischen Rechts.

### I. Englisches Recht

Zunächst soll das englische Recht[512] beleuchtet werden. Voranzustellen ist, dass auch im englischen Recht Heimtiere Bezugsobjekte von Eigentumsrechten sein können.[513]

#### *1. Allgemeines zum Ehegattenrecht*

Das englische Familienrecht ähnelt hinsichtlich des Eherechts dem deutschen, insbesondere hinsichtlich Eheschließung, Ehescheidung und Ehewirkungen.[514]

---

511 Vgl. Kapitel 4-A-I-5 und A-II-5 und Kapitel 5-A-II-3-a-cc.

512 Vgl. zum Umfang des „englischen Rechts" Fußnote 758. Vgl. außerdem zu allgemeinen Informationen zum englischen Recht Kapitel 5-B-I.

513 Zur Qualifizierung von Heimtieren als personal property vgl. Kapitel 5-B-I-2.

514 Vgl. Bergmann/Ferid/Henrich/*Henrich*, Vereinigtes Königreich: Großbritannien und Nordirland, S. 41 ff.; *Cretney*, Rn 1-006 ff.; 3-001 ff.; 10-008 ff.; *Douglas/Lowe*, S. 30 ff.;

Ebenso wie im deutschen Recht[515] lässt die Eheschließung im englischen Recht die bestehenden Eigentumsverhältnisse unberührt; auch kann jeder Ehegatte in der Ehe Alleineigentum an angeschafften Heimtieren erlangen.[516] Der Güterstand der englischen Ehe ist demnach die Gütertrennung.[517]

Auch im englischen Recht steht es den Ehegatten frei, Verträge im Sinne von Individualvereinbarungen betreffend die Ehe bzw. Scheidung zu schließen.[518] Sie können etwa Regelungen zu Eigentums- und Vermögensverhältnissen (auch an Heimtieren) oder zum Unterhalt treffen.[519] Verzichte auf nacheheliche Ansprüche sind jedoch unzulässig.[520] Auch im englischen Recht sind alle Eheverträge

---

89 ff.; 211 ff.; *Standley*, S. 23 ff.; 135 ff. Zu den Ehewirkungen allgemein zudem *Hamilton/Perry*, S. 72 f.; *Shears/Stephenson*, S. 436 ff.; *Süß/Ring*, S. 644 ff. Neben der Ehe steht (gleich- und verschiedengeschlechtlichen) Paaren in England auch die Möglichkeit offen, eine sog. civil partnership zu schließen, vgl. CPA (2004) in der Fassung ab 2020. Die civil partners sind Ehegatten nahezu gleichgestellt, vgl. Süß/*Odersky*, Großbritannien: England und Wales, Rn 47. Zu (hier nicht relevanten) Unterschieden vgl. Internetquelle: behördliche Übersicht unter https://assets.publishing.service.gov.uk/government/uploads/system/uploads/attachment_data/file/851152/Marriage_and_Civil_Partnership_in_England_and_Wales.pdf, abgerufen am 08.03.2023.

515 Vgl. hierzu *Gängel*, NJ 2020, 107 (109); *Hauß/Schulz*, Vermögensauseinandersetzung, 9. Kapitel Rn 66 ff.; MüKoBGB/*Wellenhofer*, Anh. § 1302 BGB Rn 47; Soergel/Siebert/*Schuhmann*, NEhelLG Rn 133 f.

516 Vgl. Law Reform (Married Women and Tortfeasors) Act 1935, zuletzt geändert 1991, insbesondere Sec. 1 und 2; Bergmann/Ferid/Henrich/*Henrich*, Vereinigtes Königreich: Großbritannien und Nordirland, S. 43; *Frank*, S. 23; *Herring*, S. 151; *Shears/Stephenson*, S. 438. Zu beachten sind beim Erwerb von Gegenständen in der Ehe stets die Einzelfallumstände, nach denen Alleineigentum eines Ehegatten oder auch Miteigentum beider Ehegatten gegeben sein können. Beachte hierzu auch die Zweifelsregelung des Married Women's Property Act 1964, zuletzt geändert 2010, wonach solches Vermögen, das mit Haushaltsgeld erworben wurde im Zweifel den Ehegatten zu je gleichen Teilen zusteht. Vgl. hierzu detaillierter: *Schmalzl*, S. 30 ff.

517 *Blake*, S. 42; *Fröschle*, S. 46; *Henrich/Huber*, S. 130 f.; *Kast*, S. 2, 254; *Kiene*, S. 165 f.; *Turner/Davis-Ferid*, S. 68; *Wolf*, S. 21, 23. Wenngleich dieser Grundsatz wegen der weitreichenden gerichtlichen Kompetenzen zur Umverteilung von Vermögen bei Scheidung der Ehe nicht die Wirkungen entfaltet, die ein deutscher Jurist ihm zunächst beimisst.

518 *Blake*, S. 24 ff.; *Harding/Probert*, Rn 453; *Kiene*, S. 167. Zum nötigen Rechtsbindungswillen vgl. *Hilbig-Lugani*, S. 81 ff.

519 *Bond/Black/Bridge*, S. 288 f.; *Harding/Probert*, Rn 423; *Hilbig-Lugani*, S. 89, 429; *Kaiser*, S. 27 ff. *Standley*, S. 43 f.

520 Bergmann/Ferid/Henrich/*Henrich*, Vereinigtes Königreich: Großbritannien und Nordirland, S. 47; *Frank*, S. 27, 66 f.; *Herring*, S. 82 f.; *Kiene*, S. 168; *Wolf*, S. 39 f.

der Kontrolle durch das Gericht zugänglich, welches in seiner Entscheidung niemals an eine Individualvereinbarung gebunden ist.[521]

### 2. *Verteilung von Heimtieren bei Trennung und Scheidung*

Für den Fall der Trennung von Ehegatten existieren keine Sondervorschriften.[522] Die somit auf die Ansprüche nach allgemeinem Recht angewiesenen Ehegatten können nach diesen aber im Einzelfall Überlassung des (gemeinsamen) Heimtiers verlangen, z. B. wenn ein entsprechendes Trust-Verhältnis gegeben ist.[523] Im Allgemeinen besteht ein solcher Anspruch jedoch nicht, sodass im Regelfall der Alleineigentümer das Heimtier erhält.

Bei Scheidung oder gerichtlicher Trennung[524] der Eheleute haben die Gerichte auf Antrag aber weitgehende Möglichkeiten, (grundsätzlich endgültige[525]) Anordnungen betreffend das Vermögen der Eheleute zu treffen; diese sind grundlegend statuiert in den Sec. 21 ff. MCA. Danach kann das Gericht z. B. Renten oder Einmalzahlungen, aber auch den Verkauf von Vermögen der Eheleute anordnen oder Vermögen (neu) verteilen.[526]

---

521 Sog. hyman-Prinzip (nach Hyman v Hyman (1929) AC 601); vgl. auch *Frank*, S. 27; *Hilbig-Lugani*, S. 368 ff.; *Horstmann*, S. 167 f.; *Kaiser*, S. 81 f.; *Süß/Ring*, S. 665. Das Gericht kann demnach grundsätzlich alle Vereinbarungen ändern und zwar bis hin zur vollständigen Aufhebung, vgl. *Kiene*, S. 173.

522 *Kast*, S. 354.

523 *Standley*, S. 65. Zur Rechtsfigur des Trusts siehe Kapitel 5-B-I-3.

524 Statt sich scheiden zu lassen können sich englische Ehegatten durch eine sog. judicial separation gerichtlich trennen lassen, ohne die Ehe zu beenden, vgl. Sec. 17 (1) MCA, vgl. auch *Hamilton/Perry*, S. 113; Rieck/Lettmaier/*Woelke*, England und Wales, Rn 24; *Shears/Stephenson*, S. 444. Häufig sind es religiöse Motive, die die Ehegatten statt einer Scheidung eine gerichtliche Trennung anstreben lassen, vgl. *Harding/Probert*, Rn 257; *Wörlen*, Vol. 2, S. 157; *Wragg*, S. 11. Auch die judicial separation stellt einen möglichen Anknüpfungspunkt für die gerichtliche Geltendmachung von Ansprüchen im Bereich des Scheidungsfolgenrechts dar, vgl. z. B. Sec. 21 (2) MCA; vgl. *Douglas/Lowe*, S. 242; *Gregor*, S. 3 f.; *Standley*, S. 154.

525 *Bond/Black/Bridge*, S. 265 ff.; *Cretney*, Rn 13-101; *Douglas/Lowe*, S. 912 f.; *Horstmann*, S. 45 f., 56, 59; *Kast*, S. 285; *Standley*, S. 200; *Süß/Ring*, S. 658.

526 Zu den versch. Anordnungsmöglichkeiten siehe auch: *Herring*, S. 220 ff.; und detaillierter: *Cretney*, Rn 13-017 ff.; *Douglas/Lowe*, S. 836 ff.; *Horstmann*, S. 7 ff.; *Kiene*, S. 180 ff.

Insbesondere können Ehegatten anlässlich der Scheidung beantragen, dass das Gericht sog. *property adjustment orders*[527] nach Sec. 24 (1) MCA erlässt. Besonders relevant ist die Variante nach Sec. 24 (1) (a), nach der das Gericht anordnen kann, dass Vermögen (genauer: Eigentum hieran) einem der Ehegatten, einem Kind der Familie oder einer dritten Person zugunsten eines Kinds der Familie übertragen werden soll. Objekte eines solchen *transfer of property* können sowohl *realty* als auch *personalty*, und damit auch Heimtiere, sein.[528] Irrelevant ist dabei, in wessen Eigentum der konkrete Vermögensgegenstand steht, ob er vor der Eheschließung oder während der Ehezeit erworben wurde und ob der Gegenstand dem Ehegatten geschenkt bzw. vererbt wurde.[529] So kann das Eigentum an einem Heimtier z. B. auf einen von mehreren Miteigentümern übertragen, es beim Alleineigentümer belassen oder das Eigentum vom Alleineigentümer auf den anderen Ehegatten übertragen werden. Daneben kann das Gericht statt der Übertragung des Eigentums an Vermögensgegenständen auch Nutzungsrechte an diesen begründen, vgl. Sec. 24 (1) (b) MCA.[530] Mögliche Bezugsobjekte eines solchen *settlement of property* sind dieselben wie bezüglich eines *transfer of property*.[531]

---

527 Fremdsprachige Begriffe werden im Haupttext (Ausnahme: in Überschriften) kursiv geschrieben. Die Groß- und Kleinschreibung sowie Flexion richten sich nach den Regeln der jeweiligen Fremdsprache.

528 *Kiene*, S. 191 f.; *Standley*, S. 165 f.; *Süß/Ring*, S. 658; *Wragg*, S. 22. Zu den Begriffen realty und personalty, sowie der Subsumtion von Heimtieren hierunter siehe Kapitel 5-B-I-2. Sonderregelungen, die die Anwendung der Sec. 24 MCA auf Heimtiere kraft Spezialität sperren würden, existieren nicht, vgl. *Kast*, S. 2, 4, 254, 282, 322; Rieck/Lettmaier/*Woelke*, England und Wales, Rn 44.

529 *Frank*, S. 24; *Kiene*, S. 191; Rieck/Lettmaier/*Woelke*, England und Wales, Rn 40; *Süß/Ring*, S. 658. Wenngleich diese Umstände, wie auch alle sonstigen Einzelfallumstände, im Rahmen der gerichtlichen Billigkeitsentscheidung zu berücksichtigen sind.

530 Durch ein solches settlement of property könnte theoretisch bei entsprechender Ermessensausübung des Gerichts eine zeitweise Besitz- bzw. Nutzungsüberlassung und damit eine Art „Umgangsrecht“ geschaffen werden. Dies erscheint jedoch unwahrscheinlich, da settlements of property in der Regel mit dem Zweck angeordnet werden, die Nutzungsbefugnis hinsichtlich eines werthaltigen Vermögensgegenstandes (wie die Ehewohnung) einem anderen, zumeist dem anderen Ehegatten, über einen relativ langen Zeitraum (z. B. bis zu dessen Versterben) zuzuweisen, vgl. *Cretney*, Rn 13-026; *Frank*, S. 33 f.; *Schmalzl*, S. 135 f.; *Standley*, S. 166.

531 *Douglas/Lowe*, S. 845 f.; *Kiene*, S. 191 f.; *Süß/Ring*, S. 658.

Bei der Entscheidung, welche Maßnahmen das Gericht anordnet, hat es einen sehr weiten Ermessensspielraum.[532] Dabei hat es gem. Sec. 25 (1) MCA alle Einzelfallumstände, insbesondere aber das Kindeswohl der minderjährigen Kinder in der Familie zu berücksichtigen. Sec. 25 (2) bis (4) MCA zählen beispielhaft einige zu berücksichtigende Umstände auf, etwa die Einkommens- und Vermögensverhältnisse der Eheleute, deren jeweiligen Bedarf, den Lebensstandard und die Dauer der Ehe.[533] Weiter haben die Gerichte das sog. *clean break principle* zu berücksichtigen, wonach das Gericht prüfen muss, ob es im konkreten Fall vorteilhaft ist, eine Entscheidung zu erlassen, die die Vermögensverhältnisse der Eheleute endgültig und möglichst abrupt klärt.[534] Wenngleich zu den zu berücksichtigenden Einzelfallumständen auch Gesichtspunkte des Tierwohls zählen, die die Gerichte somit, jedenfalls rechtstheoretisch, zu berücksichtigen haben, ist, soweit ersichtlich, entsprechende Rechtsprechung bisher nicht ergangen.

## II. Spanisches Recht

Der *Código Civil* – das spanische Äquivalent zum BGB – entstand zeitlich in etwa parallel zum BGB.[535] Hinsichtlich des Umgangs mit Tieren weist der CC einige Gemeinsamkeiten mit dem deutschen Zivilrecht auf. Ausweislich Art. 333 und 348 CC sind Tiere – vorbehaltlich gesetzlicher Einschränkungen – eigentumsfähig und gemäß Art. 430 ff. CC auch besitzfähig. Tiere sind aber auch im spanischen Recht keine Sachen, wenngleich dort ebenfalls die für Sachen geltenden Vorschriften entsprechend auf Tiere angewandt werden, wenn dies mit dem Wesen der Tiere und den tierschützenden Bestimmungen vereinbar ist vgl. Art. 333 a Ziffer 1 CC.

---

532 *Gregor*, S. 25; *Harding/Probert*, Rn 445; *Henrich/Huber*, S. 127; *Kast*, S. 257; *Kiene*, S. 204; *Turner/Davis-Ferid*, S. 126.

533 Vgl. Aufzählung bei *Frank*, S. 36 f.; *Harding/Probert*, Rn 445 und Rieck/Lettmaier/*Woelke*, England und Wales, Rn 35; *Süß/Ring*, S. 659. Vgl. detaillierter: *Douglas/Lowe*, S. 882 ff.; *Harding/Probert*, Rn 462 ff.; *Herring*, S. 226 ff.; *Horstmann*, S. 61 ff.

534 Sec. 25A MCA; *Bond/Black/Bridge*, S. 232; *Cretney*, Rn 13-099; *Hamilton/Perry*, S. 123; *Harding/Probert*, Rn 475; *Herring*, S. 221 f.; *Kiene*, S. 217 f.; *Wragg*, S. 30 f. Nicht zur Anwendung gelangt das clean break principle hingegen bei Entscheidungen, die an eine judicial separation anknüpfen, vgl. Sec. 25A MCA; *Wragg*, S. 31.

535 *Adomeit/Frühbeck*, S. 33.

### 1. *Reform 2021*

Die Erhebung der Tiere in einen Status abseits der (beweglichen) Sachen fand erst kürzlich, nämlich im Dezember 2021 statt.[536] Durch die entsprechenden Gesetzesänderungen sind ausweislich Art. 333 a Ziffer 1 CC Tiere nun *„seres vivos dotados de sensibilidad"*, was übersetzt werden kann als „Lebewesen mit Empfindungsvermögen". Nach der Präambel des Änderungsgesetzes soll diese Regelung als Maxime dienen und für die Auslegung des gesamten Rechtssystems maßgeblich sein.[537] Daneben wurden durch das Gesetz zahlreiche Änderungen im CC, dem Hypothekengesetz und des Gesetzes über den Zivilprozess eingefügt. So wurde z. B. in Art. 1864 CC die absolute Unpfändbarkeit von Heimtieren statuiert oder in Art. 333 a Ziffer 4 CC ein Schadensersatzanspruch u.a. des Besitzers eines Heimtiers geschaffen, der es diesem ermöglicht, Ersatz des immateriellen Schadens zu verlangen, der aus dem Tod des Tiers oder dessen schwerer (auch nur psychischer) Gesundheitsbeeinträchtigung resultiert. Der spanische Gesetzgeber sieht die Reform als „Grundstein" für die sich fortsetzende Besserstellung von Tieren im spanischen Recht durch die (beabsichtigte) Implementierung weiterer Schutzregelungen.[538]

Innerhalb dieser Reform hat der spanische Gesetzgeber mit Art. 94 a CC eine neuartige Regelung geschaffen. Diese im Trennungs- und Scheidungsfolgenrecht verortete Norm schafft eine gerichtliche Kompetenz zur Regelung, welcher Ehegatte das Tier zugewiesen erhält und wie die Heimtierhaltungskosten zwischen den Ehegatten verteilt werden und zwar unabhängig davon, ob das Tier im Alleineigentum eines der oder im Miteigentum beider Ehegatten steht.[539] Die Besonderheit besteht darin, dass das Gericht weder Eigentum noch Besitz beiden oder einem der Ehegatten zuweist, sondern die *„cuidado a los animales"*, was mit „Tiersorge" übersetzt werden kann.[540] Auf dieses Sorgerecht für bzw.

---

536 Vgl. ley 17/2021, de 15 de diciembre, de modificación del Código Civil, la Ley Hipotecaria y la Ley de Enjuiciamiento Civil, sobre el régimen jurídico de los animales.

537 Vgl. Präambel des ley 17/2021, de 15 de diciembre, de modificación del Código Civil, la Ley Hipotecaria y la Ley de Enjuiciamiento Civil, sobre el régimen jurídico de los animales.

538 Vgl. Präambel des ley 17/2021, de 15 de diciembre, de modificación del Código Civil, la Ley Hipotecaria y la Ley de Enjuiciamiento Civil, sobre el régimen jurídico de los animales.

539 *Götz*, FamRZ 2023, 241 (243).

540 Ebd.

an Tieren, insbesondere auf die vom Gericht heranzuziehenden Ermessensgesichtspunkte, wird sogleich eingegangen.[541]

## *2. Allgemeines zum Ehegattenrecht*

Der gesetzliche Güterstand in Spanien ist die *sociedad de Gananciales,* die Errungenschaftsgemeinschaft, die eine Art Gesamthandsgemeinschaft betreffend die meisten während der Ehe erworbenen Vermögensgegenstände zur Folge hat.[542] Art. 1346 Ziffer 1 CC regelt ausdrücklich, dass das bereits zum Zeitpunkt der Eheschließung bestehende Eigentum eines Ehegatten an einem Tier durch diese unberührt bleibt. Wird ein Tier in der Ehe entgeltlich und von einem Ehegatten allein erworben, so ist die Frage, ob es sich um gemeinsames Eigentum der Ehegatten oder Alleineigentum des erwerbenden Ehegatten handelt, danach zu beantworten, aus welchem Vermögen die Kosten gedeckt werden. Ausweislich Art. 1347 Ziffer 3 CC ist das Tier gemeinsames Eigentum, wenn die Anschaffungskosten aus dem gemeinsamen Vermögen getragen werden. Im Umkehrschluss ist es Alleineigentum des erwerbenden Ehegatten, wenn dieser den Kaufpreis aus eigenen Mitteln finanziert, z. B. aus geschenktem Vermögen.[543] Erwerben die Ehegatten das Tier gemeinsam, so wird – unabhängig davon, ob der Kaufpreis aus eigenen oder gemeinsamen Mitteln erbracht wird – gem. Art. 1355 CC vermutet, dass das Tier gemeinsames Eigentum ist. Im Übrigen wird grundsätzlich vermutet, dass das vorhandene Vermögen gemeinsames ist, solange nicht abweichendes nachgewiesen ist.[544]

Die Scheidung bzw. gerichtliche Trennung[545] der Eheleute setzt auch nach spanischem Recht gem. Art. 81 CC (i.V.m. Art. 86 CC) gewisse materielle Umstände voraus. Daneben müssen die Eheleute ihrem Antrag auch einen begründeten Vorschlag zur Regelung der Trennungs- bzw. Scheidungsfolgen beifügen.[546] Dessen Mindestinhalt legt Art. 90 Ziffer 1 CC fest. Danach muss der Vorschlag

541 Vgl. Kapitel 4-B-II-3.

542 Art. 1316 CC i.V.m. Art. 1344 ff. CC; *Adomeit/Frühbeck*, S. 42 f.; Rieck/Lettmaier/*Adam/PeronaFeu*, Spanien, Rn 11.

543 Zur Qualifikation von geschenktem Vermögen als Privatvermögen eines Ehegatten vgl. Art. 1346 Ziffer 2 CC.

544 Vgl. Art. 1361 CC und *Adomeit/Frühbeck*, S. 43.

545 Statt sich scheiden zu lassen können sich spanische Ehegatten gerichtlich trennen lassen, ohne die Ehe zu beenden, vgl. Art. 81 f. und 85 CC. Vgl. hierzu Rieck/Lettmaier/*Adam/PeronaFeu*, Spanien, Rn 15.

546 Vgl. Art. 81 CC (i.V.m. Art. 86 CC).

bei Vorhandensein von Heimtieren auch regeln, wie die Heimtierhaltungskosten verteilt werden und, bei wem bzw. unter wessen Sorge das Heimtier zu welchem Anteil lebt. Der eingereichte Vorschlag wird gem. Art. 90 Ziffer 2 CC gerichtlich geprüft und entweder gebilligt oder (teilweise) durch neue, vom Gericht festgelegte Regelungen abgeändert. Soweit veränderte Umstände – auch bezüglich eines Heimtiers – dies erfordern, kann die entsprechende gerichtliche Entscheidung im Nachgang angepasst werden, vgl. Art. 90 Ziffer 3 CC.

### 3. *Verteilung von Heimtieren bei Scheidung*

Bei der Verteilung von Heimtieren bei (gerichtlicher Trennung bzw.) Scheidung im spanischen Recht geht es wie bereits dargestellt darum, das Sorgerecht für das bzw. am Heimtier zu regeln. Dabei müssen sowohl die Ehegatten bei Erarbeitung des einzureichenden Vorschlags, als auch das Gericht bei dessen Überprüfung das Wohlergehen des Tiers als Ermessensgesichtspunkt beachten, vgl. Art. 90 Ziffer 1 Buchstabe b, Ziffer 2, Art. 94 a CC. Dabei handelt es sich jeweils nicht um eine Entscheidung nach billigem Ermessen, in die *auch* der Gesichtspunkt des Wohlergehens des Tiers einzustellen ist, sondern jeweils um eine Entscheidung in die (nur) die ausdrücklich genannten Punkte einzustellen sind. Bei der gerichtlichen Prüfung der Billigkeit des eingereichten Vorschlags hinsichtlich der Regelungen zum Heimtier stellt das Wohlergehen des Tiers sogar den einzigen zu berücksichtigenden Umstand dar.[547] Bei der jeweiligen „Erarbeitung" (des Vorschlags) der Regelung zum Heimtier sind – sowohl von den Ehegatten als auch vom Gericht – neben dem Wohlergehen des Tiers weiter (gleichrangig) auch die Interessen der Familienmitglieder zu berücksichtigen.[548]

Äquivalente Ermessensgesichtspunkte, nämlich das Wohlergehen des Tiers und die Interessen der Miteigentümer, haben die spanischen Gerichte auch dann zu berücksichtigen, wenn sie mangels einvernehmlicher Regelung der Miteigentümer entscheiden müssen, wie mit dem im Miteigentum stehenden Heimtier weiter verfahren wird.[549] Eine Miteigentümergemeinschaft i.S.d. Art. 392 CC kann zwischen Ehegatten z. B. dann bestehen, wenn das Heimtier vor Eheschließung gemeinsam angeschafft wurde. Grundsätzlich sieht das spanische Recht als Verfahrensweise der zwangsweisen Aufhebung der Eigentümergemeinschaft ausweislich Art. 400 CC primär die Teilung und gem. Art. 404 CC subsidiär den Verkauf und die Teilung des Erlöses vor. Bei Heimtieren, die gem. Art. 404 CC

547 Vgl. Art. 90 Ziffer 2 CC.
548 Vgl. Art. 90 Ziffer 1 Buchstabe b, Art. 94 a CC.
549 Vgl. Art. 404 CC.

als grundsätzlich unteilbar gelten, darf der Verkauf jedoch nur ausnahmsweise stattfinden, wenn alle Miteigentümer einverstanden sind. Ansonsten entscheidet das Gericht unter Berücksichtigung der vorgenannten Punkte, wer das Heimtier zu welchen Konditionen erhält. Nach dem Gesetzeswortlaut des Art. 404 CC kommt auch hier eine geteilte Regelung in Betracht, nach der das Gericht die Heimtierhaltungskosten und die „Pflegezeiten“ unter mehreren Miteigentümern aufteilen kann.

Welche genauen Gesichtspunkte (z. B. tatsächlich gelebte Tierpflege in der Vergangenheit, (Haupt-)Bezugsperson des Heimtiers etc.) die spanischen Gerichte jeweils im Rahmen der Berücksichtigung des Wohlergehens des Tiers prüfen werden, wird sich erst in Zukunft zeigen. Bereits jetzt ist jedoch zu konstatieren, dass dem Wohlergehen des Tiers durch die Gesetzessystematik und die Gesetzesformulierung eine Betonung zuteil wird, die ihr im deutschen Recht (bislang) verwehrt bleibt.

## III. Schweizerisches Recht

Die in der Schweiz maßgeblichen Normen zum Umgang mit Heimtieren bei Trennung und Scheidung finden sich im schweizerischen Zivilgesetzbuch. Dieses regelt den grundsätzlichen Umgang des (Sachen-)Rechts mit Tieren in Art. 641 a ZGB in nahezu identischem Wortlaut wie das BGB. Danach sind Tiere keine Sachen, soweit jedoch für Tiere keine besonderen Regelungen existieren, gelten für Tiere die auf Sachen anwendbaren Vorschriften.[550] Mangels abweichender leges speciales sind Tiere eigentumsfähig i.S.d. Art. 641 ff. ZGB und besitzfähig i.S.d. Art. 919 ZGB.

### 1. *Allgemeines zum Ehegattenrecht*

Der gesetzliche Güterstand in der Schweiz ist die Errungenschaftsbeteiligung.[551] Während dabei voreheliches Vermögen getrennt bleibt, zählt das meiste während der Ehezeit (entgeltlich) erworbene Vermögen zur sog. Errungenschaft, die bei Scheidung auszugleichen ist.[552] Die Eigentumsverhältnisse an einem

550 Vgl. Art. 641 a ZGB; *Sutter-Somm,* Rn 21 und 928.

551 Vgl. Art. 181 ZGB; Rieck/Lettmaier/*Meyer*, Schweiz, Rn 31; *Wittibschlager*, S. 60. Es steht den schweizerischen Eheleuten frei, durch Ehevertrag einen anderen der gesetzlich normierten Güterstände, d. h. Gütergemeinschaft oder Gütertrennung zu wählen, vgl. Art. 182 Abs. 2, 221, 247 ZGB; Rieck/Lettmaier/*Meyer*, Schweiz, Rn 32; *Wittibschlager*, S. 61 f.

552 Vgl. Art. 196 ff., 204 ff. ZGB; *Wittibschlager*, S. 60.

Heimtier stellen sich dabei ähnlich dar wie im spanischen Recht. Stand das Heimtier bereits vor Eheschließung im Alleineigentum eines oder beider Ehegatten, bleibt das jeweilige Eigentum bestehen.[553] Wird das Heimtier in der Ehe von einem Ehegatten mit dessen Eigenmitteln erworben, erlangt dieser Ehegatte Alleineigentum am Heimtier. Stammen die Mittel zur Anschaffung dagegen aus dem gemeinsamen Vermögen, der sog. Errungenschaft, fällt auch das Heimtier in das gemeinsame Vermögen, vgl. Art. 197 Abs. 2 S. 5 ZGB. Ebenso wie im spanischen Recht und für Heimtiere im Ergebnis auch im deutschen Recht wird gem. Art. 200 ZGB auch im schweizerischen Recht vermutet, dass vorhandenes Vermögen gemeinsames ist, solange nicht gegenteiliges nachgewiesen ist.

Liegen die entsprechenden Voraussetzungen nach (Art. 117 ZGB i.V.m.) Art. 111 ff. ZGB vor, können sich schweizerische Ehegatten gerichtlich trennen[554] oder scheiden lassen. Den Ehegatten steht es gem. Art 111 Abs. 1 ZGB frei, sich einvernehmlich und umfassend über die Scheidungsfolgen zu einigen. Das Gericht überprüft diese Vereinbarung jedoch auf offensichtliche Mängel.[555] Treffen die Ehegatten keine (vollständige) Vereinbarung, so richtet sich gem. Art. 120 Abs. 1 ZGB alternativ die güterrechtliche Auseinandersetzung nach den jeweiligen Bestimmungen über das Güterrecht. Für die Errungenschaftsbeteiligung sind dies die Art. 201 ff. ZGB.

### 2. *Verteilung von Heimtieren bei Scheidung*

Richtet sich die Auseinandersetzung im gesetzlichen Güterstand mangels Individualvereinbarung nach dem Gesetz, so regelt Art. 205 Abs. 1 ZGB, dass jeder Ehegatte die in seinem Alleineigentum stehenden Vermögenswerte zurücknimmt. Für im Miteigentum stehende Vermögenswerte sieht Art. 205 Abs. 2 ZGB vor, dass der Ehegatte, der an diesem ein überwiegendes Interesse nachweist, verlangen kann, dass ihm dieser bestimmter Vermögenswert gegen Entschädigung an den anderen Ehegatten zugewiesen wird. Für die meisten Heimtiere geht jedoch Art. 651 a ZGB vor.[556]

---

553 Vgl. Art. 198 Abs. 2 ZGB.

554 Wie auch im englischen und spanischen Recht bleibt auch im schweizerischen Recht die Ehe trotz der gerichtlichen Trennung bestehen, vgl. 118 Abs. 1 ZGB. Näher hierzu: Rieck/Lettmaier/*Meyer*, Schweiz, Rn 51.

555 Vgl. Rieck/Lettmaier/*Meyer*, Schweiz, Rn 83.

556 Art. 651 a ZGB verwendet nicht den Begriff des Heimtiers, sondern formuliert „bei Tieren, die im häuslichen Bereich und nicht zu Vermögens- oder Erwerbszwecken gehalten werden". Diese Definition weicht von der in dieser Arbeit aufgestellten ab. Im Ergebnis unterfallen aber die meisten der Heimtiere im Sinne dieser Arbeit auch

Mit Art. 651 a ZGB hat der schweizerische Gesetzgeber im Jahr 2002 im Hinblick auf Heimtiere einen anderen, „tierorientierteren“ Weg statuiert. Die Norm ist bei den Vorschriften zur Aufhebung einer Eigentumsgemeinschaft verortet, da sie ihrem originären Wortlaut nach den Fall der zwangsweisen Auseinandersetzung einer Miteigentümergemeinschaft an einem Heimtier regelt. Der Systematik des schweizerischen Rechts betreffend Mehrheiten von Eigentümern nach kann gem. Art. 650 Abs. 1 ZGB grundsätzlich jeder Miteigentümer die Aufhebung des Miteigentums verlangen.[557] Einigen sich die Miteigentümer nicht einvernehmlich über die Aufhebung, so ordnet das Gericht gem. Art. 651 Abs. 2 ZGB an, ob die im Miteigentum stehende Sache körperlich geteilt wird oder, wenn dies nach Einschätzung des Gerichts nicht ohne wesentliche Verminderung ihres Wertes möglich ist, ob die Sache öffentlich oder unter den Miteigentümern versteigert wird. Abweichend zu dieser Standardverfahrensweise regelt Art. 651 a ZGB für die meisten Heimtiere, dass das Gericht im Falle der Nichteinigung der Miteigentümer das Alleineigentum am Heimtier derjenigen Partei zuspricht, „*die in tierschützerischer Hinsicht dem Tier die bessere Unterbringung gewährleistet*“. Ausweislich der Gesetzesbegründung ist damit einerseits die Unterbringung und Fütterung gemeint, andererseits aber auch die Beziehung des Tiers zum Menschen, wobei diese ausdrücklich nur im Interesse des Tiers und nicht in dem des Menschen einzubeziehen ist.[558] Dass das Gericht bei seiner Entscheidung daneben weitere (Ermessens-)Gesichtspunkte berücksichtigt, ist ausweislich des Gesetzestexts nicht vorgesehen. Auch enthält weder der Gesetzestext noch die -begründung einen Hinweis darauf, woran das Gericht sich zu orientieren hat, wenn mehrere Parteien eine in tierschützerischer Hinsicht gleichwertige Unterbringung gewährleisten können.

Da Art. 651 a ZGB auch bei Scheidung der Eheleute zur Anwendung kommt und dabei die allg. güterrechtlichen Auseinandersetzungsregelungen verdrängt, sind dort die gleichen Umstände bzw. Ermessensgesichtspunkte maßgebend.[559] Im Vergleich zur entsprechenden deutschen Ermessensentscheidung steht damit im schweizerischen Recht der Tierschutz bzw. das Tierwohl nicht nur deutlich

---

dem Anwendungsbereich von Art. 651 a ZGB. Zum Charakter von Art. 651 a ZGB als lex specialis zu Art. 205 Abs. 2 ZGB vgl. (schweizerisches) Bundesblatt 2002 4164 (4171); *Bahn*, S. 153; *Rey*, Rn 139k.

557 Dies gilt im Übrigen auch dann, wenn nicht Bruchteilseigentum, sondern Gesamteigentum i.S.d. Art. 652 ZGB vorliegt, vgl. Art. 654 Abs. 2 ZGB.

558 Vgl. (schweizerisches) Bundesblatt 2002 4164 (4171).

559 Zum Charakter von Art. 651 a ZGB als lex specialis zu Art. 205 Abs. 2 ZGB vgl. oben Fußnote 556.

stärker im Vordergrund, sondern stellt im Grundsatz sogar das einzige Entscheidungskriterium dar.[560]

## IV. Zusammenfassende Wertung

Das englische und das deutsche Recht verhalten sich ähnlich bzgl. Problemen im Zusammenhang mit Heimtieren bei Trennung und Scheidung. Beide Rechtsordnungen kennen keinen spezifisch auf Heimtiere gemünzten Anspruch auf Zuweisung anlässlich Trennung oder Scheidung. Das deutsche Recht kennt jedoch speziell anlässlich der Trennung von Ehegatten einen Besitzüberlassungsanspruch, welcher analog auch auf Heimtiere anzuwenden ist; wenngleich dieser nach hier vertretener Auffassung nur dann (erfolgreich) geltend gemacht werden kann, wenn das Heimtier im Miteigentum beider Eheleute steht. Das englische Recht knüpft an die bloße Trennung der Ehegatten keine derartigen Folgen. Beide Rechtsordnungen knüpfen aber an die Scheidung weitere allgemeine Scheidungsfolgen, insbesondere solche, die die Verteilung bzw. Zuteilung einzelner Vermögensgegenstände betreffen und die auch auf Heimtiere Anwendung finden. Die entsprechenden englischen Regelungen sind dabei geprägt von der extremen Ermessensfreiheit der Gerichte bzgl. Anordnung und Weite der Scheidungsfolgen. Im deutschen Recht findet eine Verteilung (auch von Heimtieren) durch Ermessensentscheidung des Gerichts im Grundsatz nur statt, wenn das Heimtier im Miteigentum beider Ehegatten steht, während dies im englischen Recht unabhängig von der Eigentumslage möglich ist.

Das spanische Recht unterscheidet sich vom deutschen vor allem durch die (neue) Möglichkeit des (geteilten) Sorgerechts nach Scheidung der Ehe, welches unabhängig von den Eigentumsverhältnissen am Heimtier angeordnet werden kann. Im deutschen Recht kann das Heimtier (auf entsprechendes Verlangen eines der Ehegatten hin) nur einem der Ehegatten zu Alleineigentum zugeteilt werden und auch dies nur dann, wenn das Heimtier zuvor im gemeinsamen Eigentum der Ehegatten stand. Gemein haben die Rechtsordnungen, dass das Gericht jeweils eine Ermessensentscheidung trifft. Auch die zu berücksichtigenden Ermessensgesichtspunkte ähneln sich, wobei das Wohlergehen des Heimtiers im spanischen Recht auf gesetzlicher Ebene eine stärkere Betonung erfährt als im deutschen Recht. Ob sich diese nach dem spanischen Gesetzestext gegebene verstärkte Berücksichtigung des Wohlergehens des Heimtiers auch in der Rechtsprechung entsprechend wiederfinden wird, bleibt abzuwarten.

560 Im Ergebnis so auch *Sutter-Somm*, Rn 285.

Das schweizerische Recht ähnelt dem deutschen dahingehend, dass bei gemeinsamem Eigentum und Uneinigkeit der Ehegatten eine Billigkeitsentscheidung durch das Gericht betreffend die Zuweisung des Alleineigentums am Heimtier ergeht. Steht das Heimtier im Alleineigentum eines Ehegatten, so scheidet diese Möglichkeit in beiden Rechtsordnungen aus. Im Unterschied zum deutschen Recht ist im schweizerischen Recht auch bei der zwangsweisen Aufhebung einer Miteigentümergemeinschaft an einem Heimtier eine gerichtliche Zuweisungsentscheidung möglich. Wohingegen im deutschen Recht neben dem Tierwohl stets auch weitere Ermessensgesichtspunkts zu berücksichtigen sind, stellt im schweizerischen Recht der Tierschutz bzw. das Tierwohl im Grundsatz das einzige zu berücksichtigende Kriterium dar.

# Kapitel 5: Erbrecht

Mag im Leben der Tod unliebsam und negativ konnotiert sein, so stellt sich konträr dazu das an den Tod anknüpfende Erbrecht als „bunte Spielwiese“ mit vielfältigen Gestaltungsmöglichkeiten dar. Zahlreiche Instrumente der Nachlassplanung ermöglichen es dem Erblasser, detailliert und mitunter langfristig[561] zu regeln und zu steuern, was mit seinem Nachlass geschieht.

Zumeist kommt es dem Erblasser bei seiner Nachlassplanung darauf an, geliebte und/oder bedürftige Personen (finanziell) abzusichern und sein Vermögen in „guten Händen“ zu wissen, also von solchen Personen beerbt zu werden, die der Erblasser als vertrauenswürdig einstuft. Hat der Erblasser ein Heimtier, so kann zusätzliches Motiv sein, dessen Versorgung und Betreuung auch nach dem eigenen Tod sicherzustellen. Dieses Motiv wird umso mehr in den Vordergrund rücken, je enger die emotionale Bindung des Erblassers an sein Heimtier ist. Ob und wie dieses Ziel im deutschen Erbrecht angemessen zu erreichen ist, wird im Folgenden erörtert.

## A. Deutsches Recht de lege lata

Zunächst soll untersucht werden, inwieweit (Heim-)Tiere de lege lata im Rahmen der gesetzlichen und testamentarischen Erbfolge berücksichtigt werden (können).[562] Im Rahmen der Untersuchung der gewillkürten Erbfolge unter Einbeziehung eines Heimtiers werden dabei in besonderer Weise die unterschiedlichen testamentarischen Gestaltungsmittel, wie z. B. die (Zweck-)Auflage, die Bedingung oder die Testamentsvollstreckung beleuchtet. Als Ergebnis der nachfolgenden Untersuchung wird der Vorschlag eines „Tiertestaments“ präsentiert, das den Zweck der transmortalen Tiersorge im Rahmen der gegebenen rechtlichen Möglichkeiten bestmöglich umzusetzen sucht.

Im Rahmen der folgenden Untersuchung des deutschen Erbrechts werden einzelne Aspekte mittels Heranziehung von Fallbeispielen veranschaulicht. Als Anknüpfungspunkt dienen dabei folgende ausgewählte Beispiele von möglichen

561 So kann z. B. durch die Anordnung von Vor- und Nacherbschaft über mehrere Generationen, ggf. in Kombination mit der Anordnung einer Testamentsvollstreckung, über Jahrzehnte Einfluss auf den (weiteren) Verbleib des Nachlasses bzw. den Umgang damit genommen werden.

562 Gesetzesänderungen sind berücksichtigt bis 31.12.2022.

(Problem-)Situationen, die im Zusammenhang mit Heimtieren und einem Erbfall eintreten können:

**Beispiel 1:** Der Erblasser (E) verstirbt ohne letztwillige Verfügung. Er war verwitwet und hinterlässt drei Abkömmlinge. Während zu zweien dieser Abkömmlinge (A1 und A2) seit Jahren nur noch sporadischer Kontakt bestand, besuchte der dritte Abkömmling (A3) E nahezu täglich. A3 erledigte für E außerdem alltägliche Aufgaben wie den Lebensmitteleinkauf und ging im Rahmen seiner Besuche bei E ab und an auch mit dessen Hund spazieren, damit dieser ausreichend Auslauf bekam.

**Beispiel 2:** Der betagte Erblasser (E) hat weder Abkömmlinge noch Geschwister, auch seine Eltern sind vorverstorben. E war zeitlebens ein großer Tierliebhaber und möchte nach seinem Tod etwas Gutes bewirken, indem er sein Vermögen postmortal „den Tieren" zugutekommen lassen will.

**Beispiel 3:** Der krebskranke Erblasser (E) ist verwitwet, lebt aber seit einigen Jahren mit seiner nichtehelichen Lebensgefährtin (L) zusammen. E hat drei Abkömmlinge, zu denen er zwar regelmäßigen telefonischen Kontakt hat, die ihn jedoch selten besuchen, da sie alle drei weit entfernt leben und beruflich stark eingebunden sind. E hat einen Hund, der mit ihm und L in der vormals von L alleine und nunmehr gemeinsam bewohnten Wohnung lebt. Im Gegensatz zu E ist L keine große Tierliebhaberin. E zuliebe duldet sie den Hund jedoch und kümmert sich ab und zu auch um diesen, wenn es dem E zeitlich nicht möglich ist, den Hund zu füttern oder mit ihm spazieren zu gehen. E sorgt sich, wie es für den Hund nach seinem Tod weitergeht. Obwohl er seine Kinder als Erben einsetzen will, wünscht er sich, dass der Hund bei L und damit auch in der gewohnten Umgebung bleiben kann und L sich um den Hund kümmern wird. E meint auch, dass der Hund nach seinem (Es) Tod für L eine wichtige Stütze sein könnte.

## I. Tiere als Erblasser, Erben und Vermächtnisnehmer

Unabhängig davon, ob eine letztwillige Verfügung die Erbfolge regelt oder ob die gesetzliche Erbfolge greift, stellt sich zunächst die Frage, ob und inwieweit Tiere an einem Erbfall als Erben, Vermächtnisnehmer oder Erblasser selbst beteiligt sein können. Tiere könnten nur dann eine dieser Positionen innehaben, wenn sie die vom Gesetzgeber vorgegebenen Merkmale erfüllten.

In § 1922 Abs. 1 BGB wird ein Erbfall als der Tod einer Person, nämlich des Erblassers, und der/die Erbe(n) als die Person(en), auf die das Vermögen des Erblassers übergeht, legaldefiniert. Mit „Person" sind im BGB grundsätzlich nicht nur natürliche Personen i.S.d. §§ 1 ff. BGB, also Menschen, gemeint, sondern auch juristische Personen.[563] Der Tod der „Person" i.S.d. § 1922 Abs. 1 BGB setzt jedoch ein körperliches Sterben voraus, das kraft Natur der Sache nur den Menschen als natürlichen Personen, nicht aber den juristischen Personen innewohnt, sodass Erblasser nur natürliche Personen sein können.[564] Juristische Personen können zwar durch Auflösung und Liquidation beendet werden; sie sterben jedoch nicht im körperlichen Sinne, sodass diese nicht Erblasser i.S.d. deutschen Erbrechts sein können.[565]

Neben der Eigenschaft als Person muss ein Erbe zusätzlich auch erbfähig i.S.d. § 1923 BGB sein. Erbfähigkeit in diesem Sinne ist zu definieren als die Fähigkeit, als Gesamtrechtsnachfolger in die Rechtsstellung des Erblassers einzurücken und u.a. das Vermögen des Erblassers zu erlangen.[566] Sie stellt einen Unterbereich der Rechtsfähigkeit i.S.d. § 1 BGB dar.[567] § 1923 BGB stellt insoweit klar, dass nur den Erblasser überlebende natürliche Personen erbfähig sind, wobei nascituri als solche fingiert werden, es sei denn, es kommt nicht zur Lebendgeburt.[568] Juristische Personen müssen den Erblasser entsprechend „überexistieren" in dem Sinne, dass sie im Zeitpunkt des Erbfalls rechts- und erbfähig existieren.[569]

Tiere können zwar nach allgemeinem Sprachgebrauch „sterben"; sie sind jedoch keine Rechtssubjekte und damit keine Personen i.S.d. BGB.[570] Vielmehr

---

563 Döbereiner/Falkner/*Krätzschel,* § 1 Rn 4; *Röthel,* § 6 Rn 6. Der Begriff „juristische Personen" meint hier nicht nur die juristischen Personen im engeren Sinne, sondern u.a. auch die rechtsfähigen Personenhandelsgesellschaften und den rechtsfähigen Verein sowie neben den juristischen Personen des Privatrechts auch die des öffentlichen Rechts; vgl. *Leipold,* § 2 Rn 26 f.; *Röthel,* § 6 Rn 10.

564 *Hausmann*/Hohloch, Kapitel 1 Rn 9; *Lange/Kuchinke,* S. 76; *Muscheler,* Erbrecht Band 1, § 7 Rn 111; Grüneberg/*Weidlich,* § 1922 Rn 2; *Röthel,* § 6 Rn 2.

565 *Hausmann*/Hohloch, Kapitel 1 Rn 9; *Leipold,* § 2 Rn 24.

566 *Hausmann*/Hohloch, Kapitel 1 Rn 11; Grüneberg/*Weidlich,* § 1923 Rn 1.

567 Ebd.; *Lange/Kuchinke,* S. 78; *Muscheler,* Erbrecht Band 1, § 7 Rn 124; *Röthel,* § 6 Rn 7.

568 Vgl. § 1923 Abs. 2 i.V.m. § 1 BGB; Vgl. *Brox/Walker,* § 1 Rn 10; Große-Wilde/Ouart/*Zecher,* § 1923 Rn 7; Grüneberg/*Weidlich,* § 1923 Rn 6.

569 Große-Wilde/Ouart/*Zecher,* § 1923 Rn 12; *Leipold,* § 2 Rn 29; *Kipp/Coing,* § 84 II 4; Grüneberg/*Weidlich,* § 1923 Rn 7. Eine Ausnahme bildet die Stiftung von Todes wegen i.S.d. § 83 BGB, die qua letztwilliger Verfügung vollständig zur Entstehung gelangt und nach dem Erbfall anerkannt wird; für diese greift § 84 BGB, der eine solche Stiftung als vor dem Tode des Erblassers entstanden fingiert; vgl. *Brox/Walker,* § 1 Rn 10; *Leipold,* a.a.O.; Grüneberg, a.a.O. Diese ist zu unterscheiden von der Stiftung, die zwar aufgrund einer letztwilligen Verfügung, aber durch die Handlung eines Lebenden errichtet wird, der mit der Handlung z. B. eine Auflage erfüllt.

570 Siehe Kapitel 5-A-I.

sind sie Rechtsobjekte; sie sind nicht rechtsfähig.[571] Mangels Entsprechung der vorgenannten Merkmale kann ein Tier, gleich welcher Art und Nutzung, weder Erblasser noch Erbe sein.[572] Im Übrigen können Tiere aus den gleichen Gründen auch nicht Vermächtnisnehmer sein.[573]

## II. Tiere als Teil des Nachlasses in der gesetzlichen Erbfolge

Alle im Eigentum des Erblassers stehenden Tiere sind vielmehr als Rechtsobjekte Teil der Erbschaft, die § 1922 Abs. 1 BGB legaldefiniert als das (gesamte) Vermögen des Erblassers.[574] Nachfolgend wird untersucht, wie (Heim-)Tiere in der gesetzlichen Erbfolge vererbt werden. Dies betrifft auch die Frage, wie sie verteilt bzw. auseinandergesetzt werden, wenn mehrere Personen geerbt haben und so eine Erbengemeinschaft entstanden ist.

### *1. „Voraus" i.S.d. § 1932 BGB*

§ 1932 Abs. 1 S. 1 BGB normiert, dass der Ehegatte neben Verwandten der zweiten Ordnung oder neben Großeltern als gesetzlicher Erbe zusätzlich zu seinem Erbteil u.a. die zum ehelichen Haushalt gehörenden Gegenstände erhält, soweit sie nicht Zubehör des Grundstücks sind.[575] Neben Verwandten der ersten Ordnung erhält der Ehegatte diese Gegenstände gem. § 1932 Abs. 1 S. 2 BGB nur,

---

571 Siehe Kapitel 5-A-I.

572 *Brox/Walker,* § 1 Rn 8; *Dyrchs,* S. 229; Döbereiner/Falkner/*Krätzschel,* § 1 Rn 5; *Klebs,* BWNotZ 1996, 3; MüKoBGB/*Leipold,* § 1923 Rn 2; *Roth,* NJW-Spezial 2011, 551. Dies ergibt sich im Übrigen auch direkt aus der Verfassung, da die Grundrechte nicht für Tiere gelten und sich sowohl das aktive als auch das passive Erbrecht auf die Grundrechte nach Art. 14 Abs. 1 GG und Art. 2 Abs. 1 GG bzw. auch Art. 6 Abs. 1 und 2 GG zurückführen lassen; vgl. *Lange/Kuchinke,* S. 25 f.

573 Vgl. Hausmann/Hohloch/*Wellenhofer,* Kapitel 12 Rn 20; *Lange/Kuchinke,* S. 630; *Langenfeld/Fröhler,* S. 608; MüKoBGB/*Rudy,* § 2147 Rn 6; *Roth,* NJW-Spezial 2011, 551.

574 Die „Erbschaft" in diesem Sinne, wird nicht nur in der heutigen Gesellschaft überwiegend als „Nachlass" bezeichnet; auch der Gesetzgeber bezeichnet die Erbschaft anderswo (vgl. z. B. § 1960 BGB) als Nachlass. Insofern stellen die Begriffe Synonyme dar; vgl. auch MüKoBGB/*Leipold,* § 1922 Rn 18.

575 Der 57. DJT (1988) hatte vorgeschlagen, dem nichtehelichen Lebensgefährten gleichsam einen gesetzlichen Vorausanspruch einzuräumen (Erman/*Lieder,* Einl. § 1922 Rn 13; Verhandlungen des 57. DJT, 1988, Bd. II, I 235). Da dieser Vorschlag (trotz Anklang in der Literatur, vgl. *Strätz,* DNotZ 2001, 452 (457)) aber nie zur Umsetzung gelangte, bleibt es für nichteheliche Lebensgefährten bei den sonstigen, auf alle Erben anwendbaren Vorschriften; ein Voraus dagegen steht ihnen nicht zu.

soweit er sie zur Führung eines angemessenen Haushalts benötigt. Fraglich ist, ob Heimtiere vom Voraus umfasst sind.

### *a) Allgemeines*

Der dogmatisch als Vorausvermächtnis ausgestaltete Anspruch besteht unabhängig vom Güterstand.[576] Er setzt voraus, dass der Ehegatte gerade von Gesetzes wegen zum Erben berufen ist und die Erbenstellung nicht durch Ausschlagung, Erbunwürdigkeit etc. aus- bzw. weggefallen ist.[577] Aus dem Wortlaut „ehelicher Haushalt" folgt außerdem das Erfordernis, dass ein gemeinsamer ehelicher Haushalt geführt worden war.[578]

### *b) Begriff der Haushaltsgegenstände*

Vom Anspruch umfasst sind gem. § 1932 Abs. 1 S. 1 BGB neben den Hochzeitsgeschenken, die *„zum ehelichen Haushalt gehörenden Gegenstände"*, ausgenommen Zubehör des Grundstücks. Dabei sind im Alleineigentum des erbenden Ehegatten stehende Gegenstände ausgeschlossen.[579] Gegenstände im vorgenannten Sinne meint Sachen und Rechte.[580] Um Haushaltsgegenstände handelt es sich bei denjenigen, die dem häuslichen Zusammenleben dienen; auf den (Verkehrs-) Wert und auf die Lebensnotwendigkeit kommt es dagegen nicht an.[581] Gegenstände, die dem beruflichen oder ausschließlichen persönlichen Gebrauch eines Ehegatten dienen, sind keine Haushaltsgegenstände i.S.d. § 1932 Abs. 1 BGB.[582]

Demnach unterfallen also nicht alle Heimtiere im Sinne dieser Arbeit dem Begriff der Haushaltsgegenstände i.S.d. § 1932 BGB. Die Verteilung derjenigen Heimtiere, die zum persönlichen Gebrauch eines der Ehegatten gehalten werden

---

576 MüKoBGB/*Leipold,* § 1932 Rn 4, 16; Soergel/Siebert/*Stein,* § 1932 Rn 1, 2; zur Irrelevanz des Güterstandes: Große-Wilde/Ouart/*Zecher,* § 1932 Rn 1. Zur Qualifikation als Vorausvermächtnis vgl. § 1932 Abs. 2 BGB; BGH, NJW 1979, 546 (547); *Lange/Kuchinke,* S. 227; Staudinger/*Werner,* § 1932 Rn 3; a.A. Hausmann/Hohloch/*Wellenhofer,* Kapitel 11 Rn 7; Grüneberg/*Weidlich,* § 1932 Rn 3.

577 Große-Wilde/Ouart/*Zecher,* § 1932 Rn 3; Grüneberg/*Weidlich,* § 1932 Rn 2.

578 Große-Wilde/Ouart/*Zecher,* § 1932 Rn 9; MüKoBGB/*Leipold,* § 1932 Rn 9; Soergel/Siebert/*Stein,* § 1932 Rn 5.

579 *Muscheler,* Erbrecht Band 1, § 22 Rn 1471; Staudinger/*Werner,* § 1932 Rn 13.

580 Erman/*Lieder,* § 1932 Rn 10; Grüneberg/*Weidlich,* § 1932 Rn 5; Staudinger/*Werner,* § 1932 Rn 16; a.A. *Vlassopoulos,* S. 71.

581 *Leipold,* § 6 Rn 194; Grüneberg, a.a.O.; Staudinger/*Werner,* § 1932 Rn 14 f.

582 Ebd.

(z. B. Diabetikerwarnhund, Blindenhund), richtet sich demnach nach dem sonstigen Erbrecht.

Ob die gewöhnlichen Heimtiere, die nur aus Liebhaberei gehalten werden, wie z. B. der „klassische" Familienhund, stets als Haushaltsgegenstände i.S.d. § 1932 Abs. 1 BGB zu qualifizieren sind, wird im Schrifttum uneinheitlich beantwortet. Überwiegend wird eine weite Auslegung befürwortet; *Hausmann*[583] und *Werner*[584] setzen den Begriff sogar mit dem synonym lautenden familienrechtlichen Begriff der Haushaltsgegenstände in § 1361 a Abs. 1 BGB gleich, der (die meisten) Heimtiere umfasst.[585] Lediglich *Leipold*[586] zurrt den Rahmen etwas enger, indem er für jeden Gegenstand funktionsbezogen darauf abstellt, ob er nach der Verkehrssitte dem gemeinsamen Lebensbereich zugerechnet wird. Jedoch wird das klassische Heimtier auch unter dieser Bedingung in den allermeisten Fällen den Haushaltgegenständen i.S.d. § 1932 Abs. 1 BGB zuzurechnen sein, da die meisten Heimtiere durch beide Ehegatten gemeinsam bzw. für die gesamte Familie gehalten werden. Lediglich dann, wenn ein Heimtier, ohne dass es dazu einen objektiv erkennbaren Zwang der Zuordnung (wie z. B. bei einem Blindenhund) gäbe, innerhalb der ehelichen Partnerschaft einem der Ehegatten vollständig und allein zugeordnet wird (z. B., weil nur dieser einen Bezug zu dem Tier hat, es auch vollständig allein versorgt und die Kosten der Tierhaltung allein übernimmt), wäre es nach der Definition *Leipolds* kein Haushaltsgegenstand. Dann aber ließe sich dieses Ergebnis auch negativ über das Ausschlussmerkmal der „persönlich genutzten" Sachen erreichen.

Nach hier vertretener Auffassung spräche eine Auslegung von § 1932 Abs. 1 BGB rein nach dem Wortlaut der „Haushaltsgegenstände" nach allgemeinem Sprachgebrauch eher gegen die Subsumtion der gewöhnlichen Heimtiere unter den Begriff der Haushaltsgegenstände. Denn nach dem allgemeinen Sprachgebrauch werden Heimtiere eher dem Familienverbund als solchem, wenngleich auch nicht zwangsläufig als den Mitmenschen gleichwertig, und nicht dem Haushalt im Sinne der notwenigen Lebensumgebung zugeordnet. Ein eindeutiges Ergebnis lässt sich hieraus jedoch nicht ableiten. Während die Systematik der Norm durch die Konzeption als Ausnahmevorschrift eine enge Auslegung zu bedingen scheint, spricht der Telos der Norm, dem überlebenden Ehegatten

---

583 *Hausmann*/Hohloch, Kapitel 3 Rn 159.

584 Staudinger/*Werner*, § 1932 Rn 14 f.

585 Vgl. Kapitel 4-A-II-1-b.

586 MüKoBGB/*Leipold*, § 1932 Rn 10.

die bisherigen äußerlichen Umstände der Lebensgemeinschaft ungeschmälert zu erhalten,[587] für eine weite Auslegung der Vorschrift, was im Ergebnis überzeugt.

Mithin sind Heimtiere in der Regel als Haushaltsgegenstände i.S.d. § 1932 Abs. 1 BGB zu qualifizieren, wobei jedoch die Umstände des Einzelfalls zu berücksichtigen sind. Der gem. § 90 a S. 3 BGB analogen Anwendung des § 1932 Abs. 1 BGB auf Heimtiere stehen die zu berücksichtigenden Tierwohlaspekte nicht entgegen. Für das Tierwohl spielt es auf objektiv-genereller Ebene keine Rolle, wem das Tier gehört, da alle Eigentümer sich an die gesetzlichen Vorgaben zum Umgang mit Tieren halten müssen. Die mit dem Tod des „Herrchens" unvermeidlich einhergehende Beeinträchtigung des subjektiv-psychischen Wohlbefindens des Heimtiers durch Verlust der (Haupt-)Bezugsperson wird durch den Voraus im Vergleich zum Eintritt einer Erbfolge ohne Voraus nicht weiter intensiviert. Im Gegenteil ist aufgrund der typischen ehelichen Lebensverhältnisse sogar davon auszugehen, dass der Ehegatte in den allermeisten Fällen neben dem Erblasser die nächstwichtige Bezugsperson des Heimtiers darstellt.

### *c) Eingeschränkter Voraus*

Im Falle der Berufung neben Verwandten erster Ordnung erhält der überlebende Ehegatte nur die Gegenstände, die er *„zur Führung eines angemessenen Haushalts benötigt"*, vgl. § 1932 Abs. 1 S. 2 BGB. Wie diese Einschränkung genau auszulegen ist, ist umstritten. Einig ist man sich im Schrifttum darüber, dass der Gesetzgeber über die Anknüpfung an die Angemessenheit zum Ausdruck bringen wollte, dass jedenfalls keine Beschränkung auf die unbedingt nötigen Gegenstände erfolgen sollte.[588]

Zum Teil wird die Angemessenheit objektiv und enger beurteilt.[589] Der augenscheinlich überwiegende Teil der Literatur bemisst die Angemessenheit dagegen subjektiv nach den bisherigen Lebensverhältnissen der Ehegatten.[590] Anschließend an die letztgenannte Ansicht rührt die Einschränkung des Voraus aus dem Merkmal des Benötigens, welches in der Literatur, selbst unter denjenigen, die

---

587 Vgl. *Hausmann*/Hohloch, Kapitel 3 Rn 152; Soergel/Siebert/*Stein*, § 1932 Rn 2.

588 Erman/*Lieder*, § 1932 Rn 12; MüKoBGB/*Leipold*, § 1932 Rn 15; Staudinger/*Werner*, § 1932 Rn 20. So auch AG Erfurt, FamRZ 2002, 849 (850). Die umgangssprachliche Bedeutung des Verbs „benötigen" ist daher irrelevant.

589 Erman/*Lieder*, § 1932 Rn 12; Staudinger/*Werner*, § 1932 Rn 20.

590 *Muscheler*, Erbrecht Band 1, § 22 Rn 1475; Grüneberg/*Weidlich*, § 1932 Rn 6; Soergel/Siebert/*Stein*, § 1932 Rn 9; *Vlassopoulos*, S. 72.

die Angemessenheit subjektiv bestimmen, wiederum nicht einheitlich definiert wird. Vielfach wird das „Benötigen“ in diesem Sinne negativ dadurch abgegrenzt, dass der überlebende Ehegatte weder genügend eigene Gegenstände dieser Art hat noch ihm die Beschaffung aus eigenen Mitteln zuzumuten ist.[591] Treffend jedoch argumentiert die Gegenansicht, dass der Voraus gem. § 1932 Abs. 1 BGB seiner Rechtsnatur nach keine Unterhaltsnorm darstellt, und es demnach auf die Frage, ob dem überlebenden Ehegatten die Neuanschaffung des Gegenstandes mit eigenen Mitteln zumutbar wäre, nicht ankommen kann.[592] Dies folgert als harte Konsequenz, dass die Miterbschaft von Verwandten erster Ordnung den Voraus des überlebenden Ehegatten faktisch nur dort einschränkt, wo er selbst genügend Gegenstände der fraglichen Art hat. Manch einer will die Härte dieses Ergebnisses dadurch abmildern, dass die wirtschaftlichen und ideellen Interessen der miterbenden Verwandten in die Entscheidung miteinbezogen werden sollen.[593] Dies erscheint sinnwidrig, denn, wenn diese Interessen Teil einer abwägenden Entscheidung sein sollten, dann sollten sie im Rahmen der Entscheidung über die Unzumutbarkeit der Neuanschaffung mit eigenen Mitteln berücksichtigt werden.[594]

Die Einzelfallergebnisse werden sich am Ende jedoch unabhängig von den vertretenen (Teil-)Ansichten kaum unterscheiden. Wer die Interessen der Miterben und/oder die Zumutbarkeit der Neuanschaffung mit eigenen Mitteln nicht als eigenständige(n) Abwägungspunkt(e) miteinbeziehen will, wird sich doch bei der Entscheidung, was „genügend“ Gegenstände sind, mit denselben oder jedenfalls ähnlichen Abwägungsgesichtspunkten befassen müssen. Auch die Unterscheidung, ob Gegenstände zur Führung eines objektiv oder subjektiv angemessenen Haushalts benötigt werden, wird sich nur da auswirken, wo beides dergestalt voneinander abweicht, dass der objektiv angemessene Haushalt ein Weniger im Vergleich zum subjektiv angemessenen darstellt, namentlich also nur bei „Luxushaushalten“.

Im Hinblick auf Heimtiere im Nachlass bedeutet dies: In den meisten Fällen wird das Heimtier auch neben Verwandten erster Ordnung als Miterben vom

591 Grüneberg, a.a.O.; Erman/*Lieder*, § 1932 Rn 12; Staudinger/*Werner*, § 1932 Rn 20; *Vlassopoulos*, S. 71.

592 *Muscheler*, Erbrecht Band 1, § 22 Rn 1475; so im Ergebnis auch: AG Erfurt, FamRZ 2002, 849 (850); *Hausmann*/Hohloch, Kapitel 3 Rn 163; Soergel/Siebert/*Stein*, § 1932 Rn 9.

593 *Hausmann*/Hohloch, Kapitel 3 Rn 163.

594 Daher mit diesem Einbeziehungsstandort auch häufiger vertreten, vgl. Erman/*Lieder*, § 1932 Rn 12; *Muscheler*, Erbrecht Band 1, § 22 Rn 1475.

Voraus erfasst sein. Einzelfallabhängige Ausnahmen sind denkbar, etwa wenn ein Ehepaar besonders viele gleichartige Heimtiere hielt.[595]

### 2. *„Dreißigster" i.S.d. § 1969 BGB*

Der aus § 1969 BGB folgende Anspruch auf den sog. Dreißigsten stellt, im Unterschied zum Voraus, seiner Natur nach einen Unterhaltsanspruch dar.[596] Er berechtigt Familienangehörige, die im Todeszeitpunkt des Erblassers zu dessen Hausstand gehörten und von ihm Unterhalt bezogen, die Wohnung und Haushaltsgegenstände des Erblassers in den ersten 30 Tagen nach dem Erbfall weiterzunutzen.

Während früher eine Subsumtion des nichtehelichen Lebensgefährten unter den Begriff der Familienangehörigen in diesem Sinne mehrheitlich abgelehnt wurde,[597] vertritt die wohl herrschende Meinung spätestens seit einem entsprechenden Urteil des OLG Düsseldorf die Gegenauffassung.[598] Eine Definition der Haushaltsgegenstände i.S.d. § 1969 BGB sucht man vergebens. Jedoch ist aufgrund der systematischen Einordnung des Paragraphen, sowie dessen Zweck, der dem des § 1932 BGB trotz divergierender Rechtsnatur weitestgehend entspricht, von Inhaltsgleichheit mit den Haushaltsgegenständen in § 1932 BGB auszugehen, sodass Heimtiere zumeist vom Anspruch erfasst sein werden.[599] Die hier vertretene weite Auslegung des Begriffs ist im Rahmen des § 1969 Abs. 1 S. 1 BGB angesichts der kurzen Anspruchsdauer vergleichsweise noch unproblematischer. Zur analogen Anwendung auf Heimtiere gilt das zu § 1932 Abs. 1 BGB Gesagte.[600]

### 3. *Tier als Teil des sonstigen Nachlasses*

Soweit die im (Mit-)Eigentum des Erblassers stehenden Heimtiere nicht von den vorgenannten Spezialregelungen erfasst sind, stellen sie einen Teil des „sonstigen"

595 Es wäre wünschenswert, dass Heimtiere in *allen* Fällen vom Anspruch umfasst wären. Dieses Ziel ließe sich mittels einer klarstellenden Reform umsetzen. Aufgrund dessen, dass Heimtiere aber bereits jetzt jedenfalls in den meisten Fällen vom Anspruch nach § 1932 BGB umfasst sind, wird auf einen solchen Reformvorschlag verzichtet.

596 Jauernig/Stürner/*Stürner*, § 1969 Rn 2; MüKoBGB/*Küpper*, § 1969 Rn 4.

597 Vgl. *Kipp/Coing*, § 5 Anhang.

598 OLG Düsseldorf, NJW 1983, 1566 (1567); MüKoBGB/*Küpper*, § 1969 Rn 2; Staudinger/*Kunz*, § 1969 Rn 13 m.w.N.

599 Vgl. Kapitel 5-A-II-1-b.

600 Vgl. Kapitel 5-A-II-1-b.

Erblasservermögens dar. Tierspezifische Vorschriften gibt es nicht. Der analogen Anwendung der allgemeinen Regelungen zum Nachlass gem. § 90 a S. 3 BGB, insbesondere der grundsätzlichen Einbeziehung in die Universalsukzession, stehen grundsätzlich keine sich aus den zu berücksichtigenden Tierwohlaspekten ergebende Bedenken entgegen.[601] Dass einige weiterführende Vorschriften, insbesondere zur Verteilung des Nachlasses, in ihrer analogen Anwendung zu modifizieren sind, wird gezeigt werden.

*a) Versorgung der Tiere und Versorgungskosten*

Es stellt sich die Frage, wer die Tiere nach dem Erbfall in tatsächlicher Hinsicht versorgt bzw. versorgen muss und wer die hierdurch entstehenden Kosten trägt.

*aa) Gerichtliche Nachlasssicherung*

Sollte die Erbschaft nicht unverzüglich nach dem Erbfall angenommen werden, kann es im Einzelfall zur Sicherung des Nachlasses erforderlich sein, dass die tatsächliche Verwaltung desselben gem. § 1960 Abs. 1 BGB überbrückend durch das Nachlassgericht geregelt wird.

Sind Tiere Teil des Nachlasses, so dürfte zur Sicherung des Bestands bereits nach einer sehr kurzen Zeitspanne von einigen Stunden ein Handeln erforderlich sein, da die meisten (Heim-)Tiere (mehrmals) täglich gefüttert und ggf. ausgeführt werden müssen. Dieses Fürsorgebedürfnis entfällt in der Regel, wenn ein vorläufiger Erbe, ein Verwandter oder eine andere Person (insbesondere auch ein Testamentsvollstrecker) den Nachlass (zuverlässig) verwaltet.[602] Soweit das Fürsorgebedürfnis jedoch nicht entfallen ist, hat das Nachlassgericht geeignete Maßnahmen nach pflichtgemäßem Ermessen zu ergreifen.[603] In § 1960 Abs. 2 BGB werden, nicht abschließend, Maßnahmen aufgezählt.[604] Beispielsweise kann das Gericht auch Einzelanordnungen treffen, wie den Verkauf verderblicher

601 V.a. ergeben sich durch den bloßen Eigentümerwechsel keine generellen Nachteile. Die subjektiv-emotionale Beeinträchtigung durch den Verlust des verstorbenen „Herrchens“ kann nicht verhindert werden. Vgl. entsprechende Ausführungen zu § 1932 BGB Kapitel 5-A-II-1-b.

602 OLG Düsseldorf, FamRZ 2001, 1564 (1566) m.w.N.; Jauernig/Stürner/*Stürner*, § 1960 Rn 2; MüKoBGB/*Leipold*, § 1960 Rn 27. Je nach Einzelfall können einzelne Personen einer gesetzlichen Fürsorgepflicht bzgl. des Nachlasses unterliegen und daher von Gesetzes wegen zur Verwaltung verpflichtet sein, vgl. z. B. § 1698 b BGB für die Eltern bei Tod des Kinds; vgl. auch Döbereiner/Falkner/*Krätzschel*, § 1 Rn 5, § 41 Rn 12.

603 Jauernig/Stürner/*Stürner*, § 1960 Rn 4; Grüneberg/*Weidlich*, § 1960 Rn 2, 3.

604 Brox/Walker, § 36 Rn 8; Grüneberg/Weidlich, § 1960 Rn 2, 3.

Sachen.[605] Neben der ebenfalls möglichen Bestellung eines Nachlasspflegers, ggf. auch beschränkt auf die Angelegenheit der Tierpflege,[606] hat das Gericht einen weiten Spielraum bei der Verfügung von Maßnahmen. Es kann z. B. auch eine Einzelanordnung dahingehend treffen, dass die im Nachlass vorhandenen Tiere (vorübergehend) in einem Tierheim unterzubringen sind.

Die Kosten, die dem Nachlasspfleger durch die Tierpflege bzw. -versorgung entstehen, sind Aufwendungen, die er gem. §§ 1915 Abs. 1, 1835, 669, 670 BGB ersetzt verlangen kann. Der Aufwendungsersatzanspruch des Nachlasspflegers ist eine Nachlassverbindlichkeit, für die der Erbe bzw. die Erben gem. § 1967 Abs. 1 BGB haftet bzw. haften.[607] Zudem besteht weiter die Haftung für eine etwaige Vergütung des Nachlasspflegers.[608] Auch die durch die Durchführung einer vom Gericht angeordneten Einzelmaßnahme verursachten Kosten sind Nachlassverbindlichkeiten, für die die Erben gem. §§ 24 Nr. 2, 31 Abs. 2 GNotKG haften.[609]

#### *bb) Alleinerbe*

Wurde die Erbschaft von dem Alleinerben angenommen, ist dieser als Eigentümer der Tiere eigenverantwortlich, jedoch im gesetzlich vorgegebenen Rahmen zur Versorgung und Pflege der Tiere verpflichtet.[610] Die anfallenden Kosten sind eigene Verbindlichkeiten des Alleinerben.

#### *cc) Erbengemeinschaft*

Sind mehrere Erben vorhanden, wurde die Erbschaft von allen oder jedenfalls mehreren Erben angenommen, und steht die Verwaltung nicht einem anderen (Testamentsvollstrecker, Nachlassverwalter, Nachlassinsolvenzverwalter) bzw. einem der Erben aufgrund entsprechender, konkreter Erblasserbestimmung

605 Große-Wilde/*Ouart*, § 1960 Rn 22; MüKoBGB/*Leipold*, § 1960 Rn 35.

606 Die Beschränkung der Nachlasspflegschaft auf einzelne Angelegenheiten ist zulässig, vgl. BayObLGZ 1960, 93 (96). Aber auch, wenn ein Nachlasspfleger mit unbeschränktem Aufgabengebiet bestellt wird, umfasst dieses die Versorgung der Tiere im Nachlass. Denn Zweck der Nachlasspflegschaft ist die Sicherung und Erhaltung des Nachlasses (vgl. BGH, NJW 1968, 353; Erman/*Schmidt*, § 1960 Rn 12 m.w.N.), wozu auch die Versorgung und Pflege des „tierischen" Nachlasses gehört.

607 Hausmann/Hohloch/*Löhnig*, Kapitel 18 Rn 65; Erman/*Schmidt*, § 1960 Rn 35.

608 Hier gem. § 1967 Abs. 2 BGB; OLG Frankfurt, NJW-RR 1993, 267 (268); Erman/*Schmidt*, § 1960 Rn 35.

609 Erman/*Schmidt*, § 1960 Rn 44; Döbereiner/Falkner/*Krätzschel*, § 1 Rn 5, § 41 Rn 7.

610 Insbesondere §§ 2, 3 TierSchG.

zu,[611] so steht die Verwaltung des Nachlasses (bis zur Auseinandersetzung)[612] den Miterben gemeinsam zu. Innerhalb des § 2038 BGB werden dabei drei in ihrer Qualität abgestufte Arten der Verwaltung mit jeweils unterschiedlichen Rechtsfolgen für die Verwaltung durch die Erben unterschieden.[613]

§ 2038 Abs. 1 S. 1 BGB regelt als strengste Variante das gemeinschaftliche Handeln bei der außerordentlichen Verwaltung.[614] Danach muss Einstimmigkeit vorliegen, wenn außerhalb der ordnungsgemäßen Verwaltung i.S.d. § 2038 Abs. 2 S. 1 BGB i.V.m. § 745 BGB agiert wird. Wird im Rahmen der ordnungsgemäßen Verwaltung gehandelt, so bestimmt § 2038 Abs. 1 S. 2 Hs. 1 BGB, dass es genügt, wenn die Mehrheit der Erben mitwirkt.[615] Schon ein Erbe allein kann hingegen (auch wider dem Willen der anderen Miterben) gem. § 2038 Abs. 1 S. 2 Hs. 2 BGB die erhaltungsnotwendige Verwaltung erbringen. Erhaltungsnotwendige Maßnahmen sind solche, die im Rahmen der ordnungsgemäßen Verwaltung liegen und über Nützlichkeit für den Nachlass hinaus derart von Bedeutung sind, dass Nachlassgegenständen bei ihrer Nichtvornahme ein Schaden droht.[616]

Unzweifelhaft sind die meisten Heimtiere auf die Versorgung durch den Menschen, v.a. mit Futter, angewiesen, um zu überleben. Maßnahmen eines Erben zur Tierversorgung sind daher als erhaltungsnotwendig zu qualifizieren, sodass ein Erbe allein zur Durchführung berechtigt ist.[617] Jeder Erbe ist als Einzelperson nicht nur zur Vornahme dieser erhaltungsnotwendigen Maßnahme(n)

---

611 Der Erblasser kann durch letztwillige Verfügung einzelnen Miterben bestimmte Verwaltungsrechte einräumen, wobei zur dogmatischen Begründung in Rechtsprechung und im Schrifttum wahlweise eine Auflage i.S.d. § 1940 BGB zu Lasten der übrigen Miterben, die Testamentsvollstreckung i.S.d. § 2209 BGB oder (seltener) ein Vorausvermächtnis i.S.d. § 2150 BGB bemüht werden; vgl. BGH, NJW 1952, 1252 (1253); RG HRRS 1929 Nr. 500; *Lange/Kuchinke,* S. 114; MüKoBGB/*Gergen*, § 2038 Rn 20; Grüneberg/*Weidlich,* § 2038 Rn 2.

612 Nach Auseinandersetzung gelten die Ausführungen zum Alleinerben entsprechend.

613 Werden die jeweiligen Anforderungen der jeweils strenger reglementierten Kategorie der Verwaltung erfüllt, können die Erben in diesem Wege auch bezüglich der jeweils untergeordneten, weniger streng reglementierten Kategorie(n) der Verwaltung handeln.

614 Große-Wilde/Ouart/*Wrede*, § 2038 Rn 9 ff.; Hausmann/Hohloch/*Ann*, Kapitel 20 Rn 24 ff.

615 Ebd.; MüKoBGB/*Gergen*, § 2038 Rn 2.

616 BGH, NJW 1952, 1252 (1253); Große-Wilde/Ouart/*Wrede,* § 2038 Rn 58; MüKoBGB/*Gergen,* § 2038 Rn 57; Grüneberg/*Weidlich,* § 2038 Rn 11.

617 *Roth,* NJW-Spezial 2011, 551.

berechtigt; er ist hierzu sogar verpflichtet, insbesondere wenn er allein Kenntnis vom Erbfall hat.[618]

Die im Rahmen der erhaltungsnotwendigen Maßnahmen anfallenden Kosten sind Aufwendungen, die der verwaltende Erbe gem. §§ 2038 Abs. 2 S. 1, 748 BGB von den anderen Miterben anteilig (nach Erbanteilen) ersetzt verlangen kann.[619]

Auch im Beispiel 1 liegt eine solche Situation vor. A1, A2 und A3 sind gem. §§ 1922, 1924 Abs. 1, Abs. 4 BGB zu je einem Drittel Erben geworden und bilden eine Erbengemeinschaft. Dieser steht der gesamte Nachlass, auch der hierin enthaltene Hund zu. Da A3 dem E vor seinem Tod deutlich näher stand als seine Geschwister und Miterben, wird am wahrscheinlichsten A3 sich für den Hund verantwortlich fühlen und sich unmittelbar nach dem Tod des E um den Hund kümmern, wobei er hierzu wie aufgezeigt auch alleine berechtigt ist und die Kosten und Aufwendungen anteilig von A1 und A2 ersetzt verlangen kann.

### *b) Auseinandersetzung bei Erbengemeinschaft*

Ist nicht eine einzelne Person Alleinerbe geworden, stellt sich die Frage, wer von mehreren Miterben das Tier nach den gesetzlichen Normierungen zu erhalten berechtigt ist. Dieses Problem ergibt sich auch im Beispiel 1. Voraussetzung des Eingreifens der gesetzlichen Regelungen ist stets, dass die Miterben sich nicht einig sind; sind sie dies, so können sie den Nachlass nach eigener Vorstellung aufteilen, insbesondere auch in Divergenz zu den gem. § 2047 Abs. 1 BGB grundsätzlich für die wertmäßige Aufteilung des bereinigten Nachlasses maßgeblichen Erbquoten.[620] Sollten sich A1, A2 und A3 hierauf einigen können, könnten sie also den Hund dem A3 zu Alleineigentum zuteilen. Es wird nachfolgend unterstellt, dass eine Einigung nicht zustande kommt, da sowohl A3 als auch A2 den Hund erhalten wollen.

Probleme ergeben sich, wenn zwischen Erbfall und Auseinandersetzung ein langer Zeitraum liegt, etwa weil Erben erst noch ermittelt werden müssen oder die Erben sich uneins sind. Wenn dann die Auseinandersetzung – gleich auf

---

618 Große-Wilde/Ouart/*Wrede*, § 2038 Rn 57; Grüneberg/*Weidlich*, § 2038 Rn 11.

619 Erman/*Bayer*, § 2038 Rn 9; Grüneberg/*Weidlich*, § 2038 Rn 13. Soweit einzelne Tierversorgungs- oder Betreuungsmaßnahmen (z. B. Unterbringung eines Hunds in einer Hundepension, damit dieser tagsüber weniger lange alleine ist) nicht als erhaltungsnotwendig, aber immerhin noch als innerhalb der ordnungsgemäßen Verwaltung liegende Maßnahmen zu qualifizieren sind, und der durchführende Erbe durch Mehrheitsbeschluss zur Ausführung legitimiert war, ergibt sich der Aufwendungsersatzanspruch aus §§ 669, 670 BGB, vgl. *Lange/Kuchinke*, S. 1118.

620 *Lange/Kuchinke*, S. 1148; *Muscheler*, Erbrecht Band 2, § 50 Rn 4003.

welcher Grundlage sie erfolgt – dazu führt, dass das Heimtier einen (erneuten) Umgebungs- bzw. Besitzerwechsel hinnehmen muss, stellt dies eine vermeidbare Beeinträchtigung seines Wohlbefindens dar. Wie erheblich diese ist, hängt von den Einzelfallumständen ab, insbesondere von der Länge des verstrichenen Zeitraums und der Intensität der Bindung zum zwischenzeitlichen Besitzer.

#### *aa) Teilung in Natur*

Gem. § 2042 Abs. 2 BGB i.V.m. § 752 S. 1 BGB hat die Verteilung grundsätzlich in Natur zu erfolgen, wenn der/die gemeinschaftliche(n) Gegenstände sich ohne Wertminderung in gleichartige, den Anteilen der Teilhaber entsprechende Teile zerlegen lassen. Für Erbengemeinschaften entsprechen die Teilhaber den Miterben und die Teile in der Regel den Erbquoten.[621] Es gilt entsprechend das zur (zwangsweisen) Aufhebung einer Miteigentümergemeinschaft an einem Heimtier Ausgeführte.[622] Danach sind einzelne Tiere in der Regel unteilbar i.S.d. § 752 BGB, sodass eine Teilung in Natur nur dann ausnahmsweise in Betracht kommt, wenn es mehrere gleichartige Tiere gibt, die sich nach ihrer konkreten Anzahl gerade so aufteilen lassen, dass jeder Erbe den ihm gemäß seiner Erbquote gebührenden Anteil in „ganzen Tieren" erlangen kann. Demnach scheidet eine Teilung in Natur zur Auseinandersetzung der Erbengemeinschaft im Beispiel 1 aus, da nur ein Hund vorhanden ist.

#### *bb) Teilung durch Liquidation*

Zur Teilung durch Liquidation im Rahmen der Erbauseinandersetzung gilt entsprechend das zur (zwangsweisen) Aufhebung einer Miteigentümergemeinschaft an einem Heimtier Ausgeführte,[623] wonach eine zwangsweise Aufhebung der Gemeinschaft den Verkauf des Heimtiers (durch öffentliche Versteigerung) und die Teilung des Erlöses entsprechend den Erbquoten gem. § 2042 Abs. 2 i.V.m. § 753 Abs. 1 BGB zur Folge hat. Auch im Beispiel 1 ist dies die nun (mangels Einigung) angezeigte Vorgehensweise. A3 und A2, die den Hund im Beispiel 1

---

621 Abweichungen zu den durch die Erbquoten vorgegebenen Verhältnissen können sich im Einzelfall beispielsweise durch Anrechnungspflichten i.S.d. §§ 2050 ff. BGB und Nachlassverbindlichkeiten gegenüber einzelnen Miterben (wenn diese nicht schon vorab bei der Nachlassbereinigung gem. § 2046 Abs. 1 BGB beglichen wurden) ergeben; vgl. Hausmann/Hohloch/*Ann,* Kapitel 20 Rn 211; *Lange/Kuchinke,* S. 1161 f.; *Röthel,* § 32 Rn 87.

622 Vgl. Kapitel 4-A-I-4.

623 Vgl. Kapitel 4-A-I-4-b.

beide erhalten wollen, sind also jeweils darauf angewiesen, bei der öffentlichen Versteigerung Meistbietender zu sein.[624]

Ist die Veräußerung an einen Dritten unstatthaft, erfolgt die Versteigerung unter den Miterben, vgl. §§ 2042 Abs. 2 i.V.m. § 753 Abs. 1 S. 2 BGB. Unstatthaftigkeit in diesem Sinne ist neben den bereits im Rahmen der Auseinandersetzung von nichtehelichen Lebensgefährten als Miteigentümern bereits genannten[625] Umständen zusätzlich dann gegeben, wenn der Erblasser kraft letztwilliger Verfügung die Teilung bzw. Veräußerung an Dritte ausgeschlossen hat.[626] Im Beispiel 1 ergibt sich eine Unstatthaftigkeit der Veräußerung an einen Dritten nach den vorgenannten Grundsätzen nicht, sodass der Hund öffentlich zu versteigern ist.

Zur etwaigen Unstatthaftigkeit der Veräußerung an Dritte zur Aufhebung der Gemeinschaft aufgrund tierwohlrechtlicher Gesichtspunkten wurde in Bezug auf die zwangsweise Aufhebung einer Miteigentümergemeinschaft nichtehelicher Lebensgefährten bereits eingegangen.[627] Aber auch bezüglich der zwangsweisen Aufhebung einer Erbengemeinschaft stellt sich die Frage, ob sich im Wege der verfassungskonformen Auslegung des § 753 Abs. 1 S. 2 BGB die Unstatthaftigkeit der Veräußerung an Dritte ergibt. Aufgrund dessen, dass die gesetzgeberischen Vorgaben den objektiven Mindeststandard der Haltung betreffend für jeden Eigentümer gelten, können sich entscheidende Umstände nur aus subjektiven Aspekten ergeben. Zwar ist das Tierwohl der typischen Heimtierarten beeinträchtigt, wenn das Heimtier von seiner (Haupt-)Bezugsperson getrennt wird, die Trennung ist hier jedoch durch den Tod des „Herrchens" bereits unweigerlich eingetreten.[628] Lediglich in Ausnahmefällen, z. B. im Falle eines miterbenden Ehegatten, der für das Tier ebenfalls eine wichtige Bezugsperson darstellt, könnte eine Zuweisung an diesen im Vergleich zu einer Veräußerung an Dritte eine (weitere) Beeinträchtigung des Tierwohls verhindern. Aufgrund der Beschränkung auf Einzelfälle kann von einer grundsätzlichen Unstatthaftigkeit der Veräußerung an Dritte aber nicht ausgegangen werden. Auch im konkreten Einzelfall des Beispiels 1 kann nicht von einer Unstatthaftigkeit der Veräußerung

---

624 Vgl. hierzu auch Kapitel 4-A-I-4-b.

625 Vgl. hierzu auch Kapitel 4-A-I-4-b.

626 RGZ 52, 174 (175 f.); Hausmann/Hohloch/*Ann*, Kapitel 20 Rn 214; Grüneberg/*Sprau*, § 753 Rn 4; Staudinger/*Löhnig*, § 2042 Rn 37.

627 Vgl. hierzu auch Kapitel 4-A-I-4-b-cc.

628 Zur Beeinträchtigung des Tierwohls durch Trennung von Bezugspersonen vgl. Kapitel 2-B-I-2.

an Dritte ausgegangen werden. Zwar wäre dies für A3, der ein affektives Interesse an dem Hund hat, im Vergleich zur sonstigen Rechtslage der öffentlichen Versteigerung vorteilhaft, die affektiven Interessen der Miterben dürfen jedoch nicht mit tierwohlrechtlichen Erwägungen vermischt werden. In Bezug auf das Wohl des Hundes dürfte die Unstatthaftigkeit der Veräußerung an Dritte keinen bzw. allenfalls einen unerheblich leichten Vorteil bringen, da alleine die Tatsache, dass A3 mit dem Hund ab und an spazieren ging wohl nicht zu einer das Tierwohl beeinflussenden engen und daher schützenswerten Bindung geführt haben dürfe.

Das im Vergleich zur Aufhebung der Miteigentümergemeinschaft nichtehelicher Lebensgefährten divergierende Ergebnis ist durch die abweichenden tatsächlichen Umstände bedingt und gerechtfertigt. Während bei der Auseinandersetzung einer Erbengemeinschaft durch die Versteigerung unter den Erben im Vergleich zur öffentlichen Versteigerung eine (weitere) Beeinträchtigung des Tierwohls lediglich in Ausnahmefällen verhindert wird, ist dies bei der Aufhebung einer Miteigentümergemeinschaft zwischen nichtehelichen Lebensgefährten gerade in der Regel der Fall.[629]

#### *cc) Fruchtziehung*

Sollten zwischen Erbfall und Erbauseinandersetzung im Nachlass befindliche Tiere Junge zur Welt bringen, so handelt es sich bei diesen um unmittelbare Sachfrüchte i.S.d. § 90 a S. 3 BGB i.V.m. § 99 Abs. 1 BGB. Diese gebühren gem. § 2038 Abs. 2 S. 2 BGB den Miterben gemäß Erbanteilen und sind bei Erbauseinandersetzung zu teilen. Eine frühere Teilung kann nur durch einstimmigen Beschluss aller Miterben herbeigeführt werden.[630]

## III. Tiere in der gewillkürten Erbfolge

Entspricht die zuvor erörterte Situation mit ihren jeweiligen Konsequenzen nicht dem Willen des Erblassers, hat er die Möglichkeit, die gesetzliche Erbfolge durch einzelne Anordnungen zu modifizieren oder sie gar durch eine umfassende Verfügung von Todes wegen zu ersetzen.[631]

---

629 Vgl. hierzu auch Kapitel 4-A-I-4-b-cc.

630 RGZ 81, 241 (243).

631 Die gewillkürte Erbfolge geht der gesetzlichen stets vor, vgl. § 1937 BGB; *Lange/Kuchinke*, S. 227 f.; MüKoBGB/*Leipold*, § 1937 Rn 2.

Wie eingangs beschrieben,[632] besteht zwischen Besitzer und Heimtier oft ein enges Verhältnis. Mitunter werden Tiere für ihre Besitzer zu Familienmitgliedern oder gar zum „Kinderersatz". Je enger die (emotionale) Bindung des Besitzers zum Tier und je loser die sonstigen (zwischenmenschlichen) Beziehungen, desto höher ist die Wahrscheinlichkeit dafür, dass der Besitzer sein Tier testamentarisch bedenken will.[633]

Es können dabei verschiedene Gestaltungswünsche auftreten, etwa die in den Beispielen 2 und 3 beschriebenen. Im Beispiel 2 ist dabei Hauptproblem, dass Tiere weder Erben noch Vermächtnisnehmer sein und daher nicht direkt bedacht werden können.[634] Wie damit umzugehen ist, wenn dennoch eine letztwillige Verfügung eines solchen oder ähnlichen Inhalts errichtet wird, wird ausgeführt werden. Im Beispiel 3 ist zunächst zu beachten, dass E zwar seinen Hund der L nach seinem Tode zuweisen will, aber damit nicht zugleich eine Enterbung seiner Kinder einhergehen soll. Weiter wirkt sich problematisch aus, dass L den Hund gar nicht erhalten will und E daher nicht davon ausgehen kann, dass L seinen (letztwillig verfügten) Wünschen ohne entsprechende Anreize bzw. Kontrollmechanismen nachkommt.

Nachfolgend wird analysiert, welche testamentarischen Gestaltungsmittel de lege lata zur Verfügung stehen, um die denkbaren Gestaltungsziele im Zusammenhang mit Heimtieren zu erreichen. Zunächst wird dabei auf die (nichtexistente) Möglichkeit der Verfügung (direkt) zugunsten Heimtieren eingegangen. Anschließend werden die Alleinerbeneinsetzung, die Teilungsanordnung, das (Voraus-)Vermächtnis sowie die Vor-/Nacherbschaft bzw. das Vor-/Nachvermächtnis erörtert. Sodann werden die Bedingung und die Auflage vergleichend analysiert, bevor die Gestaltungsmittel der postmortalen Vollmacht und der Testamentsvollstreckung untersucht werden. Grundvoraussetzung aller vorgenannten Gestaltungsmittel ist dabei stets, dass die jeweilige Verfügung von Todes wegen den für sie jeweils geltenden Form- und Wirksamkeitserfordernissen entspricht.[635] Zuletzt wird auf die möglichen Rechtsgeschäfte unter Lebenden auf

632 Siehe Kapitel 1: Einleitung.

633 Tatsächlich sind der Verfasserin in beruflichem Kontext bereits mehrere Testamente begegnet, deren Inhalt auf die postmortale Fürsorge bestimmter Tiere bzw. auch der Tiere im Allgemeinen abzielte. So wurde beispielsweise einmal in einem Testament formuliert, dass „das Kind das [einzige im Nachlass vorhandene] Haus bekommen soll, das die Hunde zu sich nimmt".

634 Vgl. hierzu Kapitel 5-A-I.

635 Vgl. insbesondere §§ 2229, 2247 ff. BGB. Im Folgenden wird nicht näher unterschieden, welcher Art einer Verfügung von Todes wegen sich der Erblasser bedient. Denn grundsätzlich können alle im Folgenden diskutierten Gestaltungsmöglichkeiten

den Todesfall eingegangen um abschließend einen Vorschlag eines „Tiertestaments“ zu unterbreiten.

## *1. Letztwillige Verfügungen zugunsten eines (Heim-)Tiers*

Es ist nicht möglich, (Heim-)Tiere in einer letztwilligen Verfügung als Erben zu bedenken, da (Heim-)Tiere nicht erbfähig sind.[636] Dennoch existieren (Laien-)Testamente, in denen Heimtiere bedacht sind. Hier ist im Wege der Testamentsauslegung zu ermitteln,[637] wer Erbe geworden ist und welche weiteren (wirksamen) Verfügungen das Testament enthält.

Hat der Erblasser neben der Erbeinsetzung des Tiers außerdem noch eine Person bestimmt, die das Tier pflegen soll, so könnte man im Lichte des § 2084 BGB von einer Erbeinsetzung der „Pflegeperson“ unter entsprechender Auflage i.S.d. § 2192 BGB der Versorgung des Tiers ausgehen. Das LG Bonn entschied 2009, dass diese Auslegung jedenfalls dann nicht möglich sei, wenn aus dem Testament keinerlei Anhaltspunkte ersichtlich sind, dass der Erblasserwille darauf gerichtet war, dass die „Pflegeperson“ in seine sämtlichen Rechte nachfolgen soll.[638] Es verbleibe aber die mögliche Auslegung, wonach die „Pflegeperson“ Vermächtnisnehmer hinsichtlich des Nachlassgegenstandes „Tier“ werden sollte und dieser Vermächtnisnehmer mit der Auflage, das Tier zu pflegen, beschwert wurde.

Hat der Erblasser nicht ein konkretes Heimtier ausdrücklich zu seinem Erben eingesetzt, sondern nur verfügt, dass sein Erbe „den Tieren zugutekommen“ solle (vgl. Beispiel 2), so kann darin im Wege der Auslegung sowohl die

---

sowohl innerhalb des (gemeinschaftlichen) Testaments, als auch im Rahmen des Erbvertrags (einseitig testamentarisch) verfügt werden, vgl. *Kipp/Coing,* §§ 35, 42; Grüneberg/*Weidlich,* Einf. v. § 2265 Rn 8, § 2278 Rn 1, 5. Lediglich hinsichtlich der Möglichkeit, die jeweiligen Mittel der jeweiligen besonderen Bindungswirkung des gemeinschaftlichen Testaments bzw. des Erbvertrags zu unterwerfen bestehen Beschränkungen auf bestimmte Gestaltungsmittel, vgl. §§ 2270 Abs. 1, 3, 2278 Abs. 1, 2 BGB.

636 Vgl. Kapitel 5-A-I.

637 Diese richtet sich nach den allgemeinen Regeln. Zu beachten sind demnach insbesondere §§ 133, 2084 BGB bzw. auch § 157 BGB, sowie die Andeutungstheorie des BGH; vgl. BGHZ 80, 242 (246); 86, 41 (45); und statt vieler Grüneberg/*Weidlich,* § 2084 Rn 1 ff. m.w.N.

638 LG Bonn, BeckRS 2009, 29979.

Erbeinsetzung einer Tierschutzorganisation gesehen werden als auch die Anordnung einer Zweckauflage, die sich an die Erben richtet.[639]

Sollte die Auslegung im Einzelfall in dem Sinne ergebnislos verlaufen, dass die letztwillige Verfügung bei keiner der Auslegungsmöglichkeiten Erfolg haben kann, so ist die letztwillige Verfügung unwirksam, sodass subsidiär die gesetzliche Erbfolge greift.

### 2. *Alleinerbeneinsetzung*

Durch eine Verfügung von Todes wegen kann eine beliebige Person zum Alleinerben eingesetzt werden. Durch diese Maßnahme kann der Erblasser bestimmen, an welche, seiner Meinung nach geeignete, Person das Tier als Teil des Gesamtnachlasses fallen soll. Der Erblasser kann insbesondere auch eine Tierschutzorganisation als Alleinerben einsetzen. Jedoch ist der Alleinerbe nach Anfall der Erbschaft in der Nutzung der Sache und Verfügung über die Sache (im Rahmen der geltenden Gesetze) frei.

Durch die Alleinerbeneinsetzung einer vom Ehegatten verschiedenen Person, wird via Enterbung des Ehegatten auch der Voraus nach § 1932 BGB ausgeschlossen.[640] So kann verhindert werden, dass der Ehegatte über diesen „Umweg" das Tier erhält. Will der Erblasser zudem auch verhindern, dass der Ehegatte oder sonstige unterhaltsbeziehende, haushaltsangehörige Familienmitglieder das Tier während der ersten 30 Tage nach dem Erbfall „nutzen" können, muss er auch den Dreißigsten nach § 1969 BGB ausschließen, was gem. § 1969 Abs. 1 S. 2 BGB ausdrücklich möglich ist.

Im Beispiel 3 ist die Alleinerbeinsetzung der L aus zweierlei Gründen keine gangbare Gestaltungsweise: Erstens würden hierdurch die Abkömmlinge des E vom Erbe ausgeschlossen und auf ihren Pflichtteil verwiesen, was E jedoch nicht möchte. Zweitens wäre mit einer Alleinerbeinsetzung der L keinerlei Kontrolle über deren weiteren Umgang mit dem Hund verbunden.

---

639 BayObLG, NJW 1988, 2742; OLG Oldenburg, NJW-RR 1993, 581. Diese Situation ist unbefriedigend, sodass hierzu ein Reformvorschlag unterbreitet werden wird, vgl. Kapitel 6-B.

640 Erman/*Lieder*, § 1932 Rn 15; MüKoBGB/*Leipold*, § 1932 Rn 5. Der Voraus kann testamentarisch auch ausdrücklich ausgeschlossen werden (Erman, a.a.O.; MüKoBGB/*Leipold*, § 1932 Rn 7), jedoch bedarf es dann einer weiteren Verfügung, die den Verbleib der Tiere regelt, da diese ansonsten zwar nicht im Wege des Voraus, wohl aber im Wege der sonstigen gesetzlichen Erbfolge (anteilig) auf den Ehegatten übergehen (können).

### 3. *Teilungsanordnung*

Will der Erblasser grundsätzlich die gesetzliche Erbfolge eintreten lassen, geht er aber mit den gesetzlichen Auseinandersetzungsregelungen nicht konform,[641] kann er eine Teilungsanordnung gem. § 2048 S. 1 BGB verfügen.[642] Durch diese kann der Erblasser umfassende Vorgaben zur Auseinandersetzung treffen: etwa, wer den konkreten Nachlassgegenstand bis zur Auseinandersetzung (allein) verwalten soll, wie diese Verwaltung durchzuführen ist oder wem ein bestimmter Nachlassgegenstand im Rahmen der Erbauseinandersetzung zukommen soll.[643]

Auch wenn konkrete Vorgaben zur Zuteilung bestimmter Gegenstände an bestimmte Erben getroffen sind, werden die Erbquoten durch Teilungsanordnungen nicht beeinflusst.[644] Der Empfänger muss sich den Wert des erhaltenen Teilungsguts vielmehr auf den ihm quotenmäßig zustehenden Erbanteil anrechnen lassen und ist bei wertmäßigem Übersteigen dieses Anteils ausgleichungspflichtig.[645] Die Teilungsanordnung wirkt zwischen den Erben jedoch nur schuldrechtlich.[646] Während die Miterben verpflichtet sind, das Teilungsgut an den Empfänger auseinanderzusetzen bzw. die Verwaltung durch den bestimmten Miterben zu dulden, ist der Empfänger verpflichtet, das Teilungsgut anzunehmen bzw. ist der bestimmte Miterbe verpflichtet, die Verwaltung entsprechend den Erblasservorgaben durchzuführen.[647] Der Empfänger kann daher eine Teilungsanordnung nicht einseitig ausschlagen.[648] Bei Einvernehmen

---

641 Zu den gesetzlichen Auseinandersetzungsregelungen siehe Kapitel 5-A-II-3-b.

642 Soll die Anordnung im Rahmen eines gemeinschaftlichen Testaments erfolgen, ist zu beachten, dass die Teilungsanordnung nicht wechselbezüglich vereinbart werden kann, vgl. § 2270 Abs. 3 BGB. Entsprechendes gilt beim Erbvertrag, vgl. § 2278 Abs. 2 BGB. Die Möglichkeit der Anordnung nach § 2048 S. 2, 3 BGB wird im Rahmen der vorliegenden Untersuchung ausgeblendet, da sie diesbezüglich von extrem untergeordneter Bedeutung ist.

643 Erman/*Bayer*, § 2048 Rn 1; Große-Wilde/Ouart/*Wrede*, § 2048 Rn 8; Grüneberg/*Weidlich*, § 2048 Rn 2.

644 BGH, BeckRS 2010, 25988; OLG Hamm, NotBZ 2022, 60 (62); *Kipp/Coing*, § 44 II 1; *Leipold*, § 21 Rn 748.

645 *Kipp/Coing*, a.a.O.; *Leipold*, a.a.O.; Grüneberg/*Weidlich*, § 2048 Rn 1.

646 OLG Frankfurt, BeckRS 2012, 11737; OLG München, BeckRS 2018, 36492; Große-Wilde/Ouart/*Wrede*, § 2048 Rn 6; *Lange/Kuchinke*, S. 734 f.

647 *Brox/Walker*, § 31 Rn 13; Große-Wilde/Ouart/*Wrede*, § 2048 Rn 6; *Lange/Kuchinke*, S. 734 f.

648 *Lange/Kuchinke*, a.a.O.

aller Miterben können sich diese jedoch über die Teilungsanordnung des Erblassers hinwegsetzen.[649]

Auch hinsichtlich eines im Nachlass enthaltenen Heimtiers könnte der Erblasser Teilungsanordnungen verfügen. Er könnte etwa bestimmen, welcher der Miterben das Heimtier im Rahmen der Auseinandersetzung der Erbengemeinschaft zu Alleineigentum erhalten soll und, dass dieser Miterbe den Nachlassgegenstand „Heimtier" bis dahin auch alleine verwalten soll. In der Regel wird dem Erblasser, der eine Teilungsanordnung in Bezug auf ein Heimtier trifft, viel daran gelegen sein, dass diese dann auch wie vorgesehen vollzogen wird. Insofern müsste eine Teilungsanordnung mit weiteren Gestaltungsmitteln kombiniert werden, um die gewünschte „Bindungswirkung" zu erreichen.[650] Sofern der Erblasser neben der Teilungsanordnung zugleich entsprechende Testamentsvollstreckung verfügt, erhöht dies die Wahrscheinlichkeit der planmäßigen Durchführung. Denn der Testamentsvollstrecker ist an die Teilungsanordnung grundsätzlich gebunden; er kann sich jedoch im Einverständnis aller Miterben wiederum darüber hinwegsetzen,[651] sodass auch die Kombination aus Teilungsanordnung und Testamentsvollstreckung keine absolute Sicherheit bietet.

In jedem Fall ist zu bedenken, dass auch der sichergestellte Vollzug der Teilungsanordnung keine Sicherungswirkung für das weitere Verbleiben des Tiers beim Zugewiesenen entfaltet. Die Erben können der Teilungsanordnung also, sei es freiwillig oder unter entsprechendem Druck durch flankierende Verfügungen des Erblassers, zwar (zuerst) nachkommen. Der Miterbe, der das Tier in diesem Wege zu Alleineigentum erhalten hat, ist aber nicht daran gehindert, es unverzüglich nach Durchführung der Teilungsanordnung weiter zu veräußern.

---

649 OLG München, BeckRS 2018, 36492; Erman/*Bayer*, § 2048 Rn 9; Große-Wilde/Ouart/*Wrede*, § 2048 Rn 11; Grüneberg/*Weidlich*, § 2048 Rn 4.

650 Neben der Möglichkeit der Kombination von Teilungsanordnung und Testamentsvollstreckung kann der Erblasser den Vollzug der Teilungsanordnung auch zur Auflage machen, was im Hinblick auf § 2194 BGB jedoch nur dann sinnhaft ist, wenn zugleich ein Vollziehungsberechtigter vorhanden ist, der die Erfüllung der Auflage zu erzwingen bereit ist, vgl. Nieder/Kössinger/*Zintl*, § 15 Rn 205. Alternativ kann der Erblasser den Nichteintritt der Auflage zusätzlich zugleich zur auflösenden Bedingung der (dann nur Vor-)Erbeinsetzung machen, und einen anderen bzw. andere zu(m) Nacherben bestimmen.

651 BGHZ 40, 115 (118); 56, 275 (280); Nieder/Kössinger/*Zintl*, § 15 Rn 205; Staudinger/*Reimann*, § 2204 Rn 47.

### *4. (Voraus-)Vermächtnis*

Will der Erblasser die Zuwendung einzelner Gegenstände außerhalb der sonstigen Erbfolge regeln, kann er sich hierzu des Mittels des (Voraus-)Vermächtnisses bedienen.

#### *a) (Voraus-)Vermächtnis allgemein*

Sowohl die Anordnung eines Vermächtnisses als auch die eines Vorausvermächtnisses dient jeweils dem Zweck, einzelne Nachlassgegenstände gesondert von der übrigen Gesamtrechtsnachfolge zuzuweisen.

##### *aa) Vermächtnis*

Soll der Gegenstand nicht einem von mehreren Erben, sondern einem Dritten zufallen, kann der Erblasser ein entsprechendes Vermächtnis i.S.d. §§ 1939, 2174, 2169 Abs. 1 BGB verfügen. Dann hat der Vermächtnisnehmer einen schuldrechtlichen Anspruch gegen den Beschwerten (meist den/die Erben gem. § 2147 S. 2 BGB) auf Übergabe und Übereignung dieses Gegenstands. Ohne flankierende Gestaltungsmittel zur weiteren Sicherung besteht jedoch auch beim Vermächtnis das Risiko der folgenlosen Ausschlagung durch den Vermächtnisnehmer gem. § 2180 BGB.

##### *bb) Vorausvermächtnis*

Das Vorausvermächtnis i.S.d. § 2150 BGB unterscheidet sich vom Vermächtnis dadurch, dass nicht ein Dritter, sondern einer der Erben begünstigt ist. Den Wert der Gegenstände, die ein Miterbe im Wege des Vorausvermächtnisses erhält, muss er sich nicht auf seinen quotenmäßigen Erbanteil anrechnen lassen.[652] Dies stellt das entscheidende Abgrenzungskriterium zur Teilungsanordnung dar, bei der ein etwaig erhaltener Mehrwert gegenüber den anderen Miterben auszugleichen ist.[653]

Zu beachten ist, dass der Vorausvermächtnisnehmer gem. §§ 2150, 2180 BGB das Vermächtnis (einseitig!) ausschlagen kann, ohne dass ihm dadurch der ihm zugewandte Erbteil verlustig geht. Insofern besteht beim (isoliert angeordneten) Vorausvermächtnis – noch mehr als bei der Teilungsanordnung – die Gefahr, dass die Vorgabe des Erblassers nicht umgesetzt wird.

---

652 OLG Hamm, BeckRS 2010, 6633; NotBZ 2022, 60 (62); Große-Wilde/Ouart/*Wrede*, § 2150 Rn 2; Grüneberg/*Weidlich*, § 2150 Rn 1.

653 Vgl. zur Teilungsanordnung Kapitel 5-A-III-3.

### *b) Sonderfall: Vermächtnis mit Drittbestimmung*

Der Erblasser kann ein Vermächtnis auch dergestalt anordnen, dass einzelne oder mehrere Elemente des Vermächtnisses nicht von ihm selbst festgelegt sind, sondern von einem anderen (nämlich dem Beschwerten, dem Begünstigten bzw. einem Dritten) bestimmt werden, vgl. §§ 2151 ff. BGB. Im Rahmen dieser Arbeit sind von den entsprechenden Möglichkeiten das Bestimmungsvermächtnis gem. § 2151 BGB und das Zweckvermächtnis nach § 2156 BGB von Interesse; beide stellen Ausnahmen zu § 2065 Abs. 2 BGB dar.[654]

Beim Bestimmungsvermächtnis gem. § 2151 BGB überlässt es der Erblasser einem bestimmten Dritten oder (jedenfalls auch hilfsweise über § 2152 BGB) dem Beschwerten, den Begünstigten zu bestimmen. Dabei muss der Erblasser aber einen bestimmten oder jedenfalls bestimmbaren Personenkreis vorgeben, aus dem dieser auszuwählen ist.[655]

Ein Zweckvermächtnis i.S.d. § 2156 BGB liegt vor, wenn der Erblasser den Begünstigten und den Zweck des Vermächtnisses selbst festgelegt hat, es aber dem Beschwerten oder einem Dritten überlässt, die Leistung zur Erfüllung des festgelegten Zweckes nach billigem Ermessen zu bestimmen. Der Erblasser muss dabei den Vermächtniszweck mindestens so genau bestimmen, dass der Bestimmende hinreichende Anhaltspunkte für die Ausübung seines billigen Ermessens hat.[656]

Der Erblasser kann die beiden vorgenannten Varianten auch kombinieren.[657] Im Rahmen einer letztwilligen Verfügung zugunsten von Tieren ist etwa denkbar, dass der Erblasser anordnet, dass einem von mehreren bestimmten oder bestimmbaren Tierheimen (z. B. „eines der Tierheime in Berlin") oder einer von mehreren (rechtsfähigen) Tierschutzorganisationen ein Geldvermächtnis auszuzahlen ist, mit dem Zweck, dass das Tierheim mit dem Geld Futtermittel für einen Monat erwerben oder die Tierschutzorganisation damit 50 gerettete Straßenhunde von Mallorca nach Deutschland überführen können soll. Nicht hinreichend bestimmt im Hinblick auf den Zweck wäre dagegen ein Vermächtnis zugunsten des Tierschutzvereins „XY" in vom Bestimmenden festzulegender

---

654 MüKoBGB/*Leipold*, § 2065 Rn 2; Staudinger/*Otte*, § 2065 Rn 10 f.

655 *Mayer*, MittBayNot 1999, 447 (449); MüKoBGB/*Rudy*, § 2151 Rn 1, 2; Grüneberg/*Weidlich*, § 2151 Rn 1; Staudinger/*Otte*, § 2151 Rn 2.

656 BayOblG, NJW-RR 1999, 946 (947); MüKoBGB/*Rudy*, § 2156 Rn 3; Soergel/Siebert/*Wolf*, § 2156 Rn 3; Staudinger/*Otte*, § 2156 Rn 2.

657 *Langenfeld/Fröhler*, Rn 281; *Mayer*, MittBayNot 1999, 447 (449); Grüneberg/*Weidlich*, § 2151 Rn 1; Staudinger/*Otte*, § 2156 Rn 1.

Höhe der Geldmittel, wenn keine weiteren Anhaltspunkte für die zu bestimmende Höhe der Geldzuwendung festgeschrieben werden.[658] Dann liegen keine hinreichenden Anhaltspunkte zur Bestimmung der Höhe der Geldzuwendung vor.[659]

### *c) (Voraus-)Vermächtnis betreffend Heimtiere*

Auch ein Heimtier kann im Wege des Vermächtnisses einem Dritten vermacht werden. So könnte auch E im Beispiel 3 der L den Hund im Wege des Vermächtnisses zuwenden. Das Zuwenden eines Heimtiers an einen von mehreren Miterben im Wege des Vorausvermächtnisses ist ebenfalls möglich und könnte u.a. dann angezeigt sein, wenn das Tier bzw. die Tiere wertmäßig einen nicht unerheblichen Teil des Nachlasses darstellt bzw. darstellen. In beiden Varianten besteht wiederum die Problematik, dass der Miterbe bzw. der Dritte, der das Tier erhält, darüber frei verfügen kann.[660]

Bringt das vermachte Tier zwischen Erbfall und Erfüllung des (Voraus-)Vermächtnisses Junge zur Welt, so handelt es sich bei den Jungen um unmittelbare Sachfrüchte i.S.d. § 99 Abs. 1 BGB, die gem. § 2184 S. 1 BGB auch an den (Voraus-)Vermächtnisnehmer herauszugeben sind.

Die nächstliegende Gestaltungsmöglichkeit, um die Gefahr der Ausschlagung zu mindern, ist, dem (Voraus-)Vermächtnisnehmer neben dem Tier zusätzlich einen Geldbetrag zu vermachen, und die Zuwendung beider Objekte so zu verbinden, dass der (Voraus-)Vermächtnisnehmer nur beide Zuwendungen gemeinsam annehmen oder ausschlagen kann. Eine solche Basisgestaltung (Erbeinsetzung der Kinder und Vermächtnis betreffend den Hund und Geldbetrag an L) wäre auch im Beispiel 3 zu empfehlen.

Ist ein im Nachlass befindliches Tier vermacht, trifft die Beschwerten des Vermächtnisses (also den Alleinerben bzw. die Erbengemeinschaft), eine Sorgfaltspflicht zur Erhaltung des Tiers.[661] Sofern die Beschwerten hierfür Auf- oder Verwendungen tätigen, können sie diese gem. § 2185 BGB i.V.m. §§ 985 ff. BGB vom Vermächtnisnehmer ersetzt verlangen.[662]

Auf der subjektiv-emotionalen Ebene der zu berücksichtigenden Tierwohlaspekte erscheint problematisch, dass der Vermächtnisnehmer zur Annahme

658 BayObLG, NJW-RR 1999, 946 (947).

659 Ebd.

660 Vgl. Kapitel 5-A-III-3.

661 *Lange/Kuchinke*, S. 646.

662 Ebd.

bzw. Ausschlagung des Vermächtnisses grundsätzlich an keine Frist gebunden ist, vgl. § 2180 BGB. Während der Erblasser eine solche Frist verfügen kann und sollte (so auch im Beispiel 3), indem er das Vermächtnis aufschiebend bedingt durch die Annahme binnen eines bestimmten Zeitraums zuwendet,[663] kann der Erbe bzw. können die Erben eine solche Frist gem. § 2307 Abs. 2 BGB nur im Ausnahmefall des pflichtteilsberechtigten Vermächtnisnehmers setzen. Es kann daher die Situation eintreten, dass der Vermächtnisnehmer sich erst nach langer Zeit zur Annahme des Vermächtnisses entscheidet, während das Heimtier sich unterdessen an die vom Erblasser eigentlich nur als „Zwischenstation" gedachte Umgebung und Bezugsperson gewöhnt hat, und so ggf. eine vermeidbare Beeinträchtigung des Tierwohls eintritt.

### *d) EXKURS: (Fehlende) Vermächtnisannahmefrist*

Der Umstand, dass – abgesehen vom engen Ausnahmefall des § 2307 Abs. 2 BGB – der Beschwerte keine Möglichkeit hat, dem Vermächtnisnehmer eine Frist zur Annahme des Vermächtnisses zu setzen, ist eine grundsätzliche, über den Themenkomplex der Heimtiere im Erbrecht hinausgehende Problematik des deutschen Erbrechts. Auch existiert keine gesetzliche Frist zur Ausschlagung, da § 2180 Abs. 3 BGB nicht auf § 1944 BGB verweist.

Unproblematisch mag dies in Fällen sein, in denen die Verwahrung bzw. Erhaltung des Vermächtnisgegenstandes kostenneutral möglich ist, z. B. weil es sich um eine subjektiv, nicht aber objektiv wertvolle Armbanduhr handelt, die der Beschwerte in seiner eigenen Wohnung lagern kann, ohne dass er hierdurch spürbare Platzeinbußen hinnehmen muss. In jenen Fällen, in denen der Erhalt bzw. Vorhalt des Vermächtnisgegenstandes aber Aufwendungen bzw. Verwendungen des Beschwerten erfordert, kann der Schwebezustand, in dem der Vermächtnisnehmer das Vermächtnis weder angenommen noch ausgeschlagen hat, für den Beschwerten zur (finanziellen) Last werden. Wenn es sich bei dem Vermächtnisgegenstand beispielsweise um ein Heimtier handelt, so hat der Erbe bzw. haben die Erben die Kosten für Futter, Tierarzt usw. zu begleichen bzw. jedenfalls zu verauslagen, wobei gerade über einen längeren Zeitraum durchaus hohe Kosten anfallen können. Das BGB hält hierfür keine umfassende Lösung bereit.[664]

---

663 Vgl. zur Möglichkeit der Fristsetzung durch den Erblasser: Hau/Poseck/*Müller-Christmann*, § 2180 Rn 6; MüKoBGB/*Rudy*, § 2180 Rn 4 m.w.N.; Staudinger/*Otte*, § 2180 Rn 13.

664 Eine solche wäre jedoch nach Ansicht der Verfasserin zu befürworten. Denkbar wäre etwa eine den allgemeinen Rechtsfrieden fördernde absolute Frist zur

Da die Geltendmachung des Vermächtnisanspruchs aber gem. §§ 195, 199 BGB der regelmäßigen Verjährungsfrist von drei Jahren unterliegt, kann der Beschwerte jedenfalls nach Ablauf der Frist die Einrede der Verjährung gem. § 214 BGB erheben. Daneben besteht dann, wenn Vermächtnisgegenstand eine Sache ist, für den Beschwerten die Möglichkeit, die Situation über einen rechtlichen „Umweg" mittels Geltendmachung etwaiger Verwendungsersatzansprüche nach § 2185 BGB i.V.m. §§ 994 ff. BGB aufzulösen: Zu beachten ist, dass das Vermächtnis gem. § 2176 BGB grundsätzlich mit dem Erbfall anfällt, und dass im Normalfall der Beschwerte entweder beim Erbfall schon Kenntnis von der letztwilligen Verfügung und damit zumeist auch vom Anfall des Vermächtnisses hat oder diese zeitnah zum Erbfall erlangen wird. Sobald der Beschwerte um den Anfall des Vermächtnisses weiß, ist er bösgläubig im analogen Sinne des § 990 Abs. 1 BGB.[665] Somit können dem Beschwerten allenfalls Verwendungsersatzansprüche für notwendige Verwendungen gem. § 2185 i.V.m. § 994 Abs. 2 i.V.m. §§ 683, 670 BGB zustehen. Wenn dies trotz der insoweit als eng zu beurteilenden Anspruchsvoraussetzungen in concreto der Fall ist, richtet sich die Durchsetzung der Ansprüche nach den §§ 1000 bis 1003 BGB.[666] Gem. § 1003 Abs. 1 S. 1 BGB kann der Beschwerte den Vermächtnisnehmer auffordern, sich binnen angemessener Frist darüber zu erklären, ob er die Verwendungen genehmige.[667] Erfolgt die Genehmigung, kann der Beschwerte seinen Anspruch gem. § 1001 S. 1 BGB geltend machen. Bestreitet der Vermächtnisnehmer den Verwendungsersatzanspruch, muss der sein Begehren weiterverfolgende Beschwerte Feststellungsklage gem. § 1003 Abs. 2 BGB erheben. Verstreicht die Frist fruchtlos, so ist der

---

Vermächtnis*annahme*, die angesichts der geringeren Relevanz im Vergleich zur Erbschaftsausschlagung entsprechend länger ausgestaltet sein könnte, z. B. als Sechsmonatsfrist. Hinsichtlich des Fristbeginns könnte die Regelung dem § 1944 Abs. 2 BGB nachgebildet werden, auch käme eine zu § 1944 Abs. 3 BGB vergleichbare Normierung für Fälle mit Auslandsbezug in Betracht. Alternativ könnte der Gesetzgeber ähnlich § 350 BGB statuieren, dass der Beschwerte – ggf. nach Ablauf einer absoluten Mindestwartefrist von beispielsweise drei Monaten – berechtigt ist, dem Vermächtnisnehmer eine angemessene Frist zur Annahme des Vermächtnisses zu setzen, wobei bei fruchtlosem Verstreichen das Vermächtnis als ausgeschlagen gilt.

665 BGH, FamRZ 1991, 690 (693); Erman/*Nobis*, § 2185 Rn 2; Staudinger/*Otte*, § 2185 Rn 2.

666 Erman/*Nobis*, § 2185 Rn 5; Ludyga/*Reymann*, § 2185 Rn 18; MüKoBGB/*Rudy*, § 2185 Rn 7.

667 Zu den Voraussetzungen und Umständen im Einzelnen vgl. MüKoBGB/*Raff*, § 1003 Rn 2 ff.; Staudinger/*Thole*, § 1003 Rn 2 ff.

Beschwerte gem. § 1003 Abs. 1. S. 2 BGB berechtigt, den Vermächtnisgegenstand durch Pfandverkauf bzw. Zwangsvollstreckung in das unbewegliche Vermögen „zu versilbern“ und seinen Anspruch aus dem Erlös zu befriedigen.[668] Ein etwaig verbleibender (Mehr-)Erlös steht kraft dinglicher Surrogation zwar (weiterhin) dem Vermächtnisnehmer zu, Geld ist jedoch in der Regel leichter und kostengünstiger zu „erhalten“, da es lediglich (z. B. auf einem Bankkonto) verwahrt werden muss. Für den Beschwerten ist diese Situation im Vergleich zur beschriebenen Eingangssituation vorteilhaft.

### 5. *Vor-/Nacherbschaft bzw. Vor/Nachvermächtnis*

Das Instrumentarium der Vor-/Nacherbschaft bzw. des Vor-/Nachvermächtnisses dient dazu, den gestaffelten Eintritt mehrerer Erben bzw. Vermächtnisnehmer zu verfügen.

#### *a) Allgemein*

Der Erblasser kann einen Erben „nur“ als sog. Vorerben und eine weitere Person als Nacherben i.S.d. § 2100 BGB einsetzen. Diese weitere Person wird dann mit Eintritt des Nacherbfalls Erbe des Erblassers und zwar zum gleichen Anteil wie der Vorerbe. Der Erblasser kann einen Zeitpunkt oder ein Ereignis bestimmen, mit dem die Nacherbfolge eintreten soll.[669] Er könnte also etwa an die Geschäftsunfähigkeit des Vorerben bzw. dessen Tod oder aber auch ein bestimmtes Handeln oder ein bestimmtes Unterlassen des Vorerben anknüpfen. Um letzteres mittelbar zu erzwingen, muss er den Nacherbfall als das von ihm unerwünschte Ereignis definieren. Die eventuelle zeitliche Bindung des Nachlasses über das Instrument der Vor-/Nacherbschaft ist trotz der Regelung des § 2109 Abs. 1 S. 1 BGB in keiner der vorgenannten Varianten problematisch, da jeweils die Ausnahme gem. § 2109 Abs. 1 S. 2 Nr. 1 BGB greift.[670] Die Verfahrensweise der Einsetzung eines zeitlich nachfolgenden Bedachten kann entsprechend auch im Rahmen eines (Voraus-)Vermächtnisses gewählt werden, vgl. § 2191 BGB.

Mit der (isolierten) Anordnung der Vor-/Nacherbschaft bzw. des Vor-/Nach(voraus)vermächtnisses ist jedoch keine äußere Kontrolle des rechtlichen Automatismus des Eintritts des Nacherbfalls bzw. Nach(voraus)vermächtnisses

668 Zu Details vgl. MüKoBGB/*Raff*, § 1003 Rn 9 ff.; Staudinger/*Thole*, § 2185 Rn 7 ff.

669 Vgl. Umkehrschluss zu § 2106 Abs. 1 BGB.

670 Vgl. dazu auch Erman/*Schmidt*, § 2109 Rn 3; MüKoBGB/*Lieder*, § 2109 Rn 5 ff. jeweils m.w.N. Und vgl. allgemein zu den deutsch-erbrechtlichen Beschränkungen der überlangen Nachlassbindung *Reimann*, NJW 2007, 3034 (3034 ff.).

verbunden. Der Erblasser ist darauf angewiesen, darauf zu vertrauen, dass der Nacherbe aus eigenem Interesse heraus als Kontrollinstanz agiert, um seine Rechte beim Eintritt des Nacherbfalls geltend zu machen. Überdies führt die Anknüpfung der Nacherbfolge an ein bestimmtes (unerwünschtes) Handeln des Vorerben nicht dazu, dass diese, nicht aus sich heraus den gesetzlichen Vorgaben widersprechende, Handlung unwirksam ist, sobald sie vorgenommen wird.

*b) Beim „Tiertestament“*

Ist der Erblasser hinsichtlich der im Nachlass enthaltenen Heimtiere mit der Wirkung der Erbeinsetzung zufrieden, hat er aber Bedenken, dass der Erbe vor dem Tier versterben könnte, kann er einen Nacherben bestimmen, der das Tier beim Tod des Alleinerben, der dann „nur“ Vorerbe ist, erben soll. Der Erblasser könnte eine Vor-/Nacherbschaft auch mit dem Ziel anordnen, den Vorerben zu einem bestimmten Handeln bzw. Unterlassen zu motivieren. Etwa indem er anordnet, dass der Nacherbfall eintritt, wenn der Vorerbe das Tier nicht jeden Tag morgens und abends füttert. Der Vorerbe, der das Erbe behalten möchte, wird sich dann gezwungen sehen, den Eintritt des Nacherbfalls zu verhindern, indem er dem Erblasserwillen nachkommt.

Wie bereits erwähnt, wären Zuwiderhandlungen des Vorerben jedoch nicht unwirksam. Daher wäre ein Vorerbe, bei dem der Nacherbfall eintritt, wenn er einen bestimmten Gegenstand verkauft, dennoch von Gesetzes wegen nicht gehindert, den Gegenstand zu verkaufen,[671] wenngleich der Kaufpreis durch die Surrogation nach § 2111 Abs. 1 S. 1 Var. 3 BGB dann Teil des Nachlasses wäre. Als Konsequenz des Handelns des Vorerben bleibt nur der ggf. strafend wirkende Eintritt der Nacherbfolge.

Auch im Beispiel 3 könnte in Bezug auf das Vermächtnis betreffend den Hund und einen bestimmten Geldbetrag an L ein Nachvermächtnisnehmer eingesetzt werden, wobei der Nachvermächtnisfall sowohl beim Tod der L als auch bei Zuwiderhandlung der L gegen bestimmte Vorgaben (z. B. Verbot, den Hund wegzugeben oder zu verkaufen) eintreten soll.

671 Selbst wenn der nicht befreite Vorerbe den Gegenstand entgegen § 2113 Abs. 2 BGB verschenken würde, wären die, die Schenkung vollziehende Übereignung und Übergabe nur dann unwirksam, wenn die Schenkung das Recht des Nacherben (im Zeitpunkt des Nacherbfalls!) vereitelt oder beeinträchtigt. Dies wäre z. B. dann nicht der Fall, wenn es sich bei dem Gegenstand um ein Tier handelt und dieses vor dem Eintritt des Nacherbfalls bereits verstorben ist; vgl. *Lange/Kuchinke*, S. 583 ff.

### 6. *Bedingung und Auflage*

Zwei weitere Gestaltungsmittel im „Köcher“ des Erblassers sind die Bedingung und die Auflage.

#### a) *Bedingung*

Wie sich aus den §§ 2074–2076 BGB ergibt, können letztwillige Verfügungen grundsätzlich bedingt angeordnet werden. Insbesondere kann die Zuwendung (gleich ob Erbeinsetzung oder Vermächtnisanordnung) davon abhängig gemacht werden, dass der Bedachte etwas unterlässt oder fortgesetzt tut, vgl. § 2075 BGB. Dabei handelt es sich um eine (auflösende) Bedingung i.S.d. § 158 Abs. 2 BGB, deren Erfüllung vom Willen des Bedachten abhängt, und damit um eine sog. Potestativbedingung.[672] Solange die konkrete Bedingung nicht gegen §§ 134, 138 BGB und nicht gegen § 2065 BGB verstößt, ist sie wirksam.[673]

##### aa) *Bedingte Erbeinsetzung*

Liegt ausdrücklich oder (weil der Erblasser keinen Zeitraum für die Vornahme der Handlung bzw. für das Unterlassen genannt hat) hilfsweise nach der Auslegungsregel des § 2075 BGB eine auflösende Bedingung hinsichtlich einer Erbeinsetzung vor, so hat dies zur Folge, dass der betreffende Erbe lediglich Vorerbe ist, und mit Eintritt der auflösenden Bedingung die (insoweit) aufschiebend bedingte Nacherbfolge eintritt.[674] Daher ist bei einer solchen Kombination von Verfügungen auch dazu zu raten, einen Nacherben für den Fall des Eintritts der auflösenden Bedingung einzusetzen, da ansonsten gem. § 2104 S. 1 BGB in der Regel die im diesem Zeitpunkt gesetzlichen Erben die Position des (konstruktiven) Nacherben bekleiden. Sind diese identisch mit den unter der auflösenden Bedingung eingesetzten Erben, so haben diese keinen Anreiz mehr, den Eintritt der auflösenden Bedingung dadurch zu verhindern, dass sie den Erblasservorgaben Folge leisten. Dasselbe Problem besteht, wenn gem. § 1936 BGB der Staat gesetzlicher Erbe wäre, da § 2104 S. 1 BGB gemäß S. 2 der Norm dann nicht greift. Gemäß §§ 2084, 133 BGB ist in diesen Fällen im Wege der Auslegung zu ermitteln, ob der Strafcharakter der auflösenden Bedingung nach dem Willen

---

672 OLG Hamm, FamRZ 2002, 1666 (1667); OLG Stuttgart, FamRZ 2005, 1863 (1865); Große-Wilde/Ouart/*Gemmer*, § 2075 Rn 2; Staudinger/*Otte*, § 2074 Rn 27.

673 Staudinger/*Otte*, § 2074 Rn 27.

674 *Lange/Kuchinke*, S. 731; MüKoBGB/*Leipold*, § 2074 Rn 13; Staudinger/*Avenarius*, § 2100 Rn 12.

des Erblassers so stark im Vordergrund steht, dass der Erblasser bei Widersetzung des Erben eher den Staat als Erben gehabt hätte, statt des eingesetzten Erben.[675] Kommt man hierbei zu dem Ergebnis, dass der Strafcharakter aus Sicht des Erblassers nicht gewichtig genug war, so wird der Vorerbe durch den Eintritt der auflösenden Bedingung zum, dann nicht mehr an die Bedingung gebundenen, Vollerben.[676]

#### *bb) Bedingtes Vermächtnis*

Auch ein Vermächtnis kann mit einer auflösenden Bedingung gekoppelt werden. Dabei wird das Vermächtnis nicht automatisch zum Vorvermächtnis, da im Unterschied zum in jedem Fall zwingend nötigen Erben, das Vermächtnis auch schlicht entfallen kann.[677] Um Zweifel erst gar nicht aufkommen zu lassen, ist ausdrücklich anzuordnen, was passieren soll, wenn die auflösende Bedingung eintritt.

#### *cc) Bedingtes Vorausvermächtnis*

Auch das Vorausvermächtnis kann gleich dem Vermächtnis bedingt werden. Ohne Regelung eines Nachvorausvermächtnisnehmers würde auch dieses entfallen, sodass das Vorausvermächtnis dann der Erbengemeinschaft insgesamt oder dem Vorausvermächtnisnehmer als gleichzeitigem Alleinerben (sodann aber ohne die Einschränkung der Bedingung) zufiele. Es besteht wiederum die Problematik des fehlenden Zwangs.[678]

#### *dd) Tierpflege/-betreuung als Bedingung*

Mithin kann der Erblasser die Erbeinsetzung oder die Vermächtnisanordnung zugunsten desjenigen, der das Tier erlangen soll, an die auflösende Bedingung koppeln, dass er sich nicht angemessen um das Tier kümmert und dabei auch Details (im Rahmen der insoweit als weit zu beurteilenden §§ 134, 138 BGB) festlegen. Etwa könnte der Testierende als angemessene Pflege des Tiers definieren, dass der Hund einmal am Tag mindestens eine Stunde im Wald und ein weiteres Mal am Tag mindestens 30 Minuten auf einer Straße mit Asphaltbelag auszuführen ist oder dass der Schlange nur braune, aber keine weißen Mäuse zu füttern sind.

---

675 *Lange/Kuchinke,* S. 576; Staudinger/*Avenarius,* § 2104 Rn 4.

676 Ebd.

677 *Lange/Kuchinke,* S. 731; MüKoBGB/*Leipold,* § 2075 Rn 9.

678 Siehe Kapitel 5-A-III-6-a-aa.

Solche Details wären auch im Testament des E im Beispiel 3 hinzutretend anzuordnen, etwa, wie bzw. womit L den Hund füttern muss und/oder wie oft L mit dem Hund spazieren gehen muss.

§ 2076 BGB ist für eine solche Bedingung nicht einschlägig, da die Bedingung zwar zum Vorteil des Tiers gereicht, das Tier mangels Rechtssubjektsqualität aber nicht Dritter i.S.d. § 2076 BGB ist.[679]

Eine solche Bedingung verstößt auch nicht gegen § 2065 Abs. 1 BGB. Gem. § 2065 Abs. 1 BGB ist eine letztwillige Verfügung u.a. dann unwirksam, wenn der Erblasser die Entscheidung über die Gültigkeit der Zuwendung (z. B. aus Unentschlossenheit oder Verantwortungsscheu) einem Dritten überlässt.[680] Daher darf eine Bedingung, deren Eintritt vom Willen des Bedachten abhängt, nicht als Mittel dazu genutzt werden, dass der Erblasser aufgrund eigener Unentschlossenheit den Entschluss dem Bedachten überlässt.[681] Er darf aber die Verfügung unter eine Bedingung stellen, deren (Nicht-)Eintritt vom Willen eines Dritten abhängt, wenn der Erblasser für den Fall des (Nicht-)Eintritts einen „bestimmten, die Gültigkeit der Verfügung, die Person des Bedachten oder den Gegenstand der Zuwendung betreffenden Willen gehabt hat“, es dem Erblasser also gerade auf den (Nicht-)Eintritt der Bedingung ankam.[682] Ein entsprechender Erblasserwille ist nach der Rechtsprechung des BGH u.a. dann indiziert, wenn der Erblasser ein eigenes Interesse an dem (Nicht-)Eintritt der Bedingung gehabt hat.[683] Verfügt der Erblasser wie oben vorgeschlagen, so hängt zwar der Eintritt der auflösenden Bedingung, also das (Ende des Nicht-)Angemessen-Kümmern(s) vom Willen des Bedachten ab; an diesen Eintritt hat der Erblasser aber (seinem Willen nach) eine bestimmte Folge geknüpft.

Der durch die (auflösende) Bedingung geschaffene Anreiz für den Vermächtnisnehmer, sich an die Vorgaben des Erblassers zu halten, kann u.U. gering sein. Das gilt vor allem, wenn der Vermächtnisnehmer das Tier nach eigenem Willen gar nicht erhalten will. Beim Erben stellt sich dies in gleicher Situation anders dar: Dieser wird die durch eine auflösende Bedingung abgesicherten Erblasservorgaben das Tier betreffend im Zweifel nicht um des Tiers oder des Erblassers

---

679 Zur fehlenden Rechtssubjektsqualität des Tiers vgl. Kapitel 5-A-I.

680 Erman/*Schmidt*, § 2065 Rn 5; MüKoBGB/*Leipold*, § 2065 Rn 1; Grüneberg/*Weidlich*, § 2065 Rn 1; *Röthel*, § 16 Rn 13.

681 BGHZ 15,199 (201).

682 BGHZ 15, 199 (201 f.); MüKoBGB/*Leipold*, § 2065 Rn 12; Grüneberg/*Weidlich*, § 2065 Rn 5.

683 BGHZ 15, 199 (202).

willen erfüllen, jedoch deshalb, um die übrige (vorausgesetzt entsprechend werthaltige) Erbschaft nicht zu verlieren. Entsprechend kann der Anreiz für den Vermächtnisnehmer vergrößert werden, indem ihm neben dem Tier zusätzlich ein bestimmter Geldbetrag zugewandt wird, und beide Vermächtnisse dergestalt gekoppelt werden, dass der Vermächtnisnehmer entweder beide erlangt oder keines. Dies kann entweder dadurch erfolgen, dass der Erblasser beide Vermächtnisse mit der gleichen auflösenden Bedingung, hier also der Bedingung des Wegfalls der angemessenen Tierpflege, verfügt oder das Geldvermächtnis unter die auflösende Bedingung des Entfalls des „Tiervermächtnisses" stellt.

### *b) Auflage*

Eng mit der Bedingung „verwandt" ist die Möglichkeit des Erblassers, eine Auflage i.S.d. § 1940 BGB zu statuieren.

#### *aa) Allgemeines*

*„Der Erblasser kann durch Testament den Erben oder einen Vermächtnisnehmer zu einer Leistung verpflichten, ohne einem anderen ein Recht auf die Leistung zuzuwenden*"; § 1940 BGB normiert dies als Legaldefinition der Auflage. Durch diese wird also eine Leistungspflicht des Beschwerten begründet. Inhalt dieser Leistungspflicht kann, im Rahmen der allgemeinen Gesetzesgrenzen,[684] jedes Tun, Dulden oder auch Unterlassen sein, vgl. § 241 Abs. 1 S. 2 BGB. Diese Leistungspflicht kann u.U. mittelbar eine Zuwendung an einen Dritten folgern, z. B. wenn die Auflage dahingehend lautet, eine bestimmte Geldsumme an den Dritten zu zahlen. Da der Dritte hier, im Unterscheid zum Vermächtnis, aber keinen eigenen Anspruch erwirbt, qualifiziert der Gesetzgeber die Auflage nicht als Zuwendung.[685] Durch die Verweisung in § 2192 BGB sind aber viele der Zuwendungsvorschriften entsprechend auch auf die Auflage anwendbar. Da es keines Begünstigten bedarf, können mit der Auflage auch mittelbare Zuwendungen an nichtrechtsfähige Subjekte bzw. Objekte herbeigeführt werden.[686]

---

684 §§ 134, 138, 242 BGB.

685 *Lange/Kuchinke,* S. 652; Grüneberg/*Weidlich,* § 2192 Rn 1.

686 *Langenfeld/Fröhler,* Rn 289; *Roth,* NJW-Spezial 2011, 551.

### *bb) Auflagen zugunsten Heimtiere*

Auflagen können auch zugunsten Heimtieren angeordnet werden. Das Heimtier kann „Bedachter" einer Auflage sein,[687] z. B. wenn diese anordnet, das Heimtier bis an dessen Lebensende angemessen zu versorgen und/oder dem Tier täglich „Leckerchen" im Wert von 1 Euro zu verfüttern. Die Auflage, ein bestimmtes Heimtier zu pflegen bzw. zu versorgen, kann neben dem Vorteil, dass der Erblasser sein Tier versorgt weiß, darüber hinaus unter Umständen auch für den Erben vorteilhaft sein, da sie zu einer Minderung der Steuerlast führen kann. Dies ist etwa der Fall, wenn der Erbe durch eine Versorgungsauflage gezwungen ist, das zum Nachlass gehörende Tier zu versorgen (gleich, ob er dies auch ohne die Auflage getan hätte oder nicht), da dann die Versorgungskosten abzugsfähige Nachlassverbindlichkeiten i.S.d. § 10 Abs. 5 Nr. 2 ErbStG sind.[688]

Auch wegen der möglichen steuerrechtlichen Vorteile sollte eine entsprechende Auflage auch im Testament des E im Beispiel 3 enthalten sein. Daneben ermöglicht das Verfügen einer Auflage weiteren Gestaltungsspielraum hinsichtlich der Kontrolle der L.[689]

### *cc) Drittbestimmung im Rahmen einer Auflage*

Ebenso wie ein Zweckvermächtnis möglich ist,[690] ist gem. §§ 2192, 2156 BGB auch eine Zweckauflage möglich. Im Vergleich zum Zweckvermächtnis sind die Anforderungen, die an die Bestimmung des Zwecks bei der Auflage zu stellen sind, jedoch erheblich geringer.[691] Dies folgt daraus, dass die Auflage nicht unmittelbar einen Rechtsanspruch des ggf. Profitierenden begründet.[692] So genügen hier Anweisungen wie „Summe X für wohltätige Zwecke" zu verwenden.[693]

Der Erblasser kann neben der Zweckauflage zudem anordnen, dass der Beschwerte oder ein Dritter die Person bestimmen soll, die von der Auflage

---

687 Hausmann/Hohloch/*Wellenhofer*, Kapitel 12 Rn 2; Nieder/Kössinger/*Kössinger*, § 9 Rn 107.

688 Vgl. BFH, NJW-Spezial 2009, 664; FG München, BeckRS 2003, 26015207; Götz, ZEV 2012, 649; *Steiner*, ErbStB 2015, 182. Sind die zu erwartenden, kapitalisierten Kosten jedoch höher als der Freibetrag in Höhe von derzeit 20.000 Euro, so ist der Erbe für den überschießenden Betrag gem. § 8 ErbStG steuerpflichtig, da es sich insoweit um eine zu versteuernde Zweckzuwendung handelt. Vgl. *Götz*, ZEV 2012, 649.

689 Vgl. hierzu Kapitel 5-A-III-6-b-ee.

690 Vgl. Kapitel 5-A-III-4-b.

691 *Lange/Kuchinke*, S. 656 f.; *Muscheler*, Erbrecht Band 2, § 39 Rn 2673.

692 *Lange/Kuchinke*, S. 656; *Muscheler*, Erbrecht Band 2, § 39 Rn 2673.

693 OLG Düsseldorf, FGPrax 2015, 30 (30 f.); *Muscheler*, Erbrecht Band 2, § 39 Rn 2673.

profitiert, vgl. § 2193 BGB. Dabei muss er nicht wie im Rahmen des entsprechenden Vermächtnisses einen bestimmten Personenkreis vorgeben; vielmehr kann er den Dritten bzw. den Beschwerten völlig frei wählen lassen.[694] Auch diese weniger starke Beschränkung im Vergleich zum Vermächtnis gründet darauf, dass die Auflage keinen Rechtsanspruch des Begünstigten begründet.[695]

Insoweit kann der Erblasser beispielsweise eine Auflage mit dem Inhalt verfügen, 10.000 Euro für das Tierwohl zu spenden.

#### *dd) Vollziehung der Auflage*

Die Kehrseite des ggf. vorteilhaften Umstands, dass es im Rahmen der Anordnung einer Auflage keines (rechtsfähigen) Begünstigten bedarf bzw. dem ggf. Begünstigten kein eigener Leistungsanspruch zusteht, ist, dass es mangels Begünstigtem auch keinen Forderungsinhaber gibt, der die Erfüllung der Auflage durch (zwangsweise) Durchsetzung seiner Forderung forcieren kann bzw. im Eigeninteresse wahrscheinlich auch wird.

Bei der Auflage sind jedoch die in § 2194 BGB Genannten vollziehungsberechtigt, also berechtigt, die Erfüllung der Auflage (gerichtlich) durchzusetzen. Das sind vornehmlich die (Mit-)Erben und die „nachrangig“ Bedachten (sog. „Wegfallbegünstigte“), z. B. Nacherben oder Ersatzvermächtnisnehmer, sowie die zuständige Behörde, sofern die Vollziehung im öffentlichen Interesse liegt. Nach h.M. ist neben den in § 2194 BGB Genannten auch der Testamentsvollstrecker vollziehungsberechtigt.[696] Zudem kann der Erblasser kraft letztwilliger Verfügung Vollziehungsberechtigung erteilen,[697] wobei die Vollziehungsberechtigung ein eigenes Recht des Berechtigten begründet,[698] weswegen der Kreis der möglichen Vollziehungsberechtigten jedenfalls auf Rechtssubjekte beschränkt ist. Demnach können Tiere mangels Rechtsfähigkeit niemals vollziehungsberechtigt sein.[699] Die jeweils zum Vollzug Berechtigten *können* die Erfüllung der Auflage notfalls auch klageweise geltend machen und mit Hilfe der Zwangsvollstreckung

---

694 *Kipp/Coing,* § 64 IV 4; *Muscheler,* Erbrecht Band 2, § 39 Rn 2673.

695 *Lange/Kuchinke,* S. 656; *Muscheler,* Erbrecht Band 2, § 39 Rn 2673.

696 Vgl. *Lange/Kuchinke,* S. 660; *Muscheler,* Erbrecht Band 2, § 39 Rn 2679; Soergel/Siebert/*Dieckmann*, § 2195 Rn 4; Staudinger/*Otte,* § 2194 Rn 5, jeweils m.w.N.

697 *Lange/Kuchinke,* S. 660; Soergel/Siebert/*Dieckmann*, § 2194 Rn 6; Staudinger/*Otte,* § 2194 Rn 6.

698 Hausmann/Hohloch/*Wellenhofer,* Kapitel 12 Rn 43; Staudinger/*Otte,* § 2194 Rn 12.

699 Vgl. zur fehlenden Rechtsfähigkeit von Tieren Kapitel 3-A-II.

durchsetzen.[700] Verpflichtet, ihr jeweiliges Vollziehungsrecht geltend zu machen, sind jedoch nur der Testamentsvollstrecker (kraft Amtes)[701] und die zuständige Behörde bei einer entsprechenden Ermessensreduzierung „auf Null".[702]

### *ee) Vollziehung beim „Tiertestament"*

Auch bei einem „Tiertestament" könnte ein Testamentsvollstrecker eingesetzt werden, um die Erfüllung der Auflagen sicherzustellen.[703] Wenn es dem Erblasser (aufgrund entsprechenden Vertrauens) ausreicht, dass ein nicht zur Geltendmachung verpflichteter Vollzugsberechtigter vorhanden ist, können die mit der Testamentsvollstreckungsanordnung zumeist einhergehenden Kosten vermieden werden, indem stattdessen ein „Wegfallbegünstigter" geschaffen wird, z. B. ein Nacherbe/Nachvermächtnisnehmer. Dies bietet sich beim Tiertestament ohnehin auch schon aus dem weiteren Grunde an, dass der Erblasser bei Nichterfüllung der Auflage nicht nur ggf. gleichzeitig zugewandte weitere Vermögenswerte entzogen wissen will, sondern gerade auch regeln wollen wird, wer das Tier stattdessen zu sich nimmt bzw. pflegt. Im Beispiel 3 müsste E entscheiden, ob ihm die Vollziehungsberechtigung des Nachvermächtnisnehmers ausreicht oder eher flankierend eine kontrollierende Testamentsvollstreckung anordnen will.

Daneben ist, wenn der Erblasser nicht nur einzelne (eigene) Tiere bedenkt, sondern „die Tiere" im Allgemeinen, auch die zuständige Behörde[704] von Gesetzes wegen vollziehungsberechtigt. Das gem. § 2194 S. 2 BGB vorausgesetzte öffentliche Interesse liegt dann vor, wenn die Vollziehung der Auflage einem Zweck dient, den zu fördern Aufgabe des Staates oder einer sonstigen Person des öffentlichen Rechts ist.[705] Dabei gebietet der Telos der Norm die (weite) Auslegung dahingehend, dass das öffentliche Interesse sich (jedenfalls) sowohl aus landes- als auch aus bundesrechtlichen Vorschriften ergeben kann.[706] Eine

---

700 BGH, MDR 1993, 878 (879 f.); Hausmann/Hohloch/*Wellenhofer*, Kapitel 12 Rn 47, 52; MüKoBGB/*Rudy*, § 2192 Rn 2, § 2194 Rn 10; Nieder/Kössinger/*Kössinger*, § 9 Rn 122.

701 Nieder/Kössinger/*Kössinger*, § 9 Rn 124; Staudinger/*Otte*, § 2194 Rn 13.

702 Staudinger, a.a.O.

703 Zur genaueren Ausgestaltung siehe Kapitel 5-A-III-8-c.

704 In Baden-Württemberg wäre dies gem. § 4 AGBGB BW z. B. der Landesbetrieb Vermögen und Bau Baden-Württemberg; in Hessen gem. § 19 Hessisches AGBGB das Regierungspräsidium, in dessen Bezirk der Verstorbene zur Zeit seines Todes seinen Wohnsitz hatte.

705 OLG Schleswig, ErbR 2020, 347 (348); Hau/Poseck/*Müller-Christmann*, § 2194 Rn 5; *Muscheler*, Erbrecht Band 2, § 39 Rn 2678; Staudinger/*Otte*, § 2194 Rn 10.

706 So im Ergebnis auch OLG Schleswig, ErbR 2020, 347 (348 f.).

Auflage, die „den [hilfsbedürftigen] Tieren“ als solches zugutekommt, dient in jedem Fall dem in Art. 20 a GG verankerten Schutzauftrag des Staates gegenüber Tieren.[707] Es verbleibt allerdings das bereits angesprochene Risiko, dass die Behörde zur Geltendmachung ihres Vollziehungsanspruches mangels entsprechender Ermessensreduzierung nicht verpflichtet ist.

### *c) Verhältnis Auflage und Bedingung*

Die Auflage unterscheidet sich von der Bedingung durch ihre Rechtswirkung. Während die Bedingung für den Fall ihres (Nicht-)Eintritts eine bestimmte Rechtsfolge vorsieht, ohne jedoch demjenigen, dessen Stellung durch die Bedingung tangiert wird, eine Pflicht aufzuerlegen, statuiert die Auflage für den damit beschränkten Bedachten eine Pflicht zum Handeln oder Unterlassen.[708] Im Zweifel ist der Erblasserwille entscheidend.

Bedingung und Auflage stehen nicht im Alternativverhältnis.[709] Beide Gestaltungsmittel können dergestalt miteinander kombiniert werden, dass dem Bedachten ein Tun oder Unterlassen durch eine Auflage verpflichtend aufgegeben wird und auflösend bedingt für den Fall der Nichterfüllung der Auflage eine bestimmte Folge (z. B. Eintritt des Nacherbfalls) verfügt wird.[710] Eine solche Kombination bietet sich auch im Rahmen eines „Tiertestaments“ an, besonders wenn ohnehin beide Gestaltungsmittel enthalten sein sollen. So auch im Testament des E im Beispiel 3.

## *7. Postmortale Vollmacht*

Der Testierende hat weiter das Gestaltungsmittel der postmortalen Vollmacht zur Verfügung.

---

707 Siehe Kapitel 3-A-I. Hinzutreten können in einzelnen Bundesländern ein entsprechender landesrechtlicher Schutzauftrag, (vgl. z. B. Art. 3 b Landesverfassung BW) bzw. weitere Zweckgrundlagen in Sondersituationen (z. B. § 16 a TierSchG bei vernachlässigten Tieren). Vgl. zur tierschutzerfassenden Auslegung des „öffentlichen Interesses“ auch *Holste,* JA 2002, 907 (910).

708 BGH, FamRZ 2009, 1486 (1488); Staudinger/*Otte,* § 2074 Rn 15.

709 BGH, FamRZ 2009, 1486 (1488); *Kipp/Coing,* § 64 III 5; *Langenfeld/Fröhler,* Rn 289 f.; Soergel/Siebert/*Dieckmann*, Vor § 2192 Rn 5; Staudinger/*Otte,* § 2074 Rn 15.

710 Ebd.

### a) *Begriffsbestimmung*

Der Begriff der postmortalen Vollmacht bezeichnet allgemein eine Vollmacht, die erst mit dem Tod des Vollmachtgebers wirksam wird.[711] Eine solche kann auch vom Erblasser in einer letztwilligen Verfügung erteilt werden.[712] Der Bevollmächtigte vertritt dann nach dem Erbfall die Erben.[713]

### b) *Vermächtniserfüllung*

Hat der Erblasser ein Vermächtnis verfügt, so erlangt der Vermächtnisnehmer Eigentum am Vermächtnisgegenstand nicht unmittelbar, sondern erst mit Erfüllung seines Anspruchs gem. § 2174 BGB. Da vor Erfüllung des Vermächtnisses der Vermächtnisgegenstand im Eigentum des Alleinerben bzw. der Erbengemeinschaft steht, vgl. § 1922 Abs. 1 BGB, bedarf es zur Erfüllung des Vermächtnisses regelmäßig aktiven Handels des bzw. der Erben. Insbesondere wenn persönliche Differenzen zwischen Erben und Vermächtnisnehmer bestehen oder die Erben den Vermächtnisgegenstand nur ungern abgeben, kann es dazu kommen, dass die Erben trotz Aufforderung des Vermächtnisnehmers ihrer Pflicht zur Erfüllung dessen Anspruchs nicht nachkommen. Der Vermächtnisnehmer ist dann darauf verwiesen, seinen Anspruch gerichtlich durchzusetzen. Dies ist nicht nur aus Kosten- und Zeitgründen ein Nachteil für den Vermächtnisnehmer, je nach Beschaffenheit und zwischenzeitlicher Nachlassverwaltung durch die Erben kann dies auch dem Nachlassgegenstand selbst zum Nachteil gereichen.

Diese Problematik ließe sich vermeiden, wenn der Vermächtnisnehmer nicht auf die Mitwirkung der Erben angewiesen wäre. Sinnhaft erscheint in diesen Fällen, dass der Erblasser den Vermächtnisnehmer postmortal zur Vermächtniserfüllung an sich selbst bevollmächtigt,[714] also zu allen Handlungen und Erklärungen, die zur Erfüllung des Vermächtnisses erforderlich sind. Eine Befreiung von den Beschränkungen des § 181 BGB kann erteilt werden, ist jedoch nicht zwingend erforderlich, da ausschließlich eine, bereits aufgrund der letztwilligen

---

711 OLG Frankfurt, FamRZ 2014, 1323 (1324); MüKoBGB/*Schubert*, § 168 Rn 38 m.w.N.; *Strobel*, NJW 2020, 502.

712 Vgl. OLG Frankfurt, FamRZ 2014, 1323 (1324); OLG Rostock, FamRZ 2015, 1754 (1755); MüKoBGB/Schubert, § 168 Rn 46.

713 OLG Frankfurt, FamRZ 2014, 1323 (1324); MüKoBGB/*Schubert*, § 168 Rn 38; *Strobel*, NJW 2020, 502.

714 OLG Köln, FamRZ 1992, 859 (859 f.); *Halding-Hoppenheit*, RNotZ 2005, 311 (319 f.) und *Langenfeld/Fröhler*, Rn 185, 373 f., jeweils m.w.N.

Verfügung bestehende, Verbindlichkeit erfüllt wird.[715] Damit die Erben die Vollmacht nicht (grundlos) widerrufen können, sollte sie unwiderruflich erteilt werden,[716] wobei trotz der Anordnung der Unwiderruflichkeit der Widerruf aus wichtigem Grunde möglich bleibt.[717]

Zu beachten ist jedoch, dass die Vollmachtserteilung zugunsten des Vermächtnisnehmers nicht verhindert, dass die Erben über den Vermächtnisgegenstand verfügen, bevor der Vermächtnisnehmer das Vermächtnis erfüllen kann, da die Vollmacht die allgemeine Verfügungsbefugnis der Erben unberührt lässt.[718] Weiter kommt eine Bevollmächtigung nur dann in Betracht, wenn die Erben Beschwerte des Vermächtnisses sind. Denn der Erblasser kann nur seine Gesamtrechtsnachfolger durch eine Vollmachtserteilung binden, nicht aber Dritte. Daher ist die Vollmachtserteilung in den Fällen ausgeschlossen, in denen ausnahmsweise wegen entsprechender ausdrücklicher Verfügung Nicht-Erben Beschwerte des Vermächtnisses sind, vgl. § 2147 S. 2 BGB.

Äquivalent zur Bevollmächtigung des Vermächtnisnehmers kann bei mehreren Miterben derjenige von ihnen, dem ein Gegenstand vorausvermächtnisweise zugewandt wird, ebenfalls vom Erblasser postmortal zur Erfüllung des Vorausvermächtnisses an sich selbst bevollmächtigt werden.[719]

### c) *Postmortale Vollmacht beim „Tiertestament"*

Wie bereits ausgeführt wird bei einem „Tiertestament" häufig ein das Heimtier betreffendes (Voraus-)Vermächtnis enthalten sein. Es kann auch hier zum zuvor beschriebenen Problem der verzögerten Vermächtniserfüllung kommen. Gerade dann, wenn ein Heimtier Vermächtnisgegenstand ist, ist eine schnelle Erfüllung vorteilhaft. Insbesondere ist dies ggf. auch für das Wohl des Heimtiers selbst vorteilhaft, da dieses durch eine schnelle Erfüllung weniger Orts- und Besitzwechsel erdulden muss bzw. bei einer schnellen Erfüllung während der „Zwischenstation" zwischen Erbfall und Erfüllung zu diesem „Zwischenbesitzer" keine starke

715 Vgl. § 181 BGB am Ende.

716 OLG Köln, FamRZ 1992, 859 (859 f.); *Halding-Hoppenheit*, RNotZ 2005, 311 (320) und *Langenfeld/Fröhler*, Rn 185, 373 f.; *Zimmermann*, Rn 12.

717 MüKoBGB/*Schubert*, § 168 Rn 29 m.w.N.; Staudinger/*Schilken*, § 168 Rn 35 m.w.N.; *Zimmermann*, Rn 12.

718 *Halding-Hoppenheit*, RNotZ 2005, 311 (324).

719 OLG Celle, RNotZ 2019, 633 (635 f.); *Strobel*, NJW 2020, 502 (503).

Bindung aufbauen wird, sodass die Erfüllung nicht neuerlich zum Verlust einer Bezugsperson führt.[720]

Aus diesem Grunde sollte zu einem Vermächtnis betreffend ein Heimtier auch eine entsprechende postmortale Bevollmächtigung des Vermächtnisnehmers treten. Bei einem vermächtnisweise zugewandten Tier entspricht dies inhaltlich der Bevollmächtigung zur Abgabe und Entgegennahme der zur Übereignung notwendigen Willenserklärungen sowie der Berechtigung, das Tier an sich zu nehmen, um sich so den zum Eigentumsübergang gem. § 929 S. 1 BGB notwendigen Besitz zu verschaffen.[721] Praktisch zielführend ist diese Vorgehensweise jedoch nur dann, wenn der Vermächtnisnehmer auch tatsächlichen Zugang zum Tier hat und sich den Besitz verschaffen kann.[722]

Auch im Beispiel 3 könnte durch eine solche Bevollmächtigung der L eine etwaige Auseinandersetzung mit der Erbengemeinschaft vermieden werden. Da L nach dem Tod des E zunächst sogar im unmittelbaren Besitz des Hunds sein wird, kann sie mittels der Bevollmächtigung eine sofortige Vermächtniserfüllung hinsichtlich des Hunds erreichen, sodass der Hund neben dem Verlust des E als Bezugsperson keine weiteren das Tierwohl beeinträchtigenden Nachteile erleidet.

### 8. *Testamentsvollstreckung*

Insbesondere zur Sicherstellung der Durchführung einzelner Verfügungen des Erblassers kann als Gestaltungsmittel auch das vielseitige Instrument der Testamentsvollstreckung herangezogen werden.

#### *a) Grundsatz*

Der durch die Anordnung der Testamentsvollstreckung eingesetzte (und ggf. vom Erblasser konkret benannte)[723] Testamentsvollstrecker hat innerhalb des ihm vom Erblasser zugewiesenen Aufgabenbereiches die alleinige, den bzw. die Erben ausschließende Verwaltungs- und Verfügungsbefugnis über die

---

720 Zur Beeinträchtigung des Tierwohls durch Wechsel der gewohnten Umgebung und Bezugspersonen vgl. Kapitel 2-B-I-2.

721 *Halding-Hoppenheit,* RNotZ 2005, 311 (324 und 327).

722 *Halding-Hoppenheit,* RNotZ 2005, 311 (327).

723 Der Erblasser kann selbst eine oder mehrere bestimmte Personen zum Testamentsvollstrecker ernennen, vgl. § 2197 Abs. 1 BGB. Ebenso kann er Ersatztestamentsvollstrecker bestimmen (§ 2197 Abs. 2 BGB) und/oder gem. § 2197 Abs. 1 S. 1 BGB die Wahl des Amtsinhabers Dritten überlassen.

betreffenden Nachlassgegenstände, vgl. §§ 2205, 2211 Abs. 1 BGB.[724] Gibt der Erblasser keinen bestimmten Umfang bzw. keine bestimmte Art der in zahlreichen Modi existenten Testamentsvollstreckung vor, richtet sich der Aufgabenkreis des Testamentsvollstreckers nach §§ 2203 f. BGB; es handelt sich sodann um eine sog. Abwicklungsvollstreckung. Dabei hat der Testamentsvollstrecker alles zu tun, was zur Nachlassabwicklung notwendig ist, insbesondere den Nachlass so lange ordnungsgemäß zu verwalten (vgl. §§ 2205, 2216 BGB), bis er alle Verfügungen des Erblassers vollständig ausgeführt hat und der Nachlass auseinandergesetzt ist (vgl. § 2204 Abs. 1 BGB).

Dabei handelt, verwaltet und verfügt der Testamentsvollstrecker nach h.M. kraft Amtes in eigenem Namen über den Nachlass als Treuhänder der Erben.[725] Seine (alleinige) Verfügungsmacht hat der Testamentsvollstrecker nach den Anordnungen des Erblassers auszuüben, an die er grundsätzlich gebunden ist,[726] sodass die Testamentsvollstreckung ein starkes, wenngleich kein lückenloses, Kontrollinstrument zur Sicherstellung der Erfüllung des Erblasserwillens darstellt. Zum einen kann der Testamentsvollstrecker durch das Nachlassgericht einzelne, die Verwaltung betreffende Anordnungen des Erblassers außer Kraft setzen lassen, wenngleich § 2216 Abs. 2 BGB hierfür eine hohe Hürde (erhebliche Gefährdung des Nachlasses) aufstellt. Zum anderen können Testamentsvollstrecker und Erben kollusiv zusammenwirken und die Erblasseranordnungen insoweit mangels allgemeiner Kontrolle durch das Nachlassgericht umgehen.[727]

Dem Grundsatz des § 2221 BGB nach erhält der Testamentsvollstrecker grundsätzlich eine angemessene Vergütung. Der Erblasser kann abweichende Regelungen hierzu treffen, insbesondere auch eine Vergütung vollständig ausschließen.[728]

Grundsätzlich ist im Hinblick auf das „Kontrollinstrument" der Testamentsvollstreckung zu beachten, dass der Testamentsvollstrecker zur Wahrnehmung

---

724 OLG Köln, FamRZ 2017, 2071; *Lange/Kuchinke,* S. 666; *Langenfeld/Fröhler,* S. 389; *Muscheler,* Erbrecht Band 2, § 40 Rn 2715.

725 BGH, NJW 1957, 1916; NJW 1983, 40 (40 f.); *Kipp/Coing,* § 66 III; *Langenfeld/Fröhler,* S. 389; *Mayer,* FPR 2011, 247 (250), Grüneberg/*Weidlich,* Einf. v. § 2197 Rn 2; *Zimmermann,* Rn 141 c.

726 Vgl. § 2203 BGB; Hausmann/Hohloch/*Löhnig,* Kapitel 19 Rn 74 ff.; *Lange/Kuchinke,* S. 688; Grüneberg/*Weidlich,* § 2203 Rn 1; *Röthel,* § 35 Rn 18.

727 BGHZ 40, 115 (118); BGHZ 56, 275 (277); BGH, NJW 1984, 2464 (2465 f.); Erman/*Schmidt,* § 2216 Rn 5, 6; Hausmann/Hohloch/*Löhnig,* Kapitel 19 Rn 79 f.; Grüneberg/*Weidlich,* Einf. v. § 2197 Rn 4; *Röthel,* § 35 Rn 31.

728 *Lange/Kuchinke,* S. 718; Grüneberg/*Weidlich,* § 2221 Rn 1; *Zimmermann,* Rn 692.

seiner Rechte häufig ein seine Rechte nachweisendes Testamentsvollstreckerzeugnis benötigen wird,[729] dessen Beantragung und Erteilung kostenpflichtig sind und einige Zeit in Anspruch nehmen.[730]

### *b) Spezialformen der Testamentsvollstreckung*

Dem Erblasser steht es kraft seiner Testierfreiheit frei, den Aufgabenkreis des Testamentsvollstreckers im Vergleich zur Abwicklungsvollstreckung zu begrenzen (z. B. auf die Ausführung einer bestimmten testamentarischen Anordnung) oder zu erweitern (z. B. langjährige Dauerverwaltungsvollstreckung gem. § 2209 BGB anzuordnen).[731]

So kann der Erblasser einen Vermächtnisnehmer zum Testamentsvollstrecker ernennen, mit der einzigen Aufgabe, sich selbst das Vermächtnis zu erfüllen.[732] Da es sich beim Vollzugsakt nur um die Erfüllung einer kraft Vermächtnisses bereits bestehenden Verbindlichkeit handelt, ist eine Befreiung von § 181 BGB obsolet.[733] Diese Art der Testamentsvollstreckungsanordnung vermeidet, dass die Miterben gemeinsam noch Handlungen zur Vermächtniserfüllung vornehmen müssen, was zeitsparend und harmoniefördernd sein kann. Grundsätzlich könnte ein ähnliches Ergebnis durch eine entsprechende Bevollmächtigung des Vermächtnisnehmers erreicht werden,[734] jedoch besteht bei der Vollmacht das Risiko, dass sie von dem/den Erben widerrufen wird.[735]

---

729 Vgl. z. B. OLG Hamm, FamRZ 2017, 665; OLG München, FamRZ 2017, 147 (148); Vgl. näher zum Testamentsvollstreckerzeugnis: Hausmann/Hohloch/*Löhnig*, Kapitel 19 Rn 45 ff.; Grüneberg/*Weidlich*, § 2368 Rn 1 ff.; *Zimmermann*, Rn 249 ff.

730 *Halding-Hoppenheit*, RNotZ 2005, 311 (326).

731 *Kipp/Coing*, § 69 I und II; *Lange/Kuchinke*, S. 681 ff.; *Zimmermann*, Rn 150. Zu möglichen Beschränkungen außerdem: OLG Brandenburg, ZEV 2022, 413 (414 f.); OLG Hamm, FamRZ 2019, 748 (749). Zu möglichen Erweiterungen außerdem: BGH, FamRZ 1996, 409 (410).

732 Nieder/Kössinger/*Kössinger*, § 9 Rn 25 f.

733 Ebd.

734 Siehe Kapitel 5-A-III-7-a.

735 Nieder/Kössinger/*Kössinger*, § 9 Rn 24. Die Vollmacht kann hier zwar auch als unwiderrufliche Vollmacht ausgestaltet werden, da die Vollmacht im mindestens gleichwertigen Interesse des Bevollmächtigten erteilt wird (vgl. BGH, NJW-RR 1991, 439 (441) m.w.N., *Langenfeld/Fröhler*, Rn 376) ein Restrisiko besteht dennoch, da auch die unwiderrufliche Vollmacht aus wichtigem Grunde widerrufen werden kann, vgl. Fußnote 717.

Obgleich sich dies aus den vorgenannten Erwägungen bereits ergibt, normiert § 2223 BGB als (weiteren) speziellen Testamentsvollstreckermodus ausdrücklich den Vermächtnisvollstrecker, wobei dem Testamentsvollstrecker die (einzige) Aufgabe zuteil wird, dafür Sorge zu tragen, dass der Vermächtnisnehmer ihm auferlegte Beschwerungen wie z. B. eine Auflage erfüllt. Dies ist insbesondere dann sinnvoll, wenn der Erblasser davon ausgeht, dass die ansonsten vorhandenen Vollziehungsberechtigten i.S.d. § 2194 BGB die Vollziehung nicht erzwingen werden.

#### *c) Testamentsvollstrecker im „Tiertestament"*

Wie dargelegt wird in der letztwilligen Verfügung meist eine Auflage enthalten sein, die regelt, dass und ggf. wie die bedachte Person das Heimtier des Erblassers versorgen soll. Aufgrund des fehlenden Kontrollautomatismus betreffend die Vollziehung der Auflage ist zu empfehlen, die Auflage mit der Einsetzung eines Testamentsvollstreckers (bzw. eines Vermächtnisvollstreckers i.S.d. § 2223 BGB, wenn der Beschwerte Vermächtnisnehmer ist) zu kombinieren. Um die Chance zu erhöhen, dass der beabsichtigte Testamentsvollstrecker sein Amt auch gem. § 2202 Abs. 1 BGB an- und im weiteren Verlauf wahrnimmt, sollte eine entsprechend attraktive Vergütung angeordnet werden.

Wie bereits ausgeführt muss E sich im Beispiel 3 überlegen, ob er flankierend zu den anderen Gestaltungsmitteln eine Testamentsvollstreckung anordnen will oder nicht.

### *9. Stiftung von Todes wegen*

Will der Erblasser sein Vermögen oder Teile davon nach seinem Tode zweckgebunden verwendet wissen, so steht ihm als Alternative zu vorgenannten Möglichkeiten offen, sein Vermögen einer entsprechenden Stiftung zu übertragen. Dabei besteht gem. § 83 BGB insbesondere die Möglichkeit, durch letztwillige Verfügung eine eigene, selbstständige Stiftung postmortal zu errichten und diese als (Mit-)Erben oder Vermächtnisnehmer einzusetzen. Sinnhaft erscheint dies dann, wenn der Erblasser ein besonders großes Vermögen zweckbinden will und entweder nicht bereits eine passende Stiftung oder wohltätige Organisation existiert oder der Erblasser seinen Namen über den zu wählenden Stiftungsnamen „verewigen" will.[736]

---

736 Die Relevanz der Detailfragen dieses Vorgehens dürfte äußert gering sein, da zum einen im Bereich der Tierhilfe und des Tierschutzes bereits zahlreiche wohltätige Organisationen existieren und zum anderen die absolute Anzahl derjenigen Erblasser,

Im Unterschied dazu kann der Erblasser auch darauf verzichten, eine selbstständige Stiftung im Rechtssinne zu errichten, die eine eigene Rechtspersönlichkeit aufweist und dem Stiftungsrecht unterworfen ist, und stattdessen eine sog. unselbstständige Stiftung von Todes wegen errichten. Dabei überträgt der Erblasser einer natürlichen oder juristischen Person letztwillig Vermögen und beschwert sie mit der Auflage, das Vermögen zugunsten eines vorgegebenen Zwecks oder einer bestimmten Person, ggf. auch in vorgegebener Art und Weise zu verwenden.[737] Alternativ kann der Erblasser auch Erben oder Vermächtnisnehmer mit der Auflage beschweren, ihrerseits die vom Erblasser angedachte unselbstständige Stiftung zu errichten, indem diese ihrerseits eine Schenkung unter Auflage vornehmen oder sich eines Treuhandvertrags bedienen.[738]

Beide Gangarten wären im Beispiel 2 für E Alternativen zu einer Zuwendung zugunsten „der Tiere".

### *10. Rechtsgeschäfte unter Lebenden auf den Todesfall*

Dem Erblasser steht es frei, bereits zu Lebzeiten Rechtsgeschäfte auf den Todesfall mit einem Dritten oder zugunsten eines Dritten, dem potentiellen zukünftigen „Herrchen" des Heimtiers, abzuschließen.

#### *a) Schenkungsversprechen auf den Todesfall*

Der Erblasser kann zu Lebzeiten ein Schenkungsversprechen abgeben, dessen Erfüllung durch den Erbfall aufschiebend bedingt ist.[739] Soll zusätzlich das Erfordernis hinzutreten, dass der Beschenkte den Erblasser überlebt, ist der Anwendungsbereich des § 2301 Abs. 1 BGB eröffnet, sodass dieses Schenkungsversprechen nur dann wirksam ist, wenn der Erblasser die für letztwillige Verfügungen vorausgesetzte Form wahrt. Ist dieses Erfordernis nicht vorgesehen, verbleibt es bei den Formerfordernissen nach § 518 Abs. 1 BGB. Demnach wird, da das Versprechen kaum jemals notariell beurkundet sein wird, regelmäßig der Vollzug erforderlich sein, um den Mangel der Form gem. § 518 Abs. 2 BGB zu heilen. Ohne Heilung des Formmangels entfaltet das Schenkungsversprechen

---

die entsprechend großes Vermögen wie beschrieben zweckbinden wollen gering sein dürfte. Auf nähere Ausführungen wird daher verzichtet.

737 RGZ 75, 378 (380 f.); 96, 15, 19; OLG Schleswig, ErbR 2020, 347 (352 f.); Hausmann/Hohloch/*Wellenhofer*, Kapitel 12 Rn 19; Keim/Lehmann/*Feick/Bregulla-Weber*, H. II. 4./Anmerkung 1; MüKoBGB/*Leipold*, § 1940 Rn 6.

738 OLG München, FamRZ 2014, 1882 (1884); *Muscheler*, ZEV 2014, 573 (573 f.).

739 Keim/Lehmann/*Feick/Bregulla-Weber*, I. VI./Anmerkung 1; *Lange/Kuchinke*, S. 748 f.

keine rechtliche Bindungswirkung. Wurde das formnichtige Schenkungsversprechen vor dem Tode des Erblassers nicht vollzogen, so ist der Erblasser darauf angewiesen, dass seine Erben die Schenkung freiwillig vollziehen.

Beide Arten des Schenkungsversprechens auf den Todesfall können vom Erblasser beliebig mit Bedingungen i.S.d. § 158 BGB kombiniert werden,[740] z. B. mit der auflösenden Bedingung des Verkaufs des verschenkten Heimtiers durch den Beschenkten. Es bestehen hier jedoch die gleichen Probleme, die auch bei einer letztwilligen Verfügung bestehen, wenn dort zur Bedingungsanordnung keine weiteren, den Eintritt bzw. das Ausbleiben der Bedingung sicherstellenden Verfügungen hinzutreten.[741]

### *b) Vertrag zugunsten Dritter*

Ein Vertrag zugunsten Dritter auf den Todesfall ist möglich, vgl. §§ 328 Abs. 1, 331 Abs. 1 BGB. Qualifizierend ist für den sog. „echten" Vertrag zugunsten Dritter, dass der Dritte als Bedachter einen eigenen Leistungsanspruch erwirbt, vgl. § 328 Abs. 1 BGB. In Zweifelsfällen ist daher gem. §§ 133, 157 BGB im Wege der Auslegung zu ermitteln, ob der Dritte diesen eigenen Anspruch erhalten sollte oder, ob lediglich ein ermächtigender, nicht aber ein berechtigender Vertrag gewollt war.

Zu beachten ist jedoch, dass die Erben nach dem Erbfall das Schenkungsangebot des Erblassers an den Dritten widerrufen und so das Vorhaben des Erblassers vereiteln können, wenn nicht die Leistung an den Dritten zu diesem Zeitpunkt bereits erfolgt ist.[742] Zur Leistung in diesem Sinne genügt, dass der Vertragspartner dem Dritten das Schenkungsangebot des Erblassers (entsprechend des entsprechenden vom Erblasser zu Lebzeiten erteilen Auftrags) übermittelt und der Dritte es annimmt.[743] Um den Widerruf sicher zu verhindern, muss der Schenkungsvertrag bereits zu Lebzeiten (wenn auch formnichtig) abgeschlossen sein, da dann mit Forderungserwerb im Todeszeitpunkt gem. § 331 Abs. 1 BGB Heilung des Formmangels und damit Bindungswirkung auch für die Erben eintritt.[744]

---

740 *Lange/Kuchinke*, S. 748 f.

741 Vgl. Kapitel 5-A-III-6-a.

742 BGH, BeckRS 2010, 18794; OLG Düsseldorf, NJW-RR 1996, 1329 (1330); *Langenfeld*, Testamentsgestaltung (3), Rn 557.

743 BGH, BeckRS 2010, 18794; OLG Düsseldorf, BeckRS 2019, 38568; Hausmann/Hohloch/*Czeguhn*, Kapitel 14 Rn 67 f., *Langenfeld*, Testamentsgestaltung (3), Rn 557.

744 Hausmann/Hohloch/*Czeguhn*, Kapitel 14 Rn 68; *Langenfeld*, Testamentsgestaltung (3), Rn 557.

Denkbar ist ein Vertrag zugunsten Dritter auf den Todesfall im Zusammenhang mit Heimtieren des Erblassers beispielsweise, wenn ein anderer als der Erblasser unmittelbarer Besitzer des Heimtiers ist (z. B., weil der Erblasser im Pflegeheim lebt, dorthin seinen Hund nicht mitnehmen durfte und ihn deshalb zur Verwahrung an einen anderen gegeben hat). Beispielsweise könnte der Erblasser mit diesem Besitzer einen Vertrag dahingehend schließen, dass der Besitzer das Heimtier an einen Dritten herausgeben soll, sobald der Erblasser verstorben ist, wobei dem Dritten gerade ein eigener, durch den Tod des Erblassers aufschiebend bedingter, Herausgabeanspruch gebührt, worauf es dem Erblasser in dieser Konstellation gerade auch ankommen wird.

### *11. Vorschlag eines „Tiertestaments"*

Das isolierte Ziel des Erblassers, seine eigenen Heimtiere nach seinem Tode versorgt zu wissen, lässt sich in mehreren Varianten verwirklichen. So kann der Erblasser eine (tier-)fachkundige juristische Person, wie ein Tierheim oder eine Tierschutzorganisation, als Alleinerben einsetzen und als den Alleinerben belastende Auflage verfügen, dass dieser seine Heimtiere bis zu deren Tod angemessen versorgen muss. Insofern dürfte hier davon auszugehen sein, dass das Tierheim bzw. die Tierschutzorganisation die tatsächliche, angemessene Versorgung der Tiere aus eigenem Antrieb verwirklicht, sodass es in dieser Konstellation flankierender Kontrollmechanismen wohl nicht bedarf.

Der Erblasser kann das Heimtier und dessen Versorgung auch aus dem Restnachlass herausnehmen, indem er die Erbfolge klassisch regelt, z. B. seine Kinder zu gleichen Teilen als Erben einsetzt und das Tier gemeinsam mit einem als entsprechenden Anreiz dienenden Geldbetrag einer einzelnen, vertrauenswürdigen Person vermacht, die er mit einer Tierpflegeauflage beschwert. In dieser Konstellation scheinen Kontrollmechanismen angezeigt.

Als Beispiel eines Tiertestaments wird im Folgenden die letztgenannte Option ausgearbeitet. Ausgangssituation für ein solches Testament könnte etwa ein Sachverhalt wie in Beispiel 3 sein.

Bisher hat sich das einschlägige Schrifttum nur am Rande mit der Frage beschäftigt, wie ein solches Tiertestament inhaltlich ausgestaltet sein sollte. Die Idee, den Erben bzw. Vermächtnisnehmer mit einer Auflage betreffend die Inobhutnahme und Pflege von Heimtieren zu beschweren, wird dabei vergleichsweise oft vorgebracht.[745] Auch die mögliche Kombination mit Testamentsvollstreckung und/oder (Geld-)Vermächtnis wurde im Schrifttum bereits erörtert und zum Teil auch ausformuliert.[746] Ein mit einer Tierpflegeauflage kombiniertes Geldvermächtnis findet sich auch bei *Kössinger* und *Goslich*.[747] *Eckert* und *Kroiß* sowie *Langenfeld* und *Fröhler* erwähnen am Rande die Möglichkeit, die Erfüllung der Auflage zur auflösenden Bedingung zu machen, ohne darauf jedoch näher einzugehen.[748] Auffällig ist, dass beim mit einer Tierpflegeauflage kombinierten Geldvermächtnis im Schrifttum bisher als Vermächtnisgegenstand stets nur der als Anreiz dienende Gelbetrag, nicht aber das Heimtier selbst definiert wurde.[749] Ob sich dabei jeweils aus der Tierpflegeauflage im Wege der Auslegung entnehmen lassen soll, dass auch das Heimtier via Vermächtnis in das Eigentum des Vermächtnisnehmers übergehen soll oder ob der Vermächtnisnehmer mit der Auflage beschwert sein soll, das im Eigentum der Erben stehende Heimtier zu pflegen, bleibt offen, was zu kritisieren ist.

Es lässt sich aus den vorstehenden Erwägungen zu den verschiedenen möglichen Gestaltungsmitteln im Rahmen einer letztwilligen Verfügung mit ihren jeweiligen Vor- und Nachteilen als optimalste Lösung für ein solches „Tiertestament" die folgende Kombination ableiten:[750]

- Das (jeweilige) Heimtier wird einer vertrauenswürdigen (natürlichen oder juristischen) Person im Wege eines Vorvermächtnisses vermacht; hinzu tritt ein Geldvermächtnis, ebenfalls im Wege eines Vorvermächtnisses. Die

---

745 Vgl. Dombek/Kroiß/*Eckert/Kroiß*, § 2 Rn 88 ff.; Gebele/Scholz/*Najdecki*, VI. Erbrecht/Anmerkung 12; *Langenfeld/Fröhler*, S. 608; Nieder/Kössinger/*Kössinger*, § 9 Rn 115; *Roth*, NJW-Spezial 2011, 551.

746 Vgl. Dombek/Kroiß/*Eckert/Kroiß*, § 2 Rn 93 ff. und § 3 Rn 28 ff.; *Langenfeld/Fröhler*, S. 608; *Roth*, NJW-Spezial 2011, 551.

747 Keim/Lehmann/*Kössinger/Goslich*, E. I. 2./Anmerkung 9 und C. V. 12./Anmerkung 3, jeweils mit zugehörigem Formulierungsvorschlag.

748 Vgl. Dombek/Kroiß/*Eckert/Kroiß*, § 3 Rn 31; *Langenfeld/Fröhler*, S. 608.

749 Vgl. Keim/Lehmann/*Kössinger/Goslich*, E. I. 2./Anmerkung 9 und C. V. 12./Anmerkung 3, jeweils mit zugehörigem Formulierungsvorschlag; *Roth*, NJW-Spezial 2011, 551.

750 Die im folgenden angestellten Erwägungen zur Sicherung der Auflagenvollziehung können auf die Konstellation, in der ein Miterbe (der das Heimtier im Wege eines Vorausvermächtnisses erhält) bzw. der Alleinerbe mit einer Tierpflegeauflage beschwert wird, analog angewandt werden.

Vermächtnisse werden in ihrem Bestand voneinander abhängig gemacht; es wird eine Frist zur Annahme gesetzt.

- Der Vermächtnisnehmer wird mit einer Auflage beschwert, die die angemessene und ggf. detailliert festgelegte Pflege und Betreuung des (jeweiligen) Tiers vorschreibt. Daneben ordnet der Erblasser ggf. weitere Details an, wie z. B., dass der Vermächtnisnehmer das Tier nicht veräußern und nicht länger als 14 Tage zur Pflege (z. B. in eine Tierpension) abgeben darf.
- Die Nichterfüllung der Auflage wird zugleich zur auflösenden Bedingung der Vorvermächtnisse gemacht, ebenso wie der Tod des Vorvermächtnisnehmers. Der Anfall der inhaltsgleichen Nachvermächtnisse tritt dann entweder mit dem Tod des Vorvermächtnisnehmers ein oder, wenn dies (zuerst) geschieht, mit der Nichterfüllung der Auflage.
- Als Nachvermächtnisnehmer wird die „zweite Wahl" des Erblassers eingesetzt; der Nachvermächtnisnehmer wird ebenfalls mit der Auflage beschwert.[751]
- Die Vermächtnisnehmer werden jeweils bevollmächtigt, die Vermächtnisse an sich selbst zu erfüllen und parallel zu entsprechend beschränkten Testamentsvollstreckern eingesetzt.
- Es wird eine dritte, ebenfalls das Vertrauen des Erblassers genießende, Person als Vermächtnisvollstrecker (bezogen auf alle Vermächtnisse) eingesetzt, die die Erfüllung der Auflagen sicherstellt.

### *12. Beispielformulierung „Tiertestament"*

Als (Einzel-)Testament der ledigen Frau Elster verschriftlicht, könnte die vorgeschlagene Kombination testamentarischer Gestaltungsmittel wie folgt aussehen:

751 Auch das erste Nachvermächtnis könnte nun wieder unter eine auflösende Bedingung gestellt werden, sodass es sich im Hinblick auf ein zweites Nachvermächtnis als Vorvermächtnis darstellen würde. Diese Verfügungen könnte man theoretisch beliebig fortsetzen. Angesichts dessen, dass die Lebenserwartung von Heimtieren in der Regel aber relativ niedrig ist (die meisten typischen Heimtierarten haben eine insgesamte Lebenserwartung von 10 bis 15 Jahren), und der Erblasser sich als Vorvermächtnisnehmer und ersten Nachvermächtnisnehmer die Personen aussuchen wird, von denen er am ehesten erwartet, dass diese die Pflege des Tiers auch um des Erblassers oder des Tiers willen erbringen werden, scheint es nicht angezeigt, standardmäßig noch mehrere, nacheinander geschaltete Vor- bzw. Nachvermächtnisse zu verfügen.

**Testament**

Ich, Frau Emilia Elster, geb. am (Datum), derzeit wohnhaft in (Postleitzahl, Ort, Straße Hausnummer), verfüge von Todes wegen, was folgt:

1. Ich widerrufe alle bisherigen Verfügungen von Todes wegen.
2. Zu meinen Erben setze ich – zu jeweils gleichen Teilen – ein: meine Kinder K1, K2 und K3.
3.

a) Meiner Freundin Veronika Vogel (Daten zur Person) wende ich im Wege des Vermächtnisses zu:

- o meinen Hund Henry, Bulldogge, männlich, braun weiß gescheckt, geb. am (Datum), Chipnummer (Nr.)
- o meine zwei Katzen, Katinka und Krümel, beide weibliche Mischlingskatzen, Katinka schwarz, geb. am (Datum), Chipnummer (Nr.) und Krümel weiß orange gefleckt, geb. am (Datum), Chipnummer (Nr.)
- o und alle zu meinem Todeszeitpunkt von mir gehaltenen Heimtiere, insbesondere alle meine sonstigen Hunde und Katzen
- o sowie X Euro. Eine Wertsicherung dieses Betrages wird nicht angeordnet.[752]

Die Vermächtnisse sind unverzüglich nach meinem Tode zu erfüllen. Sollten einzelne der vorgenannten Tiere nicht Teil der Erbschaft sein, etwa weil sie bereits vor mir verstorben sind oder in meinem Todeszeitpunkt ein anderer Eigentümer der Tiere war, entfällt das jeweilige Vermächtnis ersatzlos.[753] Sind aufgrund der vorherigen Anordnung alle Vermächtnisse, die der Vermächtnisnehmerin ein Tier zuwenden, entfallen, so entfällt auch das Geldvermächtnis ersatzlos. Ist im Nachlass kein ausreichendes Barvermögen (Konten, Aktien, Depots etc.) (mehr) vorhanden, um das Geldvermächtnis zu erfüllen, reduziert es sich auf den vorhandenen Betrag bis hin zum ersatzlosen Entfall. Die Vermächtnisgegenstände dürfen nur nachrangig zur Begleichung von Nachlassverbindlichkeiten genutzt werden. Die Kosten der Vermächtniserfüllung tragen die Erben. Etwaig anfallende Erbschaftsteuer trägt die Vermächtnisnehmerin.

b) Die Vermächtnisse gemäß Buchstabe a) sind in ihrem Bestand dergestalt wechselseitig voneinander abhängig, dass der Vermächtnisnehmer nur entweder alle Vermächtnisse, die gemäß Buchstabe a) zur Entstehung gelangen (d. h. nicht bereits gemäß Buchstabe a) entfallen) annehmen oder alle ausschlagen kann. Die Annahme der jeweils anderen Vermächtnisse wird also zur aufschiebenden Bedingung eines jeden Vermächtnisses gemacht. Ich setze der Vermächtnisnehmerin zur Erklärung der Annahme eine Frist von drei Monaten. Die Frist beginnt, sobald die Vermächtnisnehmerin Kenntnis vom Inhalt dieser Verfügung von Todes wegen erlangt, nicht jedoch vor dem Erbfall.

---

752 Formulierungsvorschlag von Keim/Lehmann/*Kössinger/Goslich*, C. V. 3.

753 Formulierung jeweils ähnlich auch bei Gebele/Scholz/*Najdecki*, VI. Erbrecht Ziffer 1; Keim/Lehmann/*Kössinger/Goslich*, C. V. 2.

c) Ich beschwere die Vermächtnisnehmerin mit folgender Auflage:
Sie muss meine Tiere bis zu deren Tode angemessen versorgen und pflegen. Insbesondere muss sie Henry (bzw. alle Hunde) täglich ausführen und alle Tiere mindestens zweimal täglich füttern. Alle Tiere müssen mindestens einmal im Jahr einer tierärztlichen Untersuchung unterzogen werden. Sie darf die Tiere nicht veräußern.
d) Frau Veronika Vogel ist jedoch nur Vorvermächtnisnehmerin.[754] Nachvermächtnisnehmerin, ebenfalls beschwert mit der Auflage gemäß Ziffer 3 c), ist Frau Nathalie Natter (Daten zur Person). Der Nachvermächtnisfall tritt ein, wenn Frau Vogel verstirbt oder bereits vorher, wenn Frau Vogel die Auflage gemäß Ziffer 3 c) nicht erfüllt; die Nichterfüllung der Auflage wird also zugleich zur auflösenden Bedingung der Vorvermächtnisnehmerstellung gemacht.
e) Der Nachvermächtnisnehmer ist auch Ersatzvermächtnisnehmer. Für den Nachvermächtnisnehmer selbst wird kein Ersatzvermächtnisnehmer bestimmt. Die Anwartschaft zwischen dem Erbfall und dem Eintritt des Nacherbfalls ist weder veräußerlich noch vererblich.
f)[755] Die Vermächtnisnehmer werden hiermit (jeweils) unwiderruflich auf meinen Todesfall – und betreffend Frau Natter zusätzlich bedingt durch den Eintritt des Nachvermächtnisfalls bzw. des Einrückens als Ersatzvermächtnisnehmerin in die Stellung der Frau Vogel – unter Befreiung von den Beschränkungen des § 181 BGB bevollmächtigt, sämtliche Erklärungen abzugeben und entgegenzunehmen, die zur Erfüllung des vorstehend jeweils angeordneten Vermächtnisses erforderlich und zweckmäßig sind. Der jeweils Bevollmächtigte ist insbesondere berechtigt, die Tiere in Besitz zu nehmen und sie an sich zu übereignen. Das Nachlassgericht soll dem jeweiligen Bevollmächtigten auf sein Verlangen hin eine Ausfertigung dieser Urkunde erteilen.
Gleichzeitig werden die Vermächtnisnehmer jeweils selbst – und betreffend Frau Natter bedingt durch den Eintritt des Nachvermächtnisfalls bzw. des Einrückens als Ersatzvermächtnisnehmerin in die Stellung der Frau Vogel – zum Testamentsvollstrecker bestellt, mit der einzigen Aufgabe, das zu ihren jeweiligen Gunsten ausgesetzte Vermächtnis selbst zu erfüllen und alle hierzu erforderlichen Handlungen vorzunehmen. Insofern sind sie jeweils von den Beschränkungen des § 181 BGB befreit. Sie haben keinen Anspruch auf Vergütung und Ersatz der Auslagen.

754 Formulierungsvorschlag von Keim/Lehmann/*Kössinger/Goslich*, C. V. 3. Formulierung identisch bei Gebele/Scholz/*Najdecki*, VI. Erbrecht Ziffer 3.

755 Der gesamte Formulierungsvorschlag (komplett Buchstabe f) mit nur leichten Änderungen nachgebildet den Vorschlägen von *Halding-Hoppenheit*, RNotZ 2005, 311 (329) und *Langenfeld/Fröhler*, S. 414, die beide bereits die Kombination aus postmortaler Bevollmächtigung und Einsetzung zum Testamentsvollstrecker und das entsprechende Wahlrecht des Bevollmächtigten bzw. Testamentsvollstreckers enthalten.

Der Vermächtnisnehmer kann frei entscheiden, welche der vorgenannten Möglichkeiten er zur Vermächtniserfüllung nutzt. Die mit der jeweiligen Vermächtniserfüllung verbundenen Kosten und Steuern trägt der jeweilige Vermächtnisnehmer allein. Lediglich in dem Fall, dass der Erbe die Vollmacht nicht anerkennt oder widerruft und der jeweilige Vermächtnisnehmer sich deshalb ein Testamentsvollstreckerzeugnis erteilen lassen muss, trägt der Erbe bzw. die Erbengemeinschaft die hierfür anfallenden Kosten.
4. Bezogen auf die in den Vermächtnissen zugunsten von Frau Vogel und Frau Natter enthaltene Auflage ordne ich Testamentsvollstreckung gem. § 2223 BGB an, weise dem Testamentsvollstrecker also die (einzige) Aufgabe zu, für die Erfüllung der Auflage jeweils Sorge zu tragen. Ich ernenne Herr Tim Taube (Daten zur Person), ersatzweise Herrn Thomas Tiger, (Daten zur Person), zum Vermächtnisvollstrecker. Höchst ersatzweise soll das Nachlassgericht einen geeigneten Testamentsvollstrecker ernennen. Der Testamentsvollstrecker erhält neben dem Ersatz seiner Auslagen von meinen Erben eine einmalige Vergütung in Höhe von X Euro.
5. Weitere Verfügungen will ich nicht treffen.
Ort, Datum
Unterschrift der Emilia Elster

Zum vorgehenden Formulierungsvorschlag ist anzumerken:

Die Erbeinsetzung (vgl. Ziffer 2) kann beliebig ausgestaltet und konkretisiert werden; insbesondere sollten Ersatzerben benannt und ggf. eine Anwachsungsregelung mitaufgenommen werden.

Der Betrag des Geldvermächtnisses (vgl. Ziffer 3 Buchstabe a) sollte hoch genug sein, um einen entsprechenden Anreiz für den Vermächtnisnehmer zur Erfüllung der Auflage darzustellen. Zudem sollte er höher sein, als die zu erwartenden, auf den Vermächtnisnehmer zukommenden Tierversorgungskosten. Zu beachten ist der jeweilige erbschaftssteuerrechtliche Freibetrag. Dieser beträgt beispielsweise bei einem Vermächtnis an einen nichtverwandten/verschwägerten beliebigen Dritten, z. B. an einen nichtehelichen Lebensgefährten oder an eine Freundin, aktuell 20.000 Euro, vgl. § 16 Abs. 1 Ziffer 7 ErbStG. Wird der jeweilige Freibetrag (in Summe aller an die jeweilige Person fallenden Vermächtnisse) überschritten, fällt Erbschaftssteuer an. Sofern mit den erstgenannten Zielen und Vorgaben vereinbar, sollte daher zusätzlich darauf geachtet werden, dass das Geldvermächtnis nicht zur Überschreitung des Freibetrages führt.

Der Erblasser kann im Rahmen der Auflage an den Vermächtnisnehmer (vgl. Ziffer 3 Buchstabe c) – im Rahmen der geltenden Gesetze – alles regeln, was er möchte. Dabei sollte jedoch bedacht werden, dass durch zu vielfältige und vor allem zu detaillierte Regelungen eine Knebelwirkung entsteht, die den Vermächtnisnehmer zur Ausschlagung bewegen kann. Zudem ist zu bedenken, dass bei einer Kombination mit Kontrollmechanismen die Erfüllung der Auflage umso weniger wird kontrolliert werden können, umso mehr Details diese enthält.

Die postmortale Bevollmächtigung und die Einsetzung zum Testamentsvollstrecker (vgl. Ziffer 3 Buchstabe f) können (kumulativ) entfallen, wenn nach Meinung des Erblassers Komplikationen bei der Erfüllung der Vermächtnisse nicht zu erwarten sind. Ebenso kann der Erblasser die Verfügung auf eine dieser Varianten beschränken.

Die Einsetzung eines Testamentsvollstreckers zur Überwachung der Auflagenerfüllung (vgl. Ziffer 4) kann entfallen, wenn der Erblasser es für hinreichend wahrscheinlich hält, dass der Nachvermächtnisnehmer aufgrund hinreichenden eigenen Interesses an den Vermächtnisgegenständen die (Nicht-)Erfüllung der Auflage(n) überwachen wird. Sie kann gleichsam entfallen, wenn der Erblasser meint, dass eine Kontrolle der Auflagenerfüllung obsolet sei, weil der Beschwerte die Auflage ohnehin erfülle oder weil er die Kontrolle als unverhältnismäßigen Aufwand empfindet.

Soll die Vergütung des Testamentsvollstreckers, der zur Überwachung der Auflagenerfüllung durch den Vermächtnisnehmer bestellt ist durch die Erben erfolgen, (vgl. Ziffer 4) muss dies gesondert angeordnet werden.[756] Ansonsten ist der Vermächtnisnehmer Schuldner des Vergütungsanspruches.[757] Die Höhe der dargebotenen Testamentsvollstreckervergütung (vgl. Ziffer 4) sollte einen ausreichenden Anreiz zur Annahme des Amtes bieten.

## B. Englisches Recht

Im Folgenden wird untersucht, wie das englische[758] Recht mit der Problematik „Heimtiere im Erbrecht" umgeht, um zu ergründen, ob die Lösungsstrategien des englischen Rechts möglicherweise vorzugswürdig sind.

Das englische Recht bietet sich dabei zur Vergleichung besonders an. Denn mit dem deutschen und englischen Recht haben sich zwei Gesetzessystematiken

---

756 Vgl. Grüneberg/*Weidlich*, § 2221 Rn 12.

757 Ebd.

758 Bei Großbritannien handelt es sich um einen Mehrrechtsstaat. Während England und Wales einem gemeinsamen Rechtssystem, dem (auch hier sog.) „englischen Recht" unterliegen, hat Schottland eine eigene Rechtsordnung, und auch Nordirland, die Kanalinseln und die Isle of Man unterliegen nicht dem englischen Recht. Vgl. *Bernstorff*, S. 1; Ferid/Firsching/*Henrich*, Großbritannien, Rn 1; Süß/*Odersky*, Großbritannien: England und Wales, Rn 2.

mit vielen (auch strukturellen) Unterschieden entwickelt. Gerade die Tatsache, dass die englische Rechtsordnung sich konträr zum deutschen Recht primär auf Präzedenzentscheidungen begründet, was notwendigerweise einen vergleichsweise weiteren Ermessensspielraum der Gerichte nach sich zieht, macht den Vergleich reizvoll.[759]

## I. Grundlagen

Einleitend sollen die Grundlagen des englischen Rechts dargestellt werden.

### *1. Rechtssystem*

Konträr zum deutschen Recht ist das englische Recht *case law* sog. Fallrecht. Es ist geprägt von gerichtlichen Entscheidungen, die Präjudizwirkung haben; die praktische Bedeutung des *statue law*, also des von der Legislative geschaffenen Rechts, ist gering.[760] Den Gerichten stehen bei ihren Entscheidungen als Rechtsquellen neben dem *statue law* auch die *equity* und das *common law* (im engeren Sinne) zur Verfügung. Dass die beiden letztgenannten dabei nicht zusammengefasst werden, etwa unter der Kategorie „Richterrecht", ist historisch bedingt. Während heute alle Gerichte sowohl *common law* als auch *equity* anwenden, waren früher zwei separate Gerichtsbarkeiten mit der jeweiligen Rechtsprechung betraut.[761] Die *equity* entwickelte sich dabei als normatives Korrektiv zu dem strengen *common law,* in dem es bestimmte *writs* gab, die jeweils ein bestimmtes Rechtsbegehren abdeckten, darüber hinaus aber keinen allgemeinen Rechtsschutz gewährten.[762] Die *equity* diente dazu, Rechtslücken zu schließen und unbillige Ergebnisse zu korrigieren, wobei jedenfalls zu Beginn ein weiter Spielraum bestand, da der zuständige Kanzler als „*equity*-Richter" sich bei der Rechtsprechung nur an seinem Gewissen orientieren musste.[763] Über die Jahrhunderte hat sich ein Katalog von bestehenden, allgemeinbeachtlichen

---

759 *Bernstorff,* S. 9 ff.; Ferid/Firsching/*Henrich*, Großbritannien, Rn 2; *Henrich/Huber*, S. 11; *Kast*, S. 27 ff.

760 Ebd.

761 Ferid/Firsching/*Henrich,* Großbritannien, Rn 2; *Klett,* S. 31; ausführlicher: *Bernstorff,* S. 3 ff.; *Shears/Stephenson,* S. 23 ff.; *Wörlen,* Vol. 1, S. 24 ff.

762 Ferid/Firsching/*Henrich,* Großbritannien, Rn 2; *Klett,* S. 29 f.; *Ramjohn,* S. 15 f.; ausführlicher: *Bernstorff,* S. 3 ff.; *Henrich/Huber,* S. 13 ff.

763 *Bernstorff,* S. 6 ff.; *Henrich/Huber,* S. 15 f.; *Klett,* S. 30 ff.; *Merkel,* S. 38 ff.

Billigkeitsregeln entwickelt, sodass die *equity* heute, wie das *common law*, eine starre, im Sinne von verbindliche, Rechtsquelle darstellt.[764]

## 2. *Law of property*

Auch das englische Recht unterscheidet zwischen unbeweglichen und beweglichen Sachen. Erstere werden als *real property* oder auch *realty* bezeichnet, letztere als *personal property* bzw. *personalty*.[765] (Heim-)Tiere zählen im englischen Recht zum *personal property*, genauer zur Untergruppe der *pure personalty*, auch *chattels personal* genannt, noch konkreter zu den *choses in possession*, auch als *goods* bezeichnet.[766] Übereinstimmend mit dem deutschen Recht kann auch in England Besitz und Eigentum an *chattels personal* bestehen.[767] In England ist Eigentum jedoch kein derart absolutes Recht, wie es im deutschen Recht der Fall ist.[768] Der Court of Appeal formulierte einst: „*the English law of ownership and possession, unlike that of Roman law, is not a System of identifying absolute entitlement, but of priority of entitlement.*“[769] Entscheidend ist also nicht, wer mit seinem Recht gleichartige Rechte anderer ausschließt, sondern wer, ggf. unter Verdrängung schlechterer Rechte, das beste Recht an einer Sache hat. *Bridge* meint hierzu, dass der Eigentümer das beste Besitzrecht hätte.[770]

Wichtig für das Verständnis der folgenden Ausführungen ist zudem nachfolgende Besonderheit des englischen Rechts, aufgrund derer nicht sämtliches Vermögen des Erblassers den Regelungen des englischen Erbrechts unterworfen ist.[771] Im englischen Recht gibt es zwei zu differenzierende Formen des

---

764 *Bernstorff*, S. 7; Ferid/Firsching/*Henrich*, Großbritannien, Rn 2; *Henrich/Huber*, S. 16. Zur Auflösung von Konflikten zwischen equity und common law (im engeren Sinne) vgl. *Klett*, S. 32 f.; *Ramjohn*, S. 17.

765 *Bernstorff*, S. 104 ff.; *Bridge*, S. 1, 6 f., 13, 40; *Shears/Stephenson*, S. 350. Dabei dürfen die Begriffe nicht als Synonyme zu den deutschen beweglichen und unbeweglichen Sachen verstanden werden, vgl. *Bernstorff*, a.a.O. und *Henrich/Huber*, S. 98 f.; *Merkel*, S. 61 ff.

766 *Bridge*, S. 3; Ferid/Firsching/*Henrich*, Großbritannien, Rn 200. Zur Unterteilung allgemein vgl. *Bernstorff*, S. 105; Ferid/Firsching/*Henrich*, Großbritannien, Rn 115; *Henrich/Huber*, S. 98 f.; *Shears/Stephenson*, S. 406; *Wörlen*, Vol. 2, S. 76 f.

767 *Bridge*, S. 11 ff.; *Wörlen*, Vol. 2, S. 77 ff.

768 *Bridge*, S. 39. Z. B. zielt der vorrangige Rechtsbehelf bei Verletzung des Eigentums nicht auf Wiedererlangung des Eigentums, sondern auf Schadensersatz, vgl. ebd.

769 Waverly Borough Council v Fletcher [1995] 4 All ER 756.

770 *Bridge*, S. 22.

771 Neben der genannten joint tenancy gibt es bestimmte Pensionsansprüche, die nicht in den Nachlass fallen, vgl. Frank/Wachter/*Waldner/Kopp*, England, Rn 303. Weiter

Miteigentums, die jeweils sowohl an beweglichen als auch unbeweglichen Sachen bestehen können. Die *tenancy in common* ist ähnlich dem deutschen Bruchteilseigentum eine Form des Miteigentums, bei dem jedem Miteigentümer ein festgelegter Anteil am Vermögensgegenstand zusteht und bei dem er über diesen jeweils frei verfügen (und ihn insoweit auch frei vererben) kann.[772] Bei der *joint tenancy*, für die sich im deutschen Recht ein echtes Pendant nicht finden lässt, steht dem Überlebenden „Miteigentümer" die *jus accrescendi* zu, kraft dessen der Anteil des Vorverstorbenen am Vermögensgegenstand bei seinem Tode den übrigen, überlebenden „Miteigentümern" anwächst, sodass die betroffenen Vermögensgegenstände nicht in den Nachlass des Erblassers fallen.[773] Wann immer daher ein Heimtier im Eigentum mehrerer *joint tenants* steht, erlangt der bzw. erlangen die überlebenden *joint tenants* automatisch eine entsprechend größere Berechtigung am Heimtier bis hin zum Alleineigentum, ohne dass es auf erbrechtliche Vorschriften ankäme.

### 3. *Trusts*

Der *trust* ist eine besondere Rechtsfigur des englischen Rechts, die von deutschen Juristen zunächst als befremdlich wahrgenommen wird. Dass sie sich entwickeln konnte, ist auf den früheren Zustand des parallelen Bestehens von *common law* und *equity* zurückzuführen.[774] Dadurch konnte es dazu kommen, dass zwar einer Person das Eigentum an einem Vermögensgegenstand nach den Grundsätzen des *common law* zustand; nach den Grundsätzen der *equity* aber eine andere Person berechtigt war.[775]

---

kann der Erblasser durch bestimmte Schenkungen auf den Todesfall Vermögen vom Nachlass ausnehmen. Da hier der Erblasser aktiv gestaltend einwirkt, wird diese Möglichkeit der donationes mortis causa später erörtert (siehe Kapitel 5-B-IV-4).

772 *Gregor,* S. 12; *Kerridge,* Abschnitt 1-02, S. 1; *Kiene,* S. 227; *Werp,* S. 11 f.

773 Sec. 3 (4) AEA (1925); *Fröschle,* S. 22; *Gregor,* a.a.O.; *Kerridge,* a.a.O.; *Kiene,* a.a.O.; Süß/*Odersky,* Großbritannien: England und Wales, Rn 106; *Werp,* S. 11 f. Zwar kennt das deutsche Recht keine sachenrechtliche Zuordnung, die der joint tenancy entspricht, ein ähnliches Ergebnis ließe sich jedoch über die Konstruktion einer Gesellschaft bürgerlichen Rechts erreichen, in deren Eigentum die betreffende Sache steht und in deren Gesellschaftsvertrag für den Fall des Todes eines Gesellschafters die Anwachsung auf die übrigen Gesellschafter geregelt ist.

774 Vgl. Kapitel 5-B-I-1.

775 *Bernstorff,* S. 141 f.; *Henrich/Huber,* S. 109; *Klein,* ZVglRWiss 2002 (101), 175 (177); *Shears/Stephenson,* S. 420 f.; *Wörlen,* Vol.2, S. 111 f.

Bis heute ist kennzeichnendes Element eines jeden Trusts, – gleich, welche der mannigfaltigen Einzelformen konkret vorliegen mag – dass zwei parallele Berechtigungen[776] an einem Objekt bestehen: Der *trustee* ist im Wege des *legal title* berechtigt, während der *beneficiary* im Wege des *equitable title* berechtigt ist.[777] Neben dem *trustee,* der *legal owner* des in den Trust eingebrachten Vermögens ist, und dieses entsprechend dem zwischen ihnen bestehenden Treueverhältnis zugunsten des *beneficiary* verwaltet bzw. zu dessen Gunsten darüber verfügt, existiert im Gebilde des *trust* stets weiter der *settlor,* der den Vermögensgegenstand in den Trust einbringt und diesen so überhaupt erst errichtet.[778] Dabei kann die Person, die die Position des *settlor* innehat, zugleich auch die Position des *trustee* oder die des *beneficiary* bekleiden.[779]

Ein Trust entsteht also durch die Einbringung von Vermögen mit der Maßgabe, dass eine Person es zugunsten einer anderen Person „treuhänderisch" verwalten soll. Dagegen entsteht eine spezielle Form des Trust, der sog. *constructive trust,* von Gesetzes wegen und zwar dann, wenn dieses den Eigentümer eines Vermögensgegenstands als *trustee* zugunsten einer anderen begünstigten Person ansieht, ohne dass die Beteiligten eine bestimmte (rechtsgeschäftliche) Handlung vornehmen müssten.[780] Folge eines *constructive trust* ist, im Unterschied zu den meisten anderen Trustarten nicht, dass ein dauerndes Treuhandverhältnis zwischen den Beteiligten besteht, sondern, dass der *trustee* verpflichtet ist, dem *beneficiary* den betroffenen Vermögensgegenstand herauszugeben.[781]

---

776 Wie diese „Berechtigungen" im kontinentaleuropäischen Recht übersetzt werden können bzw. müssen ist umstritten. Häufig wird vom Auseinanderfallen der formellen und materiellen Eigentümerstellung gesprochen (vgl. z. B. Ferid/Firsching/*Henrich,* Großbritannien, Rn 217; *Klein,* ZVglRWiss 2002 (101), 175 (181)), was kritische Reaktionen hervorruft (vgl. z. B. ausführlich *Bar,* EuZW 2018, 925 (925 ff.) m.w.N.). Letztlich kommt es darauf jedoch nicht an; es genügt für das Verständnis des trust, zu begreifen, dass zwei verschiedene Personen parallel berechtigt sind, gleich, mit welcher rechtsdogmatischen Einordnung diese Berechtigungen nun übersetzt werden sollten bzw. könnten. Im Übrigen herrscht auch keine Einigkeit, wie die Berechtigungen im englischen Recht zu qualifizieren sind, vgl. *Low,* S. 487 ff.

777 *Bernstorff,* S. 141; *Henrich/Huber,* S. 44 und 109; *Klein,* ZVglRWiss 2002 (101), 175 (180); *Merkel,* S. 41 ff.; *Wörlen,* Vol. 2, S. 112.

778 *Bar,* EuZW 2018, 925 (926); *Klein,* ZVglRWiss 2002 (101), 175 (180); *Klett,* S. 42 ff.; *Ramjohn,* S. 29 ff.

779 *Bar,* EuZW 2018, 925; *Klett,* S. 43 f. und 58; *Ramjohn,* S. 29.

780 *Bernstorff,* S. 144 f.; *Klein,* ZVglRWiss 2002 (101), 175 (177); *Ramjohn,* S. 132.

781 *Bernstorff,* S. 144 f.; *Henrich/Huber,* S. 113 f.; *Klein,* ZVglRWiss 2002 (101), 175 (177).

Gemeinsamer Grundsatz aller Trusts ist das sog. *beneficiary principle,*[782] nachdem es grundsätzlich keinen Trust ohne Begünstigten geben kann; die diese Regel sprichwörtlich bestätigende Ausnahme stellen die sog. *charitable trusts* dar.[783] Begünstigter eines Trusts kann nur eine *person*[784] sein, die fähig ist, die Durchführung des Trusts zu erzwingen,[785] also eine natürliche oder juristische Person.[786] Ein Heimtier kann demnach niemals selbst *beneficiary* eines Trusts sein.

## II. Allgemeines zum Erbrecht

Das englische Erbrecht wird grundlegend von der völligen Testierfreiheit des Erblassers geprägt. Insbesondere kennt das englische Erbrecht im Unterschied zum deutschen Erbrecht kein „Noterbrecht" bzw. keine Pflichtteilsansprüche.[787] Mittelbar kann das Rechtsinstitut der *family provision* aber zu ähnlichen Auswirkungen führen. Unabhängig davon, ob im Einzelfall gewillkürte oder gesetzliche Erbfolge eingetreten ist,[788] können die in Sec. 1 (1) Inheritance (Provision for Family and Dependants) Act 1975, zuletzt geändert 2019, genannten Personen, vor allem auch (nicht wiederverheiratete Ex-)Ehegatten und Kinder des Erblassers, u.U. einen Anspruch auf Gewährung der *family provision* geltend machen. Das gilt auch dann, wenn sich weder aus der letztwilligen Verfügung des Erblassers noch aus der ggf. eingreifenden gesetzlichen Erbfolge eine *reasonable financial provision*, also eine angemessene finanzielle Versorgung für den Antragsteller ergibt.[789] Ob eine solche tatsächlich nicht besteht, entscheidet das Gericht nach

---

782 Das beneficiary principle geht zurück auf Sir William Grant in dem Fall Morice v. Bishop of Durham (1805) 10 Ves Jr 522, 32 ER 947, später auch Re Wood (1949) Ch. 498 und Leahy v Attorney-General for New South Wales (1959) AC 457. Vgl. zudem *Low,* S. 486; *Pawlowski,* Trusts & Trustees 2002, 10; *Ramjohn,* S. 77 f.

783 *Pawlowski,* Trusts & Trustees 2002, 10; *Ramjohn,* S. 93 f.; *Wörlen,* Vol. 2, S. 123.

784 Leahy v AG for New South Wales [1959] AC 457; *Ramjohn,* S. 19 und 77; Internetquelle: https://www.gov.uk/trusts-taxes, abgerufen am 08.03.2023.

785 *Pawlowski,* Trusts & Trustees 2002, 10; *Ramjohn,* S. 19 und 77.

786 *Klett,* S. 58 m.w.N.; zur Definition des Begriffes person vgl. *Shears/Stephenson,* S. 81; *Wörlen,* Vol. 1, S. 88.

787 BGH, NJW 2022, 2547 (2549 f.); Ferid/Firsching/*Henrich,* Großbritannien, Rn 98; Frank/Wachter/*Waldner/Kopp,* England, Rn 322, 372; *Gregor,* S. 43 f.; *Sawyer/Spero,* Abschnitte 1.16, S. 7 und 15.1.2, S. 314; Süß/*Odersky,* Großbritannien: England und Wales, Rn 40; *Werp,* S. 116.

788 *Schockemöhle,* S. 5; *Sloan,* Abschnitt 9.1.1, S. 263; Süß/*Odersky,* Großbritannien: England und Wales, Rn 67.

789 Vgl. Sec. 1 (1) Inheritance (Provision for Family and Dependants) Act 1975.

eigenem Ermessen, wobei es bestimmte Umstände zu berücksichtigen hat.[790] Ebenfalls im Ermessen des Gerichts steht, welche Maßnahmen es zur Korrektur der unbilligen Situation des Antragstellers trifft.[791] In Betracht kommen insbesondere einmalige oder wiederkehrende Zahlungen aus dem Nachlass, aber auch die Übertragung von einzelnen Nachlassgegenständen.[792] Dabei geht es jedoch nicht um die Befriedigung moralischer Bedürfnisse, sondern um die Gewährung finanzieller Unterstützung im Sinne eines Unterhaltsanspruchs.[793] Die gezielte Übertragung eines zum Nachlass gehörenden Heimtiers im Wege der Geltendmachung der *family provision* erscheint daher ausgeschlossen, sofern es sich nicht um ein extrem wertvolles Tier handelt.[794]

Der gewichtigste Unterschied zwischen dem deutschen und englischen Erbrecht besteht darin, dass im Gegensatz zur deutschen Universalsukzession mit Sofortanfall der Nachlass im englischen Recht weder ganz noch teilweise direkt auf den/die Erben übergeht. Nach dem englischen Prinzip der gesonderten Nachlassabwicklung geht hier der Nachlass als Ganzes auf den *personal representative,* eine Art Nachlassabwickler, über.[795] Dieser wird, je nachdem ob er vom Testierenden kraft letztwilliger Verfügung selbst ernannt wurde oder mangels dieses Akts nach dem Erbfall vom Gericht eingesetzt wird, *executor* bzw. in letzterem Fall *administrator* genannt.[796] Der *personal representative* ist selbst vollumfänglich materiell berechtigt, hat also nicht etwa nur die Verfügungsbefugnis

---

790 *Sawyer/Spero,* Abschnitt 15.15, S. 339; Süß/*Odersky,* Großbritannien: England und Wales, Rn 73. Zu den zu berücksichtigenden Umständen: Sec. 3 Inheritance (Provision for Family and Dependants) Act 1975; *Gregor,* S. 17, 123, 127; *Harding/Probert,* Rn 563; *Werp,* S. 122 f.

791 Sec. 2 Inheritance (Provision for Family and Dependants) Act 1975; Frank/Wachter/*Waldner/Kopp,* England, Rn 380; *Gregor,* S. 123; *Kerridge,* Abschnitte 8-83 ff., S. 202 ff.

792 Sec. 2 Inheritance (Provision for Family and Dependants) Act 1975; Frank/Wachter/Waldner/Kopp, England, Rn 380; *Gregor,* S. 123; *Kerridge,* Abschnitte 8–83 ff., S. 202 ff.; *Sloan,* Abschnitt 93, S. 295 ff.; Süß/*Odersky,* Großbritannien: England und Wales, Rn 73; *Werp,* S. 124 f.

793 Frank/Wachter/*Waldner/Kopp,* England, Rn 372; *Gregor,* S. 115, 127 f., 145.

794 Entsprechende Urteile existieren soweit ersichtlich jedenfalls nicht. Ergo wird auf das Rechtsinstitut der family provision im Rahmen dieser Arbeit auch nicht noch näher eingegangen. Vgl. zur Übertragung von einzelnen Vermögensgegenständen im Rahmen der family provision auch *Goetz,* S. 81 f.

795 Ferid/Firsching/*Henrich,* Großbritannien, Rn 97; Frank/Wachter/*Waldner/Kopp,* England, Rn 388; Süß/*Odersky,* Großbritannien: England und Wales, Rn 21; *Werp,* S. 15.

796 Ferid/Firsching/*Henrich,* Großbritannien, Rn 97; Frank/Wachter/*Waldner/Kopp,* England, Rn 388; Süß/*Odersky,* Großbritannien: England und Wales, Rn 21; *Werp,* S. 16.

über den Nachlass inne.[797] Er hat sodann grundsätzlich ein Jahr Zeit, den Nachlass zu sichten bzw. zu sammeln, Nachlassschulden zu begleichen und sodann den „Restnachlass", den sog. *residuary* an die Begünstigten auszukehren.[798] Die *beneficiaries* werden erst mit diesem Übertragungsakt Berechtigte, z. B. Eigentümer eines zugewandten beweglichen Gegenstands.[799]

Ein weiterer wichtiger Unterschied besteht darin, dass das englische Erbrecht weder Erben noch Vermächtnisnehmer kennt, sondern alle durch den Erbfall kraft Gesetzes oder kraft letztwilliger Verfügung Begünstigten unterschiedslos *beneficiaries* sind,[800] die alle hinsichtlich des ihnen jeweils Zugewandten einen Herausgabeanspruch gegen den *personal representative* haben.[801] Insoweit sind die *beneficiaries* zwar eher mit den deutschen Vermächtnisnehmern als mit den deutschen Erben zu vergleichen; der umgangssprachlichen Gebräuchlichkeit entsprechend werden sie häufig dennoch mit dem Begriff des/der Erben bezeichnet.

## III. Gesetzliche Erbfolge

Hinterlässt der Erblasser keine letztwilligen Verfügungen, so richtet sich die Erbfolge nach den gesetzlichen Regelungen der *intestacy*.[802] Hinterlässt er eine letztwillige Verfügung, die nur über einen Teil des Nachlasses Bestimmungen trifft, so greift bzgl. dieses Teils die Verfügung und bzgl. des nichterfassten Teils die

---

797 Süß/*Odersky*, Großbritannien: England und Wales, Rn 21; *Werp*, S. 17.

798 Sec. 25, 33 ff. und 44 AEA (1925); Ferid/Firsching/*Henrich*, Großbritannien, Rn 97, 247 ff.; Frank/Wachter/*Waldner/Kopp*, England, Rn 389 f.; *Gregor*, S. 34, 39; *Mellows*, Abschnitte 22.1 bis 22.4, S. 319 ff., sowie Abschnitte 31.24 und 31.25, S. 466 f.

799 Sec. 25, 33 ff. und 44 AEA (1925); Ferid/Firsching/*Henrich*, Großbritannien, Rn 97, 247 ff.; Frank/Wachter/*Waldner/Kopp*, England, Rn 389 f.; *Gregor*, S. 34, 39; *Mellows*, Abschnitte 22.1 bis 22.4, S. 319 ff., sowie Abschnitte 31.24 und 31.25, S. 466 f.; *Sloan*, a.a.O.; Süß/*Odersky*, Großbritannien: England und Wales, Rn 21, 92 ff., 98.

800 Je nachdem, ob die Begünstigten realty oder personalty erhalten und abhängig davon, ob es sich um Zuwendungen eines konkreten Gegenstands oder um solche aus dem Restnachlass handelt, gibt es zwar weitere, jedoch rein begriffliche Unterteilungen (vgl. Frank/Wachter/*Waldner/Kopp*, England, Rn 354; *Mellows*, Abschnitt 2.19, S. 13; Süß/*Odersky*, Großbritannien: England und Wales, Rn 59; *Werp*, S. 22), denen im Rahmen dieser Arbeit jedoch keine Relevanz zukommt.

801 *Bernstorff*, S. 136; Ferid/Firsching/*Henrich*, Großbritannien, Rn 97; Süß/*Odersky*, Großbritannien: England und Wales, Rn 38; *Wolf*, S. 55.

802 Es ist damit sowohl der AEA (1925), dort Sec. 45 ff. als auch das dazugehörige Fallrecht gemeint.

gesetzliche Regelung.[803] Gemäß Sec. 46 (1) AEA (1925) ist dabei entscheidend, welche Angehörigen bzw. Verwandten den Erblasser überlebt haben.

## *1. Ehegatte oder Abkömmlinge*

Hat der Erblasser einen Ehegatten, aber keine Abkömmlinge hinterlassen, so steht dem überlebenden Ehegatten gemäß Sec. 46 (1) (i) (1) AEA (1925) der gesamte *residuary estate*, also der gesamte Nettonachlass zu.[804] Voraussetzung ist dabei, dass der länger lebende Ehegatte den vorverstorbenen Ehegatten um mindestens 28 Tage überlebt, vgl. Sec. 46 (2A) AEA (1925). Bis zur Vollendung der Nachlassabwicklung, also bis zur Ausschüttung/Übertragung des *residuary* an den Ehegatten, ist dieser nur *equitable owner*; der *personal representative* ist *legal owner*, er hält den Nachlass in einem *trust for sale*, vgl. Sec. 46 (1) (i) (1) und 33 (1) AEA (1925). Hat der Erblasser jedoch weder (vollumfängliche) Verfügungen über seinen Nachlass getroffen noch einen *executor* benannt, dann ist der überlebende Ehegatte gemäß Rule 22 (1) (a) The Non-Contentious Probate Rules 1987 vorrangig zum *administrator* zu ernennen, er wird also meist selbst der *personal representative* werden.[805] Dies gilt auch, wenn neben dem Ehegatten noch Mitbegünstigte vorhanden sind. Insbesondere ist hieran von Vorteil, dass der Ehegatte sehr viel schneller Direktzugriff auf den Nachlass erhält, als er dies täte, wenn ein anderer *personal representative* wäre. In Bezug auf im Nachlass vorhandene Heimtiere ist dies besonders wichtig, da dies vermeidet, dass der überlebende Ehegatte womöglich eine längere Zeitspanne vom Heimtier getrennt wird, bzw. dieses einen längeren Zeitraum fremdversorgt wird bzw. werden muss.

Hinterlässt der Erblasser Abkömmlinge, aber keinen Ehegatten, so regelt Sec. 46 (1) (ii) AEA (1925), dass die Abkömmlinge den gesamten Nettonachlass erhalten. Der *personal representative* hält den Nachlass für die begünstigten Abkömmlinge in einem *statutory trust;* die Details hierzu sind in Sec. 47 AEA (1925) geregelt. Mehrere Abkömmlinge sind demnach zu gleichen Teilen begünstigt, wobei bei Vorversterben einzelner Abkömmlinge nachrangig wiederum deren Abkömmlinge eintreten. Das englische Recht regelt die

---

803 Ferid/Firsching/*Henrich*, Großbritannien, Rn 206; *Gregor*, S. 57, 63; *Kerridge*, Abschnitte 2-01, S. 7 und 2-41 ff., S. 21 ff.; *Werp*, S. 66, 94; *Wolf*, S. 85.

804 Obgleich dogmatisch betrachtet weiterhin verheiratet, fällt ein Ehegatte, der im Todeszeitpunkt vom Erblasser durch eine judicial separation getrennt war, nicht unter diesen Begriff, vgl. Sec. 18 (2) MCA; *Sawyer/Spero*, Abschnitt 9.3.1, S. 154.

805 Vgl. auch Ferid/Firsching/*Henrich*, Großbritannien, Rn 242; *Kerridge*, Abschnitt 17-41, S. 414 f.; Süß/*Odersky*, Großbritannien: England und Wales, Rn 86.

Erb- bzw. Begünstigten-Folge also ebenso wie das deutsche nach Stämmen.[806] Die Abkömmlinge des Erblassers werden, wenn kein Ehegatte vorhanden ist, wiederum vorrangig vor sonstigen Begünstigten zum *administrator* berufen, vgl. Rule 22 (1) (b) The Non-Contentious Probate Rules 1987. Die Vorteile stimmen mit den zur Ernennung des überlebenden Ehegatten zum *administrator* bereits genannten überein.

## 2. *Ehegatte und Abkömmlinge*

Hinterlässt der Erblasser Ehegatten *und* Abkömmlinge, greifen die komplexeren Regelungen der Sec. 46 (1) (i) (2) AEA (1925).

### a) *Personal chattels*

Der Ehegatte erhält neben Abkömmlingen des Erblassers zunächst gem. Sec. 46 (1) (i) (2) (A) AEA (1925) alleinig und vorweg die sog. *personal chattels.* Seit 2014 definiert Sec. 55 (1) (x) AEA (1925) die *personal chattels* wie folgt:

„*tangible movable property, other than any such property which consists of money or securities for money, or was used at the death of the intestate solely or mainly for business purposes, or was held at the death of the intestate solely as an investment.*" Also als:

„alle beweglichen körperlichen Gegenstände, mit Ausnahme von: Geld und Wertpapieren, Gegenständen, die im Zeitpunkt des Todes des Erblassers ausschließlich oder hauptsächlich für geschäftliche/berufliche Zwecke verwendet wurden und Gegenständen, die im Zeitpunkt des Todes des Erblassers ausschließlich als Kapitalanlage gehalten wurden."

Demnach zählen Heimtiere im Sinne dieser Arbeit stets zu den *personal chattels.* In der (vom Umfang her engeren) Vorgängervorschrift waren Haustiere expressis verbis von der Definition umfasst,[807] ohne dass das Gesetz oder die Rechtsprechung jedoch den Haustierbegriff mittels einer konkreten Definition festgelegt hätten. Da die Gerichte den Begriff der *personal chattels* vom Umfang her jedoch weit auszulegen pflegten,[808] waren wohl auch zuvor alle Heimtiere im Sinne dieser Arbeit umfasst. Festzustellen ist mithin, dass die englischen

---

806 Frank/Wachter/*Waldner/Kopp,* England, Rn 306; *Kerridge,* Abschnitt 2-29, S. 16; *Mellows,* Abschnitte 12.23 ff., S. 181 f.; Süß/*Odersky,* Großbritannien: England und Wales, Rn 50.

807 Vgl. Sec. 55 (1) (x) AEA (1925) in den Versionen vor 2014; *Blake,* S. 200.

808 Vgl. Frank/Wachter/*Waldner/Kopp,* England, Rn 313; *Fröschle,* S. 143 f.

*personal chattels* nicht erst seit der Gesetzesänderung 2014 weiter gefasst sind als der deutsche Voraus.

Die *personal chattels* genießen einen im Vergleich zum sonstigen Nachlass erhöhten Schutz, denn sie dürfen nur nachrangig zur Begleichung von Nachlassverbindlichkeiten herangezogen werden.[809] Eine weitere Besonderheit in Bezug auf die *personal* chattels ist, dass der *personal representative* (mit-)begünstigten Abkömmlingen, die hieran ein Interesse haben, den Gebrauch und die Nutzung von bestimmten *personal chattels* gestatten kann, vgl. Sec. 47 (1) (iv) AEA (1925).

#### b) Fixed net sum

Gem. Sec. 46 (1) (i) (2) (B) AEA (1925) erhält der neben Abkömmlingen begünstigte Ehegatte weiter, ebenfalls vorweg, die sog. *fixed net sum.* Diese wird aus dem um die *personal chattels* bereinigten Nachlass ausgekehrt und beträgt gem. Sec. 2 The Administration of Estates Act 1925 (Fixed Net Sum) Order 2020 derzeit 270.000 Pfund.

#### c) Residuary estate

Sollte nach Übertragung der *personal chattels* und nach Auszahlung der *fixed net sum* der Nachlass noch nicht erschöpft sein, so wird der Restnachlass gemäß Sec. 46 (1) (i) (2) (C) AEA (1925) dergestalt aufgeteilt, dass der Ehegatte die eine Hälfte erhält und der Abkömmling bzw. die Abkömmlinge (gemeinsam) die andere Hälfte.[810] Angesichts des Umfangs der *personal chattels* und der *fixed net sum* wird in der weit überwiegenden Anzahl der Erbfälle jedoch kein zu verteilender Restnachlass (mehr) existieren.[811]

### 3. Fehlen von Ehegatte und Abkömmlingen

Hinterlässt der Erblasser weder Ehegatten noch Abkömmlinge, so richtet sich die weitere gesetzliche Erbfolge, wie im deutschen Recht, nach dem Grad der Verwandtschaft. Sec. 46 (1) (iii)–(v) AEA (1925) regelt die sog. Familienerbfolge, nach der vorrangig die Eltern des Erblassers gemeinsam, ersatzweise der einzige noch lebende Elternteil, ersatzweise Geschwister, ersatzweise Halbgeschwister,

---

809 Vgl. Sec. 48 (2) (a) AEA (1925); *Gregor,* S. 39; *Mellows,* Abschnitt 23.51, S. 348.

810 Dabei erhält der Ehegatte seine Hälfte absolut (zu Volleigentum); also nicht etwa wie in Vorgängerversionen der einschlägigen Vorschriften nur ein life interest (bei welchem es sich um ein Rechtsinstitut handelt, das dem deutschen Nießbrauch ähnelt).

811 *Sloan* etwa rechnet damit, dass in 90 % der Fälle der Nachlass durch die personal chattels und die fixed net sum erschöpft ist, vgl. *Sloan,* Abschnitt 2.2.2.5, S. 24.

ersatzweise Großeltern, ersatzweise Onkel und Tanten, die über Geschwister mit dem Erblasser verwandt sind, und höchstersatzweise Onkel und Tanten, die über Halbgeschwister mit dem Erblasser verwandt sind, erben. Fallen alle diese Personen weg, fällt der Nachlass gem. Sec. 46 (1) (vi) AEA (1925) an die Krone.[812]

### 4. *Zwischenergebnis*

Die gesetzliche Erbfolge in England führt in den weit überwiegenden Fällen faktisch dazu, dass der Ehegatte alleiniger Begünstigter ist. Da er auch vorrangig zum *administrator* zu ernennen ist und daher zumeist zeitnah Direktzugriff auf den Nachlass erlangt, gibt es für den englischen Erblasser, der seine Heimtiere von seinem Ehegatten (weiter) ver- und umsorgt wissen will, seltener Anlass zur Testamentserrichtung. Die explizite Ernennung des Ehegatten zum *executor* ist dennoch zu empfehlen. Äquivalent stellt sich die Situation dar, wenn der betreffende Erblasser Abkömmlinge, aber keinen Ehegatten hat, und er seine Heimtiere von den Kindern umsorgt wissen will. Dabei unterliegen die von Gesetzes wegen Begünstigten jedoch mit Ausnahme der allgemeinen tierschutzrechtlichen Vorschriften keinerlei Beschränkungen im Umgang mit den erworbenen Heimtieren. Sie können sie also nach Belieben veräußern oder anders, ggf. auch weniger „gut" als der Erblasser, behandeln.

Abschließend gilt festzustellen, dass die Regelungen zur gesetzlichen Erbfolge im englischen Recht im Fall der Anwendung auf eine „Durchschnittsfamilie" (Eltern, zwei Kinder, Vermögen in nicht überdurchschnittlicher Höhe) dazu führen, dass der überlebende Ehegatte zunächst Alleinerbe wird. Bei dessen Tod geht (noch) vorhandenes Gesamtvermögen sodann auf die gemeinsamen Kinder zu gleichen Teilen über. Etwas anderes gilt dann, wenn der überlebende Ehegatte zwischenzeitlich erneut geheiratet hatte oder weitere Abkömmlinge mit einem anderen Partner hinzugetreten sind. Dieses Schema entspricht dem deutschen „Berliner Testament" und ist nach der persönlichen Erfahrung der Autorin der Erbfolgenablauf, den die meisten (deutschen) Eheleute bevorzugen. Das gesetzliche Erbrecht Englands ist daher im Vergleich zum deutschen als realitätsnäher zu beurteilen.

---

812 Vgl. näher zur Familienerbfolge *Sawyer/Spero,* Abschnitt 9.8, S. 166; *Sloan,* Abschnitt 2.2.4, S. 38 f. und zum „Erbrecht" der Krone *Sawyer/Spero,* a.a.O.; *Sloan,* Abschnitt 2.2.5, S. 40.

## IV. Letztwillige Verfügungen

Dem Erblasser steht es frei, durch das Errichten letztwilliger Verfügungen, vor allem von privatschriftlichen[813] Testamenten, die gesetzliche Erbfolge (teilweise oder vollständig) auszuhebeln.

### *1. Testamentserrichtung und -widerruf*

Wie im deutschen Recht muss auch der englische Testierer, um ein wirksames Testament zu errichten, Testierfähigkeit und -willen aufweisen.[814] Zudem muss er bestimmte Formvorschriften beachten.[815]

Er kann sein Testament jederzeit widerrufen.[816] Bindungswirkungen wie beim deutschen gemeinschaftlichen Testament oder beim deutschen Erbvertrag sind dem englischen Recht fremd.[817] Ipso iure ist ein Testament grundsätzlich

---

813 Notartestamente gibt es in England nicht, vgl. Frank/Wachter/*Waldner/Kopp*, England, Rn 334.

814 Vgl. *Schockemöhle*, S. 19; *Sloan*, Abschnitt 4, S. 70; Süß/*Odersky*, Großbritannien: England und Wales, Rn 63 f. Weiterführend zur erforderlichen Testierfähigkeit: Sec. 7 Wills Act (1837); Frank/Wachter/*Waldner/Kopp*, England, Rn 345 f.; *Schockemöhle*, S. 19 ff.; näher: *Harding/Probert*, Rn 506 ff.; *Kerridge*, Abschnitte 5-02 ff., S. 63 ff.; *Sawyer/Spero*, Abschnitt 4, S. 45 ff. und *Sloan*, Abschnitt 4.1, S. 70 ff. Weiterführend zum Testierwillen: *Kerridge*, Abschnitte 5-02 ff., S. 63 ff.; *Sloan*, Abschnitt 4.2, S. 82 ff.

815 Vgl. *Schockemöhle*, S. 19; *Sloan*, Abschnitt 4, S. 70; Süß/*Odersky*, Großbritannien: England und Wales, Rn 63 f. Weitergehend zur Form: Ferid/Firsching/*Henrich*, Großbritannien, Rn 164 ff.; Frank/Wachter/*Waldner/Kopp*, England, Rn 334 ff.; *Kerridge*, Abschnitte 4-03 ff., S. 43 ff.; *Sawyer/Spero*, Abschnitt 5, S. 73 ff.; *Werp*, S. 102 f. Auf für Soldaten und Seeleute geltende Sonderregelungen wird aufgrund der sehr untergeordneten Relevanz in dieser Arbeit nicht näher eingegangen. Fortschrittlich, wenn auch risikobehaftet ist die vom 31.01.2021 bis einschließlich 31.01.2024 befristete Sonderregelung in Sec. 9 (2) Wills Act 1837 zu sehen, nach der aufgrund der besonderen Umstände und Risikolagen während der „Corona-Pandemie" das Merkmal „in Anwesenheit" auch erfüllt ist, wenn die einzelnen Beteiligten sich lediglich per Videokonferenz oder anderer visueller Übertragung „treffen".

816 Frank/Wachter/*Waldner/Kopp*, England, Rn 323, 349; *Gregor*, S. 44 f.; *Sloan*, Abschnitt 6, S. 147; *Werp*, S. 107. Und zwar durch ausdrücklichen Widerruf, neues Testament oder Zerstörung des zu widerrufenden Testaments, vgl. Sec. 20 Wills Act 1837; *Kerridge*, Abschnitt 7-01, S. 133; *Sawyer/Spero*, Abschnitt 7.1.1, S. 120; *Schockemöhle*, S. 77 ff.; *Sloan*, Abschnitt 6, S. 147.

817 Ferid/Firsching/*Henrich*, Großbritannien, Rn 179 ff.; Frank/Wachter/*Waldner/Kopp*, England, Rn 323, 349; *Gregor*, S. 44 f.; *Schockemöhle*, S. 4; *Sloan*, Abschnitt 6, S. 147; *Werp*, S. 107.

bei Heirat nach Testamentserrichtung widerrufen.[818] Eine Scheidung nach Testamentserrichtung dagegen führt nicht zur Unwirksamkeit der Zuwendungen an den (dann Ex-)Ehegatten.[819] Allerdings führt die Scheidung (im Ergebnis häufig gleich) dazu, dass das Vorversterben des (Ex-)Ehegatten fingiert wird, sofern nicht ein entgegenstehender Wille des Testierenden erkennbar ist.[820] Von Bedeutung ist in diesem Zusammenhang, dass der Ex-Ehegatte, der in erbrechtlichem Zusammenhang als vorverstorben behandelt wird, hinsichtlich des Antrags auf Gewährung der *family provision* antragsberechtigt bleibt, und zwar bis zu einer (eventuellen) Wiederverheiratung.[821]

In England ist es möglich, in Verträgen bestimmte Verpflichtungen hinsichtlich eines Testaments, sog. *contracts relating to will,* zu schließen.[822] Angesichts dessen, dass eine bindende Zuwendung zugunsten eines bestimmten *beneficiary*s aufgrund der jederzeitigen Widerrufsmöglichkeit nicht möglich ist, sind insbesondere *contracts not to revoke a will,* also Verträge, die die Verpflichtung statuieren, ein bestimmtes Testament nicht zu widerrufen, populär. Diese Verträge haben aber weder unmittelbaren noch mittelbaren Einfluss auf die Wirksamkeit von Testamenten bzw. einzelnen Verfügungen; sie führen bei Verstoß lediglich zu einem Schadensersatzanspruch gegen den abredewidrig Handelnden.[823]

---

818 Sec. 18 (1) Wills Act 1837. Zu den Ausnahmen vgl. Sec. 18 (2)–(5) Wills Act 1837; *Sawyer/Spero,* Abschnitt 7.2, S. 121 ff.; *Schockemöhle,* S. 71 ff.; *Sloan,* Abschnitt 6, S. 147; *Werp,* S. 108 f. Dieses kann auch nicht durch einen contract not to revoke a will ausgeschlossen werden, vgl. Re Marsland, 1939, Ch. 820; *Gregor,* S. 51; *Kerridge,* Abschnitt 6-01, S. 95 f.; *Sawyer/Spero,* Abschnitt 7.2.11, S. 125; *Schockemöhle,* S. 104. A.A. unter Berufung auf Re Goodchild, 1997, 1 WLR 1216 *Sloan,* Abschnitt 3.1.3.4, S. 57.

819 Anders in Deutschland: Hier wird eine Verfügung zu Gunsten des Ehegatten durch spätere Scheidung – wenn nicht ein entgegenstehender Erblasserwille erkennbar ist – gem. (§ 2268 Abs. 1 BGB i.V.m.) § 2077 Abs. 1 BGB grundsätzlich unwirksam. Zu den Ausnahmen vgl. §§ 2268 Abs. 2, 2077 Abs. 3 BGB.

820 Sec. 18 A (1) Wills Act 1837; Ferid/Firsching/*Henrich,* Großbritannien, Rn 183 f.; Frank/Wachter/*Waldner/Kopp,* England, Rn 352; *Gregor,* S. 53 f.; *Kerridge,* Abschnitte 14-32 ff., S. 323 ff.; *Werp,* S. 110.

821 Sec. 18 A (2) Wills Act 1837; *Gregor,* S. 55 *Sloan,* Abschnitt 9.1.1, S. 263.

822 *Gregor,* S. 45 f.; *Kerridge,* Abschnitte 6-01 ff., S. 95 ff.; *Mellows,* Kapitel 3, S. 14 ff.

823 Ferid/Firsching/*Henrich,* Großbritannien, Rn 190; Frank/Wachter/*Waldner/Kopp,* England, Rn 333; *Kerridge,* Abschnitt 6-01, S. 95 f.; *Schockemöhle,* S. 4; Süß/*Odersky,* Großbritannien: England und Wales, Rn 104; *Wolf,* S. 84 f.

## 2. *„Gemeinsame" und „gegenseitige" Testamente*

Neben dem Einzeltestament kennt das englische Recht das gemeinsame und das gegenseitige Testament, die auch zu einem gemeinsamen, gegenseitigen Testament kombiniert werden können.[824] Sowohl gemeinsame als auch gegenseitige Testamente können im England nicht nur von Ehegatten, sondern von beliebigen Personenmehrheiten geschlossen werden.[825]

*Joint wills* sind gemeinsame Testamente; sie weisen im Unterschied zu zwei Einzeltestamenten jedoch keine Besonderheiten in Bezug auf Voraussetzungen und Wirksamkeit auf, sie sind lediglich ihrer äußeren Form nach in einem Dokument verbunden.[826]

*Mutual wills,* meist als „gegenseitige Testamente" bzw. „gegenseitiges Testament" übersetzt, sind gekennzeichnet durch zwei Elemente: Das erste Charakteristikum ist, dass mehrere Testierende Einzeltestamente oder ein gemeinsames Testament errichten, in denen bzw. in dem sie sich gegenseitig bedenken und/oder ihre Verfügungen aufgrund einer gegenseitigen Absprache treffen.[827] Treffender als die im Schrifttum gebräuchliche Übersetzung des gegenseitigen Testaments wäre daher die Bezeichnung „in Bezug aufeinander abgegebene Testamente", da ein gegenseitiges Bedenken bzw. auch nur irgendeine Verfügung zugunsten des „Mittestierenden" gerade nicht notwendig ist.[828] Hinzutreten muss als zweites Element eine Vereinbarung der Testierenden, dass der Längerlebende an sein Testament (oder Teile davon)[829] gebunden sein soll, es also nicht widerrufen darf.[830] Auch bei einem *mutual will* führt die abredewidrige

---

824 Ferid/Firsching/*Henrich,* Großbritannien, Rn 188 f.; *Mellows,* Abschnitt 4.6, S. 28; *Schockemöhle,* S. 100; Süß/*Odersky,* Großbritannien: England und Wales, Rn 101 f.

825 *Harding/Probert,* Rn 522, 551; *Mellows,* Abschnitte 4.2 ff. und 4.6, S. 27 f.; *Schockemöhle,* S. 100 f.

826 Ferid/Firsching/*Henrich,* Großbritannien, Rn 188; Frank/Wachter/*Waldner/Kopp,* England, Rn 324 ff.; *Gregor,* S. 48; *Mellows,* Abschnitte 4.2 ff., S. 27 f.; Süß/*Odersky,* Großbritannien: England und Wales, Rn 101; *Werp,* S. 104 f.; *Wolf,* S. 78 f.

827 Frank/Wachter/*Waldner/Kopp,* England, Rn 324 ff.; *Gregor,* S. 47 f.; *Sloan,* Abschnitt 3.1.3.1, S. 53; *Werp,* S. 105 f.

828 Re Dale, 1994, Ch. 31; Frank/Wachter/*Waldner/Kopp,* England, Rn 326; *Kerridge,* Abschnitt 6-33, S. 112; *Sawyer/Spero,* Abschnitt 6.5.8, S. 109; *Sloan,* Abschnitt 3.1.3.1, S. 53. Unzutreffend deshalb: Ferid/Firsching/*Henrich,* Großbritannien, Rn 189 f.; Süß/*Odersky,* Großbritannien: England und Wales, Rn 102 ff.

829 Vgl. Re Green, 1951, Ch. 148; *Sawyer/Spero,* Abschnitt 6.5.4, S. 107; *Sloan,* Abschnitt 3.1.3.4, S. 55 f.; *Werp,* S. 105.

830 *Kerridge,* Abschnitt 6-34 f., S. 112 f.; *Mellows,* Abschnitt 4.6, S. 28; *Schockemöhle,* S. 101 f.; *Sloan,* Abschnitt 3.1.3.2, S. 53 f.

Änderung des Testaments jedoch nicht zur Unwirksamkeit der neueren Verfügung(en). Stattdessen führt der Bruch des *contract not to revoke a will* bei einem *mutual will* zur Entstehung eines *constructive trusts*, dessen *trustee* der Überlebende ist und dessen *beneficiaries* die im ursprünglichen Testament Bedachten sind.[831] Sofern in dem durch die Entstehung des Trusts beim Tod des Erstversterbenden bindend gewordenen *mutual will* über das gesamte Vermögen verfügt wurde, besteht im Ergebnis zwar die formale Möglichkeit des Widerrufs dieses Testaments durch den Überlebenden; inhaltlich läuft dieser jedoch leer, da das gesamte Vermögen im Trust gebunden ist. Faktisch ist ein entsprechend weitreichender *mutual will* hinsichtlich seiner Bindungswirkung nach dem Tod des Erstversterbenden daher mit dem deutschen gemeinschaftlichen Testament vergleichbar.

### *3. Mögliche Testamentsinhalte*

Auch dem englischen Testierer stehen vielfältige Möglichkeiten offen, wie er sein Testament inhaltlich ausgestalten kann. Auch dieses ist, wie im deutschen Recht, der Auslegung durch die Gerichte zugänglich.[832]

#### *a) Einsetzung von beneficiaries*

Das englische Recht kennt keine „Erbeinsetzung", keine direkte vom Gesetz abweichende Regelung der Erbfolge;[833] es ist daher keine zulässige letztwillige Verfügung, eine oder mehrere Personen zu dem/den alleinigen *beneficiary/ beneficiaries* einzusetzen. Vielmehr versteht das englische Recht letztwillige Verfügungen hinsichtlich der begünstigten Personen als eine Ansammlung von Einzelvermögenszuwendungen bzw. -zuweisungen.[834] Der Testierende kann jedoch sowohl hinsichtlich *realty* als auch *personalty* sog. *residuary gifts*, also die Zuwendung des (nicht vorrangig konkret abweichend zugewiesenen) „Restnachlasses", verfügen.[835] In ihrer Wirkung gleichen diese dann einer Allein- bzw.

---

831 Dufour v Pereira, 1769, Dick 419; 21 ER 332; Vgl. *Harding/Probert*, Rn 551; *Kerridge*, Abschnitt 6-37, S. 114 f.; *Mellows*, Abschnitt 4.18 ff., S. 32 ff.; *Sawyer/Spero*, Abschnitt 6.5.1, S. 106; *Schockemöhle*, S. 103 f.; *Sloan*, Abschnitt 3.1.3.3, S. 54 f.; *Werp*, S. 106. Zu Trusts allgemein siehe Kapitel 5-B-I-3.

832 Ferid/Firsching/*Henrich*, Großbritannien, Rn 224 ff.; *Harding/Probert*, Rn 552 ff.; *Kerridge*, Abschnitte 10-01 ff., S. 239 ff.; *Mellows*, Abschnitte 10.11 ff., S. 131 ff.; *Sawyer/ Spero*, Abschnitte 11.1 ff., S. 199 ff.; *Werp*, S. 111 ff.

833 Ferid/Firsching/*Henrich*, Großbritannien, Rn 198; *Fröschle*, S. 10.

834 Ebd.; *Kerridge*, Abschnitt 3-12, S. 39; *Sloan*, Abschnitt 3.2.1.1, S. 63.

835 Vgl. hierzu Kapitel 5-B-IV-3-c.

Gesamterbeinsetzung, da der Nachlass insgesamt dergestalt ausgehöhlt ist, dass die gesetzliche Erbfolge (überhaupt) nicht (mehr) zur Anwendung gelangt.[836]

Die Einzelzuweisungen des Testierenden sind freilich nur wirksam, wenn der jeweils zum *beneficiary* Eingesetzte die notwendigen rechtlichen Voraussetzungen erfüllt, um *beneficiary* zu sein. Neben natürlichen Personen, also Menschen, sind auch juristische Personen im weiteren Sinne, also z. B. Unternehmen und Vereine „erbfähig", können also als *beneficiary* einer bestimmten Zuwendung eingesetzt werden.[837] Bei (Heim-)Tieren ist dies nicht der Fall, da diese auch nach englischem Recht keine Rechtspersönlichkeit aufweisen,[838] sondern selbst Sachen sind, sodass Heimtiere selbst nicht durch direkte Vermögenszuwendungen bedacht werden können.[839] Dies gilt nicht nur für eine direkte, erbrechtliche Begünstigtenstellung, sondern auch für eine sich durch die Errichtung eines *trusts* ergebende Begünstigtenstellung.[840]

### *b) Einsetzung eines executor*

Die Bestimmung eines bestimmten *personal representative* im Testament, also die Ernennung eines *executor*,[841] ist ebenfalls ein wichtiges Instrument der

836 Letztlich stellt die Unterscheidung zwischen den Systemen der Erbfolgeregelung und der Vermögenszuwendungen jedenfalls dann, wenn der gesamte Nachlass von den jeweiligen letztwilligen Verfügungen erfasst wird, eine rein rechtsdogmatische dar. Der deutsche Erblasser, der verfügt „Mein ganzes Vermögen vermache ich meiner Tochter T.", nimmt damit expressis verbis keine Erbeinsetzung vor, das Nachlassgericht wird seine Verfügung (innerhalb eines entsprechenden Verfahrens, z. B. eines Erbscheinsverfahrens) aber dahingehend auslegen, dass eine Alleinerbeneinsetzung gewollt war. Es ist anzunehmen, dass die englischen Gerichte andersherum die Verfügung eines englischen Erblassers über die bloße Einsetzung eines beneficiary (etwa: „Meine Tochter T soll alleinige beneficiary sein.") als residuary gift auslegen würden, wenngleich es hierzu, soweit ersichtlich, derzeit keine Rechtsprechung gibt.

837 Ferid/Firsching/*Henrich*, Großbritannien, Rn 104; *Werp*, S. 23.

838 Vgl. zu den *persons* nach englischem Recht (nach dem zu den Rechtspersönlichkeiten Menschen und Unternehmen, nicht aber Tiere gezählt werden): *Harding/Probert*, Rn 38 ff.; *Shears/Stephenson*, S. 81; *Wörlen*, Vol. 1, S. 88.

839 Internetquellen: https://www.todayswillsandprobate.co.uk/partner-news/provisions-pets-will/, https://www.sterlingtrustlaw.co.uk/post/world-animal-day, und https://www.co-oplegalservices.co.uk/media-centre/articles-may-aug-2017/how-to-provide-for-pets-in-your-will/, jeweils abgerufen am 08.03.2023.

840 Vgl. zu Trusts Kapitel 5-B-I-3.

841 Vgl. näher *Kerridge*, Abschnitte 17-02 ff., S. 399 ff.; *King*, Abschnitt 11.2.3, S. 274 ff.; *Sawyer/Spero*, Abschnitte 12.4 ff., S. 227 ff.; *Sloan*, Abschnitt 11.1.1, S. 346 ff.

Testamentsgestaltung. Zwar ist die Stellung des *executor* eine reine Abwicklerstellung;[842] durch den ihm bei der Erfüllung der ihm obliegenden Aufgaben zukommenden weiten Spielraum, ist es dennoch von Bedeutung, wer diese Aufgabe(n) ausführt. Ein Beispiel, das diese Bedeutung verdeutlicht ist das Recht gem. Sec. 41 AEA (1925), weitestgehend nach eigenem Ermessen über bestimmte Zuweisungen einzelner Nachlassgegenstände an bestimmte *beneficiaries* (unter Anrechnung auf deren Quote) zu entscheiden.[843] Ein weiteres Beispiel ist die Befugnis des *personal representative,* einzelne Nachlassgegenstände zu verkaufen, auch, wenn der Erblasser diese einem *beneficiary* konkret zugewandt hat.[844] Setzt der Erblasser zwar *beneficiaries* ein, versäumt aber, einen *executor* zu benennen, sieht Rule 20 The Non-Contentious Probate Rules 1987 daher auch eine Reihenfolge der Ernennung eines *administrators* vor, die sich daran orientiert, welcher *beneficiary* die ihrem Umfang und Inhalt nach „bedeutendste“ bzw. „bedeutendere“ Zuwendung erhält.[845]

### c) Zuwendungen von personalty

Dem Erblasser stehen verschiedene Möglichkeiten offen, über bestimmte Nachlassgegenstände, die, wie Heimtiere,[846] sachenrechtlich zu der Gruppe der *personalty* gehören, zu verfügen. Der Überbegriff *gift* beschreibt Zuwendungen unabhängig davon, ob sie sich auf *realty* oder *personalty* beziehen.[847] Der Unterbegriff für die Kategorie der Zuwendungen von *personalty* ist *bequest* oder auch *legacy.*[848] Die *legacies* lassen sich wiederum in fünf Unterkategorien unterteilen, nämlich in *specific* (Zuwendung von bestimmten bzw. bestimmbaren Einzelgegenständen, die Teil des Nachlasses sein müssen), *general* (Zuwendung von Gegenständen, die nach ihrer Gattung bestimmt sind und die nicht notwendigerweise Teil des Nachlasses sein müssen), *demonstrative* (ein *general legacy,* das

---

842 Vgl. Kapitel 5-B-II.

843 Zu den von Gesetzes wegen zu beachtenden Umständen vgl. Sec. 46 (1) (i)–(v) AEA (1925). Näher zum Recht der appropriation vgl. *Fröschle,* S. 125 ff.; *Sloan,* Abschnitt 11.2.4.2, S. 378.

844 *Mellows,* Abschnitt 2.4, S. 7; *Schockemöhle,* S. 4.

845 Vgl. Ferid/Firsching/*Henrich,* Großbritannien, Rn 243; *Sawyer/Spero,* Abschnitt 12.16, S. 238; *Sloan,* Abschnitt 11.1.2.2, S. 354; Süß/*Odersky,* Großbritannien: England und Wales, Rn 88 f.

846 Siehe Kapitel 5-B-I-2.

847 *King,* Abschnitt 11.2.4, S. 278; *Sloan,* Abschnitt 8.1, S. 222; *Werp,* S. 22.

848 Ferid/Firsching/*Henrich,* Großbritannien, Rn 198; *Sloan,* a.a.O.; Süß/*Odersky,* Großbritannien: England und Wales, Rn 59; *Werp,* a.a.O.; *Wörlen,* Vol. 2, S. 173.

bzw. dessen Finanzierung vorrangig aus einem bestimmten Nachlassteil entnommen werden soll), *pecuniary* (Zuwendung von Geldbeträgen) und *residuary legacies* (Zuwendung des Restnachlasses, also des Nachlasses, der nicht anderweitig spezifisch zugewandt wurde).[849]

Bei der Zuwendung von Heimtieren wird es stets um die Zuwendung von solchen Tieren gehen, die sich im Todeszeitpunkt (noch) im Nachlass befinden, denn nur bzgl. dieser ist das charakteristische Affektionsinteresse und die Sorge, um die Versorgung der Heimtiere nach dem eigenen Ableben gegeben. In der Sache wird es sich daher entweder um eine *specific legacy* handeln („Meinen Labrador Loui (braunes Fell, Geburtsjahr 2020) erhält meine Schwester S.“)[850] oder um ein *residuary gift* („Alles andere erhält meine Schwester S.“), wenn das Heimtier mangels anderweitiger Zuweisung in den Restnachlass fällt.

Ist das Heimtier per *specific legacy* einer bestimmten Person zugewandt, befindet es sich im Todeszeitpunkt aber nicht (mehr) im Nachlass, scheitert die Zuwendung/Zuweisung,[851] ebenso wie im deutschen Recht. Ist die begünstigte Person vorverstorben, scheitert die Verfügung ebenfalls,[852] sofern nicht eine ersatzweise Zuwendung an eine weitere Person verfügt ist, was auch im englischen Recht möglich ist.[853]

---

849 Ferid/Firsching/*Henrich*, Großbritannien, Rn 200 ff.; *Mellows*, Abschnitte 31.1 ff., S. 459 ff.; *Sawyer/Spero*, Abschnitt 10, S. 172 ff.; *Sloan*, Abschnitt 8.1.1, S. 222 ff.; Süß/*Odersky*, Großbritannien: England und Wales, Rn 60.

850 Auch im englischen Recht muss der Testator dabei das Zuwendungsobjekt hinreichend konkret bezeichnen; ansonsten ist die Zuwendung unwirksam, vgl. *Sawyer/Spero*, Abschnitt 10.13, S. 195; *Sloan*, Abschnitt 8.2.10, S. 256 ff.

851 Sog. *ademption*; vgl. Ferid/Firsching/*Henrich*, Großbritannien, Rn 203; *Kerridge*, Abschnitte 9-12, S. 231 und 14-35, S. 325 f.; *King*, Abschnitt 11.2.6.1, S. 290; *Sawyer/Spero*, Abschnitt 10.2.1, S. 175; *Sloan*, Abschnitte 8.1.2.1, S. 225 f. und 8.2.6, S. 241 ff.

852 *Kerridge*, Abschnitte 14-01, S. 307 und 14-11, S. 311; *King*, Abschnitt 11.4.5, S. 281; *Mellows*, Abschnitte 30.15, S. 424 und 30.26, S. 427; *Sloan*, Abschnitt 8.2.5.1, S. 236. Sec. 33 Wills Act (1837) sieht eine Ausnahme für den Fall vor, dass der (vorverstorbene) beneficiary der Zuwendung ein Abkömmling oder ein entfernterer Nachkomme des Erblassers war. Dann nämlich gilt die Verfügung zugunsten der eigenen Abkömmlinge des Vorverstorbenen als wirksam, wenn dieser solche hinterließ und ein entgegenstehender Erblasserwille nicht erkennbar ist.

853 Es handelt sich in der Sache dann um eine (durch das Vorversterben des Empfängers der vorrangigen Zuwendung) bedingte Zuwendung. Zur Zulässigkeit vgl. *Kerridge*, Abschnitte 3-09, S. 37 und 14-12, S. 311 f.; *King*, Abschnitt 11.4.5, S. 281; *Mellows*, Abschnitte 5.30 ff., S. 48 f. und 30.15, S. 424; *Sawyer/Spero*, Abschnitte 3.3, S. 34 f. und 10.14.2, S. 196; *Sloan*, Abschnitt 8.2.5.1, S. 236.

Trotz Wegfalls des Begünstigten vor dem Erbfall bleibt die Zuwendung außerdem bestehen, wenn es sich bei dem weggefallenen *beneficiary* um eine wohltätige Organisation handelt. Die vormals als *specific charitable gift* zu deklarierende Zuwendung, wird dann gemäß Sec. 63 (1) Charities Act 2011 wie ein *generally charitable gift* behandelt, das heißt wie eine (absolute) Zuwendung zugunsten eines bestimmen wohltätigen Zwecks, statt einer bestimmten Person.[854] Greift keine Ausnahme, so fällt das Objekt der gescheiterten Zuwendung dem Restnachlass zu, und ist damit von etwaigen *residuary gifts* erfasst.[855] Existieren solche nicht, wird das betreffende Objekt nach den gesetzlichen Regelungen „vererbt".[856]

Wie im deutschen Recht kann auch im englischen Recht die Zuwendung des Heimtiers an eine bestimmte Person per *specific legacy* mit der Zuwendung einer bestimmten Geldsumme und der Bedingung verknüpft werden, dass der Begünstigte das Geld nur erhält, wenn er sich bereit erklärt, dass Heimtier zu sich zu nehmen und sich um dieses zu kümmern.[857]

### d) *Power of appointment*

Statt selbst eine Zuweisung an eine bestimmte Person vorzunehmen, kann der Testierende auch eine Person benennen, die bzgl. eines bestimmten Vermögensgegenstands oder Vermögensanteils den Begünstigten der Zuwendung erwählt; die entsprechende Verfügung wird *power of appointment* genannt.[858] Dabei muss der Testierende jedoch eine bestimmte oder bestimmbare Personengruppe vorgeben, aus der der Ermächtigte auswählt.[859] Die Erteilung einer *power of appointment* erinnert an das deutsche Bestimmungsvermächtnis.[860] Ähnlich wie

854 Vgl. *Sloan,* Abschnitt 8.2.5.1, S. 236. Eine weitere Ausnahme wurde von der Rechtsprechung entwickelt, und sieht vor, dass eine Verfügung zugunsten eines vorverstorbenen beneficiary nicht unwirksam ist, wenn sie erkennbar zur Erfüllung einer im Todeszeitpunkt fortbestehenden moralischen Verpflichtung erfolgt, vgl. Ferid/Firsching/*Henrich,* Großbritannien, Rn 210; *Kerridge,* Abschnitt 14-27, S. 320; *Mellows,* Abschnitt 30.23, S. 456; *Sloan,* Abschnitt 8.2.5.2, S. 237; jeweils m.w.N.

855 Ferid/Firsching/*Henrich,* Großbritannien, Rn 213; *Sawyer/Spero,* Abschnitt 10.4, S. 176; *Sloan,* Abschnitte 8.2.1, S. 227 und 8.2.5.1, S. 236.

856 Ferid/Firsching/*Henrich,* Großbritannien, Rn 213; *King,* Abschnitt 11.2.7.2, S. 292; *Sawyer/Spero,* Abschnitt 10.4, S. 176; *Sloan,* Abschnitte 8.2.1, S. 227 und 8.2.5.1, S. 236.

857 Zur Zulässigkeit von Bedingungen vgl. Fußnote 853.

858 *Ramjohn,* S. 51; *Sawyer/Spero,* Abschnitt 3.6.2, S. 38.

859 Ebd. A.A. *Werp,* S. 14.

860 Zum Bestimmungsvermächtnis nach deutschem Recht siehe Kapitel 5-A-III-4-c.

im deutschen Recht,[861] beinhaltet auch die englische *power of appointment* zwar die Befugnis zur Bestimmung, nicht aber die Pflicht zur Ausübung.[862]

### e) *Testamentary trusts*

Der Erblasser kann kraft letztwilliger Verfügung auch einen *trust* errichten, der dann – unabhängig von den inhaltlichen Regelungen und unabhängig von der Person des Begünstigten – *testamentary trust* genannt wird.[863] Im deutschen Recht gibt es kein direktes Pendant hierzu; am ehesten ähnelt ihm die Dauertestamentsvollstreckung, die den Erben Verfügungs- und Verwaltungsrechte unter Umständen umfassend und dauerhaft entzieht.[864] Neben weiteren möglichen inhaltlichen Ausgestaltungen[865] sind hinsichtlich der postmortalen Absicherung von Heimtieren insbesondere zwei Varianten interessant: der *charitable trust* und der *non-charitable purpose trust.*

#### aa) *Charitable trust*

Der Testator kann einen *(testamentary) charitable* oder auch *public (purpose) trust* begründen, indem er in seinem Testament bestimmtes Vermögen in einen Trust einbringt, der nicht zugunsten einer bestimmten Person, sondern zugunsten eines (als solchen anerkannten) wohltätigen Zwecks errichtet wird.[866] Möglich ist dies, da es beim *charitable trust* in Ausnahme zum ansonsten greifenden *beneficiary principle* ausnahmsweise keiner begünstigten Person bedarf, sondern deren Stelle ein bestimmter gemeinnütziger Zweck einnimmt.[867] Dies wird damit begründet, dass zwar kein den Trust erzwingender *beneficiary* vorhanden ist,

---

861 Vgl. hierzu Erman/*Nobis*, § 2153 Rn 3 und § 2151 Rn 4; MüKoBGB/*Rudy*, § 2153 Rn 6 und § 2151 Rn 13; Staudinger/*Otte*, § 2153 Rn 2 f. und § 2151 Rn 10.

862 *Ramjohn*, S. 51.

863 Ferid/Firsching/*Henrich*, Großbritannien, Rn 218; *Klein*, ZVglRWiss 2002 (101), 175 (180); Süß/*Odersky*, Großbritannien: England und Wales, Rn 61; *Werp*, S. 13.

864 Ausführlich: *Klein*, ZVglRWiss 2002 (101), 175 (189 ff.). Soweit durch das Gestaltungsmittel des Trusts zusätzlich zeitlich aufeinanderfolgende Begünstigungen verschiedener beneficiaries erreicht werden sollen, ist im deutschen Recht eine mit Testamentsvollstreckung kombinierte Vor- und Nacherbschaft vergleichbar, vgl. *Klein*, ZVglRWiss 2002 (101), 175 (194 ff.).

865 Vgl. hierzu Beispiele bei Süß/*Odersky*, Großbritannien: England und Wales, Rn 61.

866 *Bernstorff*, S. 145 f.; Ferid/Firsching/*Henrich*, Großbritannien, Rn 220; *Henrich/Huber*, S. 110; *Ramjohn*, S. 93 f.

867 Vgl. Kapitel 5-B-I-3 und *Pawlowski*, Trusts & Trustees 2002, 10; *Ramjohn*, S. 94.

diese Aufgabe beim *charitable trust* aber von Gesetzes wegen gleichsam durch den *Attorney General* als Vertreter der Krone ausgeübt wird.[868]

Damit die besonderen Regelungen bzgl. *charitable trusts* (z. B. Steuerbegünstigungen) Anwendung finden, müssen die Vorgaben des Charities Act 2011 beachtet werden. Unter anderem muss danach der wohltätige Zweck mit einem der in Sec. 3 genannten übereinstimmen und es dürfen, neben den durch das Gesetz als wohltätig definierten Zwecken, keine weiteren Zwecke verfolgt werden, vgl. Sec. 1 (1) Charities Act 2011. Im Rahmen dieser Arbeit ist insbesondere der in Sec. 3 (1) (k) genannte Zweck des Tierschutzes/Tierwohls von Bedeutung. Der Testierende kann mithin einen *testamentary charitable trust* zugunsten des Tierschutzes/Tierwohls errichten, auch und gerade zum Vorteil von Heimtieren. Erfasst sind dann aber nur die (Heim-)Tiere im Gesamten, bzw. eine ausgewählte Spezies;[869] der Bezug auf einzelne Heimtiere (des Erblassers) führte dazu, dass kein gemeinnütziger Zweck im nötigen Sinne (mehr) vorliegt.[870] Für diese kann mithin nicht mittels eines *charitable trusts* vorgesorgt werden.

### *bb) Non-charitable purpose trust*

*Non-charitable purpose trusts*, auch *private purpose trusts,* sind solche, die keine begünstigte Person, sondern einen begünstigen Zweck ausweisen, wobei dieser im Unterscheid zu den *charitable trusts* gerade nicht gemeinnützig im Sinne des Charities Act 2011 ist.[871] Da die Ausnahme vom *beneficiary principle*[872] hier mangels Qualifikation als *charitable trust* nicht greift, sind solche Versuche der Errichtung eines Trusts wegen Verstoßes gegen das *beneficiary principle* unwirksam.[873] Auch ein etwaiger vom *settlor* bzw. *testator*[874] eingesetzter Vollzugsberechtigter, der die Durchführung des Trusts erzwingen (können) soll, ändert hieran nichts.[875]

Es gibt jedoch (neben dem bereits besprochenen *charitable trust*) einige wenige (weitere) Ausnahmen, nach denen das Fehlen eines *beneficiary* unschädlich ist

---

868 *Bernstorff,* S. 146; *Low,* S. 496; *Pawlowski*, Trusts & Trustees 2002, 10; *Ramjohn,* S. 80 und 94.

869 *Ramjohn,* S. 106.

870 *Mellows/Parker,* S. 161 f.

871 *Ramjohn,* S. 77.

872 Hierzu siehe Kapitel 5-B-I-3.

873 *Low,* S. 486 ff.; *Pawlowski*, Trusts & Trustees 2002, 10; *Ramjohn,* S. 77 f.

874 Bei einem testamentary trust wird der settlor testator genannt, vgl. *Pawlowski*, Trusts & Trustees 2002, 10; *Ramjohn,* S. 28.

875 Vgl. *Low,* S. 496 ff.

bzw. sein kann.[876] Hier von Bedeutung ist der manchmal auch als *trust of imperfect obligation*[877] bezeichnete Fall, dass der bestimmte Zweck die Versorgung eines bestimmten Heimtiers bzw. bestimmter Heimtiere ist.[878] Wenn dann der *trustee* gegenüber dem Gericht eine verpflichtende Erklärung abgibt, den Zweck zu erfüllen, wird das Gericht den Personen, die im Falle eines Scheiterns des Trusts subsidiär begünstigt wären (also die Empfänger eines etwaig angeordneten *residuary gifts* oder subsidiär die gesetzlichen „Erben"), Klagebefugnis für den Fall einräumen, dass der *trustee* seiner Verpflichtung nicht (hinreichend) nachkommt bzw. gegen sie verstößt.[879] Durch diesen Modus wird – wie es bei einem Verstoß gegen das *beneficiary principle* ansonsten der Fall ist – gerade verhindert, dass ein Trust existiert, der mangels einer Person, die ihn erzwingen kann, nicht Gegenstand gerichtlicher Kontrolle sein kann.[880]

Demnach kann der englische Testierende mittels eines *non-charitable purpose trusts* die postmortale Versorgung seiner Heimtiere regeln. Dabei ist er jedoch darauf angewiesen, dass der erwählte *trustee,* der auch mit dem *executor* identisch sein kann, willens ist, der „Anordnung", dass das in den Trust eingebrachte Vermögen zur Versorgung der bestimmten Heimtiere zu verwenden ist, nachzukommen, da diese „Anordnung" rechtlich lediglich einen unverbindlichen Wunsch darstellt.[881] Unabhängig von der Problematik der Notwendigkeit einer Person die den Trust erzwingen kann, ist es ratsam, zusätzlich zu regeln, wer das beim Tod des (letztversterbenden) Heimtiers übriggebliebene Vermögen erhalten soll.

---

876 Vgl. Übersicht bei *Ramjohn,* S. 80 f. Zum Teil wird die Zulässigkeit dieser Konstrukte aber dogmatisch abweichend begründet, vgl. z. B. *Low* (Non-Charitable Purpose Trusts, S. 498 f.), der meint, es liege kein Trust, sondern eine Art der Vollmacht vor; ähnlich *Crown,* Singapore Journal of Legal Studies 2009, 646 (647) und *Pawlowski,* Trusts & Trustees 2002, 10. Im Ergebnis kommt es auf die dogmatische Begründung der Zulässigkeit jedoch nicht an.

877 Vgl. z. B. *Crown,* Singapore Journal of Legal Studies 2009, 646 (647); *Low,* S. 498 f. und *Pawlowski,* Trusts & Trustees 2002, 10.

878 Die Ausnahme geht zurück auf Pettingall v Pettingall (1842) 11 LJ Ch 176; später auch Re Dean (1889) 41 Ch D 552; vgl. zudem *Crown,* Singapore Journal of Legal Studies 2009, 646 (646); *Mellows/Parker,* S. 161 f.; *Pawlowski,* Trusts & Trustees 2002, 10; *Ramjohn,* S. 80.

879 Sog. „Pettingall Order". Vgl. Pettingall v Pettingall (1842) 11 LJ Ch 176; *Crown,* Singapore Journal of Legal Studies 2009, 646 (647). *Low,* S. 498.

880 *Luxton/Malcolm/Wilkie,* S. 98; *Pawlowski,* Trusts & Trustees 2002, 10.

881 *Pawlowski,* Trusts & Trustees 2002, 10.

### *f) Rule against perpetuities*

Auch bei einigen sonstigen testamentarischen Verfügungen, insbesondere aber bei der Errichtung von *trusts*, die den Zweck verfolgen, mehrere Personen zeitlich aufeinanderfolgend zu bedenken, ist die sog. *rule against perpetuities* zu beachten.[882] Ihr Zweck ist die Verhinderung einer überlangen Einflussnahme des Erblassers nach seinem Tode. Sec. 5 (1) Perpetuities and Accumulations Act 2009 setzt die Zeitspanne der maximalen Bindung auf 125 Jahre fest. Während ursprünglich bereits die bloße Möglichkeit des Überschreitens des Zeitraums zur Unwirksamkeit der betroffenen Verfügung führte, regelt Sec. 8 Perpetuities and Accumulations Act 2009 (die sog. *wait and see rule*) heute, dass die betroffene Verfügung erst dann unwirksam ist, wenn der Zeitraum tatsächlich (und nicht bloß möglicherweise) überschritten wird. Bei einem „Tiertestament", mittels dessen das Heimtier des Erblassers per *specific* oder *residuary gift* einer bestimmten Person zugewandt werden soll, die der Erblasser als besonders vertrauenswürdig hinsichtlich der künftigen Pflege des Tiers einschätzt, scheint ein hinderndes Eingreifen der *rule against perpetuities* ausgeschlossen. Etwaige „Zweitbesetzungen" werden dort in der Regel als Ersatzbegünstigte berufen sein, für die die Regel jedoch nicht greift. Eine hintereinandergeschaltete Begünstigung mehrerer Personen ist aufgrund der weit überwiegenden kürzeren Lebensdauer der Heimtiere im Vergleich zur (Rest-)Lebenszeit der Begünstigten auch nicht angezeigt. Selbst wenn ein solches Konstrukt jedoch, z. B. mithilfe eines *trust*, errichtet werden sollte, verstieße es nur dann gegen die *rule against perpetuities,* wenn eine der nacheinander bedachten Personen erst nach Ablauf von 125 Jahren seit Entstehung des *trust* in die Begünstigtenstellung einträte.[883] Da das betroffene Tier hierfür diesen Zeitraum überleben müsste, erscheint auch dieses als realitätsfernes Gedankenspiel. Bei einem *(testamentary) charitable trust* gilt lediglich die Frist aus Sec. 14 (1) bis (4) Perpetuities and Accumulations Act 2009 zu beachten. Danach muss die für den *trustee* durch Verfügung des Erblassers etwaig eröffnete Möglichkeit, vor der Auskehr von Beträgen an den *beneficiary,* die mittels des in den *trust* eingebrachten Objektes erwirtschafteten Erträge über einen bestimmten Zeitraum zu sammeln, ihrem Zeitraum nach auf

882 Vgl. Ferid/Firsching/*Henrich,* Großbritannien, Rn 121 f.; *Sawyer/Spero,* Abschnitt 10.11, S. 192 f.; Süß/*Odersky,* Großbritannien: England und Wales, Rn 61. Die ursprünglich strengere Regelung wurde zunächst durch den Perpetuities and Accumulations Act 1964 und dann erneut durch den (aktuellen) Perpetuities and Accumulations Act 2009 weiter gelockert.

883 Vgl. zum Startzeitpunkt Sec. 6 (1) Perpetuities and Accumulations Act 2009.

21 Jahre begrenzt sein. Ist sie länger, endet sie kraft Gesetzes nach 21 Jahren. Ansonsten kann Vermögen in einem *charitable trust* auf unbestimmte Zeit von aufeinanderfolgenden *trustees* verwaltet werden und dementsprechend gebunden sein.[884]

Bei einem *(non-charitable) purpose trust* ist die *rule against perpetuities* ebenfalls anwendbar. Jedoch greift hier nicht die o.g. gesetzliche Frist, vielmehr ist weiterhin die allgemeine Regelung anwendbar, nach der spätestens nach einer Lebenszeit eines in bestimmter Weise in den Trust involvierten Menschen plus 21 Jahren das (Trust-)Objekt auf einen absolut berechtigten Begünstigten übergehen, der Trust dann also geendet haben muss.[885] Auch bei einem *(non-charitable) purpose trust* muss daher sichergestellt werden, dass er endet, bevor die vorgenannte Zeitspanne abgelaufen ist. Dabei ist zu beachten, dass es bei einem Trust zugunsten der Versorgung eines Heimtiers keinen Menschen gibt, der in der vorgenannten Weise, z. B. als Begünstigter in den Trust involviert ist; daher gilt hier eine absolute Frist von 21 Jahren.[886] Dass der Trust rechtzeitig endet, könnte etwa dadurch sichergestellt werden, dass der den Trust Errichtende anordnet, dass das Restvermögen nicht nur nach dem Tod des zu versorgenden Heimtiers, sondern unabhängig davon spätestens nach Ablauf von 21 Jahren zur vollständigen Berechtigung, also im Wege eines dann *absolut gifts*, auf Person X übergeht. Da die Lebensspanne der üblicherweise als Heimtiere gehaltenen Tierrassen aber ohnehin kürzer als 21 Jahre ist, dürfte auch bei bloßer Anknüpfung an den Tod des (letztversterbenden) Heimtiers selten eine Unwirksamkeit der Verfügung aufgrund der Verletzung der *rule against perpetuities* vorliegen.

### *4. Lebzeitige Zuwendungen*

Neben der *joint tenancy*[887] hat der englische Erblasser im Zusammenhang mit Heimtieren als Alternative zum Testieren vor allem die *donationes mortis causa* als Mittel der lebzeitigen Zuwendung zur Verfügung.

---

884 Sec. 2 (2) Perpetuities and Accumulations Act 2009; *Bernstorff*, S. 144; *Klein*, ZVglRWiss 2002 (101), 175 (182); *Ramjohn*, S. 96. Damit dies trotz der sich ändernden Umstände auch faktisch möglich ist, besteht die Besonderheit, dass Gerichte die Trust-Regelungen abwandeln können, wenn dies zur Aufrechterhaltung der Wirksamkeit nötig ist, sog. cyprès Regelung, vgl. Part 6 (Sec. 61 ff.) Charities Act 2011, Ferid/Firsching/*Henrich*, Großbritannien, Rn 220; *Ramjohn*, S. 109 ff.; *Wörlen*, Vol. 2, S. 123.

885 *Crown*, Singapore Journal of Legal Studies 2009, 646 (649, 654); *Luxton/Malcolm/Wilkie*, S. 99; *Ramjohn*, S. 79 f.

886 *Crown*, Singapore Journal of Legal Studies 2009, 646 (651); *Harding/Probert*, Rn 578.

887 Vgl. Kapitel 5-B-I-2.

Bei der *donatio mortis causa*, der „Schenkung auf den Todesfall im Angesicht des Todes", wird, wie beim deutschen Schenkungsversprechen auf den Todesfall i.S.d. § 2301 Abs. 1 BGB, das Schenkungsversprechen an die Bedingung geknüpft, dass der Beschenkte den Schenker überlebt.[888] Weitere Voraussetzungen der englischen Variante sind jedoch, dass das Schenkungsversprechen „im Angesicht des Todes" abgegeben werden muss, wobei hier ein kausaler und engerer zeitlicher Zusammenhang genügt, und dass der Beschenkte vor dem Todesfall bereits die Sachherrschaft über das Schenkungsobjekt erlangt haben muss.[889] Insbesondere wenn der Schenker seinen Tod absehen kann (z. B. aufgrund einer schweren Krankheit) und aufgrund dieser Umstände gleichsam bereits vor seinem Tode Unterstützung in der Versorgung seines Heimtiers benötigt, z. B. weil er im Krankenhaus verbleiben muss und deshalb bereits vor seinem Tode gewillt ist, den Besitz zu teilen oder ihn abzugeben, ist die *donatio mortis causa* eine interessengerechte Möglichkeit, das Heimtier einer bestimmten, vertrauenswürdigen Person zuzuwenden. Sie bietet den großen Vorteil, dass bei Ausbleiben des erwarteten Todes das Geschenk unwirksam wird,[890] und der Schenker das Heimtier wieder herausverlangen kann.

## V. EXKURS: US-amerikanisches Recht

Im Recht der Vereinigten Staaten von Amerika[891] stellt sich die Situation der „tierischen Erben" nur geringfügig anders dar.

Das US-amerikanische (Erb-)Recht zählt, ebenso wie das englische Recht zur Familie des *common law*[892], und ist ebenso geprägt vom dualen System des *statue*

---

888 *Gregor,* S. 66; näher: *Kerridge,* Abschnitte 6-42 ff., S. 117 ff.; *Mellows,* Abschnitte 34.4 ff., S. 521 ff.; *Sawyer/Spero,* Abschnitt 2.6, S. 16 ff.

889 *Gregor,* S. 66; näher: *Kerridge,* Abschnitte 6-42 ff., S. 117 ff.; *Mellows,* Abschnitte 34.4 ff., S. 521 ff.; *Sloan,* Abschnitt 10.2.2, S. 328 ff. Diese Schenkung „am Nachlass vorbei" führt jedoch nicht (immer) dazu, dass das Schenkungsobjekt aus der (Nachlass-) Haftungsmasse ausgenommen ist. Insbesondere haftet der Beschenkte subsidiär zum Nachlassvermögen dann, wenn dieses durch Zuwendungen ausgehöhlt wurde oder sonst unzureichend ist, vgl. *Gregor,* S. 67; *Mellows,* Abschnitt 34.44, S. 535.

890 *Bridge,* S. 88; *Kerridge,* Abschnitt 6-57, S. 125; *Sloan,* Abschnitte 10.2.2.3, S. 332 und 10.2.2.6, S. 336.

891 Die USA sind ein Mehrrechtsstaat, also ein Staat mit mehreren Teilrechtsordnungen. Sowohl dem Bund als auch den 50 Bundesstaaten stehen bestimmte Bereiche zu, innerhalb derer jeweils eigene, nur bzgl. des Bundes übergreifend geltende, Jurisdiktionen möglich sind. Vgl. *Blumenwitz,* S. 4 f.; *Hay,* S. 6 f.; *Reimann,* S. 1.

892 *Hay,* S. 1; *Reimann,* S. 5.

und *case law*.[893] Auch die *equity* ist nicht unbekannt,[894] sodass auch hier dem Rechtskonstrukt des *trust* eine besondere Bedeutung zukommt.[895]

Das Erbrecht in den USA ist einzelstaatlich geregelt; bereits 16 Staaten haben jedoch den Uniform Probate Code von 1969, zuletzt geändert 2019 ratifiziert, sodass dieser in weiten Teilen der USA gilt.[896] Dieser regelt ausdrücklich, was auch im Rest der USA gilt,[897] nämlich, dass Tiere keine Rechtspersönlichkeiten sind und daher auch nicht Erben sein können.[898] Auch als *personal representatives* scheiden Tiere mangels Eigenschaft als *person* aus,[899] wenngleich es innerhalb des Geltungsbereiches des UPC Ausnahmen vom Grundsatz der Nachlassabwicklung durch einen *personal representative* gibt.[900] Auch im US-amerikanischen Erbrecht existiert die Möglichkeit, via eines *charitable gift* eine unbestimmte Vielzahl von Tieren letztwillig zu bedenken; die Zuwendung an ein bestimmtes oder mehrere bestimmte Tier(e) ist jedoch – ebenso wie im englischen Erbrecht – nicht möglich.[901]

Mehr Spielraum bietet die Möglichkeit, Zuwendungen an ein bestimmtes oder mehrere bestimmte Heimtier(e) mithilfe eines *trusts* zu realisieren. Soweit der betreffende Einzelstaat den Uniform Trust Code aus dem Jahr 2000, zuletzt geändert 2020, umgesetzt hat,[902] richtet sich die Zulässigkeit eines solchen nach diesem.[903] Gemäß Sec. 402 (a) (3) i.V.m. Sec. 103 (3) und (10) UTC (2000) bedarf es zur Errichtung eines zulässigen *trusts* jedoch eines *beneficiarys* im

---

893 *Blumenwitz*, S. 11 ff.; *Burnham*, S. 38 ff.

894 *Blumenwitz*, S. 33; *Reimann*, S. 166 ff.

895 *Hay*, S. 222 ff.; *Reimann*, S. 169 ff. Die Grundzüge des trust-Rechts stimmen im Übrigen mit denen nach englischem Recht überein, vgl. dazu Kapitel 5-B-I-3.

896 *Hay*, S. 213.

897 Vgl. *Beyer*, Santa Clara Law Review 2000, 617 (629 f.).

898 Vgl. UPC (1969), Sec. 1-201, (20) und (34); Vgl. auch In re Estate of Russell – 69 Cal. 2d 200, 70 Cal. Rptr. 561, 444 P.2d 353 (1968). Unzutreffend daher: *Bahn*, S. 140 f. Im Gegenteil sind in den USA Tiere Sachen, vgl. *Beyer*, Santa Clara Law Review 2000, 617 (629) m.w.N.

899 Für den Geltungsbereich des UPC ausdrücklich geregelt, vgl. UPC (2019), Sec. 1-201, (35) und (34).

900 Vgl. UPC (1969), Sec. 3-1201 ff.; *Reimann*, S. 217 ff.

901 *Beyer*, Santa Clara Law Review 2000, 617 (631) jeweils m.w.N.

902 Dies haben bisher 34 der 50 Bundesstaaten getan, weswegen auf die sonstigen Einzelrechtslagen hier auch nicht näher eingegangen wird. Zu den Rechtslagen in den Staaten, die den UTC nicht umgesetzt haben vgl. *Beyer*, Santa Clara Law Review 2000, 617 (617 ff.), dessen Aussagen für die „UTC-Staaten" nur noch eingeschränkt gelten.

903 Sowie je nach Staat auch nach UPC (1969), Sec. 2-907 (b) und (c) (4).

Sinne einer *person,* welche ein (Heim-)Tier nicht ist.[904] Der UTC lässt nur drei Ausnahmen von diesem Grundsatz zu: 1. den *charitable trust*, der ebenso wie im englischen Recht jedoch die Zuwendung an eine unbestimmte Vielzahl von Tieren voraussetzte, 2. den *trust for noncharitable purpose*, auch *honorary trust,*[905] und 3. den *trust for the care of an animal.*[906] Ein *trust* zugunsten eines Heimtiers oder mehrerer Heimtiere ließe sich unter die beiden letztgenannten Varianten subsumieren.[907] Ehemals war entscheidend von Vorteil, dass nach dem Uniform Trust Code (nur) der zugunsten eines (Heim-)Tiers errichtete *trust* erzwingbar war; wozu der *settlor* bei Errichtung des *trust,* hier also der *testator* in der letztwilligen Verfügung, eine Rechtsperson benennen konnte, der dieses Recht sodann zustand; subsidiär konnte das Gericht eine solche Person einsetzen.[908] Heute ist eine äquivalente Regelung jedoch auch für die allgemeine Gruppe der *noncharitable purpose trusts* in Kraft, sodass es insoweit keinen Unterschied mehr gibt.[909] Im Unterschied zum *trust for noncharitable purpose*, der gemäß UTC (2000) Sec. 409 (1) jedoch höchstens für 21 Jahre erzwungen werden darf, endet der *trust for the care of an animal* gemäß UTC (2000) Sec. 408 (a) erst mit dem Tod des (letzten) begünstigten (Heim-)Tiers, auch wenn dieser Zeitpunkt mehr als 21 Jahre nach Errichtung liegen sollte. Praktisch wird dieser Vorteil aufgrund der Lebenserwartung der typischen Heimtierarten jedoch selten zum Tragen kommen.

---

904 Es gilt also auch im US-amerikanischen Recht das *beneficiary principle;* vgl. *Ausness*, Law Faculty Scholarly Articles 2016, 321 (324 und 328 ff.); *Hirsch*, Florida State University Law Review 1999, 913 (920 f.).

905 *Ausness*, Law Faculty Scholarly Articles 2016, 321 (344 ff.); *Hirsch*, Florida State University Law Review 1999, 913 (914 und 923).

906 Vgl. UTC (2000), Sec. 402 (a) (3), Sec. 408 und Sec. 409; *Hirsch*, Florida State University Law Review 1999, 913 (923).

907 Bei beiden Varianten des Trusts ist das Gericht ermächtigt, den Trust der Höhe nach zu reduzieren, wenn es meint, eine geringere als die vom Errichtenden vorgegebene Höhe reicht aus, um das mit dem Trust verfolgte Ziel zu verwirklichen, vgl. UTC (2000), Sec. 408 (c) und Sec. 409 (3).

908 Vgl. UTC (2000) Sec. 408 (b); *Ausness*, Law Faculty Scholarly Articles 2016, 321 (361 ff.); *Hirsch*, Florida State University Law Review 1999, 913 (924 f.).

909 Vgl. UTC (2000) Sec. 409 (2); Ausness, Law Faculty Scholarly Articles 2016, 321 (361 ff.); *Hirsch*, Florida State University Law Review 1999, 913 (924 f.).

# C. Rechtsvergleichendes Ergebnis

Die vorangegangenen Untersuchungen des deutschen und englischen Erbrechts, die erörterten, wie im jeweiligen Rechtssystem der Erblasser die Versorgung seiner Heimtieren nach seinem Tod sicherstellen kann, haben sowohl Parallelen als auch Unterschiede der beiden Rechtsordnungen aufgezeigt.

## I. Allgemeines Recht

Grundlegend unterscheiden sich das deutsche und das englische Rechtssystem dadurch, dass letzteres ein System des *case law* ist, während das deutsche Recht primär an Gesetze und Verordnungen als Rechtsquellen anknüpft. Ein weiterer gewichtiger Unterschied ist, dass die englische Rechtsfigur des Trusts im deutschen Recht als solche nicht existiert.

Dennoch ähneln sich die Rechtsordnungen hinsichtlich ihrer hier besprochenen inhaltlichen Ausgestaltungen auch in vielerlei Hinsicht. So erkennt keine der Rechtsordnungen (Heim-)Tiere als Rechtssubjekte an. Weiterhin gestaltet sich der rechtliche Umgang mit beweglichen Sachen, insbesondere hinsichtlich der Eigentumsübertragung, jeweils ähnlich.

## II. Erbrecht

Auch im Teilbereich des Erbrechts weisen das deutsche und das englische Recht grundsätzliche Gemeinsamkeiten auf. Beide Rechtsordnungen betonen die Testierfreiheit des Erblassers. Wenngleich diese in der englischen Variante unbeschränkt sein mag, gilt zu konstatieren, dass sich durch das Rechtsinstitut der *family provision* mittelbar Einschränkungen ergeben können, die denjenigen, die im deutschen Recht durch Pflichtteilsrechte bestehen (können), zum Teil entsprechen und in mancherlei Hinsicht sogar darüber hinaus gehen (können).

Hinsichtlich der Errichtung eines Testaments statuieren beide Systeme das Einhalten bestimmter Formvorschriften als Wirksamkeitsvoraussetzung des Testaments. Der Widerruf von Testamenten ist nahezu parallel geregelt und weist beiderseits niedrige Hürden auf.

Eine weitere Gemeinsamkeit ist, dass hinsichtlich der gesetzlichen Erbfolge für beide Rechtsordnungen ein „Familienerbsystem" mit (Ersatz-)Erbfolge nach Stämmen gewählt wurde. Im Unterschied zum deutschen führt das englische Erbrecht jedoch meist dazu, dass der überlebende Ehegatte trotz vorhandener Abkömmlinge Alleinerbe wird.

Der gewichtigste systematische Unterschied zwischen dem deutschen und englischen Erbrecht besteht darin, dass das englische Recht keine

Universalsukzession, sondern ein System der gesonderten Nachlassabwicklung über den bzw. die *personal representative(s)* normiert, in dem alle am Nachlass Berechtigten *beneficiaries* sind, ungeachtet des konkreten Umfangs und der Qualität der jeweiligen Berechtigung.

Divergierend zum deutschen Recht kennt das englische Erbrecht keine dem Erbvertrag und gemeinschaftlichen Testament i.S.d. deutschen Rechts entsprechende Bindungswirkung letztwilliger Verfügungen. Die Vereinbarungen, die stattdessen möglich sind, lösen bei Zuwiderhandlung in der Regel nur Schadensersatzansprüche aus.

Schließlich ist hinsichtlich Heimtieren in der gesetzlichen Erbfolge darauf hinzuweisen, dass im englischen Recht stets ein überlebender Ehegatte diese erhält, während dies im deutschen Recht zwar oft, nicht aber immer der Fall ist.

## III. Inhalte letztwilliger Verfügungen – Tiertestamente

Sowohl der deutsche als auch der englische Erblasser können durch Verfügungen in ihren Testamenten das Ergebnis erzielen, dass der gesamte Nachlass, und damit auch etwaige Heimtiere, an eine einzige Person fallen. Während diese Situation hinsichtlich der Abwicklung im deutschen Recht keine Probleme bereithält, ist der englische Testierende gut beraten, den Alleinbegünstigten als *executor* zu benennen, um die sofortige Ansichnahme des Nachlasses zu ermöglichen. Dabei können die Testierer jeweils auch Ersatzregelungen treffen. Weiter ist es in beiden Rechtsordnungen möglich, die Einsetzung von der Bedingung abhängig zu machen, dass der Bedachte sich, wie vom Erblasser angeordnet, um das Heimtier kümmert.

Ebenso können beide Erblasser verfügen, dass ein Heimtier oder mehrere Heimtiere an einen bestimmten (Voraus-)Vermächtnisnehmer bzw. *beneficiary* fallen sollen, wobei wiederum Ersatzregelungen und Bedingungen möglich sind. Insbesondere besteht in beiden Rechtsordnungen die Möglichkeit, dem Bedachten neben dem Heimtier eine Geldsumme zuzuwenden und den Erhalt beider Zuwendungen wechselseitig aneinander zu koppeln, um so einen Anreiz für den Bedachten zu schaffen, das Heimtier trotz evtl. damit verbundener Bedingungen bzw. Auflagen zu erhalten. Im englischen Recht ist durch das System der Nachlassabwicklung der *personal representative*, auch wenn dieser zum Bedachten personenverschieden ist, bereits kraft seiner Stellung gehalten, die Zuwendung des Heimtiers wie angeordnet innerhalb eines Jahres zu vollziehen. Dagegen hat im deutschen Recht der (Voraus-)Vermächtnisnehmer zwar einen Anspruch auf Erfüllung des Vermächtnisses, diese kann sich mitunter aber schwierig gestalten. Im englischen Recht kann die Ernennung des Bedachten zum *executor*

Abhilfe schaffen, wenn dies nicht zugleich andere Ziele des Erblassers konterkariert. Im deutschen Recht stehen dem Testierer die Mittel der (postmortalen) Bevollmächtigung des (Voraus-)Vermächtnisnehmers und die Testamentsvollstreckung zur Verfügung, um Problemen bei der Erfüllung des (Voraus-)Vermächtnisses vorzubeugen.

Im englischen Recht besteht weiter die dem deutschen Recht fremde Option, einen *testamentary trust* einzurichten. Entweder in Form eines *charitable trust*, wenn der Erblasser „die Tiere" als solche bedenken will oder in Form eines *non charitable purpose trusts,* wenn der Erblasser die Versorgung eines konkreten Heimtiers bzw. bestimmter Heimtiere forciert. Das besondere hieran ist jeweils, dass es keiner begünstigten Person im Sinne eines Rechtssubjekts bedarf, wobei dennoch in beiden Varianten eine Person vorhanden ist, die berechtigt ist, die Vollziehung zu überwachen.

Zwar kennt das deutsche Recht die Rechtsfigur des Trusts nicht, ein zu den vorgenannten englischen Optionen ähnliches Ergebnis lässt sich aber auch mittels der Gestaltungsmittel erzielen, die das deutsche Erbrecht anbietet. Will der deutsche Erblasser „die Tiere" als solches bedenken, hat er mehrere alternative Gestaltungsmöglichkeiten zur Verfügung. Er kann z. B. ein Vermächtnis verfügen, und bereits über die Wahl des Vermächtnisnehmers eine entsprechende Verwendung des Vermächtnisgegenstands erreichen, z. B. indem er ein Tierheim oder eine Tierschutzorganisation als Vermächtnisnehmer einsetzt. Ein weiteres Beispiel wäre ein Vermächtnis zugunsten einer beliebigen Person (beispielsweise einem Verwandten) als Vermächtnisnehmer unter Beschwerung mit der Auflage, den Vermächtnisgegenstand entsprechend der Vorstellungen des Erblassers zu verwenden. In letzterem Fall handelte es sich um eine sog. unselbstständige Stiftung von Todes wegen. Will der deutsche Erblasser ein konkretes Heimtier bedenken, so steht ihm die Möglichkeit offen, einen Erben oder Vermächtnisnehmer durch Auflagen, Bedingungen und weitere Kontrollmittel dazu zu bringen, dass dieser sich um das Heimtier kümmert und in diesem Sinne mittelbar das Heimtier „begünstigt" ist. In beiden Varianten beinhalten die jeweiligen Gestaltungsmittel des deutschen Rechts im Unterschied zu den Gestaltungsmitteln des englischen Rechts nicht aus sich heraus eine Kontrollinstanz. Jedoch steht es dem Erblasser jeweils frei, z. B. durch die Anordnung eines Vor- und Nachvermächtnisses einen Vollziehungsberechtigten zu generieren. Der englische Erblasser muss bei der testamentarischen Ausgestaltung des konkreten *trust* darauf achten, einen die Unwirksamkeit des Trusts bedingenden Verstoß gegen die *rule against perpetuities* zu verhindern. Zwar existieren auch im deutschen Erbrecht Regelungen, die der *rule against perpetuities* ähneln, aufgrund der jeweiligen Ausnahmen führt die deutsche Variante faktisch jedoch zu einer deutlich geringeren Einschränkung des Testierenden.

## IV. Fazit

Zusammenfassend lässt sich festhalten: Trotz der nicht zu vernachlässigenden Unterschiede, die sich zum Teil systematisch konträr zum jeweils anderen Rechtssystem darstellen, weisen das deutsche und das englische (Erb-)Recht in den in dieser Arbeit untersuchten Teilen in weiten Teilen Gemeinsamkeiten auf. Sowohl das deutsche als auch das englische Erbrecht normieren eine Vielzahl unterschiedlicher Gestaltungsmittel, die dem Erblasser bei der Errichtung seiner letztwilligen Verfügung zur Verfügung stehen. Dabei enthält keine der beiden Rechtsordnungen ein Alleinstellungsmerkmal in dem Sinne, dass es der jeweils anderen Rechtsordnung mit ihren jeweiligen Gestaltungsmitteln nicht möglich wäre, jedenfalls das Ergebnis ähnlich abzubilden. Auch kann eine Vorzugswürdigkeit des englischen Rechts bzw. eines konkreten Gestaltungsmittels des englischen Rechts nicht aus einer vereinfachten Vollziehung oder einer besseren Kontrolle abgeleitet werden, insbesondere auch nicht im Hinblick auf die Lösungsstrategien, die das jeweilige Recht hinsichtlich der Problematik der Heimtiere bereithält. Zwar weist das englische Recht hier punktuell Vorteile im Vergleich zum entsprechenden deutschen Recht auf; mit diesen Vorteilen gehen zugleich jedoch auch Nachteile im Vergleich zum deutschen Recht einher, sodass sich sowohl die deutsche(n) als auch die englische(n) Lösungsstrategie(n) insofern in etwa die Waage halten.

# Kapitel 6: Reformvorschläge

Im Folgenden werden Reformvorschläge betreffend das Familien- und Erbrecht erörtert, die geeignet erscheinen, einzelne der im Rahmen dieser Untersuchung zutage getretenen Defizite des deutschen Rechts zu beseitigen bzw. zu dessen Optimierung an das bestehende Recht adäquat anzuknüpfen.

## A. Auseinandersetzung einer Eigentümergemeinschaft am Heimtier

Der erste Reformvorschlag betrifft die zwangsweise Auseinandersetzung einer Eigentümergemeinschaft an einem Heimtier.

### I. Rechtslage zwischen nichtehelichen Lebensgefährten

Innerhalb der Untersuchung des deutschen Familienrechts hat sich gezeigt, dass hinsichtlich der Ver- bzw. Zuteilung von Heimtieren anlässlich Trennung und Scheidung bei Ehegatten jedenfalls für im Miteigentum stehende Heimtiere eine Billigkeitsentscheidung statuiert ist, in die auch Gesichtspunkte des Tierwohls und affektive Interessen der Ehegatten einzustellen sind. Nichteheliche Lebensgefährten dagegen sind zur zwangsweisen Auseinandersetzung der zwischen ihnen bestehenden Miteigentümergemeinschaft am Heimtier auf die §§ 749 ff. BGB verwiesen, wonach im Regelfall der Lebensgefährte das Heimtier erhalten wird, der bei der (ggf. öffentlichen) Versteigerung des Tiers Meistbietender ist. Während Gesichtspunkte des Tierwohls dabei heute nach hier vertretener Auffassung jedenfalls teilweise über die verfassungskonforme Auslegung Beachtung finden, sind affektive Interessen de lege lata nach Ansicht der Autorin hierbei nicht berücksichtigungsfähig.

### II. Optimierungspotential

Jedoch stellt sich die Frage, ob dieser de lege lata Zustand nicht änderungsbedürftig oder wenigstens wünschenswerterweise zu optimieren ist. Zwar kann hinsichtlich zahlreicher rechtlich relevanter Sacherhalte eine Besserstellung der Ehe im Vergleich zur nichtehelichen Lebensgemeinschaft beobachtet werden, die jedenfalls z.T. durch Art. 6 Abs. 1 GG gerechtfertigt ist. Hinsichtlich dieser Besserstellung ist jedoch zu beobachten, dass sich das diesbezügliche gesamtgesellschaftliche Verständnis in den letzten Jahrzenten doch erheblich gewandelt hat. Während Mitte bis Ende des 20. Jahrhunderts nur die Ehe als „feste“

Lebenspartnerschaft zwischen zwei Menschen angesehen und akzeptiert wurde, wird heute mit der begrifflichen Unterscheidung zwischen Ehe und nichtehelicher Lebensgemeinschaft nicht mehr zugleich eine Unterscheidung zwischen „fester“ und „loser“ Partnerschaft getroffen. Insbesondere im Hinblick auf die Auseinandersetzung einer Miteigentümergemeinschaft an einem Heimtier scheinen die Interessenlagen – unabhängig davon, ob die Partner nun geheiratet haben oder nicht – (nahezu) identisch. Es wäre daher jedenfalls als sinnvolle Optimierung zu begreifen, wenn auch für die zwangsweise Aufhebung einer Miteigentümergemeinschaft von nichtehelichen Lebensgemeinschaften an einem Heimtier eine Billigkeitsentscheidung statuiert würde, um so einerseits einen Gleichlauf zum Modus Operandi bei Ehegatten und andererseits den notwendigen und sinnvollem Ermessensspielraum der Gerichte zu erzielen. Im Rahmen der Normierung dieser Billigkeitsentscheidung könnte vor allem das Tierwohl gestärkt werden, indem über eine ausdrückliche Erwähnung der Berücksichtigung desselben eine, im Vergleich zur Beachtung „nur“ im Rahmen der verfassungskonformen Auslegung, erhöhte Wahrnehmung bei den Rechtsanwendern generiert wird.

## III. Umsetzung durch Schaffung einer neuen Norm

Ein Rückgriff im Wege der Analogiebildung auf die für Ehegatten geschaffenen Normen, insbesondere § 1361 a BGB und § 1568 b BGB, ist dabei bereits aufgrund dessen, dass keine planwidrige Regelungslücke vorliegt, ausgeschlossen.[910] Denn der Gesetzgeber hat(te) sich bewusst dazu entschieden, den Interessen von nichtehelichen Lebensgefährten nicht den gleichen Schutz zukommen zu lassen wie denjenigen von Ehegatten.[911] Einer etwaigen Analogiebildung stehen jedoch auch Bedenken hinsichtlich Art. 14 Abs. 1 S. 2 GG entgegen.[912] Dem Gesetzgeber stünde es jedoch frei, im Hinblick auf die zwangsweise Aufhebung einer Eigentümergemeinschaft zwischen nichtehelichen Lebensgefährten an einem Heimtier nunmehr auch diesen einen erhöhten Schutz ihrer Interessen durch Normierung einer Billigkeitsregelung zukommen zu lassen. Damit setzte er insoweit auch die Rechtsentwicklung fort, nach der die Rechtsstellung nichtehelicher Lebensgefährten sich in den letzten Jahren und Jahrzenten stetig verbessert hat. Durch ein aktives Handeln des Gesetzgebers erübrigen sich zudem die Bedenken hinsichtlich Art. 14 Abs. 1 S. 2 GG.

910 Vgl. oben Kapitel 4-A-I-2.
911 Ebd.
912 Ebd.

## IV. Verortung der Norm

Wenn nun eine solche Regelung – angelehnt an § 1361 a Abs. 2 BGB bzw. § 1568 b Abs. 1 BGB und auch Art. 651 a ZGB – geschaffen wird, so könnte diese unabhängig von der Trennung von nichtehelichen Lebensgefährten allgemeingültig innerhalb der Regelungen verortet werden, die für die zwangsweise Aufhebung einer (beliebigen) Eigentümergemeinschaft an einem Heimtier gelten. Es böte sich etwa die Platzierung als § 753 a BGB an. Hierdurch würden einerseits auch die Einzelfälle abgedeckt, in denen eine Interessenlage zwischen (beliebigen) Miteigentümern besteht, die der „typischen" Interessenlage zwischen nichtehelichen Lebensgefährten als Miteigentümern gleicht. Andererseits würde die Regelung über die Verweisung des § 2042 Abs. 2 BGB dann auch für die zwangsweise Auseinandersetzung einer Erbengemeinschaft an einem Heimtier gelten.

## V. Geltung auch für Erbengemeinschaften

Die Geltung der zu normierenden Billigkeitsregelung zur zwangsweisen Aufhebung einer Eigentümergemeinschaft an einem Heimtier auch für Erbengemeinschaften wäre besonders zu begrüßen. Denn die Erben befinden sich, wenn die Gemeinschaft am Heimtier zwangsweise aufgehoben werden muss, in einer mindestens ebenso unbefriedigenden Lage wie nichteheliche Lebensgefährten.

Auch die zwangsweise Aufhebung einer Erbengemeinschaft erfolgt nämlich in der Regel via Teilung durch Verkauf gem. § 753 Abs. 1 S. 1 BGB, also durch öffentliche Versteigerung des Heimtiers.[913] Die Miterben, die keine affektiven Interessen am Heimtier haben, verfolgen mit der Auseinandersetzung in der Regel vorrangig finanzielle Interessen, sodass für diese Miterben die sich aus der analogen Anwendung des Gesetzes ergebende Vorgehensweise unproblematisch ist. Diese Lösung beeinträchtigt das Tierwohl auch allenfalls im Einzelfall,[914] sie lässt eine Berücksichtigung affektiver Interessen jedoch nicht zu. Der Miterbe, der das Heimtier aus affektiven Interessen heraus erhalten möchte, hat wiederum lediglich die Möglichkeit, das Tier als Meistbietender zu ersteigern.

Bei Miterben erscheint es – noch mehr als bei nichtehelichen Lebensgefährten – angezeigt, eine Möglichkeit der Berücksichtigung von affektiven Interessen der Miterben und anderen Billigkeitsgesichtspunkten zu schaffen. Denn während es nichtehelichen Lebensgefährten und sonstigen Miteigentümern freisteht, bei Eingehung der Gemeinschaft oder auch während deren Bestehens

913 Vgl. hierzu und zu Ausnahmefällen Kapitel 5-A-II-3-b.

914 Vgl. hierzu Kapitel 5-A-II-3-b-bb.

Regelungen über die Auseinandersetzung zu treffen, finden sich die Miterben „zwangsweise" durch die Verfügungen des Erblassers bzw. das gesetzliche Erbrecht in einer Gemeinschaft wieder und können auf die Gestaltung dieser und auf deren Auseinandersetzung nur begrenzt Einfluss nehmen.

## VI. Ausgestaltung der Norm

Bei Schaffung der neuen Norm ist zu beachten, dass das Tierwohl im Vergleich zu den affektiven Interessen der Eigentümer als vorrangig einzustufen ist.[915] Die neue Regelung sollte zudem im Vergleich zur derzeit vom Gesetz vorgesehenen Vorgehensweise mindestens das gleiche Schutzniveau hinsichtlich der Wahrung des Tierwohls aufweisen. Zugleich erscheinen die Affektionsinteressen auch nicht vorrangig gegenüber den finanziellen Interessen der (übrigen) Eigentümer; sodass auch diesbezüglich durch die neue Normierung keine Schlechterstellung erfolgen darf.

Diese Vorgaben vereinend, wird daher folgende Neuregelung vorgeschlagen: § 753 a BGB („Aufhebung der Gemeinschaft an Heimtieren"):

> *„(1) Jeder Teilhaber kann bei Aufhebung der Gemeinschaft verlangen, dass ihm die anderen Teilhaber ein gemeinschaftliches Heimtier zu Alleineigentum überlassen und übereignen, wenn dies aus Gründen des Tierwohls geboten ist oder aus anderen Gründen der Billigkeit entspricht.*
> *(2) Der Teilhaber, der das Heimtier nach Abs. 1 erlangt, hat an die übrigen Teilhaber entsprechend deren Anteilen eine angemessene Ausgleichszahlung zu leisten.*
> *(3) Heimtier im Sinne dieser Norm ist jedes unfrei lebende Tier, das, unabhängig vom Haltungsort spezielle Versorgung bzw. Betreuung durch die Eigentümer erfährt und weder zum Zwecke der Erwirtschaftung eines finanziellen Mehrwerts noch als Nahrungsquelle, sondern (zumindest in der Hauptsache) zum Zwecke der Befriedigung eines ideellen Interesses gehalten wird."*

Der Vorschlag lässt ausreichend Spielraum zur Berücksichtigung der Affektionsinteressen der Eigentümer, stellt jedoch sicher, dass die Entscheidung sich nicht zum Nachteil des Tierwohls auswirken darf. Denn entweder begründet sich der Anspruch darin, dass seine Erfüllung eine Besserstellung für das Heimtier im Hinblick auf dessen Wohl zur Folge hat oder aber das Tierwohl ist jedenfalls im Rahmen der Billigkeitsabwägung miteinzubeziehen, wobei ein Anspruch jedenfalls dann unbillig ist, wenn er mit einer (ansonsten nicht gegebenen) Beeinträchtigung des Tierwohls einhergeht. Durch die zwingende Ausgleichszahlung, die sich am Verkehrswert orientieren soll, werden die finanziellen Interessen der

915 Vgl. entsprechend zur Billigkeitsentscheidung bei Ehegatten Kapitel 4-A-II-3.

weiteren Eigentümer hinreichend berücksichtigt. Eine etwaige Schlechterstellung im Vergleich zur Möglichkeit der Erzielung eines über dem Verkehrswert liegenden Versteigerungserlöses ist hinzunehmen, da diese Möglichkeit rein hypothetisch ist und bei einer Versteigerung stets auch das Risiko besteht, dass das höchste Gebot hinter dem Verkehrswert zurückbleibt.

## B. Zuwendungen zugunsten „der Tiere"

Der zweite Reformvorschlag betrifft die Auslegung einer (insoweit unbestimmten) letztwilligen Verfügung zugunsten „der Tiere".

### I. Problemstellung

Hat der Erblasser verfügt, dass seine Erbschaft „den Tieren zugutekommen" solle, so ist diese Verfügung auslegungsbedürftig. Es kann darin die Erbeinsetzung einer Tierschutzorganisation gesehen werden. Nach Ansicht einiger Gerichte kann in einer solchen Verfügung aber auch die Anordnung einer Zweckauflage gesehen werden, die sich an den bzw. die (gesetzlichen) Erben richtet.[916]

Dies stellt für die potentiellen Erben einen erheblichen qualitativen Unterschied dar. In erstgenannter Variante erbte direkt die Tierschutzorganisation, die sich sodann auch um die Nachlassabwicklung kümmern müsste, wohingegen den gesetzlichen „Erben" in diesem Fall ggf. immerhin der Pflichtteilsanspruch verbliebe, vgl. § 2303 Abs. 1 BGB.

In zweitgenannter Variante wären die Erben lediglich „Mittel zum Zweck". Sie müssten sich ihrer Erbenstellung entsprechend um die Nachlassabwicklung kümmern, jedoch ohne, dass sie hieraus am Ende einen finanziellen Mehrwert erlangten. Selbstverständlich könnten die Erben das Erbe ausschlagen, und ggf. den Pflichtteilsanspruch geltend machen, vgl. §§ 2306 Abs. 1, 2, 1371 Abs. 3 BGB. Viele Laien sind sich der Systematik dieses Vorgehens und auch der kurzen Ausschlagungsfrist von sechs Wochen jedoch nicht bewusst.

### II. Abstrakt vorzugswürdige Auslegungsvariante

Nach hier vertretener Ansicht ist die Annahme einer an die (gesetzlichen) Erben gerichteten Zweckauflage fernliegender als die Erbeinsetzung einer Tierschutzorganisation. Zudem verhinderte die Auslegung dahingehend, dass die Erbeinsetzung einer Tierschutzorganisation gewollt war, die vorbeschriebene

916 BayObLG, NJW 1988, 2742; OLG Oldenburg, NJW-RR 1993, 581.

nachteilige „Abwickler-Erbenstellung“ und es verbliebe den „Erben“ ggf. die Möglichkeit der Geltendmachung des Pflichtteilsanspruchs. Es ist jedoch nicht die Auslegungsvariante vorzuziehen, die aus Sicht der potentiellen (gesetzlichen) Erben bzw. Pflichtteilsberechtigten vorzugswürdig ist, sondern diejenige, die dem mutmaßlichen Willen des Erblassers entspricht. Nicht in jedem Einzelfall kann jedoch sicher davon ausgegangen werden, dass nach dem mutmaßlichen Willen des Erblassers die Erbeinsetzung einer Tierschutzorganisation statt einer an die (gesetzlichen) Erben gerichteten Zweckauflage gewollt war, so dass es bei der eingangs beschriebenen Auslegungsunsicherheit verbleibt. Abhilfe könnte jedoch durch eine gesetzliche Auslegungsregelung geschaffen werden, die den Interessen der Beteiligten gerecht wird. Diese käme freilich nur dann zur Anwendung, wenn nicht im Einzelfall ein abweichender mutmaßlicher Erblasserwille festgestellt werden kann.

## III. Ausgestaltung der Norm

Als solche Auslegungsregelung für Zweifelsfälle wird folgender neuer Paragraph vorgeschlagen, der sich am bestehenden § 2072 BGB orientiert und als § 2072 a BGB („Die Tiere“) in das BGB eingefügt werden könnte:[917]

> *„Hat der Erblasser die Tiere ohne nähere Bestimmung bedacht, so ist im Zweifel anzunehmen, dass das Tierheim der Gemeinde, ersatzweise des Landkreises, in deren bzw. dessen Bezirk der Erblasser seinen letzten Wohnsitz hatte, unter der Auflage bedacht ist, das Zugewandte zur Förderung des Tierwohls einzusetzen. Im Zweifel ist dabei von einer Erbeinsetzung des Tierheims auszugehen. Sind mehrere Tierheime im Sinne des Satzes 1 vorhanden, so ist im Zweifel anzunehmen, dass sie zu gleichen Teilen bedacht sind.“*

Da Tierschutzorganisationen im Vergleich zu Tierheimen weniger gleichmäßig über das Bundesgebiet verteilt sind, erfolgt keine Anknüpfung an diese. Durch die offene Formulierung des Zwecks „Förderung des Tierwohls“ wird sichergestellt, dass das Tierheim bei der Verwendung nicht zu eingeengt ist und selbst entscheiden kann, ob etwa Futtermittel gekauft oder neue Zwinger angeschafft werden sollen. Zugleich soll der Handlungsspielraum des Tierheims derart begrenzt sein, dass das Zugewandte nicht zweckfremd, etwa für eine Betriebsfeier, verwendet werden darf.

---

917 Der Rechtsgedanke des § 2072 BGB, dass der Erblasser im Zweifel Zuwendungen zugunsten des eigenen letzten Wohnsitzes statt entfernterer Gemeinden gewollt habe, wurde von einem Landgericht auch bereits einmal in Bezug auf eine Zuwendung zugunsten der Tiere aufgegriffen, vgl. OLG Oldenburg, NJW-RR 1993, 581.

Die konkrete Auslegung geht gesetzlichen Auslegungsregelungen dennoch stets vor.[918] So bleibt es dem erkennenden Gericht weiter unbenommen, beim Vorliegen entsprechender Anhaltspunkte im Einzelfall zu dem Auslegungsergebnis zu gelangen, dass eine an die (gesetzlichen) Erben gerichtete Zweckauflage gewollt war.

## C. Zivilrechtlicher Status von Tieren de lege ferenda

Hinsichtlich der hier im Mittelpunkt stehenden Untersuchung des Familien- und Erbrechts sind zwar Defizite bzw. ist Optimierungspotential zutage getreten; diese bestehen jedoch unabhängig vom zivilrechtlichen Status des Tiers de lege lata und können auch de lege ferenda ohne Änderung desselben behoben bzw. genutzt werden. Eine in anderen Teilgebieten des Zivilrechts bereits heute bestehende oder sich künftig ergebende Notwendigkeit eines veränderten zivilrechtlichen Status von Tieren ist jedoch nicht auszuschließen. Daher soll zur Vervollständigung der bereits im Rahmen der vorläufigen Stellungnahme[919] geäußerten Gedanken zur möglichen Stellung von Tieren im Zivilrecht de lege ferenda im Folgenden eine eigene Idee überblickartig dargestellt werden.

### I. Rechtsobjekte mit Rechtsträgerschaft

Im Rahmen der Besprechung von bestehenden Ideen und Modellen eines veränderten Tierstatus de lege ferenda wurde bereits die Möglichkeit erörtert, innerhalb der Kategorie „Rechtsobjekte" eine neue Unterkategorie „Rechtsobjekte mit Rechtsträgerschaft" zu schaffen und (alle vielzelligen) Tiere dieser zuzuordnen. Diese neue Unterkategorie durchbricht die gewohnte Zweiteilung der Kategorien Rechtsobjekte und Rechtssubjekte. Dabei liegt die Besonderheit darin, dass es mittels dieser Durchbrechung möglich wird, dass Tieren durch die zugesprochene Rechtsträgerschaft Eigenrechte zuerkannt werden können, ohne dass diese hierdurch als Rechtssubjekte zu qualifizieren sind.

Da zunächst einmal alle (vielzelligen) Tiere als Rechtsobjekte mit Rechtsträgerschaft zu qualifizieren sind, ist (erst) bei der Zuerkennung der einzelnen Eigenrechte zwischen den einzelnen Tierarten zu differenzieren.[920] Weiter ist bei der Zuordnung der „in dubio pro animali"-Zweifelsgrundsatz zu beachten.[921]

918 MüKoBGB/*Leipold*, § 2072 Rn 1.

919 Vgl. diese vorläufige Stellungnahme unter Kapitel 3-B-II.

920 Vgl. hierzu Kapitel 3-B-II. Vgl. zu den möglichen Inhalten der einzelnen Recht Kapitel 3-B-I-3.

921 Vgl. hierzu ebd.

Hierdurch bleibt der Status der Tiere als Bezugsobjekte von Rechten Dritter bestehen; bei der Ausübung dieser sind jedoch die ggf. kollidierenden Eigenrechte der Tiere zu beachten.

Dabei ist klarzustellen, dass nach hier vertretener Auffassung viele der Tierwohlgesichtspunkte, die nach diesem Vorschlag de lege ferenda den Tieren positiv als Eigenrechte zuzuerkennen wären (z. B. Recht auf artgerechte Haltung) auf zivilrechtlicher Ebene bereits heute zu berücksichtigen sind. Über die zwangsweise Prüfung der analogen Anwendung von für Sachen geschaffenen Normen auf Tiere gem. § 90 a S. 3 BGB müssen diese ohnehin über Art. 20 a GG und die diesen konkretisierende Vorschriften beachtet werden. De lege lata enthalten diese Konkretisierungen bereits bestimmte tierwohlrelevante Umstände. Daraus ergeben sich (heute) zwar keine Eigenrechte von Tieren, wohl aber gesetzgeberische Imperative, die auch ohne synallagmatische Eigenrechte von Tieren zu beachten sind.

Um aber auch solche Aspekte zu erfassen, die künftig erstmalig über ein konkretes tierisches Eigenrecht in das Konsortium der zu berücksichtigenden Faktoren implementiert würden, böte sich an, § 90 a S. 3 BGB wie folgt abzuändern: *„Auf sie sind die für Sachen geltenden Vorschriften entsprechend anzuwenden, soweit nicht etwas anderes bestimmt ist oder im Einzelfall ein Recht des Tiers entgegensteht.“*[922] Im Umfang würde diese Gesetzesänderung lediglich leicht erweiternd wirken. Ein Unterschied ergäbe sich auch für die heute bereits zu beachtenden Umstände des Tierwohls freilich dennoch, da die vergleichsweise bessere Durchsetzbarkeit zu einer faktischen Mehrbeachtung führen dürfte. Weiter würde die vorgeschlagene Gesetzesänderung zusätzlich nochmals ein klares gesetzgeberisches Bekenntnis zum Pathozentrismus und damit ebenfalls zu dem in dieser Arbeit vertretenen Vorgehen bei der vorgenannten Prüfung darstellen. Dies ist ebenso von Bedeutung, da die bereits heute vom Gesetzgeber festgeschriebene Prüfung, ob und ggf. mit welchen zwingenden Modifikationen die für Sachen geschaffene Normen auf Tiere angewandt werden können, so (noch) mehr ins Bewusstsein der Rechtsanwender gerückt würde.

## II. Interessenabwägung im Einzelfall und Durchsetzung

Soweit es de lege ferenda bei der Prüfung der entsprechenden Anwendung einer Norm auf Tiere zu einer Kollision von menschlichen und tierischen Interessen kommt, ist im Rahmen der Einzelfallprüfung eine umfassende

922 Alternativer Vorschlag zur Neuformulierung des § 90 a BGB: *Arning*, S. 59.

Interessenabwägung vorzunehmen. Dabei sind die jeweiligen Interessen unter Berücksichtigung aller Umstände, etwa abstrakter Wichtigkeit des Rechts, konkretem Eingriff in das Recht bzw. konkreter Beschränkung des Rechts, Grad der Nachteilhaftigkeit der Folgen der angestrebten Entscheidung etc. miteinander möglichst schonend in Einklang zu bringen. Dabei sind die Tierrechte hinsichtlich ihres Inhalts auch einzelfallbezogen zu würdigen. So kann etwa bei einem Nutztier das Recht auf Freisein von psychischen Leiden bedeuten, dass die zu frühe Trennung von Jung- und Muttertier rechtswidrig ist, während bei einem Heimtier das Recht auf Freisein von psychischen Leiden impliziert, dem Heimtier möglichst wenige Besitzerwechsel zuzumuten.[923] Im Sinne des Art. 1 Abs. 1 GG, dessen übergeordneter Rang durch die Ewigkeitsgarantie gem. Art. 79 Abs. 3 GG zusätzlich gestärkt und betont wird, genießt dabei – sofern keine anderen, die Gewichtung zu Gunsten einer Seite entscheidend beeinflussenden Faktoren gegeben sind – das menschliche Interesse bzw. Recht den Vorzug.[924]

Zur Durchsetzung gelangen die Tierrechte via Prozessstandschaft(er), wobei der Kreis der möglichen Prozessstandschafter auf anerkannte Tierschutzorganisationen und den bzw. die jeweiligen Eigentümer des Tiers beschränkt ist.[925]

---

923 Im Rahmen der konkreten Einzelfallabwägung sind diese Faktoren meines Erachtens systematisch sinnvoller einzubeziehen als im Rahmen der Frage, welchen Tierarten welche Rechte zukommen sollen. Letzteres wird von einigen Autoren zwar verfolgt, die meisten räumen aber unmittelbar selbst ein, dass eine Abgrenzung nach der Nutzung der Tiere schwierig ist und dass viele Tierarten nicht (nur) einer Nutzungsart zugeordnet werden können. So werden Schweine sicherlich weit überwiegend als Nutztiere gehalten; es gibt aber eben auch einzelne Exemplare, die als Hausschweine lediglich aus Liebhaberei gehalten werden.

924 Ähnlich auch Einschätzung des BVerfG, nach der jedenfalls Leben und Gesundheit des Menschen im Vergleich zu dem Schutz, den Art. 20 a GG den Tieren gewährt als höherrangig zu bewerten ist, vgl. BVerfGE 110, 141 (166); *Jarass*/Pieroth, Art. 20 a Rn 25.

925 Dabei wird der Eigentümer von der Möglichkeit die Rechte seines Tiers im Wege der Prozessstandschaft durchzusetzen jedoch selten Gebrauch machen (müssen), da bei einer Rechtsverletzung der Tierrechte zumeist auch Rechte des Eigentümers an diesem Tier verletzt sein dürften.

# Kapitel 7: Schluss

Zu Beginn dieser Arbeit wurde als ihr Ziel definiert, das deutsche Familien- und Erbrecht auf den Umgang mit Heimtieren zu untersuchen. Insbesondere sollte dabei eruiert werden, ob die Rechtslage de lege lata zu als angemessen zu beurteilenden Ergebnissen führt. Bei Negation sollten Alternativlösungen untersucht bzw. erarbeitet werden.

Zunächst wurden angesichts der divergierenden Verwendung der Begriffe Haustier, Heimtier, Nutztier etc. in der deutschen Rechtssprache, als für diese Arbeit verbindliche Definitionen folgende festgelegt: Ein Heimtier ist ein unfrei lebendes Tier, das, unabhängig davon, ob es im Haushalt (also in der Wohnung) des Besitzers oder z. B. auf einer Weide lebt, spezielle Versorgung bzw. Betreuung durch den Besitzer erfährt und weder zum Zwecke der Erwirtschaftung eines finanziellen Mehrwerts noch als Nahrungsquelle (für den Menschen oder für andere Tiere), sondern (zumindest in der Hauptsache) zum Zwecke der Befriedigung eines ideellen Interesses, z. B. der Verwirklichung eines Hobbys, als Gefährte oder aus Liebhaberei gehalten wird. Dabei zählt zu vorgenannten ideellen Interessen auch die Förderung der eigenen Gesundheit bzw. die Erleichterung des eigenen Alltags. Konträr zum Begriff des Heimtiers sind Nutztiere unfrei lebende Tiere, die unabhängig vom Unterbringungsort spezielle Versorgung bzw. Betreuung durch den Besitzer erfahren, und (zumindest in der Hauptsache) zum Zwecke der Erwirtschaftung eines finanziellen Mehrwerts oder als Nahrungsquelle (für den Menschen oder für andere Tiere) gehal ten werden. Der für diese Arbeit weitere zentrale Begriff des Tierwohls wurde bestimmt als: das Freisein von physischen und psychischen Beeinträchtigungen sowie die artgemäße und verhaltensgerechte Haltung. Innerhalb der jeweiligen Einzelfallabwägung betreffend das Tierwohl können die Kriterien der Haltereignung, Förderung, Bindungen und Kontinuität herangezogen werden.

Die sich anschließende Untersuchung hat insbesondere zu folgenden Erkenntnissen geführt:

1. Die in Art. 20 a GG verankerte Staatszielbestimmung ist als pathozentrisch zu qualifizieren. Infolgedessen haben u.a. Gerichte als Adressaten bereits heute bei Abwägungsentscheidungen und der Auslegung unbestimmter Rechtsbegriffe auch „tierische Interessen" zu beachten und danach etwa der tierschützenderen von mehreren ansonsten gleichwertigen Auslegungsvarianten den Vorzug zu gewähren. Der Gesetzgeber hat dabei die zu berücksichtigenden

Gesichtspunkte betreffend das Tierwohl v.a. im TierSchG und in der TierSchHuV weiter konkretisiert.

2. Aus § 90 a S. 3 BGB folgt, dass bei jeder Anwendung von für Sachen geltenden Normen auf (Heim-)Tiere zu prüfen ist, ob diese (vollumfänglich) möglich ist oder ob nicht der jeweilige Normtelos oder die Berücksichtigung von Gesichtspunkten des Tierwohls Modifikationen oder gar die Unanwendbarkeit der Norm auf (Heim-)Tiere bedingen.

3. § 90 a BGB hat (Heim-)Tiere nicht in den Status von Rechtssubjekten erhoben. Sie sind (weiterhin) Rechtsobjekte, wobei sie neben den Sachen eine neue, besonders geschützte Unterkategorie der körperlichen Gegenstände bilden.

4. Im Familienrecht besteht sowohl für Ehegatten, als auch für nichteheliche Lebensgefährten weitestgehend Vertragsfreiheit, sodass es diesen unbenommen ist, einvernehmlich Regelungen zum Eigentum und Besitz am Heimtier und etwaigen Umgangsrechten und Unterhaltszahlungen zu vereinbaren. Neben den sonstigen allgemein einzuhaltenden gesetzlichen Vorgaben darf dabei insbesondere nicht gegen das TierSchG und ggf. die TierSchHuV verstoßen werden.

5. Bei der Trennung nichtehelicher Lebensgefährten sind diese mangels Spezialnormen auf das allgemeine Sachen- und Schuldrecht verwiesen. Können sich die Partner bzgl. eines im Miteigentum stehenden Heimtiers nicht einigen, ist die Gemeinschaft gem. den §§ 749 ff. BGB zwangsweise aufzuheben. Bei der analogen Anwendung des § 753 Abs. 1 BGB auf Heimtiere sind in jedem Einzelfall Tierwohlgesichtspunkte zu beachten. So kann sich etwa die Unstatthaftigkeit der Veräußerung an Dritte mit der Rechtsfolge der Versteigerung unter den nichtehelichen Lebensgefährten dadurch ergeben, dass das Tierwohl bei der Veräußerung an Dritte durch den Verlust der Bezugsperson(en) vergleichsweise mehr beeinträchtigt würde, als bei einer Zuweisung an einen der Lebensgefährten. In jedem Fall ist – ohne dass dabei de lege lata affektive Interessen berücksichtigungsfähig wären – der Partner, der das Heimtier erhalten will, darauf angewiesen, Meistbietender zu sein.

6. Bei der Trennung von Ehegatten findet § 1361 a BGB analog auch auf Heimtiere Anwendung, wobei solche Heimtiere, die von einem Ehegatten allein (vorwiegend) zur Förderung dessen Gesundheit bzw. Alltagserleichterung gehalten werden, nicht in den Anwendungsbereich fallen. Ein Anspruch gem. § 1361 a Abs. 1 S. 2 BGB kann bzgl. Heimtieren nicht bestehen, da ein solcher ein „Benötigen“ des Tiers voraussetzt, Heimtiere aber grundsätzlich zur Führung eines Haushalts nicht in diesem Sinne benötigt werden. Folglich kann eine gerichtliche Zuweisungsentscheidung hinsichtlich der Nutzungsmöglichkeit (nicht des Eigentums) nur für solche Heimtiere erfolgen, die im gemeinsamen Eigentum der Ehegatten stehen. Bei dieser sich nach § 1361 a Abs. 2 BGB

richtenden Billigkeitsentscheidung ist aufgrund des Einflusses von Art. 20 a GG (zumeist sogar vorrangig) das Tierwohl zu berücksichtigen. Der Einfluss der möglichen Zuweisungsentscheidungen auf das Tierwohl lässt sich insbesondere anhand folgender Kriterien beurteilen: Haltereignung (z. B. artgerechte Haltung und Versorgung des Tiers), Förderung, Bindungen und Kontinuität (Beibehalten der für das Tier gewohnten Umgebung und (Haupt-)Bezugsperson). Danach wäre eine Zuweisung an einen Ehegatten, der die Grundbedürfnisse des Tiers nicht erfüllen kann, während der andere Ehegatte hierzu in der Lage ist, ausgeschlossen. Häufig werden jedoch beide Ehegatten die vorgenannte „Grundversorgung" leisten können, sodass das Heimtier dann zum Zwecke der Aufrechterhaltung der Kontinuität bei dem Ehegatten verbleibt, der es seit der Trennung in Besitz hatte. In der Praxis dürfte also häufig der „Kontinuitätsgrundsatz" dominieren. Nur nachrangig können in die Einzelfallabwägung auch affektive Interessen der Ehegatten eingestellt werden, nämlich dort, wo beide Zuweisungsvarianten das Tierwohl in ähnlicher Intensität bzw. Qualität wahren.

7. Bei Scheidung von Ehegatten ist § 1568 b BGB analog auf Heimtiere anzuwenden, wobei der Anwendungsbereich kraft Wortlauts auf Heimtiere im gemeinsamen Eigentum beider Ehegatten beschränkt ist. Die im Rahmen der Zuweisungsentscheidung hinsichtlich des Eigentums am Heimtier nach § 1568 b Abs. 1 BGB zu berücksichtigenden Billigkeitskriterien entsprechen denjenigen im Rahmen des § 1361 a Abs. 2 BGB, ebenso stimmt der Umfang der jeweils erfassten Heimtiere überein.

8. Dieselben Billigkeitskriterien sind auch im Rahmen des Anspruchs nach § 1383 BGB zu berücksichtigen. Daraus kann sich im Einzelfall im Rahmen des Zugewinnausgleichs ein Anspruch des Gläubiger-Ehegatten auf Zuweisung eines Heimtiers ergeben. Aufgrund der Vorrangigkeit von §§ 1361 a, 1568 b BGB fallen nur solche Heimtiere in den Anwendungsbereich des § 1383 BGB, die im Alleineigentum des Schuldner-Ehegatten stehen. Angesichts der Möglichkeit der Übertragung von Alleineigentum und der damit einhergehenden „Enteignung" des Schuldners, werden die hohen Hürden des Maßstabs der groben Unbilligkeit als angemessen beurteilt.

9. Ein „Sorgerecht" für Heimtiere existiert de lege lata nicht.

10. Eine Art „Umgangsrecht" lässt sich im Einzelfall bei Ehegatten für die Zeit zwischen Trennung und Scheidung für solche Heimtiere, die analog § 1361 a BGB als Haushaltsgegenstände zu qualifizieren sind, aus § 1353 BGB herleiten. Selbst wenn diese Option ausnahmsweise gegeben ist, entfaltet sie jedoch keinen praktischen Nutzen, da die Möglichkeit besteht, diesem Anspruch mit jenem aus § 1361 a BGB entgegenzutreten, wobei sodann die Entscheidung nach § 1361 a BGB zum Entfall des Mitbesitzrechts aus § 1353 BGB führt.

11. Sowohl Ehegatten, die trotz Scheidung weiterhin Miteigentümer eines Heimtiers sind, als auch sonstige Miteigentümer (z. B. nichteheliche Lebensgefährten) haben außerdem Anspruch auf ein „Umgangsrecht" in Form einer Benutzungsregelung nach §§ 743 Abs. 2, 745 Abs. 2 BGB analog. Diese wird jedoch nur in den Ausnahmefällen zulässig sein, in denen die zur Entscheidung vorgelegte Regelung sowohl mit dem Tierwohl als auch mit den Vorgaben des § 745 Abs. 3 S. 2 BGB vereinbar ist.

12. Ein spezieller „Heimtierunterhaltsanspruch" existiert nicht. Beim Ehegattenunterhalt in Form des Familienunterhalts können die Kosten im Zusammenhang mit der Anschaffung und Haltung von Heimtieren im Einzelfall enthalten sein, wenn sie unter den familienangemessenen Bedarf zu subsumieren sind. Beim übrigen Ehegattenunterhalt – gleich ob beim Trennungs- oder nachehelichen Unterhalt – gilt: Wird der Bedarf quotenmäßig ermittelt, sind damit etwaige Kosten der Heimtierhaltung bereits abgegolten. Wird der Bedarf im Einzelfall nicht per Quote, sondern anhand der konkret vorzutragenden berücksichtigungsfähigen Ausgaben ermittelt, so können die Kosten der Heimtierhaltung dann vorgebracht werden, wenn sie als eheprägend zu qualifizieren sind, was insbesondere dann der Fall ist, wenn die Heimtierhaltung in der Ehe begonnen wurde. Eine alternative Berücksichtigung im Rahmen von Mehr- bzw. Sonderbedarf ist nur in Ausnahmefällen denkbar.

13. Beim Kindesunterhalt sind im Regelbedarf, wenn er in Form eines Tabellensatzes ermittelt wird, (nur) die Kosten der Anschaffung eines Pferdes bzw. Ponys bereits berücksichtigt. Die Kosten der Anschaffung eines sonstigen Heimtiers könnten der Art nach zwar im Wege des Sonderbedarfs geltend gemacht werden, dies dürfte jedoch in der Regel an der Notwendigkeit der Kosten scheitern. Die Kosten der Heimtierhaltung können im Wege des Mehrbedarfs zusätzlich zum Regelbedarf geltend gemacht werden, wenn eine sachliche Begründetheit für die Heimtierhaltung besteht oder die Eltern bzw. der Unterhaltsschuldner die Haltung z. B. durch Schenkung des Heimtiers, verursacht hat.

14. Das englische, schweizerische und deutsche Recht verhalten sich ähnlich bzgl. Problemen im Zusammenhang mit Heimtieren bei Trennung und Scheidung. Im schweizerischen Recht ist bei der Ver- bzw. Zuteilung von (nur gemeinsamen) Heimtieren bei Scheidung jedoch der Tierschutz bzw. das Tierwohl das einzige zu berücksichtigende Kriterium, während das Tierwohl im deutschen Recht neben weiteren Ermessensgesichtspunkten heranzuziehen ist. Im englischen Familienrecht ist die Ver- bzw. Zuteilung von Heimtieren bei Scheidung vergleichsweise liberaler geregelt. Unabhängig von den Eigentumsverhältnissen steht sie frei im Ermessen des Gerichts, wobei alle Einzelfallumstände, auch Kriterien des Tierwohls, zu berücksichtigen sind. Im spanischen Recht besteht die

Besonderheit, dass das Gericht anlässlich der Scheidung und unabhängig von den Eigentumsverhältnissen ein (geteiltes) Sorgerecht der Eheleute am bzw. für das Heimtier statuieren kann.

15. (Heim-)Tiere können aufgrund ihrer Stellung als Rechtsobjekte weder Erblasser noch Erben oder Vermächtnisnehmer sein. Vielmehr sind (Heim-) Tiere Teil des Nachlasses ihres Eigentümers.

16. Heimtiere, die nicht vom Erblasser allein bzw. vorwiegend zur Förderung dessen Gesundheit bzw. zu dessen Alltagserleichterung gehalten wurden, sind analog als Haushaltsgegenstände i.S.d. § 1932 Abs. 1 BGB zu qualifizieren. In den Fällen des § 1932 Abs. 1 S. 1 BGB fallen Heimtiere im Nachlass im Rahmen der gesetzlichen Erbfolge dem überlebenden Ehegatten zu. Im Rahmen des § 1932 Abs. 1 S. 2 BGB kann es im Einzelfall zu einem abweichenden Ergebnis kommen.

17. Steht das Heimtier nach dem Erbfall im Eigentum einer Erbengemeinschaft, ist die betreffende Versorgung des Heimtiers als erhaltensnotwendige Verwaltung i.S.d. § 2038 Abs. 1 S. 2 Hs. 2 BGB zu qualifizieren. Entsprechend ist jeder Miterbe berechtigt und bei Kenntnis verpflichtet, das Heimtier zu versorgen; die Kosten sind nach Erbanteilen unter den Miterben zu teilen. Kommt es mangels Einigung der Erbengemeinschaft hinsichtlich der Auseinandersetzung des Gesamthandseigentums am Heimtier zur zwangsweisen Auseinandersetzung, ist zu beachten, dass ein einzelnes Heimtier in der Regel unteilbar i.S.d. § 752 BGB ist, wohingegen Mehrheiten von Heimtieren in diesem Sinne teilbar sein können. Bei Unteilbarkeit ist das betroffene Heimtier bzw. sind die betroffenen Heimtiere (öffentlich) zu versteigern und der Erlös ist entsprechend den Erbquoten zu teilen.

18. In einer letztwilligen Verfügung kann der Erblasser in gleicher, vielfältiger Weise wie über seine Sachen auch über seine Heimtiere verfügen. Im Hinblick auf das besondere Ziel der postmortalen Versorgung des Heimtiers ist neben der Frage, wer das Heimtier z. B. im Wege eines Vermächtnisses grundsätzlich erhalten soll, besonders relevant, wie sichergestellt werden kann, dass der Bedachte das zugewandte Heimtier tatsächlich auch annimmt und sich weiter um dieses kümmert. Als besonders wirksame Kombination der verschiedenen Gestaltungsmittel ist folgende festzuhalten: Eine vertrauenswürdige Person erhält im Wege des Vermächtnisses das Heimtier und (in Bestand und Wirksamkeit hiervon abhängig) einen hinreichend reizvollen Geldbetrag zugewandt. Die Zuwendung erfolgt unter Fristsetzung zur Annahme und Bevollmächtigung des Vermächtnisnehmers zur Erfüllung des Vermächtnisses an sich selbst (wahlweise unter Anordnung einer entsprechenden auf die Erfüllung des Vermächtnisses beschränkten Testamentsvollstreckung). Auflagen betreffend die Details

der Versorgung des Heimtiers werden angeordnet. Deren Nichteinhaltung wird (ebenso wie der Tod des Vermächtnisnehmers) zugleich zur auflösenden Bedingung der Vermächtnisse gemacht, sodass es sich in der Sache um ein Vor-/Nachvermächtnis handelt. Der Nachvermächtnisnehmer wird bestimmt und in gleicher Weise mit Auflagen bedacht. Die Einhaltung der Auflage wird von einem Testamentsvollstrecker überwacht, der eigens für diese Aufgabe eingesetzt und benannt wird.

19. Auch im englischen Recht können Heimtiere weder Erblasser noch *beneficiaries* sein; sie gehören auch hier zum Nachlass des Eigentümers. Das englische Erbrecht weist die vorzugswürdige Folge auf, dass im Rahmen der gesetzlichen Erbfolge immer ein überlebender Ehegatte die im Nachlass vorhandenen Heimtiere erhält. Errichtet der englische Erblasser eine letztwillige Verfügung, hat auch er dabei mannigfaltige Gestaltungsmöglichkeiten, die den deutschen ähneln. Zusätzlich hat er die im deutschen Recht nicht deckungsgleich bestehende Möglichkeit, einen *testamentary trust* zu verfügen. Hierbei bestehen Gestaltungsmöglichkeiten, durch die einem Heimtier – ohne dass dieses der *beneficiary* ist! – die Vorteile aus dem Trust zufließen. Obgleich das deutsche Recht die Rechtsfigur des Trusts nicht kennt, lässt sich ein ähnliches Ergebnis aber auch im deutschen Recht erreichen. Im Ergebnis fordert die rechtsvergleichende Untersuchung mangels entsprechender Vorzugswürdigkeit nicht die Implementierung eines englischen Gestaltungsmittels ins deutsche Recht.

20. Dennoch hat die Untersuchung des Familien- und Erbrechts Defizite bzw. Optimierungspotential offenbart. Entsprechend wurden zwei Reformvorschläge unterbreitet.

Der erste Vorschlag betrifft die zwangsweise Aufhebung einer Eigentümergemeinschaft an einem Heimtier, die künftig durch eine Billigkeitsentscheidung herbeigeführt werden soll. Die als § 753 a BGB („Aufhebung der Gemeinschaft an Heimtieren") vorgeschlagene Norm lautet:

> *„(1) Jeder Teilhaber kann bei Aufhebung der Gemeinschaft verlangen, dass ihm die anderen Teilhaber ein gemeinschaftliches Heimtier zu Alleineigentum überlassen und übereignen, wenn dies aus Gründen des Tierwohls geboten ist oder aus anderen Gründen der Billigkeit entspricht.*
> *(2) Der Teilhaber, der das Heimtier nach Abs. 1 erlangt, hat an die übrigen Teilhaber entsprechend deren Anteilen eine angemessene Ausgleichszahlung zu leisten.*
> *(3) Heimtier im Sinne dieser Norm ist jedes unfrei lebende Tier, das, unabhängig vom Haltungsort spezielle Versorgung bzw. Betreuung durch die Eigentümer erfährt und weder zum Zwecke der Erwirtschaftung eines finanziellen Mehrwerts noch als Nahrungsquelle, sondern (zumindest in der Hauptsache) zum Zwecke der Befriedigung eines ideellen Interesses gehalten wird."*

Zweiter Reformvorschlag ist eine Auslegungsregelung für den Fall, dass der Erblasser unkonkret „die Tiere" bedacht hat. Sie ist der bestehenden Auslegungsregelung des § 2072 BGB nachempfunden und könnte als § 2072 a BGB („Die Tiere") in das BGB eingefügt werden. Sie lautet:

*„Hat der Erblasser die Tiere ohne nähere Bestimmung bedacht, so ist im Zweifel anzunehmen, dass das Tierheim der Gemeinde, ersatzweise des Landkreises, in deren bzw. dessen Bezirk der Erblasser seinen letzten Wohnsitz hatte, unter der Auflage bedacht ist, das Zugewandte zur Förderung des Tierwohls einzusetzen. Im Zweifel ist dabei von einer Erbeinsetzung des Tierheims auszugehen. Sind mehrere Tierheime im Sinne des Satzes 1 vorhanden, so ist im Zweifel anzunehmen, dass sie zu gleichen Teilen bedacht sind."*

# Literaturverzeichnis


*Aden, Menno,* Rechtsfähigkeit des Konzerns – zur funktionsbezogenen Rechtsfähigkeit –, DZWIR 2011, 89–92

*Adomeit, Klaus / Frühbeck Olmedo, Federico / Frühbeck Olmedo, Fernando / Frühbeck Olmedo, Guillermo,* Einführung in das spanische Recht, 4. Auflage, München 2018

*Albrecht, Achim / Stuhldreier, Marc,* Tierprozesse, Bankrotte und andere Seltsamkeiten – ein Blick in eine spezielle Rechtskultur des Mittelalters, ZInsO 2013, 2513–2526

*Arning, Jan,* Eigenrechte für Tiere – Tierschutz de lege ferenda?: Mehr Tierschutz durch ein Rechtekonzept für Tiere?, Göttingen 2008

*Ausness, Richard C.,* Non-Charitable Purpose Trusts: Past, Present, and Future, Law Faculty Scholarly Articles 2016, 321–372

*Bahn, Theresa,* Tierrechte in Österreich: Stellung, Schutz und Wohl des Tiers de lege lata und de lege ferenda im österreichischen Rechtssystem, insbesondere im Zivilrecht, Linz 2019

*Balluch, Martin,* Der Hund und sein Philosoph: Plädoyer für Autonomie und Tierrechte, Wien 2014

*Bar von, Christian,* Das Sachenrecht von Trust, Treuhandfonds und Treuhand: Englisches Recht in einem zivilrechtlichen Umfeld?, EuZW 2018, 925–932

*Beger-Oelschlegel,* Anmerkung zu OLG Brandenburg, Beschluss v. 02.09.2013 – 13 UF 136/12, FamFR 2013, 485

*Bergmann, Alexander (Hrsg.) / Ferid, Murad (Hrsg.) / Henrich, Dieter (Hrsg.),* Internationales Ehe- und Kindschaftsrecht: mit Staatsangehörigkeitsrecht, Band XXIII: Vereinigte Staaten – Zypern, 248. Ergänzungslieferung, Frankfurt am Main 2022

*Bernstorff, Christoph Graf von,* Einführung in das englische Recht, 5. Auflage, München 2018

*Beyer, Gerry W.,* Pet Animals: What Happens When Their Humans Die?, Santa Clara Law Review Vol. 40 No. 3 2000, 617–676

*Bieritz-Harder, Renate (Hrsg.) / Conradis, Wolfgang (Hrsg.) / Thie, Stephan (Hrsg.),* Sozialgesetzbuch XII: Sozialhilfe, 12. Auflage, Baden-Baden 2020

*Blake, Susan M.,* Law of marriage, Chichester 1982

*Blumenwitz, Dieter,* Einführung in das anglo-amerikanische Recht: Rechtsquellenlehre, Methode der Rechtsfindung, Arbeiten mit praktischen Rechtsfällen, 7. Auflage, München 2003

*Bond, Tina / Black, Jill M. / Bridge, A. Jane,* Family law, 15. Auflage, Oxford 2009

*Born, Winfried / Heiß, Beate,* Unterhaltsrecht: Ein Handbuch für die Praxis, 62. Ergänzungslieferung, München 2023

*Borth, Helmut,* Anmerkung zu BGH, Beschluss v. 16.09.2020 – XII ZB 499/19, FamRZ 2021, 28–33

*Braun, Susanne,* Tierschutz in der Verfassung – und was nun? Die Bedeutung des neuen Art. 20 a GG, DÖV 2003, 488–493

*Bridge, Michael G.,* Personal Property Law, 2. Auflage, London 1996

*Brox, Hans (Begr.) / Walker, Wolf-Dietrich (Hrsg.),* Erbrecht, 29. Auflage, München 2021

*Brudermüller, Gerd,* Regelung der Nutzungs- und Rechtsverhältnisse an Ehewohnung und Hausrat: Eine Übersicht anhand der Rechtsprechung der letzten zehn Jahre (Teil 1), FamRZ 1999, 129–139

*Brudermüller, Gerd / Götz, Isabell,* Die „Rechtsnachfolger" der Hausratsverordnung: Darstellung der Neuregelungen in §§ 1568 a, 1568 b BGB und in §§ 200 bis 209 FamFG, FamRZ 2009, 1261–1268

*Brudermüller, Gerd / Götz, Isabell,* Nutzungs- und Rechtsverhältnisse an Ehewohnung und Haushaltsgegenständen, Verfahren nach dem GewSchG: Rechtsprechungsübersicht seit Ende 2008, FamRZ 2011, 1840–1845

*Brudermüller, Gerd / Götz, Isabell,* Nutzungs- und Rechtsverhältnisse an Ehewohnung und Haushaltsgegenständen, Verfahren nach dem GewSchG: Rechtsprechungsübersicht seit Ende 2011, FamRZ 2015, 177–185

*Brüninghaus, Birgit,* Die Stellung des Tiers im Bürgerlichen Gesetzbuch, Berlin 1993

*Burnham, William,* Introduction to the law and legal system of the United States, 6. Auflage, St. Paul / Minn. 2016

*Caspar, Johannes,* Tierschutz im Recht der modernen Industriegesellschaft: Eine rechtliche Neukonstruktion auf philosophischer und historischer Grundlage, Baden-Baden 1999

*Caspar, Johannes,* Tierschutz in die Verfassung?: Gründe, Gegengründe und Perspektiven für einen Art. 20 b GG, ZRP 1998, 441–446

*Corr, Sandra / Sandøe, Peter / Palmer, Clare,* Companion Animal Ethics, Wheathampstead 2016

*Cretney, Stephen (Begr.),* Principles of family law, 8. Auflage, London 2008

*Crown, Barry,* Private purpose trusts and the rule against perpetuities, Singapore Journal of Legal Studies 2009, 646–660

*Dethloff, Nina,* Familienrecht, 33. Auflage, München 2022

*Deutsch, Andreas / König, Peter,* Das Tier in der Rechtsgeschichte, Heidelberg 2017

*Dietz, Andreas,* Tiere als Pfandobjekt – zu den Auswirkungen des Art. 20 a GG n. F., DGVZ 2003, 81–83

*Döbereiner, Christoph (Hrsg.) / Falkner, Melanie (Hrsg.) / Krätzschel, Holger (Hrsg.),* Nachlassrecht, 12. Auflage, München 2022

*Dombek, Bernhard (Hrsg.) / Kroiß, Ludwig, (Hrsg.),* FormularBibliothek Vertragsgestaltung, 4. Auflage, Baden-Baden 2022

*Donaldson, Sue / Kymlicka, Will / Schulte, Joachim (Übersetzer),* Zoopolis: Eine politische Theorie der Tierrechte, Berlin 2013

*Dose, Hans-Joachim (Hrsg.) / Staudigl, Siegfried (Begr.) / Wendl, Philipp (Begr.),* Das Unterhaltsrecht in der familienrichterlichen Praxis, 10. Auflage, München 2019

*Douglas, Gillian / Lowe, Nigel,* Bromley's Family Law, 11. Auflage, Oxford 2015

*Dreier, Horst (Hrsg.),* Grundgesetz: Kommentar, Band 2, Artikel 20–82, 3. Auflage, Tübingen 2015

*Dürig, Günter (Begr.) / Herzog, Roman (ehem. Hrsg.) / Scholz, Rupert (Hrsg.),* Grundgesetz: Kommentar, 99. Ergänzungslieferung, München 2022

*Dyrchs, Barbara,* Der Hund und sein Richter: Handbuch des Hunderechts, Berlin 2019

*Erman, Walter Alexander (Begr.) / Grunewald, Barbara (Hrsg.) / Maier-Reimer, Georg (Hrsg.) / Westermann, Harm Peter (Hrsg.),* Bürgerliches Gesetzbuch, Band II, §§ 779–2385, ProdHaftG, ErbbauRG, VersAusglG, VBVG, LPartG, WEG, EGBGB, 16. Auflage, Köln 2020

*Epping, Volker (Hrsg.) / Hillgruber, Christian (Hrsg.),* Grundgesetz: Kommentar, 3. Auflage, München 2020

*Faber, Markus,* Der grundgesetzliche Tierschutzauftrag des Art 20 a GG: Rechtliche Charakterisierung und Bedeutung einer verfassungsrechtlichen Novation, UPR 2002, 378–382

*Faller, Rico,* Staatsziel „Tierschutz": Vom parlamentarischen Gesetzgebungsstaat zum verfassungsgerichtlichen Jurisdiktionsstaat?, Berlin 2005

*Ferid, Murad (Begr.) / Firsching, Karl (Begr.) / Hausmann, Rainer (Hrsg.),* Internationales Erbrecht: Quellensammlung mit systematischen Darstellungen des materiellen Erbrechts sowie des Kollisionsrechts der wichtigsten Staaten, Band III: Griechenland – Japan, 114. Ergänzungslieferung, München 2020

*Flint, Thomsas (Hrsg.),* SGB XII: Sozialhilfe mit Eingliederungshilfe (SGB IX Teil 2) und Asylbewerberleistungsgesetz, 7. Auflage, München 2020

*Frank, Katharina,* Eheverträge als effektives Gestaltungsmittel: Die Grenzen der Privatautonomie im englischen und deutschen Sachrecht sowie im europäischen Zivilverfahrens- und Kollisionsrecht, Frankfurt am Main 2015

*Frank, Susanne (Hrsg.) / Wachter, Thomas (Hrsg.),* Handbuch Immobilienrecht in Europa: Zivil- und steuerrechtliche Aspekte des Erwerbs, der Veräußerung und der Vererbung von Immobilien, 2. Auflage, Heidelberg 2015

*Fröschle, Tobias,* Die Entwicklung der gesetzlichen Rechte des überlebenden Ehegatten: In Frankreich und England im Laufe des 20. Jahrhunderts, Tübingen 1996

*Gängel, Andreas,* Zum Schicksal des Hundes bei Ehescheidung und Trennung, NJ 2020, 107–112

*Gebele, Alexander (Hrsg.) / Scholz, Kai-Steffen (Hrsg.),* Beck'sches Formularbuch Bürgerliches, Handels- und Wirtschaftsrecht, 14. Auflage, München 2022

*Gerick, Nicole,* Recht, Mensch und Tier: historische, philosophische und ökonomische Aspekte des tierethischen Problems, Baden-Baden 2005

*Gernhuber, Joachim (Begr.) / Coester-Waltjen, Dagmar*, Familienrecht, 7. Auflage, München 2020

*Götz, Hellmut,* Erbschaftsteuerliche Risiken bei testamentarischen Auflagen, die Haustiere des Erblassers zu pflegen, ZEV 2012, 649–650

*Götz, Isabell,* Nutzungs- und Rechtsverhältnisse an Ehewohnung und Haushaltsgegenständen, Verfahren nach dem GewSchG: Rechtsprechungsübersicht seit Anfang 2015, FamRZ 2023, 241–253

*Goetz, Stephan,* Erbrechtliche Ansprüche außerhalb des Familienerbrechts: Eine auf England und Deutschland bezogene rechtsvergleichende Untersuchung, Frankfurt am Main 1985

*Gottberg, Luise / Mittelstein, Jan,* Steigende Anforderungen an das Tierwohl in der Lebensmittelproduktion, ZLR 2019, 665–681

*Gregor, Vanessa,* Die Stellung des überlebenden Ehegatten im englischen Recht: Eine rechtsvergleichende Betrachtung unter besonderer Berücksichtigung der englischen family provision, Regensburg 2002

*Große-Wilde, Franz M. (Hrsg.) / Ouart, Peter E. (Hrsg.),* Deutscher Erbrechtskommentar, 2. Auflage München 2010

*Gruber, Malte-Christian,* Rechtsschutz für nichtmenschliches Leben: Der moralische Status des Lebendigen und seine Implementierung in Tierschutz-, Naturschutz- und Umweltrecht, Baden-Baden 2006

*Grüneberg, Christian (Hrsg.),* Bürgerliches Gesetzbuch, 82. Auflage, München 2023

*Hager, Günter,* Das Tier in Recht und Ethik, Tübingen 2015

*Halding-Hoppenheit, Nikola,* Sicherstellung der Vermächtniserfüllung, RNotZ 2005, 311–329

*Hamilton, Carolyn / Perry, Alison,* Family Law in Europe, 2. Auflage London 2002

*Harding, Maebh / Probert, Rebecca,* Family and succession law in England and Wales, 5. Auflage, Alphen aan den Rijn 2016

*Hau, Wolfgang (Hrsg.) / Poseck, Roman (Hrsg.),* Beck'scher Online-Kommentar, Bürgerliches Gesetzbuch, 65. Auflage, München 2023

*Hausmann, Rainer (Hrsg.) / Hohloch, Gerhard (Hrsg.),* Handbuch des Erbrechts, 2. Auflage, Berlin 2010

*Hauß, Jörn / Schulz, Werner (Hrsg.),* Familienrecht, Handkommentar, 3. Auflage, Baden-Baden 2018

*Hauß, Jörn / Schulz, Werner,* Vermögensauseinandersetzung bei Trennung und Scheidung, 7. Auflage, München 2022

*Hay, Peter,* US-Amerikanisches Recht: Ein Studienbuch, 7. Auflage, München 2020

*Heidel, Thomas (Hrsg.) / Hüßtege, Rainer (Hrsg.) / Mansel, Heinz-Peter (Hrsg.) / Noack, Ulrich (Hrsg.),* BGB, Band 1: Allgemeiner Teil / EGBGB, 4. Auflage, Baden-Baden 2021

*Henrich, Dieter / Huber, Peter,* Einführung in das englische Privatrecht, 3. Auflage, Heidelberg 2003

*Herberger, Marie,* Unpfändbare Sachen und Tiere – der neue § 811 ZPO, JA 2022, 21–25

*Herberger, Maximilian / Martinek, Michael / Rüßmann, Helmut / Weth, Stephan / Würdinger, Markus (Gesamtherausgeber),* juris Praxiskommentar BGB, 10. Auflage, Saarbrücken 2023

*Herring, Jonathan,* Family law, 4. Auflage, Edinburgh Gate 2009

*Hilbig-Lugani, Katharina,* Staat – Familie – Individuum: Eine rechtsvergleichende Betrachtung zu Unterhaltsverhältnissen und ihrer privatautonomen Gestaltbarkeit in Deutschland, England und Wales, Frankreich und Schweden, Tübingen 2014

*Hirsch, Adam J.,* Trusts for Purposes: Policy, Ambiguity, and Anomaly in the Uniform Laws, Florida State University Law Review 1999, 913–957

*Hirt, Almuth / Felde, Barbara / Maisack, Christoph / Moritz, Johanna,* Tierschutzgesetz: Kommentar, 3. Auflage, München 2016

*Höger, Jochen,* Die gerichtliche Kontrolle von Unterhaltsvereinbarungen im Eherecht, Berlin 2005

*Holste, Heiko,* … und die Tiere – Das Staatsziel Tierschutz in Art. 20 a GG, JA 2002, 907–912

*Holzwarth, Andreas,* Die Verteilung von Haushaltsgegenständen bei Getrenntleben, FPR 2010, 559–563

*Hoppenz, Rainer,* Anmerkung zu OLG Hamm, Beschluss v. 19.11.2010 – 10 WF 240/10, FamFR 2011, 20–21

*Horstmann, Aiga,* Die Vermögensauseinandersetzung nach der Ehescheidung im englischen Recht und ihre Behandlung im deutschen internationalen Privatrecht, insbesondere die Qualifikation, Frankfurt am Main 2001

*Huber, Ludwig,* Das rationale Tier: eine kognitionsbiologische Spurensuche, 3. Auflage, Berlin 2021

*Jarass, Hans Dieter (Begr.) / Pieroth, Bodo (Begr.),* Grundgesetz für die Bundesrepublik Deutschland: Kommentar, 17. Auflage, München 2022

*Jauernig, Othmar (Begr.) / Stürner, Rolf (Hrsg.),* Bürgerliches Gesetzbuch, 18. Auflage, München 2021

*Jedelhauser Rita,* Das Tier unter dem Schutz des Rechts: Die tierethischen Grundlagen eines rechtlichen Schutzmodells für das tierschutzrechtliche Verwaltungshandeln, Basel 2011

*Johannsen, Kurt H. (Begr.) / Henrich, Dieter (Hrsg.) / Althammer, Christoph (Hrsg.),* Familienrecht, 7. Auflage, München 2020

*Junker, Thomas,* Die Evolution des Menschen, München 2006

*Kaiser, Julia,* Freiheit oder Schutz? Die Scheidungsfolgenvereinbarung im deutschen und im englischen Recht, Frankfurt am Main 2003

*Kaiser, Sylvia / Richter, Helene,* Don't worry, be happy?: Ein verhaltensbiologischer Blick auf das Gefühlsleben der Tiere *in: Sachser, Norbert (Hrsg.),* Das unterschätzte Tier: Was wir heute über Tiere wissen und im Umgang mit ihnen besser machen müssen, Hamburg 2022, S. 33–48

*Kant, Immanuel,* Die Metaphysik der Sitten (Werksausgabe Band VIII, herausgegeben von Wilhelm Weischedel), 2. Auflage, Frankfurt am Main 1978

*Kappeler, Peter M.,* Verhaltensbiologie, 5. Auflage, Berlin 2020

*Kast, Matthias,* Die Zuweisung der Ehewohnung und die Verteilung des Hausrats bei Trennung und Scheidung der Eheleute: Eine rechtsvergleichende Studie unter Einbeziehung des Rechts der ehemaligen DDR und des englischen Rechts, München 1994

*Keim, Christopher / Lehmann, Daniel,* Beck'sches Formularbuch Erbrecht, 4. Auflage, München 2019

*Kerridge, Roger / Brierley, A.H.R.*, The law of succession, 12. Auflage, London 2009

*Kiene, Anja*, Vermögensrechtliche Scheidungsfolgen im deutschen, österreichischen und englischen Recht: Eine rechtsvergleichende Untersuchung mit Blick auf eine mögliche europäische Rechtsvereinheitlichung, Hamburg 2013

*King, Lesley*, Private Client: Wills, Trusts and Estate Planning 2021, Guildford 2021

*Kipp, Theodor (Begr.) / Coing, Helmut (Hrsg.)*, Erbrecht, 14. Auflage, Tübingen 1990

*Klebs, Paul*, Wie „erben" Hund und Katze?, BWNotZ 1996, 3–4

*Kleffmann, Norbert (Hrsg.) / Soyka, Jürgen (Hrsg.)*, Praxishandbuch Unterhaltsrecht, 4. Auflage, Hürth 2020

*Klein, Manfred J.*, Testamentary Trust nach Common Law und funktionsverwandte deutsche Zivilrechtsinstitute: Ein Rechtsvergleich, ZVglRWiss 2002 (101), 175–199

*Klett, Jan-Michael*, Die Trust-Struktur im Vertragsmodell des Investmentrechts, Berlin 2016

*Kluge, Hans-Georg (Hrsg.)*, Tierschutzgesetz: Kommentar, Stuttgart 2002

*Kunig, Philip (Begr.) / Münch, Ingo von (Begr.)*, Grundgesetz: Kommentar, Band 1: Präambel bis Art. 69, 7. Auflage, München 2021

*Lange, Heinrich (Begr.) / Kuchinke, Kurt*, Erbrecht: Ein Lehrbuch, 5. Auflage, München 2001

*Langenfeld, Gerrit*, Testamentsgestaltung: Einzeltestament, Ehegattentestament, Unternehmertestament, 3. Auflage, Köln 2002

*Langenfeld, Gerrit (Begr.) / Fröhler, Oliver*, Testamentsgestaltung: Einzeltestament, Ehegattentestament, Unternehmertestament, 5. Auflage, Köln 2015

*Leipold, Dieter*, Erbrecht, 23. Auflage, Tübingen 2022

*Loeper, Eisenhart von / Reyer, Wasmut*, Das Tier und sein rechtlicher Status: Zur Weiterentwicklung von Transparenz und Konsequenz des Tierschutzrechts, ZRP 1984, 205–212

*Lorz, Albert*, Haustiere – Heimtiere – Nutztiere, NuR 1989, 337–341

*Lorz, Albert*, Das Gesetz zur Verbesserung der Rechtsstellung des Tiers im bürgerlichen Recht, MDR 1990, 1057–1061

*Lorz, Albert (Begr.) / Metzger, Ernst (Bearbeiter)*, Tierschutzgesetz: Kommentar, 7. Auflage, München 2019

*Low, Kelvin F. K.*, Non-Charitable Purpose Trusts: The Missing Right to Forego Enforcement in: *Low, Kelvin F. K. (Hrsg.) / Nolan, Richard C. (Hrsg.) / Wu Tang Hang (Hrsg.)*, Trusts and Modern Wealth Management, Cambridge 2018

*Luxton, Peter / Malcolm, Rosalind / Wilkie, Margaret*, Equity and Trusts, 8. Auflage, Oxford 2012 und 2013

*Mangoldt, Hermann von (Begr.) / Klein, Friedrich (Fortf.) / Starck, Christian (Fortf.) / Huber, Peter M. (Hrsg.) / Voßkuhle, Andreas (Hrsg.),* Grundgesetz: Kommentar, 7. Auflage, München 2018

*Mayer, Jörg,* Das zwecklose Zweckvermächtnis – Möglichkeiten und Grenzen der Drittbestimmung bei Vermächtnissen, MittBayNot 1999, 447–452

*Mayer, Jörg,* Gewillkürte Erbfolge, FPR 2011, 247–252

*Medicus, Dieter (Begr.) / Petersen, Jens,* Allgemeiner Teil des BGB, 11. Auflage, München 2016

*Mellows, Anthony Roger,* The law of succession, 5. Auflage, London 1993

*Mellows, Anthony Roger / Parker, David B.,* The modern law of trust, 3. Auflage, London 1975

*Mende, Larissa,* Die Problematik der Auseinandersetzung von Haushaltsgegenständen nach Beendigung der nichtehelichen Lebensgemeinschaft, NZFam 2021, 386–390

*Merkel, Geritt,* Die Qualifikation des englischen Trusts im deutschen internationalen Privatrecht: Ein Beitrag zur Frage der kollisionsrechtlichen Behandlung des express, resulting und constructive trust, Baden-Baden 2020

Münchener Kommentar zum Bürgerlichen Gesetzbuch, herausgegeben von: *Limperg, Bettina / Oetker, Hartmut / Rixecker, Roland / Säcker, Franz Jürgen,* 9. Auflage, München 2021 ff.

*Mugdan, Benno,* Die gesamten Materialien zum Bürgerlichen Gesetzbuch für das Deutsche Reich, Band 2: Recht der Schuldverhältnisse, Berlin 1899

*Muscheler, Karlheinz,* Die unselbständige Stiftung von Todes wegen, ZEV 2014, 573–579

*Muscheler, Karlheinz,* Erbrecht

Band 1, Tübingen 2010

Band 2, Tübingen 2010

*Muscheler, Karlheinz,* Familienrecht, 4. Auflage, München 2017

*Musielak, Hans-Joachim (Hrsg.) / Voit, Wolfgang (Hrsg.),* Zivilprozessordnung mit Gerichtsverfassungsgesetz, 19. Auflage, München 2022

*Neumann, Ralph,* Anmerkung zu OLG Stuttgart, Beschluss v. 23.04.2019 – 18 UF 57/19, FamRB 2020, 3–4

*Neumann, Thurid,* Begriff der Haushaltsgegenstände, NZFam 2014, 481–483

*Nieder, Heinrich (Begr.) / Kössinger, Reinhard (ehem. Hrsg.),* Handbuch der Testamentsgestaltung: Grundlagen und Gestaltungsmittel für Verfügungen von Todes wegen und vorbereitende Erbfolgemaßnahmen, 6. Auflage, München 2020

*Obergfell, Eva Inés,* Tiere als Mitgeschöpfe im Zivilrecht: Zwischen Rechtsobjektivität und Schadensregulierung, RW 2016, 388–415

*Pauly, Holger,* § 90 a BGB – bloße juristische Begriffskosmetik?, JuS 1997, 287–288

*Pawlowski, Mark,* Purpose trusts: obligations without beneficiaries?, Trusts & Trustees 2002, 10–14

*Pelluchon, Corine,* Manifest für die Tiere, München 2020

*Planck, Gottlieb,* Kommentar zum BGB nebst Einführungsgesetz, Band 2: Recht der Schuldverhältnisse, 4. Auflage, Berlin 1928

*Ramjohn, Mohamed,* Beginning Equity and Trusts, Abingdon 2013

*Raspé, Carolin,* Die tierliche Person: Vorschlag einer auf der Analyse der Tier-Mensch-Beziehung in Gesellschaft, Ethik und Recht basierenden Neupositionierung des Tiers im deutschen Rechtssystem, Berlin 2013

*Rauscher, Thomas,* Familienrecht, 2. Auflage, Heidelberg 2008

*Reimann, Mathias,* Einführung in das US-amerikanische Privatrecht, 2. Auflage, München 2004

*Reimann, Wolfgang,* Die „rules against perpetuities" im deutschen Erbrecht, NJW 2007, 3034–3037

*Reinecke, Heinrich,* Rechtsprechungstendenzen zur Hausratsteilung bei Trennung, Scheidung und Aufhebung der Ehe, FPR 2000, 96–102

*Reinken, Werner,* Anmerkung zu OLG Nürnberg, Beschluss v. 07.12.2016 – 10 UF 1249/16, NZFam 2017, 162

*Reitmeier, Jutta / Welsch, Barbara / Zepp, Rolf,* Hund – Katze – Mensch: Die Deutschen und ihre Heimtiere; Mars-Heimtier-Studie 2013, Verden 2012

*Remane, Adolf (Begr.) / Storch, Volker / Welsch, Ulrich,* Systematische Zoologie, 6. Auflage, Heidelberg 2004

*Rey, Heinz,* Die Grundlagen des Sachenrechts und das Eigentum: Grundriss des schweizerischen Sachenrechts Band I, 3. Auflage, Bern 2007

*Rieck, Jürgen (Begr.) / Lettmaier, Saskia (Hrsg.),* Ausländisches Familienrecht: Eine Auswahl von Länderdarstellungen, 22. Ergänzungslieferung, München 2022

*Roth, Wolfgang,* Das Haustier im Nachlass, NJW-Spezial 2011, 551–551

*Röthel, Anne,* Erbrecht, 18. Auflage, München 2020

*Sachs, Michael (Hrsg.),* Grundgesetz: Kommentar, 9. Auflage, München 2021

*Sachser, Norbert,* Die Revolution des Tierbildes: Denken, Fühlen, Persönlichkeit: Was wir heute über Tiere wissen in: *Sachser, Norbert (Hrsg.),* Das unterschätzte Tier: Was wir heute über Tiere wissen und im Umgang mit ihnen besser machen müssen, Hamburg 2022, S. 16–32

*Saenger, Ingo (Hrsg.),* Zivilprozessordnung: ZPO: Familienverfahren, Gerichtsverfassung, Europäisches Verfahrensrecht, 9. Auflage, Baden-Baden 2021

*Sawyer, Caroline / Spero, Miriam,* Succession, Wills and Probate, 3. Auflage, London 2015

*Schlegel, Linda,* Die Bedeutung des vorehelichen Zusammenlebens im Scheidungsfolgenrecht, Frankfurt am Main 2011

*Schlitt, Michael,* Haben Tiere Rechte?, ARSP 1992 (78), 225–241

*Schlüter, Wilfried,* BGB-Familienrecht, 14. Auflage, Heidelberg 2012

*Schmalzl, Hans-Dieter,* Die neueste Entwicklung des englischen Ehegüterrechts, 1973

*Schmid, Michael J.,* Tiere in der Zwangsvollstreckung, JR 2013, 245–248

*Schmidt-Bleibtreu, Bruno (Begr.) / Klein, Franz (Begr.) / Hofmann, Hans (Hrsg.) / Henneke, Hans-Günter (Hrsg.),* GG: Kommentar zum Grundgesetz, 15. Auflage, Köln 2021

*Schockemöhle, Katharina C.,* Errichtung und Widerruf von Testamenten in England, Münster 2000

*Scholz, Harald (Begr.) / Stein, Rolf (Begr.) / Kleffmann, Norbert (Hrsg.),* Praxishandbuch Familienrecht, 42. EGL, München 2022

*Scholz, Rupert,* Grundgesetzliches Menschbild und Staatsziel „Tierschutz" in: *Germann, Michael (Hrsg.) / Wall de, Heinrich (Hrsg.),* Bürgerliche Freiheit und Christliche Verantwortung: Festschrift für Christoph Link zum 70. Geburtstag, Tübingen 2003, S. 943–958

*Schröter, Michael,* Tierschutzrecht in der Diskussion, NuR 2007, 468–474

*Schulz, Werner,* Die vorläufige Verteilung der Haushaltsgegenstände nach § 1361 a BGB, NZFam 2014, 483–486

*Seier, Nicole,* Das besondere Familienmitglied – »Hund und Co.« bei Trennung und Scheidung – Ein rechtlicher Überblick, FuR 2020, 458–462

*Shears, Peter / Stephenson, Graham,* James' Introduction to English Law, 13. Auflage, London 1996

*Siebert, Nicole,* Elementar- und Mehrbedarf im Kindesunterhalt – der Versuch einer Abgrenzung, FuR 2021, 524–528

*Sloan, Brian (Hrsg.),* Borkowski's Law of Succession, 3. Auflage, New York 2017

*Soergel, Hans Theodor (Begr.) / Siebert, Wolfgang (ehem. Hrsg.),* Bürgerliches Gesetzbuch mit Einführungsgesetzen und Nebengesetzen, 13. Auflage, Stuttgart 2000 ff.

*Standley, Kate,* Family law, 6. Auflage, Houndmills 2008

*Staudinger, Julius von (Begr.)*, Kommentar zum Bürgerlichen Gesetzbuch mit Einführungsgesetz und Nebengesetzen, Berlin 2017 ff.

*Steffen, Thomas,* Nichteheliche Lebensgemeinschaften in England und Deutschland: Rechtsprobleme während ihres Bestehens, Darmstadt 1991

*Steiner, Anton,* Letztwillige Verfügungen für die Versorgung von Tieren: Erbschaftsteuerliche Behandlung, ErbStB 2015, 182–183

*Strätz, Hans-Wolfgang,* Reform der gesetzlichen Erbfolge, DNotZ 2001, 452–459

*Strobel, Benedikt,* Die trans- und postmortale Vollmacht zugunsten des Vorerben, NJW 2020, 502–507

*Stucki, Saskia,* Grundrechte für Tiere, Baden-Baden 2016

*Süß, Rembert (Hrsg.),* Erbrecht in Europa, 4. Auflage, Bonn 2020

*Süß, Rembert / Ring, Gerhard,* Eherecht in Europa, 4. Auflage, Bonn 2020

*Sutter-Somm Thomas (Bandherausgeber)*, Schweizerisches Privatrecht: Band V/I: Eigentum und Besitz, 2. Auflage, Basel 2014

*Tuma-Koch, Imke,* Die Sonderstellung von Tieren im Zivilrecht, Berlin 2021

*Turner, John Neville / Davis-Ferid, Hildegard,* Englisches Familienrecht, Frankfurt am Main 1983

*Viefhues, Wolfram,* Sonderbedarf und Mehrbedarf – Teil 2, FuR 2016, 138–145

*Vlassopoulos, Irene,* Der eheliche Hausrat im Familien- und Erbrecht, Berlin 1983

*Weinreich, Gerd,* Die Voraussetzungen der endgültigen Verteilung der Haushaltsgegenstände nach § 1568b BGB, NZFam 2014, 486–490

*Wellenhofer, Marina,* Die Vermögensauseinandersetzung nichtehelicher Lebensgemeinschaften bei Trennung der Partner, NZFam 2021, 381–386

*Wellenhofer, Marina*, Familienrecht, 6. Auflage, München 2021

*Werp, Stefanie,* Ehegattenerbrecht in England, Münster 1998

*Wittibschlager, Martina,* Einführung in das schweizerische Recht, München 2000

*Wörlen, Rainer,* Introduction to English Civil Law

Vol. 1, 4. Auflage, Münster 2007

Vol. 2, 3. Auflage, Münster 2005

*Wolf, Ute,* Zum internationalen Ehegüter- und Erbrecht in England, Münster 1999

*Wragg, Tony,* Family law in a nutshell, 7. Auflage, London 2007

*Zimmermann, Walter,* Die Testamentsvollstreckung, 5. Auflage, Berlin 2019

*Zöller, Richard (Begr.),* Zivilprozessordnung, 34. Auflage, Köln 2022

*Zorn, Dagmar,* Das Recht der elterlichen Sorge: Voraussetzungen, Inhalt und Schranken in Praxis und Theorie, 3. Auflage, Berlin 2016

# Rechtsprechungsübersicht

| | | | |
|---|---|---|---|
| AG Aachen | v. 13.03.1992 | 81 C 459/91 | NJW-RR 1992, 906 |
| AG Bad Mergentheim | v. 19.12.1996 | 1 F 143/95 | NJW 1997, 3033 |
| AG Detmold | v. 24.06.2005 | 16 F 73/05 | NJW-RR 2006, 6 |
| AG Erfurt | v. 30.11.2001 | 28 C 765/00 | FamRZ 2002, 849 |
| AG München | v. 02.01.2019 | 523 F 9430/18 | abgerufen bei juris |
| AG Walsrode | v. 23.12.2003 | 7 C 1028/03 | NJW-RR 2004, 365 |
| AG Wiesbaden | v. 18.08.2011 | 93 C 2691/11 | NJW-RR 2012, 227 |
| BayObLG | v. 01.03.1960 | 2 Z 216/59 | BayObLGZ 1960, 93 |
| BayObLG | v. 22.04.1988 | 1 Z 64/87 | NJW 1988, 2742 |
| BayObLG | v. 02.02.1999 | 1 Z BR 143/98 | NJW-RR 1999, 946 |
| BFH | v. 29.06.2009 | II B 149/08 | NJW-Spezial 2009, 664 |
| BGH | v. 08.05.1952 | IV ZR 208/51 | NJW 1952, 1252 |
| BGH | v. 18.11.1954 | IV ZR 152/54 | BGHZ 15, 199 |
| BGH | v. 09.10.1957 | IV ZR 217/57 | NJW 1957, 1916 |
| BGH | v. 25.09.1963 | V ZR 130/61 | BGHZ 40, 115 |
| BGH | v. 26.10.1967 | VII ZR 86/65 | NJW 1968, 353 |
| BGH | v. 13.12.1968 | IV ZB 1035/68 | NJW 1969, 422 |
| BGH | v. 18.06.1971 | V ZB 4/71 | BGHZ 56, 275 |
| BGH | v. 14.07.1976 | IV ZR 123/75 | BeckRS 2010, 18794 |
| BGH | v. 06.12.1978 | IV ZR 82/77 | NJW 1979, 546 |
| BGH | v. 31.01.1979 | VIII ZR 93/78 | NJW 1979, 976 |

| | | | |
|---|---|---|---|
| BGH | v. 14.01.1981 | IVb ZR 575/80 | NJW 1981, 978 |
| BGH | v. 08.04.1981 | IVb ZR 587/80 | NJW 1981, 1559 |
| BGH | v. 09.04.1981 | IVa ZB 4/80 | BGHZ 80, 242 |
| BGH | v. 11.11.1981 | IVb ZR 608/80 | NJW 1982, 328 |
| BGH | v. 07.07.1982 | IVa ZR 36/81 | NJW 1983, 40 |
| BGH | v. 01.12.1983 | IX ZR 41/83 | NJW 1984, 484 |
| BGH | v. 25.01.1984 | IVb ZR 51/82 | NJW 1984, 1537 |
| BGH | v. 14.03.1984 | IVb ARZ 59/83 | NJW 1984, 1758 |
| BGH | v. 09.05.1984 | IVa ZR 234/82 | NJW 1984, 2464 |
| BGH | v. 23.05.1984 | IVa ZR 185/82 | BeckRS 2010, 25988 |
| BGH | v. 23.12.1987 | IVb ZR 108/86 | FamRZ 1988, 256 |
| BGH | v. 13.01.1988 | IVb ZR 7/87 | NJW 1988, 1137 |
| BGH | v. 27.01.1988 | IVb ZR 12/87 | NJW 1988, 2604 |
| BGH | v. 16.05.1990 | XII ZR 40/89 | FamRZ 1990, 851 |
| BGH | v. 13.12.1990 | III ZR 333/89 | NJW-RR 1991, 439 |
| BGH | v. 06.03.1991 | IV ZR 114/89 | FamRZ 1991, 690 |
| BGH | v. 18.03.1992 | XII ZR 23/91 | FamRZ 1992, 1045 |
| BGH | v. 24.02.1993 | IV ZR 239/91 | MDR 1993, 878 |
| BGH | v. 20.10.1993 | XII ZR 89/92 | FamRZ 1994, 87 |
| BGH | v. 10.01.1996 | IV ZB 21/94 | FamRZ 1996, 409 |
| BGH | v. 25.09.1997 | II ZR 269/96 | FamRZ 1997, 1533 |
| BGH | v. 11.04.2001 | XII ZR 152/99 | FamRZ 2001, 1603 |
| BGH | v. 09.07.2003 | XII ZR 83/00 | FPR 2003, 667 |
| BGH | v. 09.06.2004 | XII ZR 308/01 | NJW 2004, 3106 |
| BGH | v. 09.06.2004 | XII ZR 277/02 | FamRZ 2005, 97 |

| | | | |
|---|---|---|---|
| BGH | v. 15.02.2006 | XII ZR 4/04 | NJW 2006, 1509 |
| BGH | v. 29.03.2006 | VIII ZR 173/05 | NJW 2006, 2250 |
| BGH | v. 15.11.2006 | VIII ZR 3/06 | NJW 2007, 674 |
| BGH | v. 05.03.2008 | XII ZR 150/05 | FamRZ 2008, 1152 |
| BGH | v. 09.07.2008 | XII ZR 179/05 | NJW 2008, 3277 |
| BGH | v. 17.09.2008 | XII ZR 72/06 | FPR 2008, 630 |
| BGH | v. 26.11.2008 | XII ZR 65/07 | FamRZ 2009, 962 |
| BGH | v. 24.06.2009 | IV ZR 202/07 | FamRZ 2009, 1486 |
| BGH | v. 18.11.2009 | XII ZR 65/09 | NJW 2010, 365 |
| BGH | v. 17.11.2010 | XII ZR 170/09 | FamRZ 2011, 183 |
| BGH | v. 11.05.2011 | XII ZR 33/09 | FamRZ 2011, 1039 |
| BGH | v. 07.12.2011 | XII ZR 151/09 | NJW 2012, 384 |
| BGH | v. 11.11.2015 | XII ZB 7/15 | FamRZ 2016, 199 |
| BGH | v. 27.04.2016 | XII ZB 485/14 | FamRZ 2016, 1142 |
| BGH | v. 15.06.2016 | XII ZB 419/15 | FamRZ 2016, 1439 |
| BGH | v. 01.02.2017 | XII ZB 601/15 | FamRZ 2017, 532 |
| BGH | v. 12.07.2017 | XII ZB 350/16 | FamRZ 2017, 1668 |
| BGH | v. 27.03.2019 | XII ZB 345/18 | NJW-RR 2019, 897 |
| BGH | v. 10.07.2019 | XII ZB 579/17 | NJOZ 2020, 834 |
| BGH | v. 19.02.2020 | XII ZB 358/19 | FamRZ 2020, 918 |
| BGH | v. 16.09.2020 | XII ZB 499/19 | FamRZ 2021, 28 |
| BGH | v. 29.09.2021 | XII ZB 474/20 | FamRZ 2021, 1965 |
| BGH | v. 18.05.2022 | XII ZB 325/20 | FamRZ 2022, 1366 |
| BGH | v. 29.06.2022 | IV ZR 110/21 | NJW 2022, 2547 |
| BSG | v. 03.02.2022 | B 5 R 33/21 R | BeckRS 2022, 11586 |

| | | | |
|---|---|---|---|
| BVerfG | v. 29.07.1959 | 1 BvR 205/58 | NJW 1959, 1483 |
| BVerfG | v. 02.10.1973 | 1 BvR 459/72, 1 BvR 477/72 | BVerfGE 36, 47 |
| BVerfG | v. 28.02.1980 | 1 BvL 136/78, u.a. | NJW 1980, 689 |
| BVerfG | v. 16.03.2004 | 1 BvR 1778/01 | BVerfGE 110, 141 |
| BVerfG | v. 13.12.2006 | 1 BvR 2084/05 | NVwZ 2007, 808 |
| BVerfG | v. 12.10.2010 | 2 BvF 1/07 | BVerfGE 127, 293 |
| BVerfG | v. 19.02.2013 | 1 BvL 1/11, 1 BvR 3247/09 | NJW 2013, 847 |
| BVerfG | v. 25.04.2015 | 1 BvR 3326/14 | FamRZ 2015, 1093 |
| FG München | v. 03.09.2003 | 4 K 5029/01 | BeckRS 2003, 26015207 |
| LG Bonn | v. 28.20.2009 | 4 T 363/09 | BeckRS 2009, 29979 |
| LG Duisburg | v. 14.07.2011 | 5 S 26/11 | BeckRS 2011, 20635 |
| LG Koblenz | v. 07.10.2019 | 6 S 95/19 | FuR 2020, 383 |
| LG München | v. 01.06.1990 | 28 O 9538/90 | NJW-RR 1991, 834 |
| LG Stuttgart | v. 22.05.1990 | 21 O 161/90 | NJW-RR 1991, 446 |
| OLG Bamberg | v. 10.06.2003 | 7 UF 103/03 | MDR 2004, 37 |
| OLG Bamberg | v. 14.09.2018 | 7 UF 61/18 | FamRZ 2019, 354 |
| OLG Brandenburg | v. 24.11.2011 | 9 UF 70/11 | FamRZ 2012, 1399 |
| OLG Brandenburg | v. 22.03.2012 | 3 UF 8/12 | abgerufen bei juris |
| OLG Brandenburg | v. 02.09.2013 | 13 UF 136/12 | BeckRS 2013, 16783 |
| OLG Brandenburg | v. 03.12.2020 | 13 UF 133/19 | FamRZ 2022, 1269 |
| OLG Brandenburg | v. 06.04.2022 | 3 W 107/21 | ZEV 2022, 413 |
| OLG Brandenburg | v. 16.05.2022 | 13 UF 212/19 | BeckRS 2022, 13005 |

| | | | |
|---|---|---|---|
| OLG Braunschweig | v. 16.07.2013 | 2 UF 161/09 | FamRZ 2014, 481 |
| OLG Bremen | v. 29.04.2010 | 4 WF 41/10 | NJW-RR 2011, 81 |
| OLG Bremen | v. 06.02.2015 | 4 UF 38/14 | FamRZ 2015, 1395 |
| OLG Bremen | v. 17.05.2021 | 5 WF 14/21 | FamRZ 2021, 1639 |
| OLG Celle | v. 09.03.2009 | 15 WF 44/09 | FamRZ 2009, 1911 |
| OLG Celle | v. 20.10.2015 | 18 UF 5/15 | FamRZ 2016, 824 |
| OLG Celle | v. 16.08.2019 | 18 W 33/19 | RNotZ 2019, 633 |
| OLG Celle | v. 13.05.2020 | 15 UF 154/19 | BeckRS 2020, 31309 |
| OLG Celle | v. 10.08.2022 | 21 WF 87/22 | NJW 2022, 2855 |
| OLG Düsseldorf | v. 14.12.1982 | 21 U 120/82 | NJW 1983, 1566 |
| OLG Düsseldorf | v. 31.05.1996 | 22 U 236/95 | NJW-RR 1996, 1329 |
| OLG Düsseldorf | v. 30.09.1996 | 2 UFH 11/96 | NJW 1998, 616 |
| OLG Düsseldorf | v. 27.04.1998 | 3 WF 82/98 | FamRZ 1999, 1270 |
| OLG Düsseldorf | v. 09.02.2001 | 3 Wx 350/00, 3 Wx 366/00 | FamRZ 2001, 1564 |
| OLG Düsseldorf | v. 08.07.2005 | 3 UF 21/05 | NJW-RR 2005, 1529 |
| OLG Düsseldorf | v. 02.09.2014 | I-3 Wx 80/13 | FGPrax 2015, 30 |
| OLG Düsseldorf | v. 02.10.2019 | 14 U 46/19 | BeckRS 2019, 38568 |
| OLG Düsseldorf | v. 28.05.2021 | 7 U 31/20 | BeckRS 2021, 12764 |
| OLG Frankfurt | v. 01.12.1992 | 20 W 417/92 | NJW-RR 1993, 267 |
| OLG Frankfurt | v. 21.07.2010 | 4 UF 55/10 | FamRZ 2011, 570 |
| OLG Frankfurt | v. 13.07.2011 | 1 U 43/10 | BeckRS 2012, 11737 |
| OLG Frankfurt | v. 23.05.2013 | 20 W 142/13 | FamRZ 2014, 1323 |

| | | | |
|---|---|---|---|
| OLG Frankfurt | v. 11.06.2014 | 6 UF 323/13 | NJW-RR 2015, 260 |
| OLG Frankfurt | v. 25.02.2015 | 2 UF 356/14 | NJW 2015, 2346 |
| OLG Frankfurt | v. 11.03.2019 | 4 UF 188/18 | NZFam 2019, 443 |
| OLG Frankfurt | v. 26.06.2020 | 4 UF 176/19 | FamRZ 2021, 191 |
| OLG Hamburg | v. 16.11.2021 | 12 UF 178/21 | NJW 2022, 880 |
| OLG Hamm | v. 28.09.1988 | 11 U 39/88 | FamRZ 1989, 616 |
| OLG Hamm | v. 11.07.1990 | 6 UF 300/90 | FamRZ 1991, 81 |
| OLG Hamm | v. 27.12.2001 | 15 W 145/01 | FamRZ 2002, 1666 |
| OLG Hamm | v. 20.02.2002 | 8 U 117/01 | NZG 2002, 864 |
| OLG Hamm | v. 07.06.2002 | 29 U 1/02 | FamRZ 2003, 529 |
| OLG Hamm | v. 24.09.2002 | 1 UF 72/02 | FamRZ 2003, 953 |
| OLG Hamm | v. 11.04.2005 | 4 WF 86/05 | FamRZ 2005, 2085 |
| OLG Hamm | v. 22.05.2006 | 6 WF 302/05 | FamRZ 2007, 77 |
| OLG Hamm | v. 03.03.2009 | 10 U 95/08 | BeckRS 2010, 6633 |
| OLG Hamm | v. 19.11.2010 | 10 WF 240/10 | NJW-RR 2011, 583 |
| OLG Hamm | v. 11.07.2012 | II-12 UF 319/11 | FamRZ 2013, 139 |
| OLG Hamm | v. 27.05.2016 | 15 W 209/16, I-15 W 209/16 | FamRZ 2017, 665 |
| OLG Hamm | v. 14.06.2018 | I-15 W 54/18 | FamRZ 2019, 748 |
| OLG Hamm | v. 11.11.2020 | 5 UF 65/20 | BeckRS 2020, 48424 |
| OLG Hamm | v. 16.03.2021 | 10 U 35/20 | NotBZ 2022, 60 |
| OLG Karlsruhe | v. 08.08.1991 | 16 UF 114/89 | FamRZ 1992, 850 |
| OLG Karlsruhe | v. 03.04.2000 | 2 WF 111/99 | FamRZ 2001, 760 |
| OLG Karlsruhe | v. 25.04.2000 | 2 UF 195/99 | FamRZ 2001, 760 |
| OLG Karlsruhe | v. 03.08.2004 | 18 UF 248/02 | FamRZ 2005, 233 |

| | | | |
|---|---|---|---|
| OLG Karlsruhe | v. 05.12.2005 | 2 UF 10/05 | NJW-RR 2006, 1155 |
| OLG Karlsruhe | v. 17.05.2006 | 16 UF 220/05 | FamRZ 2007, 59 |
| OLG Karlsruhe | v. 12.12.2012 | 18 UF 140/11 | BeckRS 2014, 1474 |
| OLG Koblenz | v. 15.06.2016 | 13 UF 158/16 | NJW 2016, 2892 |
| OLG Koblenz | v. 24.08.2020 | 13 UF 275/20 | FamRZ 2021, 1019 |
| OLG Köln | v. 10.02.1992 | 2 Wx 50/91 | FamRZ 1992, 859 |
| OLG Köln | v. 30.01.1998 | 4 UF 111/97 | FamRZ 1998, 1431 |
| OLG Köln | v. 02.03.2017 | 16 U 151/16 | FamRZ 2017, 2071 |
| OLG München | v. 19.07.1995 | 12 UF 863/95 | BeckRS 1995, 31127602 |
| OLG München | v. 28.05.2014 | 31 Wx 144/13 | FamRZ 2014, 1882 |
| OLG München | v. 10.06.2016 | 34 Wx 390/15 | FamRZ 2017, 147 |
| OLG München | v. 21.12.2018 | 8 U 3464/17 | BeckRS 2018, 36492 |
| OLG Naumburg | v. 29.10.1999 | 3 UF 95/99 | FamRZ 2001, 481 |
| OLG Naumburg | v. 12.09.2006 | 8 WF 115/06 | FamRZ 2007, 1169 |
| OLG Naumburg | v. 26.04.2007 | 3 UF 26/07 | BeckRS 2008, 3046 |
| OLG Naumburg | v. 12.04.2018 | 4 UF 94/17 | BeckRS 2018, 37259 |
| OLG Naumburg | v. 01.10.2020 | 9 U 87/18 | NJW-Spezial 2020, 745 |
| OLG Nürnberg | v. 24.11.2015 | 11 UF 1140/15 | NJW-RR 2016, 581 |
| OLG Nürnberg | v. 07.12.2016 | 10 UF 1249/16 | FamRZ 2017, 513 |
| OLG Oldenburg | v. 15.12.1992 | 5 W 120/92 | NJW-RR 1993, 581 |
| OLG Oldenburg | v. 22.08.1995 | 5 U 32/95 | FamRZ 1996, 377 |
| OLG Oldenburg | v. 20.08.2018 | 11 WF 141/18 | FamRZ 2019, 784 |
| OLG Rostock | v. 08.01.2015 | 3 W 98/14 | FamRZ 2015, 1754 |

| | | | |
|---|---|---|---|
| OLG Schleswig | v. 21.04.1998 | 12 WF 46–98 | NJW 1998, 3127 |
| OLG Schleswig | v. 26.02.2003 | 10 UF 195/02 | FamRZ 2003, 1494 |
| OLG Schleswig | v. 29.08.2005 | 15 UF 59/05 | BeckRS 2005, 19826 |
| OLG Schleswig | v. 15.02.2006 | 15 UF 134/05 | NJW 2006, 1601 |
| OLG Schleswig | v. 24.11.2011 | 10 UF 220/10 | FamRZ 2012, 990 |
| OLG Schleswig | v. 20.02.2013 | 15 UF 143/12 | FamRZ 2013, 1984 |
| OLG Schleswig | v. 08.09.2017 | 3 U 16/17 | ErbR 2020, 347 |
| OLG Stuttgart | v. 21.04.2005 | 8 W 10/05 | FamRZ 2005, 1863 |
| OLG Stuttgart | v. 07.04.2014 | 18 UF 62/14 | NJW-RR 2014, 1101 |
| OLG Stuttgart | v. 07.06.2018 | 13 U 194/17 | MDR 2018, 1183 |
| OLG Stuttgart | v. 23.04.2019 | 18 UF 57/19 | NZFam 2019, 540 |
| OLG Zweibrücken | v. 05.02.1998 | 2 UF 230/97 | FamRZ 1998, 1432 |
| RG | v. 24.09.1902 | V 187/02 | RGZ 52, 174 |
| RG | v. 17.02.1911 | VII 239/10 | RGZ 75, 378 |
| RG | v. 23.01.1913 | IV 387/12 | RGZ 81, 241 |
| RG | v. 10.12.1928 | IV 261/28 | HRRS 1929 Nr. 500 |
| VG Gießen | v. 05.09.2022 | 4 L 1676/22.GI | abgerufen bei juris |

Österreich:

| | | | |
|---|---|---|---|
| OGH | v. 27.01.2023 | 1 Ob 254/22t | abgerufen unter ogh.gv.at |

England:

| | | |
|---|---|---|
| Dufour v Pereira | 1769 | Dick 419; 21 ER 332 |
| Morice v The Bishop of Durham | 1805 | 10 Ves Jr 522, 32 ER 947 |
| Pettingall v Pettingall | 1842 | 11 LJ Ch 176 |
| Re Dean | 1889 | 41 Ch D 552 |
| Hyman v Hyman | 1929 | AC 601 |
| Re Marsland | 1939 | Ch. 820 |
| Re Wood | 1949 | Ch. 498 |
| Re Green | 1951 | Ch. 148 |
| Leahy v Attorney-General for New South Wales | 1959 | AC 457 |
| Re Dale | 1994 | Ch. 31 |
| Waverly Borough Council v Fletcher | 1995 | 4 All ER 756 |
| Re Goodchild | 1997 | 1 WLR 1216 |

**Studien zum deutschen und internationalen Familien- und Erbrecht**

Band 1 Jessica Kriewald: Statusrelevante Erklärungen des Familienrechts. 2009.

Band 2 Martin Gilbert: Unmoralische Angebote, Grundrechtskitsch und die kalte Hand des Erblassers. 2009.

Band 3 Anja Vellmer: Religiöse Kindererziehung und religiös begründete Konflikte in der Familie. Eine rechtsübergreifende Darstellung familiärer religiöser Konflikte und der staatlichen Instrumentarien zu ihrer Lösung. 2010.

Band 4 Uta Heidenreich: Auskunfts- und Wertermittlungsansprüche des Pflichtteilsberechtigten. 2010.

Band 5 Ulla Möhn: Vertrauensschutz im intertemporalen Scheidungsunterhaltsrecht. Zugleich eine Analyse des § 36 Nr. 1 EGZPO. 2010.

Band 6 Gabriele Metternich: Verfügungsverhalten von Erblassern. Eine empirische Untersuchung als Beitrag zur Rechtstatsachenforschung und Reformdiskussion auf dem Gebiet des Erbrechts. 2010.

Band 7 Patrick Schroer: Europäischer Erbschein. Mit rechtsvergleichender Darstellung. 2010.

Band 8 Isabella Toscano: Ehescheidungen mit grenzüberschreitendem Bezug. Von divergierenden nationalen Scheidungsvoraussetzungen zu einem einheitlichen europäischen Scheidungsrecht? 2011.

Band 9 Ulrich Kühle: Die gerichtliche Überprüfung von Erb- und Pflichtteilsverzichtsverträgen im Spiegel ehevertraglicher Inhaltskontrolle. 2011.

Band 10 Gregor Blüm: Härtefälle im Recht des Versorgungsausgleichs. Eine legitimationszentrierte Untersuchung der Rechtsprechung zur Generalklausel des § 1587c Nr. 1 BGB a. F. unter Berücksichtigung der Neuerungen in der Härtefallregelung des § 27 VersAusglG. 2011.

Band 11 Linda Schlegel: Die Bedeutung des vorehelichen Zusammenlebens im Scheidungsfolgenrecht. 2011.

Band 12 Tobias Breitling: Rechtsfolgen von sittenwidrigen Bedingungen in Verfügungen von Todes wegen. Erblasserwille und objektives Recht. 2012.

Band 13 Anja Sommer: Das Verhältnis von Familiengericht und Jugendamt. Kooperation zum Wohle des Kindes? 2012.

Band 14 Pia Maria Schulze: Das deutsche Kindschafts- und Abstammungsrecht und die Recht- sprechung des EGMR. 2012.

Band 15 Sebastian Schaufert: Das Verbot der Doppelverwertung von Vermögenspositionen bei Unterhalt und Zugewinn. 2012.

Band 16 Natalie Ivanits: Die Stellung des Kindes in auf Einvernehmen zielenden gerichtlichen und außergerichtlichen Verfahren in Kindschaftssachen. 2012.

Band 17 Robert Bauer: Die Neuerungen im ehelichen Güterrecht. Eine kritische Untersuchung der Rechtslage nach der Reform von 2009. 2013.

Band 18 Birthe Schekahn: Tatsächliche Unterhaltsleistungen faktischer Lebensgefährten im Todesfall. Ein Vorschlag für eine Reform des § 844

Abs. 2 BGB und zugleich eine Definition der faktischen Lebensgemeinschaft. 2013.

Band 19 Michelle Favier: Die gemeinsame rechtliche Elternschaft von eingetragenen Lebenspartnern durch die Annahme eines Kindes. 2014.

Band 20 Holke-Leonie Doench: Mediation als kindgerechtes Verfahren. 2014.

Band 21 Katharina Frank: Eheverträge als effektives Gestaltungsinstrument. Die Grenzen der Privatautonomie im englischen und deutschen Sachrecht sowie im europäischen Zivilverfahrens- und Kollisionsrecht. 2015.

Band 22 Renata von Pückler: Der Ausgleich konkurrierender Ehegattenunterhaltsansprüche. 2015.

Band 23 Sandra Schröder: Wer hat das Recht zur rechtlichen Vaterschaft? Vorschlag zur Neugestaltung der rechtlichen Stellung des biologischen Vaters im Abstammungsrecht bei Bestehen einer sozial-familiären Beziehung zwischen Kind und rechtlichem Vater. Unter Berücksichtigung interdisziplinärer und historischer Aspekte. 2015.

Band 24 Kerstin Aust. Das Kuckuckskind und seine drei Eltern. Eine kritische Würdigung der bestehenden Rechtslage mit Vorschlägen für interessengerechte Regelungen unter rechtsvergleichenden Aspekten aus dem EMRK-Raum. 2015.

Band 25 Marc Alexander Voigt: Abstammungsrecht 2.0. Ein rechtsvergleichender Reformvorschlag vor dem Hintergrund der Methoden der künstlichen Befruchtung. 2015.

Band 26 Carola Berneiser: Die verfahrensrechtliche Neuregelung der Erörterung der Kindeswohl- gefährdung in § 157 FamFG. Möglichkeiten und Grenzen der Umsetzung in der familien- gerichtlichen Praxis. 2015.

Band 27 Hüsniye Saygin: Geschlechtergerechtigkeit unter dem Deckmantel der Leitbildneutralität. Trennungs- und Scheidungsfolgen im Spiegel der Ehe- und Familienförderung. 2016.

Band 28 Dragana Damljanovic: Das Wechselmodell. Geltendes Recht und Reformbedarf. 2016.

Band 29 Bianca Reichert: Die erbrechtliche Ausgleichung von Unterhaltsleistungen an behinderte Abkömmlinge. 2017.

Band 30 Meike Löwer: Familienpsychologische Sachverständigengutachten in Sorge-, Umgangs- und Kindeswohlgefährdungsverfahren. Zur effektiven Einbeziehung von psychologischen Sachver- ständigen in kindschaftsrechtlichen Verfahren zum Wohle des Kindes. 2017.

Band 31 Johanna Antonia Hirth: Internationale *Relocation*. Eine rechtsvergleichende Untersuchung über den grenzüberschreitenden Wohnortwechsel eines Elternteils mit dem Kind gegen den Willen des anderen Elternteils. 2018.

Band 32 Britta Hartmann: Von der Mutterschaft zur Elternschaft. Zum Reformbedarf des geltenden Abstammungsrechts. 2020.

Band 33 Charlotte Baecker: Die Honorierung von Pflegeleistungen durch das Erbrecht. 2022.

Band 34 Leonie Dietrich: Das deutsche und schwedische Namensrecht im Vergleich. Überlegungen zu einer Reform des deutschen Namensrechts anhand der schwedischen Namensrechtsreform 2016. 2022.

Band 35 Tina Lena Semling: Heimtiere im Familien- und Erbrecht. Problemfelder und Lösungsansätze. 2024.

www.peterlang.com

www.ingramcontent.com/pod-product-compliance
Ingram Content Group UK Ltd.
Pitfield, Milton Keynes, MK11 3LW, UK
UKHW021842290926
8980IPUK00005B/600

9 783631 911006